r 50356

Paris
1847

SCHELLING

Ecrits philosophiques

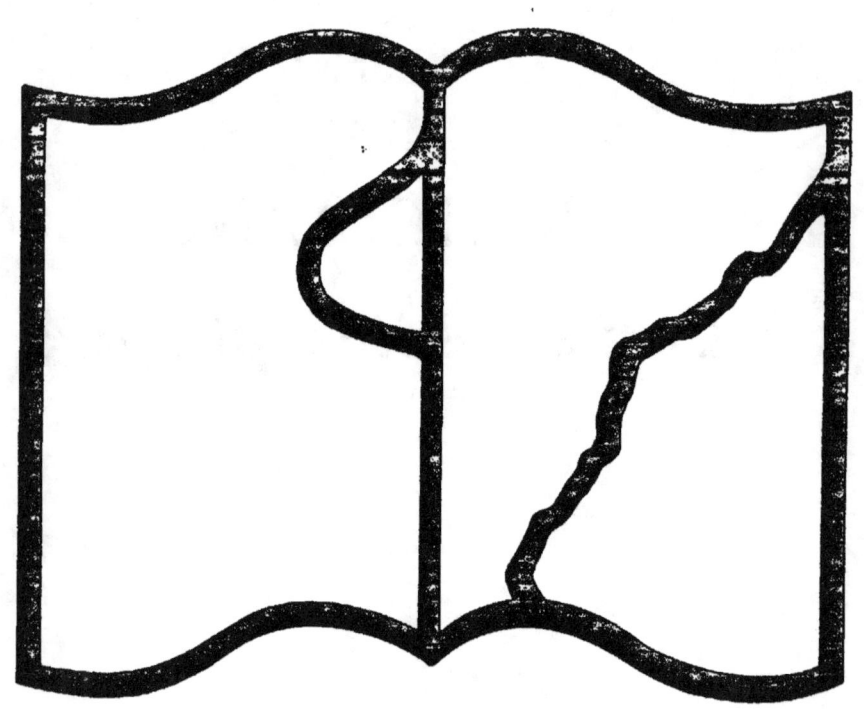

Symbole applicable
pour tout, ou partie
des documents microfilmés

Texte détérioré — reliure défectueuse

NF Z 43-120-11

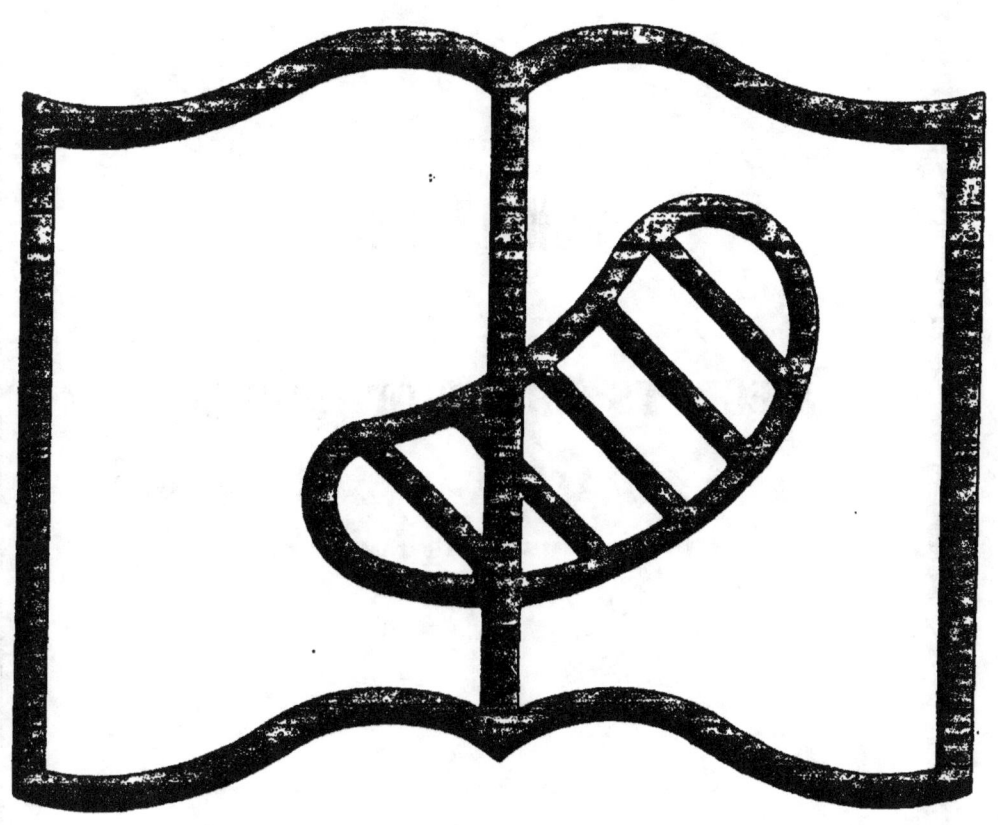

Symbole applicable
pour tout, ou partie
des documents microfilmés

Original illisible

NF Z 43-120-10

SCHELLING

ÉCRITS PHILOSOPHIQUES

ET

MORCEAUX PROPRES A DONNER UNE IDÉE GÉNÉRALE
DE SON SYSTÈME.

SCHELLING

ÉCRITS PHILOSOPHIQUES

ET

MORCEAUX PROPRES A DONNER UNE IDÉE GÉNÉRALE
DE SON SYSTÈME.

TRADUITS DE L'ALLEMAND

Par CH. BÉNARD,

DOCTEUR ÈS-LETTRES,
PROFESSEUR DE PHILOSOPHIE,

AVEC UNE PRÉFACE DU TRADUCTEUR.

PARIS.
JOUBERT, LIBRAIRE, RUE DES GRÈS, 14.
ET LADRANGE, LIBRAIRE, QUAI DES AUGUSTINS, 19.

1847.

ROUEN, IMPRIMERIE DE I.-S. LEFEVRE, RUE DES CARMES, 20.

PRÉFACE DU TRADUCTEUR.

I.

De la nécessité de faire connaître les derniers systèmes de la philosophie allemande.

Le moment est-il bien choisi pour traduire en français les ouvrages de la philosophie allemande? Le mouvement religieux et politique, qui emporte l'Allemagne vers de nouvelles destinées, a suspendu pour long-temps, dans ce pays, le cours des spéculations métaphysiques. L'intérêt que provoquaient autrefois les hautes conceptions de la pensée parmi les compatriotes de Schelling et de Hégel est aujourd'hui singulièrement affaibli, sinon totalement éteint. Sans parler de l'épuisement qui a dû suivre une époque signalée par de grands efforts pour résoudre des problèmes qui semblent dépasser la portée de l'intelligence humaine, les divisions qui ont éclaté au sein des écoles, les excès où se sont jetées les sectes nées de ces dissidences, les conséquences hardies et menaçantes pour l'ordre social, tirées par les disciples des principes posés par les maîtres, ont fait prendre en aversion et en dédain les théories et leurs auteurs. On s'est dégoûté de ces systèmes dont les esprits avaient pu se repaître sans danger tant qu'on n'avait pas songé à les appliquer. Les gouvernements se sont mis à les redouter et à les proscrire. La nation elle-même s'est inquiétée pour ses croyances. Les événements de l'ordre politique, le besoin des réformes, la nécessité sentie par les peuples et par les princes eux-mêmes de mettre les institutions plus en harmonie avec les principes du droit public qui doivent régir la société européenne, suffiraient d'ailleurs pour expliquer cette réaction contre les idées spéculatives. L'Allemagne est entrée dans une nouvelle phase de son histoire. Elle a quitté enfin cette existence contemplative si conforme à son génie et où elle s'est complue pendant tant d'années; elle s'indigne aujourd'hui de s'être laissée devancer par d'autres nations dans la carrière des améliorations sociales, de s'être laissée distraire d'elle même et de ses véritables intérêts, en prêtant l'oreille aux ingénieuses combinaisons de ses philosophes ou aux chants harmonieux de ses poètes. Peu s'en faut qu'elle n'en soit venue jusqu'à renier ses plus grands écrivains, ses penseurs les plus célèbres, et à oublier que le rang qu'elle occupe en Europe depuis un demi-siècle, elle le doit à sa littérature et à ses idées.

Quoi qu'il en soit des causes qui ont amené ce changement, est-ce bien à nous de nous emparer de ce que nos voisins délaissent, d'appeler l'attention sur des systèmes dont ils proclament eux-mêmes l'insuffisance et le danger, ou dont ils se détournent avec indifférence?

Si, d'ailleurs, nous reportons nos regards sur la France, les esprits ne paraissent guère mieux disposés à faire un accueil favorable aux théories, surtout à celles qui viennent du dehors. Au milieu de la lutte des partis et des inquiétudes de la politique, de la préoccupation générale qu'excitent les intérêts matériels, du déplacement des capitaux, des agitations de la bourse, du mouvement de la hausse et de la baisse, et du bruit des locomotives, quelle place peut être réservée aux méditations abstraites sur des problèmes qui ne touchent qu'aux choses de l'esprit ?

On eût pu croire, il y a quelques années, que la déplorable lutte qui venait de s'engager entre les défenseurs de la religion et les représentants de la philosophie, aurait au moins cet avantage de forcer les esprits à reporter leur attention sur des questions qui dépassent l'horizon du monde présent, et qui sortent de la sphère des intérêts positifs. Par malheur, cette controverse, éclose elle-même au sein des passions et des intérêts, a porté la peine de son origine. Elle n'a pu s'élever au-dessus de la région inférieure où elle avait pris naissance, se dégager de cette atmosphère épaisse et insalubre, qui obscurcit et aveugle les intelligences, étouffe les idées ou les empêche de prendre leur essor. Les questions religieuses et philosophiques ont été débattues dans l'arène des partis et avec leurs armes favorites. On n'a songé qu'à attaquer et à se défendre, à porter des coups à l'ennemi ou à cacher ses blessures et à voiler ses propres faiblesses, à décrier et supplanter ses adversaires, au lieu de redresser de véritables erreurs, de chercher à s'éclairer et à préparer, par de louables efforts, le triomphe de la vérité et de la religion. Polémique sans grandeur, souvent même sans sincérité, bien différente des hautes controverses auxquelles prirent part les théologiens et les philosophes d'un autre siècle, les Bossuet, les Arnaud, les Leibnitz. Aussi, quelle lumière a jailli de ce choc de passions haineuses et intéressées, de ces accusations sans bonne foi et de ces aigres récriminations? Quel problème philosophique ou religieux a marché? Quel progrès ont fait la raison et la foi? De quelle vérité découverte ou remise en honneur peuvent se vanter ceux qui n'ont combattu que pour assurer la victoire d'un parti et le succès de leurs vues ambitieuses? Quel doute a été levé dans les consciences? Quel nuage dissipé dans les esprits? Heureux si nous n'avons rétrogradé, si les questions ne sont pas obscurcies et embrouillées pour long-temps; si, maintenant que l'aigreur, la défiance, les préventions de toute sorte ont été semées, et ont profondément germé dans les ames, celles-ci ne sont plus mal disposées qu'auparavant à vouloir le bien et à accueillir la vérité! Aujourd'hui, il semble que les passions soient un peu calmées, mais ce n'est là qu'une trève momentanée. Rien n'annonce que l'on soit prêt à mettre de côté les animosités et les intérêts qui ont trop visiblement percé dans ces tristes débats, pour engager sur un terrain plus élevé ces discussions lumineuses, où président la franchise, l'amour de la vérité, le désir de s'éclairer, comme le zèle pour la cause de Dieu et la charité qui rapproche les ames au lieu de les éloigner. On s'observe avec défiance, en attendant que le moment soit venu de recommencer le combat avec des chances plus favorables ; ou l'on travaille à avancer ses affaires par des moyens qui, certes, n'ont jamais contribué à accroître ou à maintenir la puissance des idées, ni servi au triomphe de la foi et des véritables intérêts de la religion.

Au milieu de ces circonstances, la publication de quelques écrits philosophiques, dont la date remonte aux premières années de ce siècle, est, ce semble, pour le moins inopportune, et ne peut exciter un bien vif intérêt. Sans nous faire illusion à ce sujet, ni vouloir exagérer la portée de notre travail, nous envisagerons la question sous son point de vue général.

Pourquoi se donner tant de peine pour importer en France des théories et des doctrines sur lesquelles l'Allemagne, elle-même, porte un jugement sévère, et qu'elle paraît avoir abandonnées pour jamais ? Cette objection, en effet, est assez grave pour que nous lui devions une réponse. Elle sera nette et franche.

Nous pourrions nous contenter de dire: Ces systèmes sont des productions et des monuments de la pensée humaine. Ils ont joué un rôle important dans l'histoire des idées au siècle où nous vivons; ils ont exercé une grande influence, non-seulement chez la nation qui les a vus naître, mais aussi chez nous. Plusieurs des théories philosophiques qui se sont élevées en France, depuis le commencement de ce siècle, portent évidemment l'empreinte de la pensée germanique, et témoignent de cette influence; il est au moins curieux d'en connaître la source. D'ailleurs, comme toutes les créations de l'esprit humain, ces systèmes ont droit à être étudiés et appréciés. — Mais cette réponse ne nous suffit pas. Ce n'est pas seulement en historien ou en artiste que nous nous intéressons à eux, et que nous croyons devoir appeler sur ces doctrines l'attention de nos compatriotes; nous avons un motif beaucoup plus sérieux.

Ces systèmes ne sont pas du passé, mais du présent. Quoiqu'en apparence vieillis et discrédités, ils sont encore, qu'on le sache bien, pleins de force et de vie. Quand on les croit morts, ils règnent toujours sur la nation qui paraît s'être insurgée contre eux; ils n'ont pas même cessé d'étendre sur nous leur influence. Nous nous moquons d'eux, et nous subissons en partie leur domination. Nous avons ici à combattre quelques préjugés qui, pour la plupart, viennent des idées vagues ou fausses que l'on se fait généralement des systèmes philosophiques. On nous pardonnera d'insister sur ce point, vu son importance et la gravité des conséquences.

Qu'est-ce qu'un système philosophique? Un ensemble de solutions aux grands problèmes que la raison humaine s'est de tout temps posés sur les objets qui l'intéressent le plus, sur Dieu, la nature et l'homme; solutions qui toutes doivent découler d'un principe unique, naître d'une même idée, base du système entier. Il n'y a de système qu'à cette condition d'une idée fondamentale qui contienne en germe toutes les réponses aux questions partielles. Cette idée est une manière nouvelle et générale d'envisager les choses dans leur principe et leur essence. Sans elle, il n'y a pas plus de système, que de sphère ou de circonférence sans un centre d'où partent les rayons. Elle absente, il peut y avoir dans la science des vues particulières, des recherches de détail, des travaux d'histoire et d'érudition, mais point d'unité, d'esprit commun qui les inspire et les dirige. Sans elle aussi, il n'y a point de haute et durable influence sur les esprits, et l'on ne peut aspirer, je ne dis pas à gouverner son siècle, mais à fonder même une école qui mérite ce nom.

Si telle est la nature et la portée d'un système philosophique, et si tels ont été en effet tous les véritables systèmes, ceux de Pythagore, de Platon, d'Aristote, dans l'antiquité, chez les modernes, ceux de Descartes, de Leibnitz, de Kant, voyons comment un système succède à un autre, et, d'abord, si l'esprit humain peut se passer de système?

Nous ferons remarquer d'abord que cet état ne serait pas moins que l'anarchie dans le monde de la pensée. Or, l'anarchie est mortelle à la science comme à la société. Mais cet état n'est pas possible ; du moins, il ne peut exister d'une manière complète et absolue.

On s'imagine que quand un système a régné quelque temps et que ses défauts ont été mis à nu, que ses tendances dangereuses ont été dévoilées, son empire cesse, qu'il perd toute influence, qu'il abdique et se retire en attendant qu'un autre apparaisse à son tour et vienne paisiblement s'asseoir à sa place. Erreur grossière; il n'y a point d'interrègne entre les systèmes. L'esprit humain est toujours gouverné par quelqu'idée générale, à laquelle il s'attache comme à son étoile polaire; il la suit encore lorsque l'astre a commencé à pâlir ou ne lui offre plus qu'une lueur incertaine.

Sans doute, chaque système a son époque de jeunesse et de grandeur, puis son âge de vieillesse et de déclin. Mais qu'on ne le croie pas déjà vaincu et couché dans dans la tombe, parce qu'on a surpris en lui des symptômes de faiblesse ou de décrépitude, parce que, sur une foule de points, la critique a démontré ses erreurs et signalé les funestes suites qu'il entraîne après lui. Il y a deux manières de réfuter un système. La première est de faire voir la fausseté du principe et le danger des conséquences ; c'est la plus facile, mais aussi la plus inefficace. La seconde est de trouver un principe nouveau et plus vrai, qui donne aux questions une explication plus haute et plus satisfaisante. Celle-là est la plus difficile, mais c'est la seule vraiment efficace et qui puisse assurer la victoire. La première est bonne pour le sens commun, mais tout-à-fait insuffisante pour les savants et les philosophes. Jamais elle n'a forcé un système à se retirer de la scène philosophique, ni paralysé son action dans le monde des idées. Consultez l'histoire. Est-ce que les vices et les erreurs de la philosophie d'Aristote étaient totalement ignorés au moyen-âge? Ce serait faire tort à la clairvoyance des scholastiques, qui souvent ne manquaient pas plus de bon sens et de sagacité que beaucoup des modernes. Ils suivaient cette philosophie malgré ses défauts, parce qu'ils n'en connaissaient pas d'autre et n'avaient pas l'originalité nécessaire pour en faire éclore une nouvelle. Ils palliaient ces défauts, défiguraient, refaisaient Aristote, pour l'accommoder aux idées du temps et aux dogmes de la religion. Il en fut de même du platonisme, à l'époque dite de la renaissance, et plus tard du cartésianisme lui-même, lorsqu'il eut détrôné la philosophie scholastique et celle de l'antiquité. Certes, les esprits sceptiques, ou attachés à d'autres idées, n'étaient pas rares au xviie siècle. Les lumières et l'indépendance philosophique ne leur manquaient pas pour apercevoir les vices et les lacunes du système de Descartes, et en signaler les tendances, pour se moquer des tourbillons, des animaux machines, des esprits animaux, et même pour entrevoir le panthéisme de Spinosa sous la définition cartésienne de la substance. Et cependant cela n'a pas empêché que tous les grands esprits du grand siècle ne se soient ralliés à cette philosophie, n'en aient adopté la méthode et les principes généraux, que ceux-là même qui la combattaient, n'aient été souvent, à leur insu, animés, jusque dans leurs critiques, de son esprit le plus intime, et ne l'aient admise implicitement sur une foule de points, en la reniant dans son ensemble. Cela surtout n'a pas empêché qu'elle ne pénétrât partout, n'étendît son influence à tout, à la littérature comme aux sciences et à la théologie.

Mais la physique de Descartes tomba devant le système du monde de Newton qu'elle avait préparé. Sa métaphysique fut éclipsée par celle de Locke, et le système tout entier fut ébranlé, emporté, jeté hors de ses voies, lorsque d'autres problèmes, que le cartésianisme n'avait pas soupçonnés ou qu'il avait négligés et rejetés sur un plan inférieur, lorsque les questions sociales, politiques, esthétiques vinrent réclamer une place plus large et briser son cadre, changer le point de vue, ouvrir de nouvelles perspectives à la pensée et appeler d'autres solutions. C'est alors que parurent, après les philosophes du xviii° siècle, les hommes qui, en Allemagne, ont agité tous ces problèmes avec une grande audace et non pas sans quelque puissance de pensée et de génie, et leur ont donné des solutions aujourd'hui reconnues insuffisantes, mais, par malheur, non remplacées.

Ainsi en devait-il être, ainsi en sera-t-il toujours, parce qu'il n'est pas dans la nature de l'esprit humain de vivre sans système. Par conséquent, ce n'est pas assez de montrer qu'un système est mauvais, il faut en trouver un meilleur. Ceux qui se glorifient de ne n'avoir pas de système, ne font que proclamer orgueilleusement leur impuissance, et se draper à la fois de leur vanité et de leur misère.

Qu'on ne croie pas non plus que, pour renverser un système, il suffise de lui opposer des affirmations partielles, quelques solutions de détail à des questions qui ont leur importance, mais secondaires.

Le caractère d'un système est l'universalité, comme son essence est l'unité; un système partiel n'est pas un vrai système, et ne peut, dans tous les cas, prétendre à remplacer un système universel.

Un ensemble de vérités, sans un lien intime qui les réunisse et les rattache à un principe commun, ne doit pas davantage usurper ce titre et aspirer à un pareil rôle. Si ces vérités sont celles qui servent de base à la morale, à la religion et à la société, elles sont plus respectables, plus puissantes et plus durables que toutes les théories philosophiques. Il est beau de les enseigner et de réclamer leurs imprescriptibles droits contre les fausses interprétations des philosophes qui les nient, les défigurent ou les obscurcissent dans leur systèmes. Mais seules, isolées, non organisées en corps de doctrine, elles ne suffisent pas pour chasser un système et le remplacer. Pour avoir cette vertu il faut qu'elles soient coordonnées par une idée supérieure, et forment à leur tour un système qui réponde à l'état actuel des intelligences et à leurs besoins. Elles protestent contre les systèmes, et ne les supplantent pas. De pareilles protestations, excellentes pour éloigner de ces doctrines les hommes d'ailleurs peu soucieux de théories, restent sans effet sur les esprits spéculatifs. Ceux-ci sont toujours guidés par quelque principe secret ou raisonné, surtout dans ces opérations sourdes et vitales de la pensée qui influent d'une manière décisive sur les recherches de la science, et ne sont pas, non plus totalement, étrangères à nos déterminations dans la vie active. Ici, l'infériorité de ces vérités, vis-à-vis des systèmes, vient de ce qu'elles n'expliquent pas ce que ceux-ci, bien ou mal, expliquent ; elle vient de ce que certains problèmes, une fois posés par la raison, elle leur veut une solution, et, faute d'une meilleure, s'attache à celle qui existe, ou se laisse mener par elle, tout en la désavouant avec une parfaite sincérité. D'ailleurs, tant que cette solution supérieure n'est pas trouvée, le vieux système proteste à son tour, et renie les conséquences qu'on lui reproche. Il prétend qu'elles sont mal déduites, qu'on l'interprète à faux, qu'on lui fait dire ce qu'il n'a pas dit. Enfin, il vous défie d'expliquer autrement ce qu'il explique et ce que vous n'expliquez pas. Et rien ne vous sert de déclarer que votre prétention n'est pas d'expliquer, mais, d'abord, simplement de constater des faits et des vérités, que vous laissez à d'autres et à l'avenir le soin d'en découvrir la raison. Il vous dit qu'expliquer et rendre raison des choses est le but même de la philosophie; qu'un système qui constate et ne rend compte de rien, avant d'être vrai, devrait commencer par être, et qu'on n'est en effet philosophe qu'à cette condition. Il ajoute que, s'il est très utile d'observer des faits et de les analyser avec soin, c'est là simplement un travail préparatoire, non à proprement parler une œuvre philosophique; que, sous ce rapport, rien n'est fait tant que le principe qui doit réunir ces matériaux et les coordonner n'est pas trouvé; que sans cela ils restent épars sur le sol, attendant qu'une main plus habile viennent les employer; que, d'ailleurs, des matériaux ne font pas plus un système, que des pierres un édifice, des couleurs un tableau, un bloc de marbre une statue, des membres un corps vivant. Il va plus loin, il prétend, non tout-à-fait sans raison, qu'une idée doit présider même à ce travail, en apparence de pure analyse; il ne veut pas qu'on isole celle-ci tout-à-fait de la synthèse, ni l'expérience de la spéculation; il veut que les deux procédés marchent de front, et condamne à la stérilité toute méthode qui fait usage de l'un sans employer l'autre ou l'ajourne à un autre temps. Il n'imagine pas un architecte qui taille des matériaux sans avoir fait le plan de son édifice, un peintre qui broie ses couleurs sans avoir, au moins dans l'esprit, le sujet et l'esquisse de son tableau. Le poëte qui fait des vers, et dont l'imagination ne peut enfanter une composition poétique, n'est pour lui qu'un versificateur. Il se rit, se moque de vos fragments et de vos préfaces, qu'il qualifie dédaigneusement de rapsodies; et, sans contester le mérite et l'utilité des rapsodes, il attend qu'un Homère paraisse pour déposer entre ses mains le sceptre de la pensée que vous le déclarez indigne de porter.

Nous ne faisons ici que répéter ce qui, vingt fois, a été dit, il n'y a qu'un seul moyen efficace pour renverser un système, c'est d'en mettre un meilleur à la place. C'est l'éternelle fable d'Œdipe et du Sphinx. Pour tuer le monstre il faut résoudre son énigme, opposer solution à solution, une solution plus forte à une solution plus faible, non une négation à une affirmation, mais une affirmation plus vraie à une affirmation fausse ou qui n'est vraie qu'en partie; produire un dogmatisme savant, qui dépasse, sans les contredire, les vérités du sens commun; donner, non des réponses partielles à des problèmes partiels, mais des solutions universelles à des problèmes qui embrassent tout et s'impliquent les uns les autres. Il faut annoncer une idée nouvelle, prononcer un mot nouveau qui ait de la portée, une portée générale.

C'est ainsi que se combattent et se réfutent philosophiquement les systèmes philosophiques. C'est *l'ultima ratio* des philosophes, ces rois dans le monde des idées. Et cet argument, le seul décisif, n'a rien de brutal ; c'est le droit du plus fort, mais du plus fort par la pensée, le droit du génie. Si vous n'avez que d'autres armes contre lui, le système que vous croyez ébranlé par la base se rit de vos efforts ; il brave vos critiques et vos négations. Attaqué, décrié, tourné en ridicule, il tient tête à l'orage. Le vent agite ses rameaux sans se communiquer à ses racines. Il restera debout jusqu'à ce que le souffle puissant d'une nouvelle idée, sortie des profondeurs de l'esprit du temps, vienne l'enlever et jeter sur le sol son tronc desséché où la sève est tarie.

Qu'il en ait été, qu'il en soit, qu'il doive toujours en être ainsi, c'est ce qui est évident pour quiconque a la moindre idée de la nature des systèmes philosophiques et de leur histoire. Une autre loi non moins inflexible et qui est le corollaire de la précédente, c'est que non seulement le sceptre de la pensée ne tombe jamais en des mains débiles, mais ne peut retourner aux mains qui l'ont déjà porté, de Kant à Leibnitz, de Leibnitz à Descartes. Celui qui l'a, le garde jusqu'à ce qu'un plus jeune que lui, et à qui l'avenir appartient, vienne le lui arracher. L'esprit humain se fût-il fourvoyé quelque temps dans sa marche, ne peut retourner au point d'où il est parti il y a plusieurs siècles. Depuis lors des questions nouvelles ont surgi ; les anciennes se sont déplacées ; le terrain où elles se débattaient n'est plus le même ; le point de vue a changé ; le monde entier s'est renouvelé. Il ne suffit point de nous convier au banquet philosophique des sages de la Grèce. On y conversait sur des objets d'un éternel intérêt sans doute, et en une langue que nous comprenons encore. Mais aussi que de questions, des plus vitales de notre époque, dont les dialogues de Platon et les ouvrages d'Aristote ne disent pas un mot, ou qui y sont traitées d'un point de vue qui n'est pas le nôtre, ou enfin dont les solutions excitent le sourire des modernes ! Que de paroles échappées de la bouche du divin Platon seraient aujourd'hui relevées par un enfant, et apprêteraient à rire à nos écoliers, si elles ne réclamaient l'indulgence due au plus beau génie d'un autre âge ! Je veux bien aussi être reconduit à l'école de Descartes, mais à deux conditions : la première, c'est qu'il me sera permis d'adresser au père de la philosophie moderne, hélas ! sans orgueil, une demi-douzaine de questions qu'il n'a pas vues, ou dont il n'a pas soupçonné la portée, et qui tourmentent, bien autrement que son doute méthodique, les esprits élevés de notre siècle ; la seconde, c'est qu'il répondra au moins à quelques unes des objections qui ont été faites par ses successeurs, non aux grandes vérités qu'il a su si bien mettre en lumière dans ses ouvrages, mais à l'ensemble de son système, et qui l'ont renversé de fond en comble. Que l'on dégage de ce système et que l'on recueille ces impérissables vérités qui lui ont survécu, et qui, nulle part, n'ont brillé d'un aussi pur éclat que dans les immortels écrits des écrivains de cette école, je le conçois ; j'applaudis à cette œuvre et m'y associe de toutes mes forces. Mais que l'on veuille nous faire prendre le change, et prétendre ainsi tenir tête à des systèmes qui dépassent l'horizon du cartésianisme de toute l'étendue des idées amassées par deux siècles, c'est ce que je ne comprends plus. Je qualifie cette entreprise de vaine, de stérile, de contraire aux enseignements et à la logique de l'histoire que l'on prend tant de peine à mettre sous nos yeux.

Il y a, dans le pays qui se glorifie, à si juste titre, d'avoir donné le jour à Descartes, quelque chose de plus patriotique à faire, et de plus digne de la mémoire de ce grand homme, que d'essayer de le replacer sur un trône que d'autres ont occupé après lui, et sur lequel on n'ose s'asseoir soi-même : c'est de lui donner un véritable successeur. En attendant il faut se borner à lui élever des statues.

Toutefois, nous le reconnaissons volontiers, pour qu'un système s'établisse et prenne la place de ses devanciers, il faut que non seulement il apporte une idée nouvelle, plus féconde et plus vaste, en un mot qu'il les dépasse, mais aussi qu'il les contienne dans ce qu'ils avaient de vrai, dans ce qui faisait leur force et leur vitalité; car nous sommes de ceux qui font à l'humanité l'honneur de croire qu'il n'y a que la vérité qui puisse gagner les esprits et régner sur les intelligences. C'est par ce qu'elles ont de vrai que les doctrines philosophiques s'établissent et se soutiennent, comme c'est par leurs erreurs qu'elles succombent. Mais encore faut-il s'entendre sur la manière de dérober aux systèmes la vérité qu'ils recèlent, qui a fait leur vie et leur force.

Qu'on ne s'imagine pas qu'il n'y ait ici qu'à prendre, à démêler, à choisir, pour se parer ensuite de ces emprunts et se revêtir de ces dépouilles opimes, facilement conquises sur les héros de la pensée. Non; pour cela, il faut être soi-même un de ces héros, c'est-à-dire avoir assez de génie pour créer, de toutes pièces, un système plus fort et plus vrai que le leur, et par lequel vous puissiez les vaincre. Mais n'espérez jamais, par un choix habile, vous approprier la pensée de ces grands hommes et les idées qui font la base de leurs systèmes, encore moins, par une combinaison savante, les coordonner à un système nouveau.

Ne confondez pas, en effet, les vérités éparses dans les systèmes avec ces idées mères et génératrices. Celles-ci ne se choisissent pas, elles s'absorbent dans une idée supérieure. Or, cette idée ne naît pas elle-même à la suite d'une opération judicieuse de l'entendement où l'on aura déployé plus ou moins de patience et de sagacité. Elle ne s'évoque pas non plus par une autre opération qui rappelle l'œuvre des magiciennes; elle se forme dans la tête d'un homme de génie en commerce intime avec l'esprit de son siècle. Une fois née, elle s'y développe, par le travail d'une réflexion puissante, et, dans la fatalité de son évolution logique, elle organise un système complet, homogène dans son ensemble et ses parties, où trouvera naturellement place ce qu'il y a de vrai dans les autres systèmes, et qui, de cette façon, les contiendra, les résumera en les dépassant.

Cette force élective, elle est donc dans l'idée ; elle se manifeste par son développement, non par un procédé d'agencement et de choix raisonné. En se développant, elle s'assimile tout ce qui, dans les autres systèmes, lui est homogène ; elle accueille ce qui lui convient, rejette ce qui lui est contraire. Ainsi se fait le choix. Il est déjà fait, quand d'un œil rétrospectif le philosophe interroge les systèmes du passé. Il est effet et non cause, conséquence et non principe ; loin d'engendrer le système il en résulte. Ce n'est même pas un procédé, une méthode, c'est une vertu inhérente à l'idée qui fait la base des vrais systèmes. Ainsi, il faut retourner la proposition : Il n'y a pas de méthode éclectique, mais tous les véritables systèmes sont éclectiques. Cette puissance d'assimilation leur appartient à tous. L'éclectisme ainsi entendu n'est pas nouveau, il est aussi ancien que le second système qui a paru sur la scène philosophique et qui a renversé le premier. Platon a pris à Pythagore sa théorie des nombres en la développant par la théorie des idées. Aristote, qui combat les idées de Platon, les remplace par sa théorie des principes qui les reproduit sous une autre forme. L'éclectisme de Plotin et de Proclus a aussi son idée qui fit un choix entre tous les systèmes de la philosophie grecque et les doctrines religieuses de l'Orient et de la Grèce. Leibnitz résume et dépasse Descartes en substituant partout l'idée de la force à celle de la substance. Kant reproduit à la fois le point de vue de Socrate et de Descartes, en lui donnant plus de rigueur, d'étendue et de profondeur. Kant a été dépassé ; c'est probablement aussi que ses successeurs avaient quelque idée nouvelle qui leur a permis, non seulement de critiquer son système, mais de lui donner une place dans le leur. Si donc vous êtes en possession de quelque semblable idée, montrez-la ; n'en faites pas mystère, et qu'elle se nomme enfin ; car, quand elle existe, son nom est bientôt trouvé. Du reste, remettez-vous en à elle du soin qui vous préoccupe de démêler et de choisir, parmi les œuvres des philosophes anciens et modernes, ce qu'elles ont de bon et de rejeter les erreurs qui s'y mêlent à la vérité. Elle sera plus habile et plus clairvoyante que vous. Elle sera comme la force qui préside à l'organisation de la plante et du corps humain. Si elle vous manque, c'est en vain que vous interrogerez tous les systèmes passés ou présents pour en extraire des vérités et les combiner. Les combiner ! vous ne le tenterez pas même, vous resterez éternellement dans l'embarras du choix.

Enfin, pour achever cette longue prémisse, il ne suffit pas sur tout cela de professer à peu près toutes ces maximes. Ce qu'il faut, c'est de les appliquer. Il est inutile de faire des promesses que l'avenir se chargera de réaliser, en disant que l'on a mis au monde une méthode capable d'enfanter un système.

Nous avons fait voir que cette méthode repose sur un paralogisme. Une méthode, d'ailleurs, se justifie par ses résultats; elle est immédiatement féconde et elle prouve sa fécondité en mettant au jour une doctrine. Elle se révèle par ses œuvres, non par des promesses. Dans tous les cas, les autres systèmes actuellement constitués ne se retirent pas plus devant des promesses que devant des menaces. Comment voulez-vous qu'ils cèdent la place à l'embryon vingt fois avorté, qui n'a pas encore pu arriver à naître ?

« Ainsi donc, pour résister efficacement à des systèmes constitués, il faut un système constitué, homogène, prêt à dérouler devant eux la série de ses principes et de ses conséquences ; prêt aussi à leur montrer en quoi ils pèchent par leur idée fondamentale, et cela en confrontant celle-ci à une autre idée plus vaste et plus vraie, et en leur appliquant ce *criterium* supérieur. Alors ils se retirent et vous cèdent la place; alors aussi vous leur avez porté le coup mortel, et paralysé pour jamais leur action sur les intelligences.

Telle est l'idée que nous nous faisons d'un système philosophique ; tels ont été tous les véritables systèmes qui ont régné tour à tour, ou se sont disputé l'empire des intelligences aux diverses époques de l'histoire. Il nous reste à faire l'application de ces principes à la philosophie allemande.

Les systèmes de la philosophie allemande ont un avantage incontestable sur toutes les productions plus ou moins philosophiques auxquelles on a coutume, chez nous, de prodiguer ce nom : c'est que quels que soient leurs défauts, leurs erreurs, leur obscurité, ce sont de véritables systèmes. Prenez celui de Kant ou de Fichte, celui de Hégel ou de Schelling, vous reconnaîtrez sur-le-champ une idée qui l'a engendré tout entier, qui en est l'âme, le centre, et en fait l'unité : idée partout présente et partout féconde, d'où naissent la méthode, les divisions, les développements, les applications à toutes les branches des connaissances humaines, d'où rayonnent en tous sens des réponses bonnes ou mauvaises à tous les problèmes de la science. Ce système est non seulement un dans son ensemble et homogène dans ses parties, il est universel. Toutes les grandes questions sur la nature, Dieu, l'homme et leurs rapports, prennent place dans son cadre et s'y coordonnent d'elles-mêmes. On peut y signaler des vides, mais c'est plus encore la faute du philosophe que celle de son idée. S'il n'a pas abordé ou n'a fait qu'effleurer certains problèmes, le temps, la logique, les disciples se chargeront de réparer ces omissions et de combler ces lacunes. Comme ce système est universel et son principe d'une portée sans limites, son influence a été également universelle. Son apparition a produit un vif ébranlement sur les esprits ; son action s'est fait partout sentir, aux sciences, aux arts, à l'histoire. La littérature et la philologie elles-mêmes en ont éprouvé le contre-coup puissant; il a tout modifié, changé, renouvelé. Il n'est pas de question d'un si mince intérêt, qui, par lui, ne soit résolue ou au moins ne se trouve autrement posée qu'elle n'était, et susceptible d'être envisagée d'un point de vue nouveau. C'est là aussi le secret de la renommée dont jouissent les auteurs de ces systèmes. Peu d'hommes, même versés dans les matières philosophiques, sont en état de lire leurs écrits; moins encore les comprennent; beaucoup les attaquent sans les connaître; leur nom est assez généralement décrié; mais il est dans toutes les bouches. Leur pensée ayant puissamment influé sur celle de toute une époque, une place leur est marquée dans l'histoire universelle de l'esprit humain.

Aujourd'hui, nous le répétons, ces systèmes, qui ne se sont pas élevés sans contestation, qui, dès leur naissance, ont eu à essuyer de vives attaques, mais en ont momentanément triomphé, après avoir eu leurs jours de splendeur et de gloire, sont entrés dans une phase de décadence. La critique (celle que nous avons mentionnée la première) les a battus en brèche et harcelés pendant cinquante ans, et, malgré son impuissance à fonder, elle leur a porté plus d'un coup meurtrier, fait plus d'une blessure incurable. Le temps, d'ailleurs, qui fait vieillir les systèmes aussi bien que les hommes et les sociétés, a gravé sur leur front des rides profondes. Les idées ont marché, quoique d'une manière latente; les sciences particulières ont fait des découvertes ; l'expérience a révélé des faits nouveaux qui leur sont peu favorables. Ils ont eu l'irréparable tort de se mettre ouvertement en opposition avec le sens commun en des points graves où celui-ci jamais ne transige et où les systèmes sont forcés, tôt ou tard, de capituler. En un mot, ils sont convaincus de ne pas satisfaire, de tout point, la raison, et de répondre encore moins aux éternels besoins du cœur humain. Plusieurs conséquences hostiles à la morale, à la religion, à ce que le monde révère ou adore, ont été mises à nu par les adversaires ou hardiment démasquées par les disciples eux-mêmes. Les auteurs sont morts, les écoles se sont divisées et ont rendu le public témoin de leurs querelles intestines. Un seul de ces philosophes, celui dont nous publions quelques écrits, a survécu, et nous désirons voir sa veillesse entourée des hommages dus à son génie. Mais tout en reconnaissant ce qu'il y a de durable dans sa doctrine, on peut douter qu'il parvienne à la relever et à la restaurer, en lui faisant faire un pas nouveau au-delà du point où lui même, sinon d'autres, l'avait d'abord conduite et où il paraissait s'être arrêté. Dans tous les cas, cet événement n'a encore eu son existence ni officielle ni réelle. Par ce dernier mot, nous entendons un nouvel ébranlement donné à la pensée dans le pays qui en serait le théâtre.

Rien donc n'est plus facile que de montrer (quand on les connaît) les lacunes, les vices, les fâcheuses tendances de ces systèmes ; car de dire où ils pèchent radicalement en faisant subir à leur principe la confrontation d'un principe supérieur, c'est toute autre chose. Mais on peut, sans être aussi bon dialecticien que Socrate, les pousser à l'absurde sur bien des points, et, sans avoir la force comique d'Aristophane, nous égayer à leurs dépens en rajeunissant le thème classique, bien qu'un peu usé, des nuages de la Germanie. En cela il est aisé de faire briller sa logique ou son esprit, quelquefois aussi son ignorance et sa présomption. On peut aussi accroître sa réputation d'honnête homme auprès des gens de bien en prenant ces doctrines par le côté moral et en protestant avec indignation contre des conséquences que les auteurs désavouent non moins éloquemment, mais qui, peut-être, découlent en effet du principe. Il n'est pas même nécessaire d'avoir étudié bien à fond ces philosophes pour surprendre parmi leurs formules des propositions qui sonnent mal aux oreilles les moins susceptibles sur les choses divines, de les accuser de panthéisme, de lancer contre eux les foudres dont Spinosa aussi fut frappé, mais qui n'ont pas empêché son système de renaître de ses cendres. Enfin, on peut, en les voyant si mal famés, après avoir salué et annoncé leur grandeur naissante, courtisé leur génie et s'être paré des lambeaux de leur pourpre royale, les renier, déclarer que ces chefs de la philosophie contemporaine ont fait fausse route, critiquer savamment leur méthode dont on s'est approprié les résultats, rétrograder de deux siècles et se placer sous le patronage des penseurs dont le temps a mieux protégé la mémoire. C'est là, disent les uns, une tactique habile sous le feu trop vif et trop pressant de l'ennemi. Il est toujours beau, observent les autres, de reconnaître, même implicitement, ses erreurs de jeunesse. Pour nous, qui n'attachons à ces luttes qu'une importance secondaire, nous dirons : Plaise à Dieu que l'on trouve asile et sécurité dans ces forteresses ! Mais si l'on a su par là se ménager les moyens de reparaître avec avantage sur le champ de bataille des intérêts du siècle, n'a-t-on pas déserté celui des idées ?

On a aussi proposé d'autres doctrines, d'autres systèmes, mais ces prétendus systèmes n'ont jamais pu parvenir à s'organiser, à se formuler nettement et d'une manière complète. Ce sont des solutions partielles à divers problèmes très importants sans doute, mais sans portée universelle. Les questions sociales, industrielles, historiques ou religieuses y jouent un rôle exclusif, absorbent, effacent tout le reste, sont données comme l'objet suprême et unique vers lequel doivent tendre tous les efforts de l'esprit humain. La métaphysique, cette science générale des principes, y est oubliée, dédaignée ou ajournée, et, dans ce dernier cas, doit éclore du système qu'elle devait engendrer. Ici nous voyons une psychologie timide qui, du reste, nous nous plaisons à le reconnaître, a rendu à la science de véritables services, toujours occupée à dénombrer les faits de conscience, et qui, après trente ans de labeurs et de minutieuses analyses, en est encore à dresser le catalogue des facultés de l'esprit. Là ce sont de vieux systèmes que de laborieuses et intelligentes recherches font sortir de leur tombe, mais qui ne reparaissent que pour accuser notre impuissance et confondre la critique audacieuse qui ose appliquer à ces géants des mesures faites pour des tailles de pygmées. Ou bien ce sont ces anciens systèmes déguisés sous des formules modernes, avec des variantes et des additions, pour la plupart empruntées, sciemment ou non, aux théories étrangères ; l'ignorance chez les uns, chez les autres le soin pris d'avance de dénigrer ces philosophes et de les traiter en ennemis, suffisant à prévenir ou à calmer des scrupules, assez rares d'ailleurs, dans une époque vouée à l'imitation à un tel point qu'elle imite encore en s'imaginant créer. Ou, enfin, ce sont des lambeaux de théories, sans unité ni homogénéité, que l'auteur donne provisoirement comme des conceptions encore informes, des échantillons, des essais, avec promesse de trouver plus tard l'idée qui doit réunir et coordonner ces fragments, comme si cette idée, qui doit être la mère du système, pouvait naître après le fils à qui elle est censée donner le jour.

Cela soit dit sans que l'on puisse soupçonner la sincérité de notre estime, de notre admiration même, pour plusieurs de ces travaux et pour leurs auteurs. Autant que personne nous savons apprécier le zèle et la patience, l'érudition intelligente, le talent d'analyse et d'exposition, de critique partielle et négative, et enfin les qualités littéraires déployées dans ces recherches ou ces ouvrages, auxquels nous serons au moins redevables de la connaissance du passé, et qui ont aussi l'avantage de préparer l'avenir. Mais nos sentiments pour ces auteurs, dont plusieurs sont nos amis, et les égards que nous devons à d'autres, ne doivent pas faire fléchir la liberté de notre jugement. Nous ne reconnaissons dans ces travaux ou ces essais, aucun des caractères qui constituent un système philosophique. De vrais systèmes, nous n'en voyons nulle part autour de nous dans ce qui se donne ou est donné pour l'être. Aucune de ces productions ne nous paraît capable de soutenir une pareille prétention et de remplir les obligations qu'elle impose. Ces caractères, nous ne les trouvons que dans les systèmes qui marquent le développement de la philosophie allemande, et dont le nombre est fort restreint. Ils se réduisent à quatre, dont le nom vient à la bouche de quiconque cherche à articuler les degrés de ce développement. Ce sont ceux de Kant, de Fichte, de Schelling et de Hégel. Et encore faut-il simplifier cette liste, car tout le monde sait que les deux premiers représentent la même idée dans ses deux phases successives, et que les derniers, quelles que soient leurs différences profondes, et malgré les dissidences qui ont éclaté entre les auteurs et leurs écoles rivales, marquent l'avènement et la domination d'un même principe, différemment formulé et développé. Or, Kant est dé-

trôné ; il l'est par les moyens et de la manière que nous avons indiqués plus haut. Ses savantes et rigoureuses analyses subsistent et subsisteront toujours ; mais son système est tombé ; il est entré dans le domaine de l'histoire. Vainement, quelques rares et obscurs partisans cherchent-ils à le relever et à le ressusciter. Reste donc la philosophie de Schelling et de Hégel. Son règne est-il fini ? Nous ne répéterons pas ce que nous avons dit, et nous ne voulons pas entrer dans plus de détails. La question est très-simple et peut se résoudre en deux mots : Oui, leur règne a cessé si l'on nous montre le système qui leur a succédé ; non, si ce système n'existe pas. En Allemagne, en France, chez toute autre nation de l'Europe, nous ne voyons personne à qui, indépendamment des prétentions souvent ridicules de secte et d'école, on puisse, sans hésitation, accorder le titre de fondateur d'un système nouveau, et qui soit en état d'en supporter les onéreuses conditions. C'est parce que ce système n'existe pas, et que personne ne peut en nommer l'auteur, qu'il y a quelques années, celui de ces deux philosophes, qui vit encore aujourd'hui et qui fut le créateur de ce mouvement, déjà vieux, et après un silence de vingt-cinq ans, a pu, en prenant possession de la chaire occupée peu d'années auparavant par son rival, prononcer ces paroles avec un sentiment d'orgueil et une ironie mal déguisés : « L'homme qui,
» après avoir tout fait pour la philosophie, trouvait
» plus convenable de laisser à d'autres la liberté

» d'essayer leurs forces ; celui qui, en possession
» d'une philosophie, *non de celles qui n'expliquent
» rien*, mais d'une philosophie capable de résoudre
» les questions les plus pressantes et les plus ardem-
» ment agitées, et qui ne rompt aujourd'hui ce long
» silence que parce qu'un devoir irrésistible l'y oblige;
» cet homme a suffisamment prouvé qu'il était ca-
» pable d'abnégation, qu'il n'était pas travaillé par
» une imagination aventureuse.... Selon l'ordre natu-
» rel des choses, un autre plus jeune et à la hauteur
» de cette grande tâche devrait occuper ma place.
» Qu'il vienne, je la lui céderai avec joie. »

Cette invitation, ou plutôt ce défi du vieillard, porté du haut de la chaire la plus retentissante de l'Allemagne, et qui a été entendu de l'Europe entière, quelqu'un y a-t-il répondu ? Et certes, ce n'est pas que le respect pour les cheveux blancs du patriarche de la philosophie allemande, ou pour sa gloire passée, ait enchaîné la langue ou retenu la plume des sectateurs des autres écoles. La critique de nos voisins qui, on le sait, ne se pique pas toujours d'être polie, ne lui a épargné ni les sarcasmes ni les injures. La théologie Kantienne lui a lancé un énorme pamphlet. L'école Hégélienne, qui compte dans ses rangs beaucoup d'hommes distingués, s'est bornée à le défier à son tour de se dépasser lui-même. Mais un enseignement rival, plus jeune et plus fort, analogue à celui qui obligeait Platon, dans les dernières années de sa vieillesse, de paraître plus rarement dans l'Académie, s'est-il élevé à côté du sien ? Depuis 1841, date déjà vieille du discours dont ces paroles sont extraites, a-t-il été prononcé, soit à Berlin, soit dans quelque autre des nombreux foyers de la science germanique, un de ces mots significatifs qui ferment une école et en ouvrent une autre, et qui s'inscrivent en tête d'une nouvelle page de l'histoire de la philosophie ? Non, que nous sachions. Aussi Schelling a essuyé le feu de cette critique railleuse et impuissante sans en paraître beaucoup ému ; et aujourd'hui il parle de ses adversaires plus dédaigneusement que jamais (1). La philosophie allemande ou se tait ou se livre à des travaux de détail plus ou moins estimables, mais sans portée. Ou elle attaque, raille et nie, s'enveloppant elle-même dans les négations de son voltairianisme anti-national (s'il ne doit être qualifié plus sévèrement), anachronisme dont riraient à coup sûr les contemporains du grand Frédéric.

Que les ennemis de la philosophie ne se hâtent pourtant pas de triompher de l'abaissement où celle-ci est tombée dans un pays où elle fut si long-temps florissante. Bien qu'affaiblie et divisée, son action est encore toute-puissante. Elle règne par son esprit, sinon par la lettre, et surtout par les habitudes auxquelles elle a façonné les intelligences pendant la longue période de sa domination incontestée. Sans parler d'une foule de disciples avoués et de partisans

---

(1) Voyez sa préface aux écrits posthumes de Steffens, 1846.

qui continuent ou défigurent la pensée traditionnelle des maîtres, sans même compter les esprits beaucoup plus nombreux encore qui visent à l'indépendance et à l'originalité, et dont les écrits sont, d'un bout à l'autre, défrayés par la pensée mal déguisée de ces philosophes; les adversaires eux mêmes les réfutent avec les idées qu'ils leur empruntent, souvent avec leurs propres formules. Les hommes les plus attentifs à épurer leur langage de toute expression qui rappelle leur terminologie succombent plus d'une fois à la force de l'habitude ou de l'exemple. Aussi, le public, qui ne s'y trompe pas, classe les auteurs, malgré eux, dans telle ou telle école, sans excepter ceux qui protestent n'avoir pas d'idées, mais qui ne peuvent s'empêcher d'avoir des tendances. Jurisconsultes, historiens, philosophes, poètes même, sont forcés de courber la tête sous ces épithètes, indices d'un servage qui dure toujours. Et, de fait, il ne s'écrit pas en Allemagne vingt pages sur la philosophie, l'histoire, la littérature, la religion et la politique où l'on ne reconnaisse la pensée encore vivante de ces hommes qui ont tout agité, tout remué, qui ont étendu à tout, fait partout pénétrer la vertu dominatrice de leurs formules. Vous retrouverez celles-ci dans les plus vulgaires débats de la politique et de la littérature, jusque dans les feuilletons et les romans. A plus forte raison, cet esprit doit-il se montrer avec toute sa force dans les controverses religieuses qui ont repris une nouvelle importance depuis quelques années. Le conseil municipal de la ville de Berlin, dresse ses suppliques au roi en un style que n'auraient désavoué ni Fichte ni Hégel; et le fond, certes, ne dément point la forme.

Quant à nous qui, selon notre éternelle coutume, rions de tout cela, et qui sommes d'autant plus assurés d'être hors de l'atteinte de ces idées et de ces systèmes, que nous nous vantons de n'y rien comprendre et les déclarons inintelligibles, est-il bien sûr que leur obscurité, d'une part, et notre bon sens, de l'autre, nous aient suffisamment protégés ? Personne, je pense, n'oserait le soutenir pour le passé. Nous ne voulons point chicaner sur le degré de cette influence, manifeste en beaucoup de points à tous les yeux, moins visible en une infinité d'autres, mais reconnaissable encore à des regards un peu exercés, qui ne se laissent point abuser par quelques changements de forme, commandés par notre esprit et nécessaires pour les faire admettre.

Mais nous soutiendrions la gageure même pour le présent. Sous peine d'être déclaré visionnaire, nous nous ferions fort de montrer l'esprit, quelque fois la lettre, partout l'empreinte de ces doctrines, dans les productions de notre époque, où l'on s'attendrait le moins à les trouver. Nous les surprendrions peut-être, pour ne pas dire certainement, et surtout, dans les écrits qui leur sont le plus hostiles, précisément parce qu'on ne se heurte que quand on se touche, et que l'on parcourt la même voie. Pour quiconque sait comment s'importent les idées, comment ces voyageuses ailées traversent les frontières, sans se laisser plus arrêter par les cordons sanitaires de la littérature négative, que par les montagnes et les fleuves; avec quelle facilité elles changent de costume et se métamorphosent; par quelles portes cachées elles pénètrent dans les esprits les plus en garde contre elles, les surprennent, s'y logent, les dominent et les obsèdent quand ils réagissent, se débattent, et luttent contre elles, ou enfin, prennent la plume pour les réfuter, il n'y a là ni vision ni subtil paradoxe, mais un fait général, dont l'application au cas particulier pourrait se démontrer par l'analyse des principales productions des arts et de la littérature actuels. Ce serait le sujet d'un travail piquant auquel ne manquerait même pas tout-à-fait le sérieux, mais qui ne peut trouver ici sa place.

En résumé, ces systèmes ont au moins un avantage très grand, décisif à nos yeux, sur tous ceux dont on peut contester l'existence ou qui ont été, c'est *d'être*; c'est de renfermer la dernière solution que la raison ait donnée aux questions qui l'intéressent souverainement et se mêlent, à notre insu, même à nos débats journaliers où elles paraissent le plus étrangères.

A ce titre, comme représentant le dernier grand effort de l'esprit humain pour atteindre à la solution de ces problèmes, ils exercent une influence générale, universelle; ils continueront de l'exercer jusqu'à l'avénement d'un système nouveau, plus fort et plus vrai, qui, par le seul fait de son existence, leur fournisse la preuve sans réplique qu'ils ont cessé d'être, et qu'ils appartiennent à l'histoire.

Les choses étant ainsi, que doivent faire ceux qui, comme nous, voient mieux que personne les vices de ces systèmes, mais qui ne voient pas moins la nullité philosophique de ce qu'on leur oppose, qui enfin n'ont point la prétention d'être destinés à enfanter celui qu'ils appellent de leurs vœux? Travailler au moins à en hâter l'avénement. Mais comment? En reproduisant des critiques désormais inutiles et, dans tous les cas, insuffisantes? Non; mais en appelant l'attention des hommes sérieux sur les œuvres mêmes de cette philosophie, en dirigeant sur elle toutes les puissances de l'esprit, dans ce pays où elle est encore si peu connue; en montrant ces doctrines et ces théories, non telles qu'on les imagine pour se donner le plaisir de les réfuter, mais telles qu'elles sont en réalité, en les faisant connaître d'une manière complète dans leur fond et leur forme. Nous voudrions ainsi préparer et susciter une critique puissante et féconde, non semblable à celle qui leur rend service et perpétue leur domination par une censure ignorante, des attaques maladroites ou des accusations exagérées, mais qui, au lieu de frapper à côté ou par derrière, ose les regarder en face et se mesurer avec elles avec les armes de la science et de l'esprit; non celle qui croit les supplanter en éludant les questions qu'elles ont au moins le mérite d'avoir franchement abordées, mais celle qui reprendra un à un tous ces problèmes, les traitera d'un point de vue plus élevé et leur donnera de meilleures solutions. Cette critique vraiment philosophique est encore moins celle qui s'exerce sur leur épiderme, en leur décochant quelques épigrammes, *tela sine ictu*. Celle-là doit pénétrer au fond de leurs entrailles pour en arracher les idées qui sont leur principe de vie et de durée. Maîtresse de ces idées par la vertu et le droit d'une idée supérieure, elle saura démêler en elles le vrai du faux, les corriger, les redresser, les expliquer elles-mêmes, comme ce ce dont elles ont inutilement tenté de rendre compte. Elle créera ainsi une doctrine plus solide, plus large et plus vraie, plus capable de satisfaire la raison et les besoins du siècle, et aussi d'interpréter, sans les détruire, des croyances qui ne peuvent périr. Nous nous estimerions heureux d'avoir contribué à lui fournir l'une des deux conditions nécessaires pour élever ce système, la connaissance du présent encore plus que celle du passé, après le génie que Dieu seul peut donner. Plus heureux serions-nous encore si ce système devait éclore dans la patrie de Descartes !

Exoriare aliquis.....

II.

Des écrits contenus dans cette publication.

Cette publication a encore un autre but. Sans doute, nous avons voulu contribuer à faire connaître et apprécier un système dont on a beaucoup parlé en France sur ouï-dire, et qui est encore à-peu-près ignoré, malgré la renommée de son auteur. Ces écrits, les plus propres en effet, selon nous, à donner à des lecteurs français une idée exacte, quoique générale, de cette philosophie, se recommandent, à nos yeux, par un autre mérite. Bien que composés à une autre époque, ils renferment une énergique protestation contre les tendances que nous signalions tout-à-l'heure dans la nôtre. Le premier, surtout, et le plus important : *Les leçons sur la méthode des études académiques*, a été inspiré, d'un bout à l'autre, par la pensée de réagir contre l'esprit étroit et positif qui régnait alors dans les universités, ce foyer de la vie intellectuelle en Allemagne. L'auteur y combat, avec une force et une hauteur de vues qui n'ont été nulle part égalées, l'absence d'idées et de principes qui caractérisait l'enseignement de la plupart des sciences : le défaut d'unité, la manie de la division et du morcellement, poussée jusqu'à un ridicule excès, un grossier empirisme, qui ne sait s'élever au-delà des faits et se traîne péniblement sur les expériences, qui, contestant au génie sa faculté divinatrice, et à la raison ses conceptions *a priori*, coupe les ailes à la pensée et refuse à l'esprit la puissance qu'il a de devancer souvent l'observation, de la féconder toujours; qui, en tout, préconise la pratique, dénigre la spéculation et ne sait apprécier les résultats de la science qu'en les soumettant à la règle de l'utile. Il n'attaque pas avec moins de véhémence et de succès un autre genre de rationalisme, en apparence plus recommandable, qui, cherchant à tout ramener au but religieux et moral, conteste à la science et aux arts le privilège d'avoir, en eux-mêmes, leur fin propre, méconnaît leur vraie destination, celle de poursuivre la vérité et de réaliser le beau, leur ôte ainsi la liberté, qui est leur vie même, et sans laquelle ils ne peuvent ni enfanter de grandes découvertes ni produire des œuvres originales. Toutes ces prétentions et ces tendances ne sont, malheureusement, pas propres à l'époque et à la nation chez lesquelles l'auteur les signale et les dénonce. Elles ont pris parmi nous, dans les idées et les mœurs contemporaines, une force, une universalité qu'elles étaient loin d'avoir alors, quand des hommes comme Fichte, Schelling, Goëthe, Jean Paul et tant d'autres, protestaient contre elles par leur éloquente parole, et, plus encore, par leurs œuvres et l'autorité de leur génie. Elles ne sont pas, comme alors, le partage exclusif des esprits bornés et vulgaires; elles ont gagné les plus rares intelligences;

elles se font jour dans les productions et les ouvrages des écrivains, des artistes, des savants les plus distingués. Nous voudrions pouvoir dire que ceux-là même qui sont spécialement appelés à réagir contre elles, que les hommes éminents, dont les travaux ont rendu d'ailleurs le nom justement célèbre, et qui ont reçu de l'État la haute mission de veiller sur la direction des établissements destinés à propager le goût pur et désintéressé de la science, des arts et de la littérature, sont restés totalement étrangers à cette influence.

A défaut d'autre résultat, nous avons voulu, au moins, faire partager à quelques lecteurs d'élite le plaisir que nous fit éprouver la lecture de cet écrit, la première fois qu'il tomba dans nos mains, et que nous trouvâmes les idées et les sentiments dont nous étions nous-même vivement préoccupé, si bien exprimés par un penseur de cet ordre, qui sait joindre à la hauteur des vues un style non moins élevé, concis, éloquent, souvent coloré par une imagination poétique. Si l'auteur excelle à mettre à nu l'impuissance de la pratique et de l'expérience séparées de la spéculation, nous ne voudrions pas dire qu'il n'exagère pas l'idée favorite de son système, et ne fait pas (ce qu'il paraît avoir reconnu depuis) la part trop faible à l'expérience. Mais il montre à merveille la stérilité et l'immobilité des sciences dépourvues d'idées générales, errant au hasard, ramassant çà et là quelques vérités de détail, incapables de s'élever aux grandes découvertes et aux fécondes inventions. Il n'est pas moins heureux, lorsqu'il poursuit, de sa verve satyrique, les faux philanthropes et les apôtres de l'utile, comme il les appelle. Le sarcasme et l'ironie, en effet, ne sont pas ménagés dans ces pages ; et, si la forme, qui est plus polémique que didactique, nuit souvent à l'exposition des idées, elle a contribué, avec l'éclat du style, aux succès de ces leçons et à celui du livre qui les reproduit. Ce livre fit une vive sensation au moment où il parut, et il a été plusieurs fois réimprimé depuis. Nous avons pensé que dans les circonstances actuelles, surtout, quand les questions relatives au haut enseignement sont à l'ordre du jour, une traduction des *Leçons sur la méthode des Études académiques*, malgré les vues systématiques propres à l'auteur, pourrait avoir son à-propos, et n'être pas sans effet, même sur des lecteurs français.

Quant au système, il ne faut pas s'attendre à en trouver ici une exposition complète et régulière. Les Leçons sur la Méthode des Études académiques contiennent, il est vrai, les idées de Schelling sur les points fondamentaux de la science, et sur les principales branches des connaissances humaines. Sous ce rapport, elles ont un caractère encyclopédique. Mais aucune de ces idées n'est développée. Les questions de méthode, ainsi que l'exigeait le plan du livre, occupent la place la plus considérable. Sur tout le reste, les solutions ne sont qu'indiquées. Le système, dans ses principales divisions, est à peine esquissé. La polémique joue d'ailleurs un trop grand rôle pour permettre une exposition calme et suivie. Cependant, de tous les écrits de Schelling, les Études académiques sont celui qui, à notre avis, donne l'idée la plus fidèle de sa philosophie. On sait que, sur les points particuliers, Schelling a plusieurs fois modifié ses conceptions. Sa pensée a parcouru diverses phases. La dernière, en particulier, n'aura obtenu sa véritable manifestation que quand l'illustre professeur aura publié lui-même les résultats du cours qu'il professe depuis quelques années à Berlin. Nous avons dû choisir celui de ses ouvrages qui, par sa généralité même, est resté le plus étranger à ces variations, qui représente le mieux l'esprit et l'ensemble de sa doctrine.

Ce que nous connaissons, du reste, du nouvel enseignement de Schelling ne nous paraît pas, ainsi qu'on l'a prétendu, contredire son ancien système. Au contraire, si nous en jugeons par un écrit récemment échappé de sa plume (1), non seulement il n'a point changé les bases de sa doctrine, ainsi qu'il l'a déclaré formellement dans son discours prononcé à Berlin en 1841; mais il ne fait que développer toute une face de son système qui était restée dans l'ombre, et dont les premiers linéaments sont déjà déposés dans les huitième et neuvième leçons des Études académiques. Nous ne contestons pas ce qu'il peut y avoir

---

(1) Sa Préface aux écrits posthumes de Steffens.

de nouveau et d'original dans des conceptions élaborées depuis quarante ans par un esprit aussi fécond et aussi hardi ; mais nous retrouvons maintenues plusieurs des vues émises en 1802. En attendant que l'auteur nous donne, dans l'ouvrage impatiemment désiré, qu'il promet au public depuis plusieurs années, les rectifications et les développements de ses anciennes théories, nous avons pensé qu'il suffisait d'éclaircir et de compléter quelques uns des points les plus importants, traités dans ces leçons, par des extraits empruntés à d'autres ouvrages de la même époque. Encore avons-nous dû être sobre dans ce choix.

Il est cependant une partie du système de Schelling que nous avions à cœur de faire connaître d'une façon plus complète, tant parce qu'elle est chez nous la plus ignorée, que parce quelle se rattache à un travail entrepris par nous depuis quelques années, sur une branche spéciale de la philosophie allemande. Nous voulons parler de la *Philosophie de l'art*. Ainsi que nous le ferons voir dans une dissertation à part, destinée à exposer et apprécier les idées de Schelling sur l'art, et à montrer l'influence qu'elles ont exercé sur les théories esthétiques au xix° siècle, Schelling n'a pas seulement introduit un point de vue nouveau dans la manière d'étudier le monde physique et fondé une philosophie de la nature ; du même coup il a changé la manière d'envisager l'art et renouvelé cette branche si intéressante de la philosophie, ou, pour mieux dire, il l'a créée une seconde fois. Personne au moins ne conteste que l'esthétique n'ait reçu de lui une puissante et féconde impulsion. Nulle part cependant il n'a développé ses vues sur l'art d'une manière complète et systématique. Sa manière d'envisager l'art en général et la place qu'il occupe dans le développement de l'humanité a été consignée à la fin du *Système de l'idéalisme transcendental*. En ce qui touche à des points plus spéciaux, sa pensée ressort d'une foule d'endroits de ses autres ouvrages. Mais c'est surtout le *Discours sur les arts du Dessin dans leur rapport avec la nature*, qui contient le développement de sa théorie, et ses applications à quelques unes des questions qui intéressent les arts en général, la sculpture et la peinture en particulier. Ce discours n'est pas moins remarquable par la forme que par le fond, par la richesse et l'éclat du style, que par la profondeur et l'originalité des idées. C'est un des morceaux les plus brillants de la prose allemande. Schelling, qui s'est si souvent montré non moins poète que philosophe, s'y place à côté des grands écrivains de cette époque si féconde en chefs-d'œuvre de tout genre. Nous nous sommes efforcé de le faire passer dans notre langue, malgré les difficultés qui l'ont fait regarder comme peu susceptible de se prêter à une traduction française (1).

---

(1) M. Matter, dans son écrit sur Schelling, s'exprime ainsi, page 22 : « Le discours sur les rapports des beaux-arts avec la nature est peut être celui de tous ses ouvrages qu'on ferait connaître le plus utilement en France, mais il ne faudrait pas essayer de le traduire. » Il était traduit lorsque l'auteur écrivait ces lignes. C'est aux connaisseurs à juger si nous avons été trop téméraire.

Il se plaçait naturellement à la suite de la dernière leçon, sur l'art, qui termine les Études académiques.

Nous avons également traduit un morceau *sur Dante*, qui contient, en peu de pages, des idées originales et d'une haute portée sur la poésie moderne, et une appréciation philosophique du plan et de la structure intérieure de la *Divine Comédie*. Ce petit écrit, qui se recommande aussi par un style brillant et animé, faisait une suite naturelle au Discours sur les Arts du Dessin.

Nous avons complété cette publication par deux morceaux empruntés, l'un au grand critique que l'Allemagne a perdu récemment, W. de Schlegel, l'autre à Goëthe. Bien que le premier de ces fragments soit antérieur au Discours sur les Arts du Dessin, et que l'auteur constate lui-même cette priorité, il est trop évident que l'idée principale, dont il fait honneur à un écrivain peu connu (Morritz), p. 397, que cette manière nouvelle et supérieure d'envisager l'art et la nature appartient à la nouvelle philosophie. C'est elle qui a éclairé et inspiré le critique, peut-être à son insu, et lui a fourni le criterium avec lequel il juge les autres théories. Nous avons cru que le morceau tout entier, écrit avec esprit, élégance et lucidité, pouvait servir avantageusement de commentaire à quelques endroits du Discours sur les Arts, que le philosophe n'a pas cru devoir développer. Le dialogue de Goëthe, *sur la vérité et la vraisemblance dans les œuvres d'art*, a moins d'importance ; mais on y trouve aussi, sous une forme dramatique, une spirituelle réfutation du système absurde et grossier de l'imitation de la nature, et de l'illusion comme source des jouissances que nous font éprouver les beaux-arts.

Nous ne cherchons pas à le dissimuler, un des principaux caractères qui ont désigné ces divers écrits à notre choix, c'est la forme littéraire. Les *Études académiques*, le *Discours sur les Arts du Dessin*, le morceau *sur Dante*, sont les seuls écrits de Schelling où ce philosophe ait consenti à ne pas exprimer sa pensée sous des formes métaphysiques, et se soit rapproché du langage vulgaire. Encore ne voudrions-nous pas répondre que, dans plus d'un endroit, nos lecteurs ne désirassent moins de laconisme, des termes plus explicites, à la fois moins abstraits ou moins figurés. Toutefois, ces défauts, qui tiennent en partie à la manière habituelle et au style de l'auteur, en partie à ce que le professeur s'adressait à un auditoire déjà familiarisé avec ses idées, ne sont pas tels qu'on ne puisse généralement saisir sa pensée sans grande contention d'esprit et sans autre préparation qu'une connaissance générale de l'idée qui sert de base au système. Si, sous ce rapport, nous avons préféré ces écrits à d'autres du même philosophe, qui offrent un caractère plus scientifique et plus ésotérique, ce n'est pas que nous ayons visé à la popularité ou fui des difficultés qui sont plus en réalité pour le lecteur que pour le traducteur (il est en général plus facile de calquer des formules métaphysiques que de traduire des ouvrages qui ont un mérite de style). Nous nous sommes déterminé par un autre motif sur lequel nous prions qu'on veuille bien nous permettre quelques réflexions.

Il nous a semblé que dans les tentatives, très-louables d'ailleurs, qui ont été faites pour propager, par des traductions, la connaissance des principaux systèmes de la philosophie allemande, on a généralement suivi une marche peu naturelle. Sans doute, la clé de ces systèmes est la métaphysique, et, si l'on s'est proposé de nous livrer, tout d'abord, leur secret, de nous faire pénétrer dans leur nature intime, de nous en donner l'intelligence complète, on a bien fait de suivre cet ordre qui est l'ordre logique des idées et celui de la formation des systèmes.

A ce point de vue, les premiers ouvrages qui devaient stimuler le zèle des traducteurs étaient, après la *Critique de la raison pure* de Kant, la *Doctrine de la Science* de Fichte, le *Système de l'Idéalisme transcendental* de Schelling, la *Logique* de Hégel. Mais quand on a pour but d'initier un peuple aux idées d'un autre peuple, surtout en pareilles matières, il est un ordre plus impérieux que celui de la logique elle-même, c'est celui qui est commandé par l'état des esprits auxquels on s'adresse. On a oublié qu'il s'agissait d'un enseignement, et que tout enseignement, entre les nations comme entre les individus, est en effet une initiation. Or, ici, la méthode est précisément l'inverse de la précédente. On est forcé d'aller, non de l'abstrait au concret, mais du concret à l'abstrait, de l'exotérique à l'ésotérique, de la circonférence au centre, non du centre à la circonférence. Avant de nous conduire dans le sanctuaire de la métaphysique allemande, il fallait nous faire passer par le portique et visiter à loisir les galeries. Autrement, on s'expose à effaroucher et à rebuter des esprits encore peu habitués à ces formules et prévenus contre ce qu'on est convenu d'appeler le jargon de la métaphysique. Il faut l'avouer, malgré les efforts qui ont été tentés pour nous mettre au fait de quelques uns de ces systèmes, nous sommes encore peu familiarisés avec les constructions abstraites, avec le langage et la terminologie de ces philosophes. Tout cela est tellement contraire aux habitudes de notre esprit et au génie de notre langue, que l'on peut douter si de consciencieuses et intelligentes analyses ne remplaceraient pas, avec avantage, des traductions textuelles, inévitablement barbares, quels que soient l'intelligence et le talent des traducteurs. Selon nous, les livres qui doivent être avant tout traduits, ce sont ceux qui peuvent l'être sans que le traducteur soit mis dans la fâcheuse nécessité de faire violence au texte étranger ou à sa propre langue.

Une autre raison décisive à nos yeux, pour traduire cette classe d'ouvrages, c'est que rien n'en peut remplacer la traduction; c'est que, par la nature même de leur contenu comme par la forme qui les distingue, ils échappent à toute analyse, et restent en dehors des moyens par lesquels on peut chercher à faire connaître le système d'un philosophe et ses idées. C'est ce dont il est facile ce se convaincre par un examen rapide de ces moyens.

Je ne parle pas des expositions de la philosophie allemande, qui se font en vingt pages, dans un article de journal, de revue, ou de dictionnaire. Il est clair que dans de pareils cadres il n'y a place que pour les généralités. L'auteur est dispensé de descendre dans les détails. Il peut, tout à son aise, traduire à son tribunal tel ou tel de ces philosophes, ou tous ensemble, les juger, les condamner, affecter vis-à-vis d'eux des airs de supériorité, sans connaître à fond aucun de leurs systèmes, sans peut-être même avoir lu d'un bout à l'autre un seul de leurs écrits. Quatre ou cinq formules, qui sont partout en circulation, lui suffisent pour faire leur procès en forme et les juger en dernier ressort. C'est montrer peu d'égards envers les princes de la philosophie.

Un autre procédé plus grave, mais dont on ne doit guère plus attendre en faveur de cette classe d'ouvrages, que nous nous permettons de recommander aux traducteurs, est celui de ceux qui, dans un intérêt de secte ou de parti, et avec un esprit évidemment hostile aux systèmes qu'ils entreprennent d'exposer et de juger, peut-être même à toute philosophie, choisissent un de ses principaux représentants, *ab uno disce omnes*, et prennent à tâche de nous le faire connaître par une ample et soigneuse analyse, de nous introduire dans tous les compartiments de son œuvre, de nous conduire dans les détours de ce labyrinthe et de nous en expliquer, à chaque pas, les énigmes. Or, le but étant moins d'éclairer le lecteur sur la nature et la véritable portée du système que de l'en dégoûter et de lui épargner la fatigue de l'étudier à fond, ainsi que tous ceux qui appartiennent au même mouvement d'idées, il faudrait avoir bien du malheur pour ne pas conduire à bien une pareille entreprise et ne pas la voir couronnée d'un plein succès.

Ce qui caractérise de telles expositions, c'est d'abord l'affectation d'une grande fidélité matérielle. Seulement, après cinq ou six cents pages, le premier mot reste à dire sur le sens véritable de la doctrine et sur l'idée qui en fait le fond. L'esprit est absent. Vous avez assisté à la dissection d'un cadavre. Que dis-je ? c'est un squelette que vous avez sous les yeux ; car, on a eu soin de supprimer tout ce qui pourrait encore lui donner quelqu'apparence de vie. Les développements, les aperçus ingénieux, tout ce qui peut réhabiliter un auteur aux yeux des hommes sensés, peu soucieux d'idées spéculatives et qui jugent un système ou s'intéressent à lui en raison de ses applications fécondes au droit, à l'histoire, aux beaux-arts, tout cela est retranché, abrégé, réduit aux proportions les plus mesquines. En revanche, vous êtes rassasié de métaphysique et de formules dont vous n'avez pas le sens, et qui font un effet bizarre et ridicule. Il arrive ainsi que l'on a extrait des ouvrages d'un philosophe sa

D

propre satire et que, sous le nom d'histoire, on a fait contre lui un gros pamphlet, arsenal ouvert à quiconque, partageant la même sympathie pour lui et ses pareils, ignore sa langue, et ne se sent pas aussi bien initié à l'intelligence de ses doctrines. Pour le lecteur qui voulait s'éclairer, il a une énigme de plus à résoudre, celle de savoir comment toute une grande nation peut avoir admiré de telles extravagances et décerné la renommée à leurs auteurs. — La moralité, pour les esprits profonds, c'est un exemple de plus des bizarreries de l'esprit humain.

Quant aux travaux vraiment sérieux entrepris dans le but de faire connaître ces théories, et le vaste mouvement philosophique auquel ils appartiennent, nous sommes loin assurément de contester leur importance et leur utilité; mais le plan selon lequel ils sont conçus et les conditions de leur exécution, s'opposent à ce qu'une place digne et suffisante y soit accordée aux écrits dont nous parlons et aux idées qu'ils renferment. L'auteur qui expose et apprécie la série de ces systèmes, et chacun d'eux en particulier, doit surtout s'attacher aux principes généraux qui en sont la base, faire ressortir leur liaison et leur enchaînement. C'est donc la partie métaphysique qui doit encore ici dominer. On reproduit très-bien les grandes divisions de cette philosophie. On nous montre ses racines, son tronc et ses branches principales ; mais ses dernières ramifications et sa riche efflorescence sont perdues pour nous. Ce qu'il y a de vivant, d'original dans la pensée de l'auteur et les vues de détail qui n'ont qu'un lien indirect ou fort éloigné avec ses principes, doit être mis de côté, sous peine d'engendrer la confusion, de nuire à l'unité, à la clarté du plan. Or, souvent un philosophe n'a pas moins déployé d'invention, de fécondité, de génie dans ses pensées éparses et ses vues détachées, que dans la construction de son système. C'est le propre des grands esprits de semer les idées partout où ils laissent la trace de leurs pas, de déposer des germes féconds pour l'avenir, dans quelque coin ignoré, loin des champs de la spéculation. Lisez les moindres écrits de Platon, d'Aristote et de Leibnitz. Là, peut-être, sont les idées qui survivront au système, ou dont un autre système doit éclore. Là, ordinairement, lorsqu'ailleurs la pensée mal éclose s'enfantait péniblement, ou s'embarrassait dans ses langes en s'efforçant, pour exprimer des idées nouvelles, de créer une terminologie nouvelle, là, vous trouverez le grand écrivain. Nous n'admettons pas que l'on puisse être un esprit éminent, même comme métaphysicien, et constamment un écrivain médiocre. Le style et la pensée, la forme et le fond se tiennent trop étroitement pour qu'après avoir fait quelque temps divorce et s'être long-temps inutilement cherchés dans les esprits créateurs, ils ne finissent pas par se rencontrer et s'harmoniser quelque part. C'est dans ces sortes d'écrits que vous retrouverez leur alliance.

Tels sont les motifs qui ont décidé notre choix

dans cette publication, et pour lesquels nous nous permettons de recommander toute une série d'ouvrages intéressants, jusqu'ici trop négligés, des autres philosophes allemands, de Kant, de Fichte, de Jacobi, etc. On nous aurait mal compris, si l'on pensait que nous voulons leur sacrifier la métaphysique et les livres qui la renferment; mais nous croyons que nous avons besoin d'y être doublement préparés, d'abord par ces écrits, ensuite par des analyses étendues, exactes, où l'esprit, plus que la lettre des auteurs, soit saisi et exprimé en langage intelligible. Quant à la traduction proprement dite des œuvres ésotériques de la philosophie allemande, si elle est possible, le moment, selon nous, n'en est pas venu (1).

---

(1) Est-ce avoir trop de confiance dans notre opinion que de penser que des raisons analogues ont motivé le vœu, exprimé par l'illustre auteur lui-même, de voir traduits, dans notre langue précisément les écrits que nous publions aujourd'hui, après de longs retards indépendants de notre volonté? Si nous sommes bien informé, ce vœu aurait été émis lorsque déjà notre traduction était terminée.

III.

Analyse de ces écrits.

§ 1er. Leçons sur la méthode des études académiques.

Si nous n'avons pu songer à discuter, dans cette préface, des doctrines qui touchent à tous les points fondamentaux de la science humaine et se rattachent au système entier de l'auteur, une analyse rapide était nécessaire pour mettre en relief les idées principales, en faire mieux saisir l'ordre et l'enchaînement, ainsi que pour éclairer les passages qui pourraient offrir au lecteur quelqu'obscurité.

Les leçons sur la méthode des études académiques, qui forment la partie la plus étendue et la plus importante de cette publication, ont pour but de régénérer l'enseignement scientifique des universités. Cette réforme doit, en même temps, faire pénétrer partout l'esprit, la méthode et les résultats généraux de la philosophie de l'auteur. Il y a donc deux choses à considérer dans ce livre, les observations et les idées qui conservent leur valeur indépendamment du système, ce qui tient essentiellement à celui-ci et nous le fait connaître. Nous prions le lecteur de ne pas perdre de vue cette distinction.

Première leçon. Les trois premières leçons sont consacrées à des considérations générales sur le caractère, le but et les conditions de l'enseignement académique. Elles se détachent facilement du reste du cours à qui elles servent comme d'introduction et de prolégomènes.

Dans la première, qui a pour titre *de l'idée absolue de la science*, Schelling expose d'abord brièvement les motifs qui l'ont déterminé à ouvrir ce cours. La principale est la nécessité de remédier au défaut d'ordre et d'unité qui caractérise l'enseignement de la plupart des sciences dans les universités. Le remède, la philosophie seule peut le trouver et l'appliquer. C'est un enseignement qui repose sur l'idée même de la science envisagée du point de vue de sa plus haute unité, dans son caractère absolu et universel, comme embrassant dans son sein toutes les sciences particulières, leur servant de lien, de centre et de terme final. Cette conception importe à la marche et au progrès de toutes les sciences spéciales; elle seule peut donner aussi une utile direction aux établissements où elles doivent être enseignées selon leur véritable esprit.

Par son rapport avec la science première et absolue, toute science participe elle-même de l'absolu. Car, bien que la science absolue ne réside que dans Dieu, elle existe aussi pour nous; la science humaine, dans son ensemble, devant être une image, un reflet plus ou moins parfait de cette science idéale. Toute science qui s'en détache et s'en sépare, qui, par là, oublie son origine et son but, est condamnée à l'immobilité. Cette faculté de considérer toute chose dans son rapport avec le tout et du point de vue de la plus haute unité est aussi le propre de l'inspiration et du génie. Ce qui n'est pas pensé dans cet esprit, ce qui n'est pas susceptible d'être saisi harmoniquement dans ce tout organisé et vivant, est vide et insignifiant. Ce sont des matériaux inertes que la science ne peut s'assimiler, qu'elle expulse de son sein, selon les lois de l'organisation et de la vie.

Telle est, poursuit Schelling, la vraie manière d'envisager la science. Ainsi la conçut l'antiquité : c'est là le sens de cette σοφία des Grecs, qui était à-la-fois la science et la sagesse dans leur tendance la plus élevée. Et la philosophie est-elle autre chose que cette aspiration de l'homme à communiquer avec l'essence divine, à participer de cette science absolue dont l'univers est l'image, et dont la source est dans l'intelligence éternelle?

Mais ici s'élève une objection. La science, dit-on, pour répondre à cet idéal, devrait avoir son but en soi, dans la connaissance et la contemplation de la vérité. Or, telle n'est pas la science humaine. L'homme n'a pas été créé pour la vie contemplative. Sa vraie destination, en ce monde, n'est pas la contemplation, mais l'action, l'accomplissement du devoir, la vertu. Toute science qui, dans ses recherches, ne tend pas immédiatement à un but pratique, est oiseuse et inutile. Agir est l'essentiel, savoir l'accessoire; l'un est le moyen, l'autre le but. La science n'a donc pas ce caractère d'indépendance absolue que lui donnent les esprits spéculatifs. L'idéal qu'ils proposent est faux et chimérique, dangereux même, puisqu'il détourne l'homme de ses devoirs et lui fait perdre de vue sa vraie destination.

Ainsi s'expriment les partisans d'une morale étroite. Et cette opinion n'atteint pas seulement la science; elle s'étend aux arts et à la littérature, qu'elle ne considère plus aussi que comme des moyens et des instruments par rapport au but moral. Schelling s'en montre vivement préoccupé; elle reparaîtra sous plusieurs formes dans le cours de ces leçons, et notamment dans la septième. Ici, sans la poursuivre dans ses conséquences, il l'attaque dans son principe; il maintient le caractère absolu de la science et son indépendance, tout en reconnaissant son harmonie avec la morale. Nous regrettons que les raisons qu'il donne soient empruntées à son système et présentées sous une forme métaphysique qui leur fait perdre, aux yeux du sens commun, leur force et leur clarté. Pour trouver une réponse à cette objection, il n'était pas nécessaire d'invoquer la théorie de l'identité et de l'absolu; il suffisait de la tirer des notions communes et universellement admises. Cette explication n'eût pas couru le risque d'être rejetée par quiconque n'admet pas le système et n'est pas initié à sa terminologie. Nous l'omettons donc, devant la retrouver plus loin. D'ailleurs, comme s'il en sentait lui-même l'insuffisance, Schelling en ajoute une autre plus claire et où l'on retrouve la pensée de tous les grands philosophes qui ont traité ce sujet.

L'opposition que l'on prétend établir entre la pratique et la spéculation vient d'une manière étroite d'envisager les choses. Si l'on remonte, en effet, à la source première d'où découlent tout savoir et toute action, ce qui, dans le monde réel, paraît divisé, opposé, contradictoire, se concilie, s'harmonise et s'identifie. Dans Dieu, la science et l'action, la puissance et la sagesse, la liberté et la nécessité, loin de s'opposer et de se contredire s'unissent et sont identiques. Ainsi, dans leur principe et leur essence, le savoir et l'action ne sont ni séparés ni distincts. Ce sont deux faces, deux formes indépendantes d'un seul et même principe ; et le préjugé qui les oppose disparaît dès qu'on se reporte à leur origine. Aussi, voit-on que ceux qui font de la science le moyen, de l'action le but, n'ont puisé l'idée de la première que dans les actions et les affaires de la vie commune ; ils ne mesurent l'importance et la dignité de la science que par son utilité pratique. Pour eux, la philosophie se réduit à la morale ; les sciences physiques et mathématiques n'ont de valeur qu'autant qu'elles s'appliquent aux arts industriels, à l'architecture, à la navigation et à l'art militaire. Tel est le langage des esprits superficiels : ils répètent des propositions banales sur l'accord de la science et de la pratique, l'action devant toujours être la conséquence du savoir. Ils se plaignent de ce qu'il n'en est pas toujours ainsi, disant la vérité sans s'en douter ; car l'une et l'autre sont indépendantes ; mais cette indépendance est la condition même de leur harmonie. Toutes deux expriment à leur manière, par une face différente, le principe éternel des choses. C'est en vain que l'on chercherait la véritable liberté dans l'action séparée de la connaissance du vrai, comme la sagesse sans l'action, l'une et l'autre isolées de la vérité et de la cause première. — Cette explication n'est pas nouvelle; sauf peut-être quelques différences dans la forme, c'est celle de tous les grands philosophes et des théologiens les plus illustres. On la trouve dans Platon et dans Aristote. Toute une série des dialogues de Platon (Protagoras, Ménon, Charmide), ont pour but de démontrer que la vertu ne peut être séparée de la science, que toutes les vertus ont leur source dans l'idée du bien, qui seule gouverne l'homme et produit en lui des actions conformes à la raison et à l'ordre. Il va même jusqu'à identifier le courage, la tempérance, la justice avec la science. Il soutient que la vertu réside essentiellement dans la connaissance du bien et qu'on ne pèche que par ignorance. L'identité de la science et la moralité est une des bases de la philosophie platonicienne. Si elle offre d'ailleurs une tendance trop contemplative, que l'on interroge le génie plus positif et plus pratique d'Aristote, on verra que tout en faisant la part plus large à l'action, lui qui fait résider la vertu dans *l'habitude* ($ἕξις$), il se

garde bien d'isoler l'action du savoir, et surtout de subordonner l'un à l'autre. Il maintient avec une égale force l'indépendance et le caractère absolu de la science. Rien n'est plus beau que les passages de la métaphysique qui ont trait à ce sujet. « Connaître et
» savoir dans le but unique de connaître et de savoir.
» Tel est le caractère de la science par excellence (*Mé-*
» *taph.* liv. I., ch. II). » — « Si les premiers philosophes
» philosophèrent pour échapper à l'ignorance, il est
» évident qu'ils poursuivirent la science pour savoir
» et non en vue de quelqu'utilité » (ibid.) « De même
» que nous appelons homme libre celui qui s'appar-
» tient et qui n'a pas de maître, de même aussi cette
» science entre toutes les sciences peut porter le nom
» de libre. Celle-là seule, en effet, ne dépend que
» d'elle même. Toutes les autres sciences, il est vrai,
» ont plus de rapport avec les besoins de la vie, mais
» aucune ne l'emporte sur elle, etc. (ibid). »

La *deuxième leçon*, sur la *destination scientifique et morale des Académies*, malgré ce qu'elle laisse à désirer, est, sous le rapport de la forme oratoire, une des plus remarquables du livre sur les Études académiques; elle rappelle les éloquentes leçons de Fichte sur *la destination du savant*. Schelling débute par des considérations générales sur l'origine des sciences et des arts et sur leur premier mode de transmission. Il oppose la science moderne à la science antique, signale les circonstances différentes qui ont présidé à leur berceau, et en déduit les causes qui ont détourné les établissements scientifiques de leur véritable but, y ont fait prévaloir des tendances contraires au principe de leur institution.

Dans l'antiquité, la science encore une se confondait avec la vie sociale; elle en émanait et y retournait. Dans les temps postérieurs, elle s'en isola de plus en plus; en outre, elle se dédoubla, devint, à la fois, science du passé et du présent. De là, pour l'esprit moderne, des exigences particulières : la nécessité, surtout, de partir d'une connaissance historique. A la science proprement dite dût s'ajouter la science du passé comme objet nouveau : érudit et savant devinrent synonimes.

Ce culte si naturel de la pensée antique, de ses monuments et de ses chefs-d'œuvre, eut de fatales conséquences. L'admiration fit place à la soumission et au respect aveugle. La pensée y perdit sa spontanéité et son originalité. Au lieu d'étudier la nature et l'homme, ces vrais modèles, on se contenta de raisonner sur des textes, et, plus tard, l'autorité d'Aristote fut invoquée contre les découvertes de Descartes et de Keppler. L'imitation avait remplacé la science.

C'est dans ces circonstances que naquirent la plupart des universités; ainsi s'explique toute leur organisation scientifique. D'abord, l'érudition devait y dominer; ensuite, la masse des connaissances à apprendre et à enseigner, jointes à l'absence d'esprit philosophique, eurent pour résultat d'introduire partout le fractionnement et le morcellement. L'unité se retira de plus en plus et disparut même des parties les plus élevées de l'enseignement. Le faisceau des sciences fut brisé. Les universités et les académies ne répondirent plus à leur destination et à leur nom. La science, qui est essentiellement une, ne donna plus que de rares manifestations d'une vie libre et indépendante.

Comment ranimer l'esprit scientifique dans ces établissements? Le cours, dans son ensemble, répond à cette question. Mais si les maximes du philosophe sont pleines d'élévation et de justesse, exprimées avec éloquence, elles sont sans portée pratique; il semble craindre d'entrer dans les explications; on voudrait quelque chose de plus explicite et de plus positif. Sans doute il n'était pas obligé de descendre dans les détails; il eut été d'ailleurs mal à l'aise, dans son pays, sur un terrain qui touche par tant de points à la politique; mais (et cette remarque porte sur le livre entier) on doit regretter qu'il ne soit pas sorti de ces généralités; qu'il se soit contenté de poser un idéal sans indiquer les moyens de le réaliser.

Son attention se porte principalement sur les conditions que doivent remplir les hommes chargés d'un enseignement public. Il veut qu'aucun d'eux n'obtienne de considération que par son talent, son savoir et son zèle. Des exigences, dit-il, que les étudiants eux-mêmes imposent à une académie (université) et à ses professeurs dépend en partie leur réalisation ; l'esprit scientifique une fois éveillé chez les étudiants réagit sur le tout, effraye les incapables et appelle les hommes distingués. — Cette remarque est fort juste ; mais comment s'éveille l'esprit scientifique chez les étudiants ? Ensuite, d'où seront tirés les maîtres capables de remplir cette tâche ? Il répond : précisément des académies où ils reçoivent leur première culture selon cet esprit. — Mais d'où vient la première impulsion ? Là est le nœud de la difficulté. Que l'on accorde, ajoute-t-il, aux académies la liberté de la pensée, qu'on ne la restreigne pas par des considérations étrangères à la science, des maîtres se formeront d'eux-mêmes, capables d'en former d'autres. — Nous croyons, en effet, que la liberté de la pensée est la première condition de la vie scientifique dans les établissements destinés à faire avancer et à propager la science, mais ce n'est pas la seule. Ceux-ci réclament, en outre, une organisation conforme à cet esprit, la protection de l'État, et, surtout, des circonstances favorables qui tiennent à l'esprit public. On doit appliquer ici à la science, ce que l'auteur dit lui-même ailleurs de l'art (p. 278). Il est besoin d'un enthousiasme général pour la recherche du vrai comme pour la réalisation du sublime et du beau. C'est alors, quand la vie publique est mise en mouvement par ces mobiles capables de donner l'essor à la pensée, que la science marche vers son but sans s'en laisser détourner par des considérations étrangères, sans sacrifier à l'utile et aux intérêts matériels; mais quand l'esprit opposé règne partout, il est à craindre que la science elle-même ne puisse s'y soustraire, et que les savants ne cèdent à l'entraînement général.

Schelling, cependant, touche un moment la question des rapports de l'État et de l'enseignement public. Il veut que les académies ou les universités ne soient pas considérées comme des instruments de l'État; que celui-ci ne voie en elles que des établissements vraiment scientifiques; qu'au lieu de restreindre la liberté par des vues mesquines, il cherche à y faire régner le mouvement des idées et le progrès le plus libre. — Ces vues sont libérales; mais toutes les questions si graves si délicates qui nous préoccupent ne sont pas même abordées dans leur généralité.

Le philosophe continue l'examen des conditions que doivent remplir les maîtres chargés d'enseigner la science. Ses observations, plus critiques que dogmatiques, sont aussi plus nettes et plus explicites. Il blâme la forme de l'enseignement en usage alors dans la plupart des universités allemandes; la manie introduite par le Wolfianisme et le Kantisme, d'employer partout des formules philosophiques dénuées souvent de sens et d'esprit et de les appliquer aux objets les plus vulgaires. Il se plaint en même temps de l'absence de forme systématique dans la plupart des sciences positives. Sa verve mordante ne se lasse pas de poursuivre les savants dont l'esprit positif, mais étroit et borné, ne sait s'élever par aucune pensée générale au-dessus des faits et des cas particuliers. Nous recommandons aux hommes spéciaux, comme ils s'intitulent eux-mêmes, de méditer surtout les paroles suivantes :

« Celui qui ne connaît sa spécialité que par son côté particulier et ne sait pas y reconnaître l'élément général qui le vivifie, est indigne d'enseigner et d'être le gardien de la science. » — « Ce n'est pas par une simple habileté mécanique dans la science, mais par la faculté d'en pénétrer les détails avec les idées d'un esprit habitué aux conceptions générales, que l'on devient, à la fois, un savant distingué et le meilleur maître dans sa spécialité. »

Et que l'on ne croie pas que c'est là réduire chaque science particulière à n'être qu'un moyen et un instrument par rapport à la science en général. La science est un organisme. Dans un véritable organisme, le centre est partout comme la vie. Chaque membre est, à la fois, moyen pour le tout et but pour lui-même. Le vrai savant, qui fait de sa spécialité le centre de la science entière, peut, de ce point, voir rayonner la lumière dans toutes les directions et embrasser l'universalité des choses. Celui-là seul, qui l'isole du tout, lui ôte son caractère indépendant, et en fait un moyen, un instrument. A ces idées étroites sont associés des sentiments vulgaires, le manque de véritable intérêt pour la science, subordonnée dès lors à des fins matérielles.

Schelling combat un autre préjugé, celui qui, donnant à l'enseignement pour unique but la *transmission* de la science, croit inutile que les hommes chargés de l'enseigner soient capables de l'enrichir eux-mêmes de leurs propres découvertes. Sa réponse n'admet pas de réplique. — S'imaginer que l'on puisse distinguer le professeur et le savant, la science et l'enseignement, et les séparer, c'est une erreur grossière, également funeste à l'un et à l'autre. En effet, 1° pour transmettre la science il faut la comprendre. Un enseignement fait avec intelligence suppose un esprit juste et pénétrant, capable de saisir le sens et la portée des découvertes qu'il expose; et plusieurs d'entre elles sont d'une nature telle que leur sens le plus profond ne peut être saisi que par un génie homogène ; 2° les hautes sciences ne se transmettent pas. Les apprendre c'est les créer, les construire soi-même. L'esprit parcourt les mêmes voies, guidé par la méthode et les travaux antérieurs ; mais tout ce qu'il comprend il le découvre ; ce qu'il n'invente pas il ne le saura jamais. Ainsi fait-on dans les mathématiques et dans la philosophie. Pascal refaisant la géométrie n'est pas une exception ; c'est la règle personnifiée dans le génie. Et ailleurs, dans les sciences physiques, par exemple, partout l'élément rationnel n'est-il pas mêlé à l'expérience, l'idée au fait ? « Donc, celui qui vit dans la science comme
» dans un domaine étranger, qui ne la possède pas personnellement, et ne pourrait à chaque moment entreprendre de la créer de nouveau, est un maître

» indigne, qui déjà, en essayant de transmettre les
» pensées du passé et du présent, entreprend quelque
» chose qu'il ne peut tenir ; » 3° Une transmission
intelligente doit être accompagnée d'un jugement. S'il
est impossible, sans les idées, de comprendre les découvertes d'autrui, à plus forte raison l'est-il de les apprécier. De là un enseignement purement historique ou descriptif, dépourvu de vie et d'intérêt, une exposition toute matérielle, des classifications artificielles. Rien de plus dénué d'esprit, rien qui tue l'esprit comme un semblable enseignement ; 4° La vraie destination de l'enseignement public, ce qui fait la supériorité de l'enseignement oral, c'est sa vertu *génétique*. Le maître doit, sur chaque point particulier de la science, engendrer la science entière, la faire naître sous les yeux de l'élève. Ce qui suppose non seulement qu'il l'a lui-même apprise, mais la possède dans son esprit le plus intime et le plus vital.

Ces idées, en elles-mêmes, n'ont rien de neuf; mais on ne peut nier que la rigueur philosophique, jointe à l'éclat du style, que nous ne pouvons reproduire, ne donnent à ce morceau une force qui en fait le mérite et l'originalité.

Quant à la *destination morale* des académies, elle ne doit pas, dit Schelling, être distinguée de leur destination scientifique. C'est ici, surtout, qu'il faut maintenir le principe établi plus haut, l'identité du savoir et de l'action. La société civile, l'État, ne saurait réaliser cet idéal, parce que la multiplicité des fins à poursuivre, des intérêts à concilier, des passions à diriger et à ménager, sont des obstacles qui ne seront jamais complètement surmontés. Il n'en est pas de même des associations dont la science est l'unique objet. Il suffit, pour rendre leur organisation parfaite, de faire ce que prescrit l'idée même de l'association scientifique. Rien n'y doit être estimé que la science. Il ne doit y avoir d'autres distinctions, d'autre ascendant, d'autre influence, que ceux du savoir et du talent joints aux qualités morales. Schelling fait, à cette occasion, la censure sévère des abus qui régnaient de son temps dans les universités allemandes. Nous ne doutons pas que sa voix éloquente et grave n'ait contribué à la réforme qui, peu à peu, a modifié et finira par détruire les mœurs et les usages barbares légués à ces établissements par le moyen-âge.

Il est à remarquer qu'à cette époque et plus tard, les philosophes et les écrivains les plus célèbres de l'Allemagne, qui, pour la plupart, ont aussi laissé une trace brillante dans l'enseignement public, semblent s'être entendus pour développer dans leurs leçons et leurs écrits cette thèse de la destination des savants et des académies. Avec quelle enthousiasme ils parlent tous de cette haute et noble mission! Ils sentaient que là était l'avenir de leur pays, que de ce foyer naîtrait un jour la liberté politique. D'autres, tels que Schelling, dont l'esprit sympathisait peu d'ailleurs avec les idées de la démocratie moderne, y voyaient au moins l'application immédiate, sur une petite échelle, de leurs théories sur l'État et la société. Tous ces plans de réforme aboutissent à un modèle de constitution académique. C'est leur République de Platon ; l'image de la société parfaite ; « l'aristocratie dans le sens le plus noble » ; l'aristocratie de l'intelligence. « *Les meilleurs doivent y dominer.* » Schelling, en particulier, ne pouvait manquer de chercher l'équation du fait et du droit, de l'idéal et du réel, dans cette région, selon lui, étrangère aux intérêts et aux passions qui troublent le monde social et l'empêcheront toujours d'atteindre à l'exactitude et à la pureté de sa formule. — Comme lui, faisons des vœux pour que cette politique soit aussi en vigueur dans nos établissements scientifiques, qu'elle les rende florissants, leur donne autant de dignité qu'il est possible au-dedans, et de considération au-dehors.

Mais, s'il faut le dire, nous sommes loin de partager ces illusions. Une société parfaite de savants nous paraît un rêve aussi difficile à réaliser que la République de Platon. Une pareille association n'est-elle pas toujours une réunion d'hommes, et la nature humaine n'est-elle pas partout la même? Outre les passions qui tiennent à l'humanité, les savants n'ont-ils pas les leurs propres? De plus, ne sont-ils pas de leur temps? Que sera-ce donc quand les vices et les abus d'une société caractérisée par l'affaiblissement des croyances et le relâchement des mœurs, viendront à franchir le seuil des académies et à pénétrer jusque dans le sanctuaire de la science? Schelling

parle beaucoup de l'ignorance et de l'incapacité
comme devant être refoulées et tenues à l'écart. Là
n'est pas le danger réel ; il est bien plutôt dans la
capacité elle-même et le talent détournés de leur
véritable but, dans un faux emploi des plus rares et
des plus belles facultés. Si le savoir-faire venait à
remplacer le savoir ; si l'habileté, la sagacité, la
pénétration, l'activité, la persévérance, l'opiniâtreté, au lieu d'être consacrées à dévoiler les secrets
de la nature et les mystères de l'ame humaine, ne ser-
vaient plus qu'à nouer et à poursuivre une intrigue,
à se faire et à conserver une position sociale ou scientifique, plutôt encore qu'à marquer sa place dans la
science par de sérieux et durables travaux, à organiser une coterie plutôt qu'à créer un système, à ex-
ploiter les hommes plutôt qu'à les éclairer, à enrôler
la jeunesse sous un drapeau de secte ou de parti, à
stimuler son ambition précoce par l'appât des pla-
ces et des honneurs, plutôt qu'à lui inspirer le
goût pur et désintéressé de la science et à cultiver
dans son cœur les généreux sentiments et les nobles
passions, alors, il faudrait retourner la proposition du philosophe allemand et dire que le sens
moral affaibli entraînerait inévitablement avec lui la
déchéance du savoir et du talent, et que, man-
quant à leur destination morale, les corps savants
manqueraient aussi à leur destination scientifique.
Ces craintes sont exagérées, sans doute, mais Dieu
veuille qu'elles soient sans nul fondement ; que nous

ayions tracé à notre tour un tableau de fantaisie et fait une utopie dans le sens pessimiste !

La *troisième leçon* renferme, sur les *conditions des études académiques*, d'excellents conseils qui n'ont pas vieilli, ainsi qu'on pourra s'en convaincre. Si elle offre de l'intérêt, surtout par la forme et la date, elle se prête d'autant moins à l'analyse.

La première condition, pour cultiver convenablement son esprit et faire des progrès dans la science, c'est d'*apprendre* : précepte banal, sans doute, mais non superflu. Que de jeunes gens, d'ailleurs heureusement doués, se figurent que le talent et l'imagination peuvent suppléer au savoir, se hâtent de fermer les livres pour saisir la plume, sans s'y être préparés en amassant un trésor suffisant de connaissances positives ! De là tant de productions faibles et vides, de plans avortés, de travaux sans haleine. Qu'ils apprennent que les fortes conceptions ne s'improvisent pas ; qu'ils recueillent cette leçon de la bouche des plus grands maîtres ; qu'ils sachent que les esprits originaux et créateurs qui ont renouvelé la face des sciences ou des lettres, et dont les œuvres attestent la plus riche fécondité, s'étaient soumis à cette longue et pénible initiation ; qu'ils se rappellent Platon, écoutant Socrate pendant dix années, Aristote, restant vingt ans à l'école de Platon avant d'ouvrir la sienne, et recevant de son maître le surnom de *liseur*.

Qu'ils ne se laissent pas abuser par quelques exceptions plus apparentes que réelles, et qui, mieux connues, rentrent dans la règle et la confirment. Si ces exemples étaient suivis, nous aurions moins de savants qui ignorent les premiers éléments des sciences, moins de littérateurs qu'il faudrait renvoyer à l'école, moins d'esprits originaux qui trouvent plus commode d'inventer que d'apprendre, moins de critiques habitués à juger sans connaître, et aussi peut-être moins d'ambitions déçues qui mènent si souvent à une fin déplorable.

Quant aux maîtres chargés d'enseigner en public, ils doivent se garder de nourrir cette disposition dans la jeunesse, éviter le double écueil de viser à la popularité par une exposition superficielle et agréable, ou d'affecter une profondeur ennuyeuse qui se traîne péniblement sur les détails et les formules arides. Ce qui convient, c'est un enseignement à la fois solide et vivant, où le fond ne soit pas sacrifié à la forme ni la forme à une lourde et pédantesque érudition. En effet, enseigner, comme apprendre, renferme ces deux point de vue qui jamais ne doivent se séparer. Apprendre, dans le vrai sens, ce n'est pas enregistrer dans sa mémoire des faits ou des idées, c'est en saisir l'esprit et s'en approprier la forme par l'*exercice*. Si l'exercice, cette partie essentielle de l'étude, porte principalement sur la forme, qu'on n'oublie pas que celle-ci importe au fond comme le fond à la forme, qui, sans lui, reste vide. Dans toute science et dans tout art, il est un mode d'expression qui convient à l'idée, et lui est étroitement lié, une forme parfaite et finie qui marque son entier développement et sa plus haute clarté, sans laquelle la pensée reste vague et confuse, ne se possède ni se maîtrise. Y atteindre c'est atteindre à l'idée même. Rester en deçà, c'est savoir et comprendre à demi. Il ne faut donc pas regretter le temps et la peine consumés dans cet exercice. Outre que le vrai savoir est à ce prix, c'est dans cette lutte que l'esprit, moins passif, développe son énergie. C'est ainsi qu'on devient fort; c'est le secret du succès. Mais, d'autre part, l'exercice qui ne porte que sur la forme et néglige le fond est un stérile labeur. Il engendre la fausse rhétorique dans les lettres, la scholastique dans les sciences et la philosophie. Tous deux réunis, combinés, identifiés, forment la base d'une solide et complète instruction. De là, avec un inépuisable trésor d'érudition et de pensées, la clarté, la précision, la méthode, la supériorité d'un esprit à la fois nourri et fécondé, alerte et réglé.

Apprendre et *s'exercer*, tels sont sans doute les premières conditions de la culture intellectuelle; ce n'est pas le but. Le but est de *produire*. Cette divine faculté de produire et de créer, qui distingue l'homme et l'assimile à Dieu, elle n'est pas seulement la prérogative de l'artiste et du poète; elle appartient aussi au savant, et tout savant digne de ce nom ne doit pas seulement posséder la science, mais s'efforcer de s'en tracer à son tour une image plus parfaite, qui réponde mieux à l'idéal tel qu'il le conçoit. Autrement, la science en lui n'est ni féconde ni vivante, elle est stérile et morte; elle dégénerera bientôt en mécanisme et en routine. Lui-même ne sera qu'une machine plus ou moins bien réglée.

Or, la production se fait par une vive intuition qui rapproche et saisit simultanément les deux termes de toute existence, le général et le particulier, l'idéal et le réel, l'abstrait et le concret, et de ce choc fait jaillir une idée qui les illuminant tout-à-coup d'un jour nouveau, dévoile entre eux de nouveaux rapports.

Ces règles posées, Schelling attaque la méthode qui les méconnaît; il signale ses tendances et ses funestes effets.

Cette méthode, déjà appréciée plus haut, consiste à enseigner et apprendre les faits et les résultats, comme tels, sans chercher à en pénétrer le sens ou l'esprit et à comprendre les principes, qui eux-mêmes sont présentés comme de simples données historiques. Elle tend à transformer les établissements scientifiques en établissements industriels; car la première conséquence est de faire négliger complètement la théorie pour les résultats, de faire de la science, non un but, mais un moyen, et d'en abaisser le niveau.

Ses effets sur l'esprit cultivé par elle sont faciles à prévoir. 1° Il est impossible qu'il s'approprie bien ce qu'il ne fait que recevoir. Ne sachant remonter des faits aux causes, des résultats aux principes, et redescendre de ceux-ci aux conséquences, il est totalement dépourvu d'intuition. Ne possédant pas l'intelligence des principes il les applique souvent à faux ; sa science l'abandonne souvent, même dans les cas particuliers, et sa maladresse se trahit avec son ignorance. 2° Il est incapable de progrès. Pour avancer il faut avoir devant les yeux un but, un idéal, juger les découvertes actuelles avec une mesure qui les dépasse et en fasse sentir l'insuffisance. Il faut d'ailleurs s'élever au-dessus des particularités et les dominer par des vues générales. 3° Du sentiment de l'impuissance jointe à l'absence d'idées, naît l'amour de l'immobilité et la haine du progrès, la peur des théories et des réformes, de tout ce qui menace de troubler le repos et la paresse d'esprit et de renverser l'échafaudage factice de classifications arbitraires ou artificielles sur lequel s'étaie un savoir superficiel. C'est le plus grossier positivisme dans la science (1).

Schelling, indique ensuite les conditions relatives aux études qui doivent servir de préparation à l'enseignement *supérieur*, et qui font l'objet de ce que nous appelons l'instruction *secondaire*.

Il marque d'abord la limite qui doit les séparer ; car il est essentiel d'empêcher toute anticipation, toute confusion. Les premières études doivent être fortes et complètes, mais élémentaires, se mesurer

---

(1) On pourrait y joindre ce que dit Royer-Collard des hommes qui dédaignent toute théorie : « La prétention excessivement orgueil-
» leuse de n'être pas obligé de savoir ce que l'on dit quand on parle,
» et ce qu'on fait quand on agit. »

sur la portée des intelligences de cet âge, suivre le développement des facultés humaines. Il importe surtout de ne franchir aucun degré essentiel. Il n'y a que le génie qui ait ce privilége, et encore ce privilége n'est-il qu'une marche plus rapide. Il est d'ailleurs des sciences qui ne peuvent se comprendre que quand l'esprit est capable de saisir un ensemble, et qu'il a été préparé à leurs hautes généralisations. Les enseigner trop tôt, c'est risquer de le faire sans succès et d'en inspirer le dégoût, ou de favoriser le demi-savoir, pire que l'ignorance.

Schelling caractérise peut-être l'enseignement secondaire d'une manière insuffisante par le mot de *connaissances*, qu'il oppose à la science proprement dite, comme renfermant seulement la partie mécanique et technique, et s'adressant principalement à la mémoire. Ceci, pris à la lettre, serait en contradiction avec tout ce qui précède, et doit être jugé par ce qui suit. Il entend par là les notions élémentaires des sciences, telles que les premières opérations du calcul et de l'algèbre, etc. Mais, surtout, il veut que la base de ce système d'éducation soit l'*étude des langues anciennes et modernes*, qui seule peut ouvrir un accès aux principales sources de l'instruction et de la science, et est l'exercice le plus propre à développer, à cet âge, toutes les facultés de l'esprit. Si l'espace nous le permettait, nous ferions remarquer l'unanimité de tous les grands écrivains de l'Allemagne sur cette question. Les poëtes parlent ici comme les philosophes, Goëthe (1) et Schiller, comme Schelling et Kant, et presque dans les mêmes termes. Schelling, en particulier, témoigne le plus grand mépris pour les modernes faiseurs de théories sur l'éducation, qui veulent substituer à l'étude des langues des connaissances positives dans les sciences naturelles ou abstraites. Il insiste sur ce qui a été tant de fois répété depuis, c'est que rien n'est plus propre à développer les facultés naissantes, la sagacité, la pénétration, l'invention, que l'étude des langues, et principalement des langues anciennes, que l'analyse de ce merveilleux mécanisme du langage, qui reproduit l'organisme de la pensée, avec ses tours, ses nuances et ses délicatesses les plus subtiles. C'est, d'ailleurs, une logique appliquée et concrète, éminemment propre à exercer le raisonnement ou la faculté de deviner les possibilités logiques : utile préparation à toutes les sciences, qui donne à l'intelligence plus de force et de souplesse, et la développe de la manière la plus conforme à sa nature, puisqu'elle lui présente, comme dans un miroir, sa propre image, et lui fait reconnaître, dans une langue morte, l'esprit vivant qui l'anime, et qui a passé, en partie, dans nos langues modernes.

Ce que Schelling dit ensuite des rapports de la

―――――

(1) « L'étude de la littérature grecque et romaine doit rester toujours la base de la haute culture intellectuelle » (Goëthe, *Maximes et Réflexions*, 6e part.)

philologie et de la *science de la nature*, tient de plus près à son système, et mérite d'être remarqué.

Il distingue, d'abord, l'étude proprement dite des langues de la philologie, à laquelle il assigne un rang très-élevé dans la hiérarchie des sciences. Sa tâche étant la construction des œuvres de l'art et de la science, il la rattache à la philosophie de l'histoire. Or, cette science qu'ont illustrée les travaux des Wolf, des Heine, des Schlegel, des Creuzer, des Humboldt, et qui fait la gloire de l'Allemagne, lui paraît avoir les plus grandes analogies avec l'étude de la nature. La nature est aussi un livre, une langue morte, un vieux monument, un auteur ancien par excellence. C'est un poème divin dont nous ne possédons que des fragments. Si Bacon appelle la méthode des sciences naturelles une *interprétation de la nature*, le mot est vrai dans le sens le plus élevé. L'esprit divin qui anime les êtres de la création, se manifeste, se révèle en eux. Les phénomènes de la nature sont des signes et des symboles; ses lois des idées. Dans leur ensemble ils représentent le développement de la pensée divine. Donc, s'exercer à connaître ces phénomènes, à en découvrir le sens et la pensée cachée, à trouver la clé de ces hyéroglyphes gravés par la main de Dieu, c'est faire comme le philologue qui reconstruit les œuvres de la littérature par l'interprétation du texte ancien. Le naturaliste cherche à coordonner les fragments du poème de la nature, de cette épopée inachevée et écrite dans les entrailles de la terre. Ainsi, le philologue et le naturaliste se correspondant, Wolf et Cuvier accomplissent la même œuvre. L'alliance des deux sciences se personnifiera dans les Humboldt. — Sans doute ce n'est pas la première fois que plusieurs de ces expressions apparaissent dans la langue philosophique; mais elles n'ont pris cette signification et cette étendue que dans le système de l'*identité*.

Quatrième leçon. Après ces considérations générales, Schelling passe à l'examen des principales branches de l'enseignement académique. Dans l'ordre naturel se placent d'abord les sciences qui se rapprochent le plus de la science première ou absolue et en offrent le reflet le plus immédiat; ce sont les sciences *rationnelles pures*, les *mathématiques* et la *philosophie*.

Pour démontrer ce rapport, il remonte à l'idée du savoir absolu tel qu'il doit se concevoir dans son système. Le savoir absolu est celui dans lequel les deux termes de la connaissance, l'universel et le particulier, l'idéal et le réel, le sujet et l'objet, conciliés, confondus et identifiés, se résolvent dans l'unité et l'identité, base et principe de toute pensée comme de toute existence. Sans entreprendre une démonstration en forme, il essaie de l'établir indirectement en montrant que toute connaissance qui ne porte que sur un des deux termes isolé de l'autre n'est pas le vrai savoir. Ainsi, d'un côté, la connaissance du particulier isolé du général, de l'universel, est vide et privée de sens ; elle est en outre multiple et variable. C'est la forme sans le fond. D'autre part, l'universel pur, c'est l'essence sans la forme, c'est-à-dire une abstraction logique. En réalité, l'essence n'existe pas plus sans la forme que la forme vraie sans l'essence qui la pénètre et la vivifie. La substance éternelle elle-même ne peut se concevoir sans des attributs qui la déterminent. C'est l'erreur commune des philosophes d'avoir admis séparément ces deux termes. Aussi, n'ont-ils pu passer de l'un à l'autre et combler l'intervalle. C'est la pierre d'achoppement de tous les systèmes.

Toute connaissance véritablement absolue repose donc non sur l'opposition ou la distinction, mais sur l'identité de ces deux termes qui ne se différencient que dans leur développement. Telle est l'idée absolue de l'absolu lui-même. Toutefois, celui-ci ne se confond pas avec l'un ou l'autre des deux termes et ne s'y absorbe pas ; il est leur essence commune ; il se manifeste en eux, mais leur reste supérieur. Il s'y manifeste de deux manières, sous la forme du *réel* dans la nature, sous celle de l'*idéal* dans l'homme ou dans l'histoire ; de là le monde réel et le monde idéal. Et ces deux mondes conservent le même ordre de priorité et de prédominance que les deux termes eux-mêmes.

Mais, sans sortir du monde réel ou physique, nous trouvons déjà l'identité des deux termes et l'absolu lui-même dans deux existences qui en offrent un double reflet, l'*espace* et le *temps*, et dans les lois mathématiques qui mesurent l'étendue et la durée.

L'espace, en effet, est une existence dont on peut dire qu'elle est à la fois abstraite et concrète, idéale et réelle, infinie et finie, indivisible et divisible. Invariable, fixe, immobile, on ne peut mieux le désigner et le définir qu'en disant qu'il *est*; l'être épuise son idée. C'est donc l'absolu dans le monde matériel et visible.

Dans le monde idéal ou de l'histoire, où les événements se succèdent sans laisser aucune trace, où tout nous offre une instabilité perpétuelle, rien *n'est* à proprement parler, tout se succède et se développe. Qu'elle est donc l'idée qui répond à celle du temps? celle de l'activité continue. Le temps c'est donc *l'activité* pure, comme l'espace immobile est l'être pur. Aucun être comme tel n'est dans le temps, mais seulement les modifications de l'être, les changements qui apparaissent comme des manifestations de son activité, mais n'épuisent jamais le fond permanent de sa substance. Aussi dans le temps, tel que les sens et l'imagination le conçoivent, la cause, il est vrai, précède l'effet, le possible le réel, mais, aux yeux de la raison, les deux termes encore se confondent et s'identifient.

De cette manière de concevoir l'espace et le temps, Schelling tire cette conséquence relativement aux mathématiques :

Si dans la pure intuition de l'espace et du temps

est donnée celle de l'identité de l'idéal et du réel ou de l'absolu, la science des grandeurs dont ils sont le principe, quoique s'appliquant au monde sensible qui réfléchit l'existence absolue, est absolue dans sa forme.

La connaissance mathématique, en effet, n'a pour objet ni l'abstrait pur, ni le simple concret, mais l'abstrait dans le concret. Aussi, la construction mathématique ou la démonstration consiste à exposer le général et le particulier comme identiques. Cette identité se révèle de deux manières : 1° Toutes les constructions géométriques ont pour essence la même forme absolue, et toutes découlent au fond de la même idée ; 2° Chaque figure particulière, triangle, carré, cercle, etc., étant identique à tous les triangles, carrés de même espèce, est donc à la fois particulière et générale, unité et universalité. Ici l'essence et la forme se confondent. Il y a même équation parfaite entre la pensée et son objet : le sujet et l'objet de la connaissance sont identiques.

Ainsi, dans les mathématiques, l'opposition qui réside, dans le savoir ordinaire, entre le réel et l'idéal, le particulier et le général, est complètement effacée. La pensée est adéquate à l'être, l'idée à son objet ; l'évidence mathématique repose sur cette unité. Or, la conception de cette identité est une opération supérieure de la pensée, une haute intuition : c'est *l'intuition intellectuelle*. (Voy. l'extrait, p. 320.)

De là Schelling déduit l'importance et la dignité des

mathématiques et leur place dans le système général de la science.

Les mathématiques étant une expression des lois absolues de la raison, s'élèvent au-dessus des sciences ordinaires, où domine le point de vue inférieur de l'enchaînement successif des causes et des effets. De plus, cette science, qui a pour objet l'identité rationnelle pure et une forme de l'absolu, est elle-même absolue; elle a son but en soi. Éminemment libérale, elle doit être cultivée en elle-même et pour elle-même, indépendamment de ses applications.

Schelling blâme l'astronomie moderne d'avoir transformé ses lois mathématiques qui, à ce titre, sont absolues, en lois empiriques, et d'avoir subordonné la théorie à l'expérience, substitué au point de vue idéal le point de vue mécanique. Dans les mathématiques qui expriment le type de la raison universelle, les lois de la nature se résolvent dans celles de la raison, dont les rapports mathématiques sont le reflet. Les mathématiques et la science de la nature sont donc une seule et même science considérée sous deux faces différentes. Les nombres sont les symboles des lois de la nature.

Aujourd'hui, la clé de ces symboles est perdue, Euclide la possédait encore. Les anciens avaient, sur ce point, des idées plus vraies et plus profondes que les modernes; Schelling voudrait donc que les mathématiques fussent cultivées et étudiées dans cet esprit, qui fut celui des grands géomètres de l'antiquité, et il fait des vœux pour le rétablissement de cette antique science. Dans tout ce passage, le philosophe allemand ne fait guère, en effet, que reproduire les idées familières aux anciennes écoles idéalistes de la Grèce, où la théorie des nombres se combinait avec celle des idées. En ce qui concerne en particulier la question d'éducation, on peut comparer avec le VII° livre de la République de Platon.

On s'étonnera seulement que Schelling, qui fait jouer un si grand rôle aux mathématiques dans la science de la nature, n'en ait pas tiré un plus grand parti dans la formation et l'exposition de son système. L'exemple n'a pas répondu au précepte. Tout se réduit à quelques notations algébriques et à l'appareil extérieur de la méthode géométrique, formalisme qui jette sur la doctrine plus d'obscurité que de lumière, ou à des expressions qui perdent leur valeur et leur sens à mesure que l'on s'élève dans l'échelle des êtres, et qu'il s'agit d'expliquer les lois de l'organisation et de la vie. Telles sont les *dimensions* des corps appliquées aux fonctions de l'organisme (voy. XIII° leçon).

Les mathématiques, quel que soit le haut rang qu'elles occupent dans la hiérarchie scientifique, et bien qu'elles soient une expression de l'absolu, sont cependant encore enchaînées au monde des formes. Ce n'est toujours qu'un reflet de la science première, reflet divisé et séparé de son principe. Or, il existe une science qui a pour objet les idées elles-mêmes dans leur pureté, dégagées de toute forme, et l'absolu leur principe. Cette science, dont le modèle et la source immédiate est la science divine elle-même, c'est la *philosophie*.

Entre elle et les mathématiques il y a cette ressemblance que toutes deux se fondent sur l'identité du général et du particulier, et qu'elles s'adressent également à l'organe intellectuel qui saisit cette identité, à l'intuition intellectuelle. Mais l'intuition mathématique ne la saisit que dans son reflet, à l'aide de formes et de figures qui s'adressent encore aux sens et à l'imagination. L'intuition philosophique est une intuition immédiate de la raison. La philosophie est donc la science des idées, des types éternels des choses, définition, comme on le voit, toute platonicienne.

Quant à l'esprit philosophique, il consiste précisément dans cette faculté d'intuition, qui en tout sait voir le général dans le particulier, le particulier dans le général, et percevoir leur identité, dans l'habitude invariable d'envisager toute chose de ce point de vue.

La *cinquième leçon* contient la réfutation de quelques unes des *objections que l'on fait ordinairement contre l'étude de la philosophie*.

Première objection : La philosophie est dangereuse à la religion et à l'État. — De quelle religion, de quel État parle-t-on, et, enfin, de quelle philosophie? Si par philosophie l'on entend un rationalisme étroit qui méconnaît les vérités éternelles renfermées dans les dogmes religieux, vérités qui servent aussi de base à la société, on a raison, rien n'est plus dangereux qu'une telle philosophie. Mais elle ne mérite pas ce nom. Ici, Schelling fait une violente sortie contre les théories politiques de la philosophie française du xviiie siècle. Nous ne nous donnerons pas la peine de relever l'exagération passionnée de ce morceau, que l'on dirait écrit de la plume de son disciple Gœrrès. Ceci n'a d'excuse que dans la date de ces leçons. On sait qu'à cette époque les écrivains et les philosophes de l'Allemagne, qui avaient d'abord accueilli, avec plus ou moins de sympathie, les idées de la révolution française, effrayés de ses excès, s'étaient bientôt tournés contre elle et contre la cause principale qui l'avait préparée. Aveuglés sur le principe par ses apparentes conséquences, ils ne virent dans la cause, comme dans son effet, que le mauvais côté, les abus, non les abus qu'elle a détruits. Si Schelling se fût borné à flétrir des écarts et des excès que tout homme sensé déplore et condamne, il eût encore fait preuve d'un esprit étroit; car n'envisager qu'une seule face des choses et le côté négatif est moins permis à un philosophe qu'à tout autre. Au reste, que le côté positif lui ait échappé, il n'y a pas lieu de s'en étonner. Comment l'idée du droit, que la philosophie du xviiie siècle a eu pour mission de proclamer à la face du monde et qu'elle a fait triompher dans les institutions comme dans les intelligences, serait-elle bien comprise de celui qui cherche le type et le modèle d'une constitution politique dans d'abstraites catégories, et qui, d'ailleurs, posant en principe l'équation de la liberté et de la fatalité, assimile les lois du monde moral et de l'activité libre à celles de la nature?

L'accusation qu'il porte ici pourrait bien tout simplement retomber sur son système, en être la condamnation dans l'ordre des faits, arrêt dont on ne peut appeler, car c'est le jugement de Dieu.

Quant à supprimer d'un trait tout ce grand mouvement philosophique qui aboutit à la révolutution française, et cela sous prétexte qu'on n'a pas été sobre de paroles, qu'on s'est servi beaucoup du raisonnement au lieu de s'élever jusqu'aux idées de la raison, c'est se faire illusion sur la forme, comme tout-à-l'heure sur le fond. Que voulez-vous? si cette philosophie est raisonneuse, c'est qu'apparemment on ne détruit pas des abus en construisant des formules métaphysiques. Si elle est peu spéculative, c'est que les idées de justice, d'égalité, d'humanité sont encore moins dans la tête que dans le cœur des hommes; c'est qu'elles sont plus vivantes, plus efficaces dans la conscience humaine et le sentiment vif, énergique de la liberté, que dans les catégories de la raison, ou dans d'impuissantes formules. Ici, au moins, ne risquent-elles pas de se perdre dans le dédale d'une dialectique subtile, habile quelquefois à forger des sophismes à l'aide desquels se légitime le despotisme des gouvernements absolus. Nous pensons qu'elles ont mieux fait de s'adresser à la plume qui a tracé *l'Esprit des lois* qu'à celle de l'auteur de *l'Idéalisme transcendental*, et qu'une déclaration des Droits de l'Homme eût été mal rédigée par un métaphysicien qui consacre le régime des castes. A notre avis, le penseur qui ne retire de ces sublimes spéculations qu'une apologie de la monarchie absolue et de l'aristocratie doit être, malgré ses superbes dédains, classé, comme publiciste, fort au-dessous de ces raisonneurs éloquents tels que Rousseau et Montesquieu, qui ont su, du moins, sur les principes de la société moderne, trouver quelque chose de plus original qu'une imitation vague de la république de Platon. — Ceci ne nous empêchera pas d'admettre la conclusion générale, savoir: qu'il n'est pas de l'essence de la philosophie d'être hostile à l'État; que l'État repose sur des vérités éternelles, et que la philosophie doit chercher à les comprendre; que le vrai rôle de celle-ci n'est pas de détruire, mais de fonder et d'affermir toute constitution qui repose sur le droit et la justice.

— Ce qui est dit de la politique utilitaire nous paraît aussi vrai qu'élevé et originalement exprimé.

Seconde objection : L'étude de la philosophie ne sert qu'à dégoûter des sciences positives. Sur ce point, Schelling est beaucoup plus heureux que sur le précédent. Il accepte ironiquement l'objection, et la retourne avec habileté contre ses adversaires. Oui, la philosophie est l'ennemie naturelle des sciences positives; c'est-à-dire stationnaires. Elle a toujours été fatale aux théories qui tendent à immobiliser la science; elle est l'ame du progrès et son principal promoteur; sa tâche est de sonder la base des théories et des classifications, et de les renverser lorsqu'elles sont peu solides. L'absence ou l'incohérence d'idées lui répugne; elle a peu de respect pour la lettre morte, et s'attache surtout à l'esprit. Elle apprend aux jeunes gens à faire un usage libre de leur raison, et à se contenter difficilement des résultats acquis. Elle les éclaire sur les lacunes et les imperfections de la science dans son état actuel. Elle pousse l'esprit en avant, en lui montrant un idéal auquel il doit tendre incessamment, sans pouvoir y atteindre. Ainsi, les sciences mal faites, incohérentes, immobiles, n'ont pas de plus redoutable adversaire que la philosophie. Quant à la science véritable, qui ne sait qu'elle en inspire non-seulement le respect, mais l'amour, un amour pur et désintéressé? Qui ne sait qu'un esprit philosophique exercé est la meilleure préparation à l'étude des sciences spéciales, parce qu'on y réussit d'autant mieux qu'on y apporte plus d'idées, et qu'au désir de connaître se joint la capacité de saisir les rapports des choses?

La troisième objection n'est autre que la thèse, tant de fois reproduite, de la mobilité des systèmes philosophiques. Schelling y fait une réponse peu polie; nous l'aurions voulue plus développée. Ces changements, dit-il, n'existent que pour les ignorants. Dans l'histoire des opinions humaines, il y a deux parts à faire: celle des conceptions isolées, des essais avortés et stériles, des systèmes éphémères, sans racines dans l'esprit du temps, sans lien avec le passé et l'avenir; puis, celle des grands systèmes, qui exprimant l'idée générale d'une époque ont exercé une vaste et durable influence sur les esprits. Pour ces derniers, la contradiction n'est qu'apparente et à la surface. Ils se succèdent dans un ordre nécessaire, et forment un enchaînement régulier. Entre eux il y a unité, identité fondamentale. Ils marquent le progrès de l'esprit humain et de la raison. Les vrais philosophes sont aussi bien d'accord entre eux que les mathématiciens. S'il y a plus de diversité dans leurs idées, c'est qu'elles offrent plus d'originalité; c'est que la philosophie est chose vivante, et que la diversité est la loi de tout développement libre. D'ailleurs, si elle change, c'est qu'elle n'a pas encore atteint sa forme définitive; c'est que chaque système qui révèle une nouvelle face des choses aiguise l'esprit, soulève des problèmes nouveaux, et est ainsi la cause de sa propre ruine.

On fera bien de lire le remarquable fragment que nous avons placé à la fin du volume (p. 324), sur la *succession des systèmes philosophiques*, et où la même idée est exposée avec plus d'étendue et appliquée à l'histoire de la philosophie.

Schelling se moque avec esprit de ceux qui regardent la philosophie comme une affaire de mode, et qui, pourtant, quand ils peuvent attraper çà et là quelques lambeaux de philosophie, ne dédaignent pas de

s'en parer. Ceci nous rappelle un passage analogue de Platon : « Se mêler un peu de philosophie, un peu
» de politique, c'est avoir la mesure convenable. Alors
» on participe à l'une et à l'autre autant qu'il faut ;
» et on goûte, loin des dangers et des disputes, le
» fruit de la sagesse. » (Plat. *Euthydème.*)

Sixième leçon. Sur quoi doit porter l'éducation philosophique ? Et d'abord la philosophie peut-elle s'apprendre ? Telle est la première question que se pose Schelling dans cette leçon *sur l'étude de la philosophie*, qui est plus propre qu'aucune autre à nous placer au véritable point de vue de son système. Il faut distinguer, dit-il, deux choses, le *fond* et la *forme*. Le fond, les idées ne s'apprennent pas. De même, la faculté de les concevoir est innée et ne peut s'acquérir. Mais la forme peut et doit être développée : la faculté philosophique a besoin, comme toute autre, de culture et d'exercice. Elle se développe d'abord par la connaissance des formes antérieures qu'a revêtues la pensée philosophique, c'est-à-dire par l'histoire de la philosophie. Cette connaissance est d'ailleurs excellente pour les jeunes esprits qui croient facilement pouvoir, sans étude, se créer un système et juger l'œuvre des grands philosophes ; elle les guérit de cette présomption. La faculté philosophique demande, en outre, à être exercée par la *dialectique*. Celle-ci est à la philosophie ce que la technique est à l'art. Mais il faut s'entendre sur la nature et le but de la dialectique. La définition qu'en donne Schelling diffère de celle de Platon, comme les systèmes des deux philosophes. Suivant Platon, la dialectique consiste à savoir remonter du particulier à l'universel ou à l'idée, et à redescendre de l'universel au particulier, en passant par tous les degrés de cette échelle ascendante et descendante, au sommet de laquelle est l'absolu, le souverain bien, comme au dernier échelon sont les existences passagères du monde sensible. Pour Schelling, la méthode est plus courte : son but est d'anéantir immédiatement le fini, de tout représenter comme *un*, de montrer partout cette absolue identité qui réside au fond de toutes choses, d'opérer partout la fusion des deux termes : de l'universel et du particulier, du réel et de l'idéal, du fini et de l'infini ; de faire ressortir leur unité sous leur diversité apparente, de faire concevoir ainsi l'*absolu* qui est leur base commune. — Nous ne voulons discuter ici ni le système, ni la méthode. Nous ferons seulement remarquer que Schelling, à qui l'on a souvent reproché de trop accorder à l'inspiration et de négliger les procédés sévères de la méthode, d'introduire la poésie dans la science, insiste ici beaucoup sur la nécessité et l'importance de la méthode et d'une forme particulière à la philosophie. Il déclare que, sans la dialectique, il n'y a pas de philosophie scientifique ou proprement dite. Qu'il ait enfreint le précepte, que ses disciples l'aient encore moins suivi, toujours est-il qu'il le donne, et fait une loi impérieuse de son application.

Ce qui suit expliquerait davantage le reproche indiqué plus haut et la tendance poétique de l'école entière. Nous voulons parler du rôle que le philosophe accorde à l'*imagination* dans la science et dans la philosophie. La faculté, dit-il, de produire et de créer, qu'il ne faut pas confondre avec l'association des idées ou avec la fantaisie, n'est pas moins nécessaire au philosophe qu'au poète et à l'artiste. Cette pensée de Schelling, qu'il ne développe pas ici, se comprend d'ailleurs facilement par l'esprit général de sa doctrine : — Saisir par une vive intuition le lien qui unit les contraires, les analogies profondes que nous dérobe la superficie des choses, reproduire cette harmonie dans des images vivantes et idéales, tel est l'œuvre véritable de l'imagination dans l'art; là est le secret de la création artistique. C'est aussi celui des grandes découvertes scientifiques et philosophiques. La solution d'un problème philosophique dépend de la faculté de saisir un rapport entre deux termes extrêmes et opposés, de lever la contradiction, de rattacher ainsi l'idéal au réel, le réel à l'idéal, en les ramenant à leur principe commun, et cela *à priori*, par un acte d'intuition, non par la réflexion proprement dite. C'est ce que ne feront jamais ni l'expérience, qui constate les faits, sans les expliquer, ni un entendement aride, qui ne sait que les classer et les ramener à des catégories abstraites. Le génie philosophique est donc créateur comme le génie artistique. (Voy. *Idéalisme transcendantal*, 6ᵉ partie.)

Or, cette faculté d'intuition qui est le vrai talent en philosophie, c'est là ce qu'il faut savoir développer chez le jeune homme. Au moins, doit-on empêcher qu'elle ne soit étouffée dans son germe ou faussée par une mauvaise direction.

Ici, Schelling reprend le ton de la critique. Il combat la fausse direction donnée à l'esprit philosophique par les méthodes et les systèmes alors en vigueur dans les Universités. Il attaque, 1° la méthode du *sens commun* et de la saine raison, qui, selon lui, ne peut engendrer en philosophie qu'un dogmatisme étroit et positif, incapable de s'élever jusqu'à l'idéal ; 2° la méthode du *raisonnement* ordinaire, qui ne produit également que le dogmatisme, et, de plus, s'enferme dans des contradictions qu'elle ne saurait lever ; 3° l'*empirisme*, qui se borne à constater, à décrire, analyser et classer les faits, sans pouvoir en pénétrer le sens, en dégager l'idée, en donner la théorie, et qui reste ainsi en-deçà de la science, 4° l'enseignement, dont la base est la *logique d'Aristote*, ou celle de *Wolf*, enseignement stérile, qui roule uniquement sur les formes de la pensée ; 5° la *logique transcendantale de Kant* elle-même, science encore formelle, où le fond est séparé de la forme, méthode contraire à l'esprit de la vraie philosophie, qui, au lieu de séparer ces deux termes, cherche à les identifier. Cette méthode, d'ailleurs, transporte à l'infini les lois de l'entendement logique qui ne s'appliquent qu'au fini. Sa base est le principe de contradiction. — La *logique spéculative* part du principe opposé : elle pose l'égalité et l'identité des contraires dans l'unité absolue. La logique d'Aristote et celle de Kant, dont l'instrument est le syllogisme, confondent deux facultés essentiellement distinctes, l'*entendement*, le *raisonnement*, avec la *raison*, qui seule conçoit l'absolu, l'inconditionnel.

On pense bien que la *méthode psychologique* ne trouve pas grâce devant la philosophie spéculative et l'auteur du système de l'identité. C'est sur elle que tombent ses critiques les plus acerbes et les plus hautaines. Il lui reproche d'abord de partir d'une fausse hypothèse : la distinction de l'ame et du corps. Cette distinction, dit-il, n'existe qu'au point de vue phénoménal et empirique : au point de vue spéculatif ou de l'idée, elle s'évanouit. Entre l'âme et le corps non seulement il y a réciprocité d'action, union, intime harmonie, mais ils se correspondent comme le fond et la forme, l'idéal et le réel. Identiques dans leur essence, ce sont les deux modes du même principe, qui se dédouble et se différencie dans son développement. Et ceci n'est pas propre à l'existence humaine, mais se retrouve dans toutes les existences et à tous les degrés de l'échelle des êtres. Partout l'opposition et la fusion des deux termes, de la matière et de la force, de la vie et de l'organisme, de l'ame et du corps, distincts et identiques, inséparables comme l'essence et la forme, différents en apparence et dans leur existence réelle, mais retrouvant leur identité dans le principe qui est leur racine commune. Donc, toute méthode qui les isole et les étudie séparément est fausse et ne peut conduire qu'à de vaines abstractions sans vie ni réalité. Tel est le sens de la première assertion dirigée par Schelling contre la méthode psychologique. Il nous suffit d'avoir placé le lecteur au point de vue de l'auteur, de l'avoir mis à même de comprendre cette objection qu'il regarde comme capitale.

Un second reproche que Schelling adresse à la psychologie est sa tendance à tout ramener à des faits empiriques, à négliger pour eux les principes et les idées ou à les confondre avec les faits de conscience, en un mot, à supprimer la métaphysique. Il l'accuse, en même temps, de se perdre dans l'analyse minutieuse des faits secondaires, de mettre toutes les facultés humaines au même niveau et de méconnaître leur hiérarchie. Il s'élève contre la prétention impuissante de tout expliquer par ces faits et de rendre compte, par de telles causes, des grands événements de l'histoire et des créations du génie de l'homme dans les arts et dans les sciences. Nous sommes loin de partager ces préventions et ces dédains pour la méthode ici inculpée; mais on ne peut nier que jusqu'ici elle n'y ait, en partie, donné prise.

Les tendances que l'on signale ici et qui sont réelles, sont-elles seulement des écarts auxquels elle est exposée? Tiennent-elles à sa nature et à son essence même? Faut-il les lui imputer, ou s'en prendre à l'esprit étroit et timide de la plupart des hommes qui l'ont mal comprise et incomplètement pratiquée? Est-il dans sa destinée d'accomplir son œuvre lentement et obscurément, d'amasser simplement des matériaux et de préparer la voie au génie? Faut-il attendre, en effet, que le génie, sans lequel les méthodes restent impuissantes et stériles, vienne la féconder et révéler tout-à-coup sa puissance et sa portée? Ce sont là autant de questions que chacun se pose aujourd'hui et que nous n'avons pas à examiner. Nous ferons observer néanmoins que, pour répondre au défi qui lui a été porté dès l'origine par ses adversaires, il est temps qu'elle abandonne ses allures trop timides et trop circonspectes, et que, sans renoncer à sa prudence et à la sévérité de ses procédés, elle aborde enfin les grands problèmes philosophiques. Il n'y a qu'un moyen de fermer la bouche à ces détracteurs, qu'une réponse victorieuse, c'est la création d'un système, où tous ces problèmes trouvent leur solution et leur explication.

Après cette critique des différentes manières d'étudier la philosophie dans les Universités, Schelling cherche une confirmation de sa propre méthode dans l'histoire de la philosophie moderne, dont il trace l'esquisse à grands traits. Il pose d'abord la formule du développement historique en général : Dans l'antiquité, le principe éternel des choses, *l'infini* revêt la forme *du fini;* il prend pour mode de manifestation la *nature.* Dans toute les productions du monde ancien, dans la mythologie, l'art et la science, ce qui domine, c'est le côté naturel. L'infini apparaît sous la forme du fini, dans une unité non encore développée. (Voy. 8ᵉ et 9ᵉ leçon.) Dans le monde moderne, les deux termes se séparent d'abord. A l'origine éclate leur scission. L'infini s'oppose au fini et le fini à l'infini. Ainsi, le monde moderne est d'abord le monde de l'opposition, de la dualité. Mais cette lutte, nécessaire pour la manifestation de l'infini, selon sa vraie nature, n'est que passagère, c'est une transition pour arriver à une plus haute et plus profonde harmonie. A la dualité doit succéder une unité supérieure, non plus celle de la nature, inconsciente et fatale, mais une unité consciente et réfléchie, qui révèle l'essence des deux termes développés et conciliés. — Telle est la formule avec laquelle Schelling juge les systèmes de la philosophie moderne. Ainsi, déjà dans Descartes, le dualisme se pose nettement par la distinction des deux substances : la matière et l'esprit, l'étendue et la pensée, qui n'ont entre elles aucun lien, aucune communication. Toute la philosophie du xviiiᵉ siècle entre dans cette voie, Spinosa seul excepté, génie incompris et méconnu de ses contemporains, qui a devancé son siècle. En vain Leibnitz cherche-t-il à rétablir l'harmonie. Il proclame l'unité et le développement à tous les degrés de l'existence ; mais il reste dans le point de vue inférieur de la réflexion et du raisonnement, au lieu de s'élever au point de vue spéculatif. D'ailleurs, par l'hypothèse de l'harmonie préétablie, il retombe dans le dogmatisme. — Avec le sensualisme du xviii⁰ siècle se développe le terme opposé sous sa forme exclusive. La philosophie perd le sens de l'infini; le fini avec l'empirisme règne et triomphe partout; l'idée de l'infini s'est retirée de toutes les formes de la civilisation. Exilée du monde, elle se réfugie au fond de l'ame humaine. Alors le théâtre de la lutte change, le drame recommence sur une autre scène. L'antagonisme des deux principes se déclare au for intérieur de la conscience. Kant apparaît, et avec lui la philosophie subjective. Ici se reproduit, d'une façon plus claire et plus profonde, leur antinomie, sous les noms de *sujet* et d'*objet*, dans la sphère de la raison elle-même et de ses *catégories*. Ce combat finit par le triomphe du subjectif et la négation de l'objectif. Fichte consomme cet anéantissement. Il fait cesser ainsi le dualisme, qui cependant reparaît encore par la distinction de la spéculation et de l'action. Exclu de la spéculation par le scepticisme théorique, l'absolu reste enfermé et emprisonné dans le sanctuaire de la vie morale. Tel est le caractère de de ce stoïcisme nouveau qui donne à l'ame et à la volonté une valeur surhumaine et infinie. — Restait donc à rendre aux deux termes leur existence libre, à les harmoniser de nouveau en les faisant rentrer dans une unité supérieure, et à retrouver ainsi le véritable absolu. C'est là, selon Schelling, la tâche que la philosophie doit remplir et qui ouvre devant elle une carrière nouvelle. C'est ainsi qu'il qualifie le mouvement philosophique dont il s'est fait le promoteur. Faire partout cesser le dualisme, rétablir l'harmonie, l'identité dans toutes les sphères de la pensée et de la réalité, dans la nature, l'histoire, la religion et l'art, fonder ainsi le règne définitif de l'absolu, tel est le problème général qu'il pose à la philosophie moderne dans la seconde phase de son développement, et dont le système de l'identité absolue offre la première solution.

Septième leçon. Schelling excelle à saisir le côté faible ou ridicule d'une opinion et à lancer le sarcasme. Aussi ne laisse-t-il échapper aucune occasion d'attaquer sous cette forme les préjugés qui ont leur racine dans les tendances de l'époque ou dans des systèmes différents du sien. Or, si le principe même de sa philosophie lui fait un devoir de lever partout la contradiction qui paraît résider au fond des existences, il ne doit pas décliner la tâche, beaucoup plus facile, de faire voir combien sont vaines les *oppositions extérieures* qu'une manière de voir superficielle établit souvent entre des choses nécessairement harmoniques quoiqu'indépendantes : telles que la *science* et la *morale*, la *religion* et la *philosophie*, la philosophie et la *poésie*.

L'opposition de la science et de l'action a déjà été appréciée dans la première leçon. Ici, les critiques portent spécialement contre la philosophie Kantienne qui a contribué à propager cette fausse opinion par sa célèbre distinction de la *raison théorique* et de la *raison pratique*. Schelling rétablit, en peu de mots, la vérité au point de vue de son système, c'est-à-dire l'unité et l'identité du savoir et de l'action, comme découlant du même principe et devant y remonter. La sagesse n'est autre chose que l'effort pour ressembler à Dieu. Par là s'établit l'union intime de la morale et de la science, non par un lien de subordination, mais sur le pied de l'égalité, comme constituant deux mondes distincts, mais rattachés l'un à l'autre par le principe qui leur sert de base commune. Ainsi, la morale n'est pas moins une science spéculative que la philosophie théorique ; chaque devoir correspond à une idée ; de même que chaque espèce, dans la nature, a son archétype auquel elle tend à ressembler. Et ce n'est pas seulement la morale privée qui est une science théorique, mais aussi la morale sociale. L'organisation morale de la société repose également sur des idées spéculatives. Là où ces idées manquent, ou ne sont point fortement empreintes dans les cœurs et gravées dans les esprits, il n'y a pas de vie publique ; comme un gouvernement ferme et sage est impossible si elles ne sont pas présentes à la pensée de l'homme d'état et du législateur. La ruine des idées entraîne celle des mœurs ou produit leur énervement. La peur de la spéculation a pour suite la mollesse dans l'action, comme elle rend la science superficielle. En un mot, l'étude d'une philosophie sévèrement théorique familiarise avec les idées, et les idées donnent seules à l'action de l'énergie et un sens moral. — Tout cela dans sa généralité, nous paraît aussi vrai que fortement pensé. Mais nous maintenons ce qui a été dit plus haut.

Le scepticisme religieux, qui était la conséquence du rationalisme kantien, devait contribuer à fortifier cet autre préjugé : que la philosophie, c'est-à-dire la réflexion, ramenant l'homme sur lui-même, lui apprend à connaître sa pensée, sa nature subjective, mais ne peut le faire sortir de lui-même, le conduire à rien d'absolu, par conséquent à Dieu. Ou l'homme ne peut retrouver Dieu exclu de sa conscience, qu'en substituant à la réflexion le sentiment. Il y a donc, entre la religion et la philosophie, la même opposition qu'entre le sentiment et la réflexion. Tel est, comme on sait, le fond de la doctrine de Jacobi. La réponse est facile. La raison n'est point contenue tout entière dans la réflexion, pas plus que dans le raisonnement. L'acte primitif de la raison est intuitif. La raison, cette faculté supérieure, saisit l'absolu par une opération immédiate de la pensée, par l'intuition intellectuelle. C'est dégrader la raison que de l'abaisser au niveau du sentiment. En vain dira-t-on que cette opération de la pensée est encore réfléchie, le sujet se distinguant toujours de l'objet dans la conscience qu'il a de lui-même et de sa propre pensée.— C'est l'attribut de la pensée de se savoir. Vouloir le lui ôter c'est détruire l'intelligence humaine et lui ravir sa prérogative ; c'est prêcher la supériorité de l'instinct sur la raison, élever la brute au-dessus de l'homme. Ce sentimentalisme religieux qui bannit l'idée de Dieu de la raison, cache au fond l'athéisme. A la tête d'un de ses écrits, en réponse à une accusation d'athéisme portée contre sa doctrine par Jacobi, Schelling place comme épigraphe cette phrase de Spinosa, « *Proh dolor! res eò jam pervenit ut qui aperte fatentur se Dei ideam non habere et Deum nullo modo cognoscere, non erubescant philosophos atheismi accusare.* Ici, il fait remarquer que ce mépris de la science et de ses formes sévères pourrait bien servir aussi de prétexte à l'impuissance et à la paresse qui se réfugient dans la religion pour échapper aux hautes exigences de la raison. Il maintient, toutefois, la distinction de la pensée religieuse et de la pensée philosophique. Il ne veut pas que l'une cherche à supplanter l'autre; ce qui, dit-il, ne peut se faire sans un égal danger pour toutes deux. On regrette que ces points ne soient pas développés et n'aient provoqué ici que de brèves affirmations.—D'autres, enfin, établissent une opposition entre la philosophie et la poésie. Schelling n'épargne pas plus ce sentimentalisme poétique. Il se moque du dilettantisme des artistes et des poètes qui, dédaignant les hautes méditations de la philosophie, croient pouvoir aborder l'art et ses idées éternelles après avoir vaguement contemplé la nature, ou étudié le monde dans les salons; sans compter ceux qui, sans aucune expérience de la vie, inondent la littérature de leurs pitoyables vers. — Il se résume en disant qu'au point de vue le plus élevé de la science, tout s'accorde, tout se confond, la nature et Dieu, la science et l'art, la religion et la poésie. L'ignorance, l'empirisme et le savoir superficiels des amateurs peuvent seuls chercher à maintenir leur opposition.

Ici se terminent les considérations relatives à la philosophie. Dans les leçons suivantes, Schelling doit passer en revue les autres branches de l'enseignement des Universités. Il trouve une division toute faite dans les *Facultés* dont elles se composent; mais cette division, pour ne pas être arbitraire, doit reposer sur une base philosophique. Il la déduit de son propre système, dont il trace auparavant brièvement l'esquisse. La science absolue est une, et cette unité se reproduit dans la philosophie, son image. Mais, en se réalisant et se développant, la science se divise; elle donne lieu alors aux sciences particulières. Celles-ci, quoique distinctes, forment un tout organisé, expression extérieure de l'organisme intérieur de la science absolue elle-même. Or, ce type le voici. Au sommet ou au centre est l'absolu, base sur laquelle s'appuient les deux termes de toute existence et de toute pensée, l'idéal et le réel. Au sein de l'être absolu, ces deux termes sont eux-mêmes identiques; mais, en se développant, ils se dédoublent et se différencient sans perdre leur identité. L'un, le réel, apparaît comme le développement de l'unité dans la pluralité, de l'infini dans le fini : c'est la *nature*. L'autre, l'idéal, se manifeste comme le retour de la variété à l'unité, du fini à l'infini; c'est le règne de l'*esprit*, le monde moral ou de l'*histoire*. La science offrira donc trois divisions correspondantes : son organisme se compose de trois sciences distinctes et réunies par un lien intérieur. La première est la science de l'être absolu ou de Dieu, la *théologie*. La seconde, qui répond au côté réel de l'existence, est la science de la nature, dont le but et le point le plus élevé est la connaissance du corps humain, la *médecine*. La troisième, qui représente le côté idéal, est la science de la société civile, dont la base est l'idée du droit; c'est la *jurisprudence*.

Or, ces trois sciences obtiennent une existence positive et publique par l'État et dans l'État, où elles deviennent, sous le nom de *Facultés*, des puissances ayant chacune son organisation propre et sa mission particulière. Quant à leur ordre hiérarchique, la théologie, comme science de l'être absolu, occupe le premier rang. L'idéal étant une puissance plus haute que le réel, le monde social plus élevé que le monde physique, la Faculté de droit doit passer avant celle de médecine. Pour ce qui est de la philosophie, par cela même qu'elle est tout, ou mêlée à tout, elle ne peut être quelque chose de particulier et n'a point de place distincte. Si elle doit se rattacher à une faculté spéciale, ce doit être celle des *arts libéraux*. Les autres sciences préparent à un service public; la philosophie, comme l'art, est libre de tout but et de tout intérêt positif; elle ne prépare à rien de déterminé, mais elle développe l'esprit et le rend plus apte à tout comprendre. Schelling prétend que partout où la philosophie a été envisagée autrement, elle a joué un rôle ridicule, et, au lieu de la considération dont elle doit jouir, n'a été qu'un objet de plaisanterie générale.

Huitième leçon. Les deux leçons sur la *construction historique du Christianisme* et sur *l'Etude de la Théologie* ne peuvent manquer d'exciter vivement l'attention, bien qu'elles ne contiennent que des vues générales sur la religion et le Christianisme. Elles servent comme d'introduction au système religieux que Schelling a développé dans d'autres écrits et dont le cours qu'il professe actuellement à Berlin doit présenter une face nouvelle.

L'idée fondamentale est celle-ci : le Christianisme, c'est l'histoire du monde; donc, pour le comprendre, il faut se donner le spectacle de l'histoire tout entière et ne pas s'arrêter à un point particulier du temps, à une époque déterminée. D'où il suit encore que le point de vue historique est essentiel à la théologie; l'histoire est la clé de la théologie, ou, pour mieux dire, la vraie théologie n'est autre que l'histoire envisagée de son point de vue universel : c'est la plus haute synthèse de la religion et de l'histoire. D'un autre côté, comme ce que la religion développe, sous une forme qui lui est propre, est aussi le fond de la philosophie, les points de vue religieux historique et philosophique sont inséparables

Le Christianisme est essentiellement historique ; en effet, 1° la religion est traditionnelle ; son origine est un enseignement divin dont nous sommes redevables à des natures supérieures. Schelling ne s'explique pas sur le mode de cette révélation primitive ; 2° nous ne pouvons connaître les formes diverses qu'a revêtues le Christianisme que par l'histoire ; 3° enfin, le caractère fondamental du Christianisme, c'est que le monde y est considéré comme un empire moral et, par conséquent, comme objet de l'histoire. Cette idée est développée dans un parallèle que Schelling établit entre le Polythéisme et le Christianisme. Selon lui, la religion n'a revêtu que deux formes réellement distinctes : le Polythéisme qui représente la manifestation du principe divin dans le monde physique, l'infini identifié avec le fini, et le Monothéisme chrétien, où l'infini n'est qu'exprimé par le fini, s'en distingue et le ramène à lui. Les divinités païennes sont des divinités de la nature ; elles recèlent bien l'infini, mais absorbé dans le fini, figures fixes, invariables comme les lois du monde physique. Le Christianisme, au contraire, manifeste l'infini en soi, dégagé du fini, apparaissant sous sa véritable forme. Aussi la nature, le monde des existences fixes, invariables et finies, ne peut le contenir ni l'exprimer. Les symboles ici ne sauraient être tirés que de ce qui est indéfini, soumis au changement, de ce qui tombe sous la loi du temps, c'est-à-dire du monde moral ou de l'histoire. Ce ne sont pas même de véritables symboles. Dans le Polythéisme, le principe divin reste caché, enveloppé dans la nature; exotérique par la forme, il est esotérique par l'idée. Dans le Christianisme, le voile tombe, le divin rejette toute enveloppe. L'histoire est la révélation des mystères du royaume de Dieu.

Schelling reproduit, en la modifiant, sa division, développée ailleurs, de l'histoire en trois époques, où dominent successivement la *nature*, le *destin*, la *providence*, idées qui, malgré leur diversité, cachent une identité. Il les explique, comme ce qui précède, à l'aide des termes sur lesquels roule son système: le réel et l'idéal, le fini et l'infini, la nécessité et la liberté. L'époque de la nature est celle où règne la nécessité éternelle, où les deux termes de l'infini et du fini, non encore distincts, reposent au sein du fini; c'est l'époque la plus florissante de la religion et de la poésie grecques. — L'époque du destin marque la décadence et la fin du monde ancien. Ici, les deux termes, la fatalité et la liberté, se séparent et s'opposent; l'homme se détache de la nature; le monde nouveau commence par une sorte de péché originel. A cette opposition des deux termes, doit succéder leur réconciliation, leur harmonie; l'unité doit être rétablie à un degré supérieur. Cette réconciliation est exprimée dans l'idée de la providence; le Christianisme inaugure ainsi dans l'histoire l'idée de la providence. Telle est la grande direction historique du Christianisme et le principe pour lequel la science de la religion est inséparable de l'histoire,

— Nous nous abstiendrons sur ce point, comme sur ce qui suit, de toute réflexion. De telles questions ne peuvent se discuter dans une préface. C'est au lecteur à juger si ces abstraites et vides formules, que l'auteur ne prend pas la peine de justifier, expliquent réellement l'histoire et les principaux dogmes du Christianisme. — L'histoire, poursuit Schelling, n'est donc point une simple succession d'événements déterminés par le hasard, ni un enchaînement extérieur de causes et d'effets soumis seulement à des lois nécessaires. L'histoire, comme la nature, est déterminée par une cause unique et universelle. Comme elle, elle procède d'une unité éternelle; elle manifeste l'absolu par une de ses faces, le côté idéal. Or, ce qui est vrai de l'histoire, en général, l'est, à plus forte raison, de l'histoire de la religion; elle est fondée sur une nécessité éternelle; on peut donc la construire philosophiquement. Le plan en est facile à saisir; il est donné par la division du monde en deux parts, par l'opposition du monde ancien et du monde moderne. Le monde ancien, on l'a vu, est le côté naturel de l'histoire; il représente l'infini retenu, enveloppé dans le fini. Il cesse lorsque le véritable infini descend dans le fini, non pour le diviniser, mais pour l'immoler et le réconcilier avec son principe. L'idée première du Christianisme est le Dieu fait homme, le Christ comme sommet et fin de l'ancien monde des dieux; il revêt l'humanité dans sa bassesse et non dans sa grandeur. De plus, il ne reste pas au sein du fini;

manifestation passagère dans le temps, il retourne dans le monde invisible et laisse à sa place le principe idéal, l'esprit, qui ramène le fini à l'infini et est la lumière du monde nouveau.

Telles sont les idées principales qui sont indiquées plutôt que développées dans cette leçon. On y reconnaîtra facilement le germe de plusieurs doctrines plus récentes où l'on a cherché à expliquer les principaux dogmes du Christianisme et sa place dans l'histoire. En négligeant les points particuliers que l'auteur a plusieurs fois modifiés, nous ferons remarquer que, comme toute opposition dans ce système, celle du monde ancien et du monde moderne, qui sert de base à la construction historique du Christianisme, recouvre une identité et un développement continu. Ainsi, dès le commencement, si Schelling ne parle pas de la religion indienne, c'est que, dit-il, elle ne forme pas, sous ce rapport, une opposition avec le Christianisme, bien qu'elle ne s'accorde pas avec lui. D'un autre côté, le Christ est à la fois le sommet et la fin de l'ancien monde des dieux. Un monde intellectuel était enfermé dans les fables grecques qui, en se dépouillant de son enveloppe, a dû passer dans le symbole chrétien. D'ailleurs, à côté de la religion populaire, une religion idéale, spiritualiste, existait dans les mystères. La mythologie était le côté exotérique de la religion grecque, les mystères le côté ésotérique. On trouvera le développement de cette idée dans le morceau sur les mystères de l'antiquité (p. 333), que nous avons donné comme éclaircissement (voyez aussi p. 217). La leçon suivante la reproduit d'ailleurs d'une manière non équivoque dans la critique du point de vue contraire.

Neuvième leçon. Après avoir posé ces principes, Schelling, les applique à *l'étude de la théologie*, et il fait la critique des diverses manières dont cette science est traitée et enseignée.

Il combat d'abord celle qui présente le Christianisme comme un évènement isolé dans le temps, comme une œuvre particulière de la providence divine. Selon lui, non seulement le Christianisme se lie à l'histoire entière du monde, mais il en est la suite, le développement. De plus, son origine s'explique naturellement, ce qui ne lui ôte pas son caractère divin. Les esprits étaient préparés à recevoir la religion nouvelle par le malheur des temps, par la satiété des jouissances matérielles, par la corruption portée à son comble. D'ailleurs, le Christianisme préexistait à lui-même et en dehors de lui-même, dans le judaïsme, dans les mystères de la Grèce, dans les antiques religions de l'Orient. Il affirme l'identité des dogmes chrétiens avec ceux de la religion indienne, alors peu connue, d'après des analogies plus extérieures que réelles. Il distingue dans l'histoire deux tendances : l'une sensualiste, qui se développe dans le polythéisme; l'autre idéaliste. Les cultes de l'Inde, de la Perse, de l'Égypte, les mystères de la Grèce, le pythagorisme, le platonisme, lui paraissent former la chaîne qui unit le Christianisme aux temps les plus reculés. Et ainsi se trouve établie sa thèse : L'histoire du Christianisme c'est l'histoire universelle.

Ces idées, qui ont été développées depuis dans une foule d'écrits en Allemagne et en France, et qui forment encore aujourd'hui le sujet le plus ardent de la polémique religieuse, n'étaient pas alors précisément nouvelles, mais elles recevaient un aspect nouveau du principe fondamental du système de l'identité. Elles offraient le côté spéculatif ou métaphysique combiné avec le côté historique, ce qui avait manqué aux systèmes précédents. Aussi, est-ce de ce côté que Schelling dirigea sa polémique. Non seulement, dit-il, la théologie ne peut se passer de l'histoire envisagée au point de vue universel; mais elle ne peut non plus s'isoler de la philosophie, qui a pour objet les plus hautes idées sur l'essence divine, la nature et l'histoire dans leur rapports naturels et avec Dieu. Seulement, il s'agit ici d'une philosophie vraiment spéculative, qui applique à ces sublimes objets, non les règles ordinaires de l'expérience et du raisonnement, mais la faculté supérieure de l'intelligence qui conçoit l'éternel, l'absolu et les idées médiatrices entre l'homme et Dieu.

Il passe ensuite en revue les diverses méthodes suivies dans l'enseignement de la théologie. Les principales qui sont incriminées sont : celle du rationalisme kantien, la théologie protestante, la méthode philologique et psychologique qui s'y rattachent. Ainsi, d'abord, il reproche à Kant et à son école d'avoir banni de la religion le sens spéculatif ou métaphysique, et, par là, détruit le fond du dogme; d'avoir également écarté le côté positif ou historique et remplacé l'un et l'autre par le sens moral ; de ne voir dans la Bible qu'un enseignement moral déguisé sous des symboles ou des faits dont l'existence ou l'authenticité est indifférente; de réduire l'histoire religieuse à une allégorie morale, et d'avoir ainsi faussé le sens des écritures, dénaturé le fait sans pouvoir s'élever à l'idée.

Il n'est pas moins sévère à l'égard de la méthode protestante qui cherche à ramener le Christianisme à son sens primitif. Selon lui, c'est se tromper que de croire trouver le vrai Christianisme à son origine. Le dogme chrétien s'est developpé pour le fond comme pour la forme. Les apôtres, les pères et les docteurs de l'Église, la scholastique elle-même, y ont mis successivement la main, non seulement l'ont systématisé, mais y ont ajouté de nouvelles idées. De sorte que, pour comprendre le Christianisme, il ne faut pas l'envisager à un point particulier, mais l'embrasser dans son histoire tout entière et son développement, qui, même actuellement, est loin d'être complet.

Le protestantisme lui paraît donc opposé à cet esprit d'universalité qui caractérise le Christianisme; il rétrograde et supprime la continuité. Il substitue à l'autorité une autre autorité, celle de la lettre morte. Dans sa tendance négative et anti-universelle, il est condamné à se diviser en sectes.

Poursuivant cette censure entremêlée de sarcasmes, il reproche à la théologie protestante d'avoir fini, à l'exemple du Kantisme, par écarter de la Bible le sens spéculatif des dogmes pour y substituer le sens moral, ou de se renfermer dans l'interprétation littérale, de faire ainsi descendre la théologie à la linguistique et à la philologie; de n'être pas restée étrangère aux tentatives qui ont été faites pour expliquer, à l'aide des phénomènes psychologiques analogues à ceux de magnétisme animal, le merveilleux dans l'histoire de la religion, et restreindre le nombre des miracles; enfin de réduire l'enseignement religieux et la prédication au développement de quelques maximes banales de morale vulgaire ou d'utilité matérielle. Il termine en annonçant une nouvelle transformation du Christianisme.

Dixième leçon. Sur l'étude de l'histoire et de la jurisprudence. L'histoire n'existe ni avec une régularité ni avec une liberté absolue. Une série d'événements sans lois ne mérite pas plus le nom d'histoire qu'une série absolument réglée par des lois. La liberté et la soumission à des lois, tel est le caractère de l'histoire, dont la notion implique aussi celle d'une progressivité infinie. Enfin, son côté essentiel est le côté politique. Le monde parfait de l'histoire serait un État parfait, c'est-à-dire une organisation sociale où se manifesterait l'harmonie de la nécessité et de la liberté. L'histoire montre comment la société marche vers ce but idéal; son seul et véritable objet est l'enfantement successif de cette constitution cosmopolite. Telle est la manière dont Schelling définit ailleurs l'histoire. (Voy. l'extrait, p. 346.) Il se contente ici d'examiner les différentes manières de l'envisager.

La première est le point de vue religieux ou philosophique; il doit être abandonné à la religion et à la philosophie. Bossuet, Vico et Herder ne sont pas, à proprement parler, des historiens. Vient ensuite le point de vue empirique ; il offre deux côtés: ou l'historien se borne à recueillir et à exposer les faits, méthode, en effet, purement empirique; ou il les coordonne d'après un but spécial, politique, moral, civil, militaire, etc.; c'est le genre pragmatique, celui de Tacite et de Polype. On le regarde comme le plus élevé, mais à tort. Il engendre facilement les abus et les défauts que l'on reconnaît dans la plupart de ceux qui se mêlent d'écrire aujourd'hui l'histoire : l'absence d'idées, la manie des réflexions morales, le ton oratoire, les grands mots et les phrases vides de sens sur les progrès de l'humanité et de la civilisation. Presque toujours l'histoire y est confisquée au profit d'une idée exclusive, asservie aux vues les plus étroites et aux intérêts de secte ou de parti. Indépendamment de ces tendances, son défaut originel est d'exclure le caractère d'universalité. Si l'histoire avait un but spécial, ce serait celui de retracer la réalisation progressive du droit cosmopolite. Kant lui-même, qui a conçu le plan de l'histoire au point de vue d'un citoyen du monde, considère encore l'enchaînement logique des événements, sans les rattacher à des lois absolues. L'histoire doit marcher librement, dégagée de toute préoccupation et de toute fin particulière, reproduire le développement harmonique et simultané de la pensée divine sous toutes ses faces. Le vrai point de vue de l'histoire, qui seul conserve ce caractère absolu, c'est celui de l'art. L'histoire offre une affinité intime avec l'art. Il existe un *art historique*.

L'histoire présente, dans la succession des événements, les idées par lesquelles se manifeste la pensée divine; elle est le miroir de l'esprit universel. Mais ces idées ne s'offrent pas sous une forme abstraite comme dans la philosophie; elles sont identifiées avec les événements, les personnages et leurs actions; c'est la synthèse de l'idéal et du réel. Or, cette fusion intime du réel et de l'idéal, elle s'opère surtout dans l'art qui représente les idées sous des formes réelles et vivantes. L'histoire est une épopée conçue dans l'esprit de Dieu; c'est un drame merveilleux. Donc, pour le représenter, il faut être soi-même un artiste : savoir, tout en restant fidèle à la réalité, disposer et grouper les événements, les présenter sous une forme dramatique qui mette en relief l'élément significatif, fasse ressortir l'idée, sans toutefois l'abstraire ni la présenter comme leçon ou démonstration, comme but déterminé du récit.

En outre, l'histoire doit reproduire l'identité de la nécessité et de la liberté; concilier, harmoniser ces deux termes contraires, problème qu'il n'appartient qu'à l'art de résoudre complètement.

L'histoire doit produire l'effet du drame et de l'épopée, c'est-à-dire une impression semblable à celle du destin qui plane sur la tragédie antique. Ainsi ont fait Hérodote et Thucydide, ces grand artistes qui resteront toujours les vrais modèles du genre historique pur.

Suivent des conseils sur la manière d'étudier l'histoire. Éviter les histoires universelles, ces pâles esquisses, ces compilations arides, où les faits et les dates, entassés sans art, étouffent la vie et l'esprit de l'histoire; remonter aux sources, se complaire dans la naïveté et la simplicité des anciennes chroniques, étudier surtout les grands maîtres de l'antiquité. Faire comme eux, se mêler au mouvement politique; une vie riche d'expérience et passée dans les affaires publiques est la meilleure préparation à l'histoire. — On ne peut nier que ce morceau ne renferme une appréciation exacte du vrai caractère de l'histoire. Les défauts de la plupart de nos historiens y sont relevés avec verve et avec esprit.

Ce qui concerne *l'étude du droit* est, à notre avis, beaucoup moins satisfaisant. Le laconisme de l'expression ne peut faire prendre le change sur ce qu'il y a de vague et de chimérique dans cette partie du systenue, que, du reste, Schelling n'a jamais développée. Tout se réduit à la répétition de quelques formules où l'on reconnaît l'application du principe de l'identité, telles que l'accord et la fusion de la liberté et de la nécessité, de la vie privée et de la vie publique. Dans le passage sur la *constitution de droit* (p. 341), on entrevoit à peine comment l'auteur comprend cet accord, même d'une manière abstraite, dans la société civile et dans l'État. Le problème de l'organisation sociale n'est pas abordé. Quant à cet aréopage d'États se garantissant mutuellement leur constitution particulière, l'idée n'est pas neuve. Ceci rappelle le congrès européen de l'abbé de Saint-Pierre. Dans cette leçon, nous ne trouvons d'ailleurs que des indications très générales sur les conditions de la science politique. Telles sont les propositions suivantes : Il existe une science de l'État comme une science de la nature ; elle repose également sur des idées éternelles ; c'est une science *à priori*. Elle renferme, il est vrai, un côté historique ; mais il ne peut y entrer d'historique que ce qui sert à exprimer les idées. Les formes transitoires de la législation, qui appartiennent au mécanisme extérieur de l'État, doivent être écartées. Or, comme c'est presque tout le fond de la science actuelle du droit, le seul conseil à donner est, en effet, de l'enseigner et de l'apprendre d'une manière empirique, comme il est nécessaire pour l'usage qu'on en fait devant les tribunaux, et de ne pas profaner la philosophie en la mêlant à des choses qui n'ont aucun rapport avec elle. — Que la science du droit renferme un côté empirique étranger à la philosophie et où il est plus dangereux qu'utile de l'introduire, nous le concevons. Mais le mouvement de la législation moderne n'a-t-il rien qui mérite de fixer l'attention du philosophe? rien qui trahisse la vie des sociétés et le progrès des idées? Le prétendre n'est-ce pas avouer implicitement qu'on s'est placé à un point de vue qui empêche de comprendre ce qu'il est plus facile de dédaigner. L'auteur est obligé de se reporter vers l'antiquité pour trouver quelque chose qui réponde à son système. Selon lui, cette unité de la vie publique et de la vie privée, de la nécessité et de la liberté, n'a existé que dans les sociétés anciennes. Dans la société moderne, l'individu s'est détaché de l'État; il s'est créé des droits et des intérêts distincts. De là, une lutte intérieure et permanente d'où résultent toutes les autres divisions qui travaillent et minent le corps social. Rome et les cités grecques étaient dans un état plus normal. La cité antique est aussi divisée; puisqu'elle renferme des hommes libres et des esclaves; mais, au moins, c'était deux mondes à part; les esclaves ne faisaient pas partie de l'État; les hommes libres jouissaient d'une vie toute idéale. — Si l'État est un œuvre d'art, cela est en effet plus poétique et plus beau; c'est aussi plus clair pour la dialectique, plus conforme à ses catégories, mieux modelé sur le plan du monde physique qui offre le reflet des idées; est-ce plus conforme à l'ordre moral et à la justice? Cette question ne paraît pas beaucoup préoccuper l'auteur du système de l'identité. Du reste, ici comme ailleurs, il témoigne peu de sympathie pour les principes qui servent de base aux institutions modernes; il ne voit dans ces institutions qu'un monstrueux amalgame d'esclavage et de liberté, et, au sein des États, une lutte permanente entre les citoyens et le pouvoir équivoque des gouvernants.

Il recommande à celui qui veut comprendre la science positive du droit et de l'État, de se créer par la philosophie et l'histoire l'image vivante de la société à venir. Si le précepte est bon, une esquisse même imparfaite de cette société eût mieux valu encore. Quant à la méthode qui consiste à construire l'État sur le modèle des idées, à l'exemple de Platon, sans vouloir trop la juger par ses fruits, ni partager le dédain des publicistes et la traiter légèrement, nous ferons remarquer que cette méthode *a priori* a, tout au plus, donné dans la République de Platon la formule de la cité grecque, c'est-à-dire du passé et non de l'avenir.

Schelling termine par un examen rapide des différentes manières dont a été traitée la science du *droit naturel*. Il signale les vices de la méthode analytique, comme l'abus des formules et des divisions à l'aide desquelles on a cherché à donner à la jurisprudence un caractère plus systématique. La réforme tentée par Kant ne lui paraît avoir eu pour résultat que d'augmenter sans profit pour la science cet appareil prétentieux de termes philosophiques, et la facilité pour chacun de se créer un système à soi. Il reconnaît le service que Fichte a rendu à cette science en essayant de la constituer sur une base indépendante. Mais cette œuvre capitale renferme un défaut essentiel, elle n'offre que le côté négatif. La société, ainsi organisée d'après l'idée du droit, et n'ayant pour but que le maintien des droits entre les citoyens, se réduit à un mécanisme extérieur. Le droit empêche tout au plus que les citoyens ne se nuisent réciproquement. C'est la condition de l'ordre, non le but positif de la société, qui est le libre développement des facultés humaines et des forces sociales. L'Etat ne doit pas être considéré comme le moyen d'atteindre ce but, mais comme la société elle-même le réalisant incessamment. C'est un organisme vivant qui doit se développer régulièrement et librement. — La critique est juste; mais si le problème est mieux posé il reste à le résoudre.

Onzième leçon. On sait que la première application des idées de Schelling fut une *philosophie de la nature.* C'est sous ce nom que son système est encore généralement connu des savants. Les trois leçons suivantes, où il expose ses vues sur la *science de la nature en général* et ses principales divisions, doivent donc offrir un intérêt particulier. Voyons d'abord comment il conçoit la nature en général.

La nature, l'univers, est une manifestation de Dieu,

de l'être absolu, dont la loi est de se développer éternellement. Entre Dieu et le monde sont les idées qui jouent le rôle de médiatrices. Elles existent d'abord dans Dieu, dans l'acte éternel de la connaissance divine; elles y sont d'une manière idéale, comme les miroirs dans lesquels il se contemple lui-même. Quoique participant de son essence, elles sont à la fois universelles et particulières. Comme lui vivantes, elles sont aussi créatrices; elles revêtent leur essence de formes particulières et la manifestent par les choses individuelles. Par là, elles deviennent comme les ames des choses. Celles-ci étant finies, celles-là infinies, l'infini, de cette façon, s'unit au fini par une étroite identité; l'idée s'introduisant dans le corps, le pénètre tout entier; celui-ci la renferme, l'exprime, et lui prête sa forme. Par là aussi le réel rentre dans l'idéal, le fini dans l'infini. Les idées agissent d'une manière éternelle au sein de la nature; celle-ci ayant reçu les divines semences des idées est infiniment féconde. Les idées répandent partout dans le monde la régularité, l'ordre et la vie. — Dans ce début, qui rappelle le néoplatonisme alexandrin, quelques expressions seulement appartiennent en propre au panthéisme de Schelling. Nous comprendrons mieux dans ce qui suit, c'est-à-dire dans la partie critique, l'idée fondamentale de cette philosophie de la nature, son esprit et sa méthode.

Schelling appelle philosophique ou *spéculatif* son propre point de vue et *empirique* le point de vue opposé, celui des sens et de l'expérience, ou de l'opinion commune ; ce dernier est représenté surtout par Descartes dans la physique moderne, dans la philosophie ancienne, par Épicure ou Démocrite.

Les sens et l'expérience, ou le raisonnement, qui s'appuie sur leurs données, nous montrent les corps, comme ayant une existence propre et indépendante, comme séparés entre eux et de leur principe, comme privés de vie et de signification. Ils ne nous offrent que des qualités matérielles que l'analyse distingue et qu'elle isole. Aux yeux donc des sens, le fini apparaît séparé de l'infini ; la matière étendue, inerte est complètement privée des propriétés de l'intelligence et de la vie. Entre l'esprit et la matière, le monde des corps et celui de la pensée, il n'y a rien de commun ; la nature totalement dépourvue de sens et d'idées n'est qu'une lettre morte. Tout au plus, peut-on la connaître dans ses détails et ses parties, ou former de ces parties un ensemble par une synthèse extérieure et factice. La science se divise et se fractionne ainsi à l'infini ; elle devient atomistique comme son objet. Par là toute idée d'organisme disparaît, ou fait place à celle d'un simple enchaînement mécanique de causes et d'effets. Au lieu de faire dériver tous les phénomènes d'un seul principe absolu, d'où rayonnent des forces, des puissances, à des dégrés différents, on rattache les diverses classes de faits à des causes différentes qui sont censées les produire, causes, du reste, tout-à-fait inconnues et hypothétiques comme on en convient, et qui changent à mesure que l'expérience fait des progrès.

Quelquefois, il est vrai, on suppose entre les êtres une harmonie préétablie (Leibnitz), et l'on admet qu'aucune existence n'en modifie une autre, si ce n'est pas l'intermédiaire de la substance universelle. Mais le comment de cette médiation reste inconnu. D'autres ont recours à un mouvement mécanique imprimé à distance (Newton et ses successeurs). Ou bien encore, pour expliquer l'action de l'esprit sur la matière, on a imaginé des substances mixtes, qui possèdent, à la fois, les propriétés de l'un et de l'autre (esprits animaux, médiateur plastique), ou des fluides, une matière impondérable et incoercible. Sans parler des contradictions que renferment ces hypothèses, c'est reculer la difficulté sans sortir du point de vue mécanique. L'action vient toujours du dehors; le mouvement procède de l'inertie, la vie de la mort.

Enfin la méthode empirique part de l'observation des objets isolés et de leur propriétés, puis elle cherche à les réunir et à recomposer le tout. C'est comme si l'on voulait composer des mots sans les idées qu'ils doivent exprimer, former un poème avec les lettres de l'alphabet. Si l'on appelle à son aide les mathématiques, celles-ci ne donnent toujours que des formes, des quantités, non des idées; elles servent à calculer les mouvements, sans en expliquer la raison; elles sont incapables de pénétrer l'essence de la nature et de ses forces; elles se réduisent alors à un pur formalisme qui laisse subsister le point de vue mécanique. On parle de théorie, mais si la théorie a son principe dans l'expérience, elle se confond avec elle et ne peut la dépasser. Les principes qu'elle prétend tirer des faits ne sont que ces faits généralisés. La théorie ainsi entendue est légitime lorsque, n'ayant pas la prétention d'expliquer, et s'abstenant d'imaginer des causes, elle se borne à recueillir et à généraliser les faits, à les exposer et les décrire, en un mot, à faire l'histoire de la nature (voyez l'extrait p. 365). Elle peut ainsi, tout au plus, aller de la périphérie au centre, non du centre à la périphérie. Pour cela, il faut être en possession d'une idée, d'un principe, et la science absolue seule peut le fournir.

Telles sont les objections que Schelling adresse à la méthode empirique et au dualisme qui, selon lui, en est la conséquence, dans tous les systèmes anciens et modernes qui l'ont appliquée à l'étude de la nature.

Après cette critique, il expose, en peu de mots, sa propre méthode et les idées fondamentales de sa philosophie de la nature.

Le principe d'où sortent tous les êtres et d'où découlent leurs manifestations vivantes est l'être absolu au sein duquel tous les êtres s'unissent, se confondent et trouvent leur unité. Immobile en soi, il n'est déterminé à l'action et au mouvement que par la loi en vertu de laquelle il se développe et se manifeste éternellement à lui-même. Ainsi, le principe de toute activité dans la nature est un, c'est l'être absolu, affranchi de toute relation. Les puissances, ou forces de la nature, qui émanent de lui, identiques dans leur essence, ne se distinguent entre elles que par la forme et le degré. Ce qui fait l'unité dans la nature, ce n'est donc pas la dépendance réciproque des existences ni l'enchaînement des causes et des effets, c'est que tous les êtres dépendent et dérivent du même principe. Il suit de là que la science de la nature doit s'élever au-dessus des phénomènes particuliers, jusqu'à l'idée du principe unique d'où ils émanent comme de leur source commune.

Ce que la philosophie se propose, avant tout, c'est de comprendre la manière dont toutes choses naissent de Dieu ou de l'absolu. Or, voici, ajoute le philosophe, comment s'explique cette origine: L'être absolu ne serait jamais connu et il resterait éternellement enveloppé en lui-même si, comme sujet, il ne se posait en face de lui-même comme objet. Dans cet acte, par lequel son intelligence et son activité se développent, c'est sa pensée qui se réalise au dehors et se donne en spectacle à elle-même. Ici l'identité des deux termes, du sujet et de l'objet, de l'idéal et du réel, de l'essence et de la forme est évidente. Ce développement parfait, où se réalise l'identité des deux termes de la pensée divine, produit en Dieu les idées qui existent, à la fois, en elles-mêmes et dans Dieu. La philosophie peut d'abord se contenter d'envisager ainsi les idées dans Dieu, et ce premier degré constitue un idéalisme absolu ; mais les idées créent à leur tour les choses particulières, qui sont simplement leurs images. Ici, l'unité se brise et se dédouble; les deux termes, l'idéal et le réel, se séparent; le réel apparaît dans la nature, l'idéal dans le monde moral ; ils s'opposent comme le négatif et le positif; mais, en réalité, ce sont les deux manifestations relatives de l'être absolu, et en lui ils se confondent et retrouvent leur identité. Ainsi, la nature, soit qu'on l'envisage dans Dieu comme monde des idées, soit qu'on la considère dans son existence visible, est essentiellement une ; elle ne renferme aucune diversité intérieure ; dans toutes choses est la même vie, la même puissance, à des degrés différents ; il n'y a pas de corps sans ames ni d'ames sans corps; partout l'ame revêt un corps; seulement, le côté matériel ou spirituel domine selon le degré de l'existence. La science de la nature est donc une elle-même; ses divisions ne sont qu'extérieures et ne brisent point sont unité. La tâche de la philosophie est précisément de rétablir partout cette identité, de ramener sans cesse le réel à l'idéal, l'idéal au réel, et tout deux à leur principe commun. D'un autre côté, si l'acte éternel de la manifestation divine se reproduit à tous les degrés de l'échelle des êtres, si le type intérieur des choses est nécessairement un, la philosophie, qui saisit à leur source même l'idée absolue et les idées qui en découlent, peut construire le monde sur ce modèle, s'élever au-dessus du point où d'insurmontables limites retiennent enfermée l'expérience, pénétrer dans l'atelier de la vie organique, au foyer du mouvement universel. — Telles sont les idées fondamentales de cette philosophie de la nature; pour en voir l'application, il faudrait suivre le développement du système tel qu'il est exposé dans d'autres écrits. On peut déjà remarquer qu'indépendamment de la vérité des principes ainsi dogmatiquement posés, cette manière d'expliquer la création et le rapport de Dieu au monde soulève une foule de difficultés que l'auteur a dû chercher depuis à résoudre et sur lesquelles ses opinions ont plus d'une fois varié. Quant aux critiques qu'il adresse au point de vue opposé, on ne peut nier qu'il ne fasse très bien sentir l'insuffisance de ce dernier et celle des hypothèses qui règnent encore aujourd'hui dans les sciences physiques, par conséquent la nécessité d'aller au-delà de ces théories.

Cette leçon se termine par une espèce d'hymne à la science, où le philosophe, dans son enthousiasme, compare le savant aux prises avec la nature dont il s'efforce de pénétrer les secrets, à l'homme vertueux aux prises avec l'adversité, spectacle également digne des regards de la divinité. L'étude de la nature, en lui dévoilant des lois qui sont au fond les mêmes qu'il trouve dans sa pensée le met aussi en communication avec Dieu; elle doit ramener la paix et l'harmonie dans son âme, être pour lui la source d'ineffables jouissances.

On ne s'étonnera pas non plus de trouver ici l'éloge

du poète naturaliste qui a personnifié dans Faust cette ardente curiosité qui veut connaître tous les mystères de la nature. Entre Goethe et Schelling l'affinité est trop manifeste pour devoir être démontrée. C'est le même esprit dans deux sphères différentes, et, pour parler le langage du philosophe, retrouvant souvent leur identité dans les mêmes études et sur les mêmes questions.

Douzième leçon. Sur l'étude de la physique et de la chimie. Les deux leçons suivantes offrent moins d'intérêt que la précédente. Elles contiennent le plan d'une espèce d'encyclopédie des sciences physiques.

Dans cette esquisse, où l'ordre des sciences seul est marqué, la plupart des points indiqués restent obscurs faute de développement, et nécessiteraient, pour être éclaircis, l'exposition du système entier. La critique elle-même manque quelque fois de clarté. Ce qui a trait à la méthode n'est guère que la répétition de ce qui a été dit plus haut. Il nous suffira de dégager les idées principales.

Le premier problème de la *physique générale* est celui de la matière et il a deux faces : 1° déterminer l'essence de la matière ; 2° faire voir la manière dont les êtres sortent de son sein. L'expérience est incapable de résoudre le premier ; elle aboutit nécessairement à l'atomisme. La raison seule conçoit la matière, et, pour cela, il lui suffit de faire abstraction de toutes les formes particulières. Au reste, la matière n'est autre chose que la première manifestation de l'absolu sortant de lui-même et se projetant au dehors. Quant à ce qui concerne la naissance des êtres, on a vu comment elle s'explique par la théorie des idées. Schelling la reproduit ici sans beaucoup ajouter à ce qui a été dit dans la leçon précédente. Vient ensuite le problème de la stucture générale de l'univers et de ses lois : *l'astronomie mathématique* et l'astronomie physique. Depuis Keppler la première est retombée dans l'empirisme. La force d'attraction de Newton n'est qu'un fait général d'expérience qui n'a aucune valeur pour la raison, celles ci ne reconnaissant que des lois absolues. Le principe des lois de Keppler se conçoit immédiatement par la raison sans qu'il soit besoin de l'expérience. — L'*astronomie physique* elle-même s'appuie, quant à ses principes les plus importants, sur des conceptions universelles.

La *minéralogie* est l'exposition purement descriptive des formes inorganiques; elle doit borner là sa tâche et ne pas chercher à pénétrer jusqu'aux caractères intérieurs qui constituent l'essence des corps et leurs qualités. Autrement elle doit les présenter comme les métamorphoses d'une seule et même substance, ainsi que les travaux de Steffens en ont donné le premier exemple. La *géologie* doit faire de même pour la terre tout entière, embrasser toutes ses productions et montrer leur genèse dans la continuité de leur développement historique. Schelling émet ici sur la formation des êtres inorganiques, sur celle de la terre en général et sur la lumière, des hypothèses qu'il a développées ailleurs, et en particulier dans son écrit *sur l'Ame du monde*. Selon lui, l'*optique* de Newton, qui est tout empirique, n'est qu'un échafaudage d'erreurs. Reprenant le ton de la critique, il reproche à la *physique expérimentale* son absence de forme systématique, son incertitude sur les principes, qui fait qu'à chaque nouvel ordre de phénomènes elle est forcée d'abandonner ses anciens principes pour en adopter de nouveaux; il attaque les hypothèses et les théories reçues comme n'ayant aucune consistance et reposant sur des conceptions grossières. Ce qu'il dit de la *chimie* est aussi plus critique que dogmatique. Il n'a pas de mal à montrer les vices et les lacunes de cette science au point de vue philosophique. Il se moque surtout de l'hypothèse des fluides comme servant à expliquer les phénomènes électriques, magnétiques etc. La théorie dynamique de Kant sur la matière a plus de valeur à ses yeux; mais les forces attractive et répulsive sont toujours conçues d'un point de vue inférieur, celui de l'entendement logique; il lui reproche de ne pouvoir avec ces forces faire comprendre la diversité des formes de la matière, et à ses successeurs d'avoir fait retomber cette conception dynamique dans les hypothèses mécaniques. A toutes ces théories manquait le point de vue absolu, c'est-à-dire la conception supérieure de la matière comme acte général de la manifestation divine, et de la vie universelle répandue à tous les degrés de l'existence. Schelling regarde, en outre, la subordination de la *physique* à la *chimie* comme funeste à l'une et à l'autre. La chimie usurpant ainsi un rôle qui n'est pas le sien, et voulant expliquer les phénomènes physiques par la cohésion, l'affinité, etc., perd le sens propre de ses phénomènes; elle oublie que ceux-ci sont ceux de la nature vivante, que là, aussi, dans son propre domaine, est la vie, là sont des puissances et des forces innées à la matière. Il reconnaît les richesses de ses découvertes positives, mais il veut qu'elles soient ramenées à ce point de vue, ou si la chimie reste ce qu'elle est, une recherche empirique sur un ordre particulier de phénomènes, qu'elle se borne au rôle inférieur de faire des expériences; dès qu'elle a la prétention de devenir une véritable science, elle n'est plus qu'une branche de la science générale de la nature et doit partir de son idée générale. Il en est de même de la *météorologie;* les changements qui s'opèrent à la surface de la terre ne peuvent se comprendre que dans leur rapport avec la structure générale de l'univers. La *mécanique* appartient à la fois aux mathématiques appliquées et à la physique. Enfin, cette séparation des sciences physiques et des sciences naturelles ou organiques est elle-même une division artificielle et factice. La science absolue de la nature comprend, dans un seul et même tout, les phénomènes de la nature inorganique et organique; c'est toujours le développement du même principe absolu, à des degrés divers et à des puissances différentes.

Treizième leçon. Sur l'étude de la médecine et de la nature organique en général. L'organisme c'est la nature en petit. La science de l'organisme doit rassembler et concentrer en soi tous les rayons de la science de la nature ; la physique générale est une introduction au sanctuaire de la vie organique. Mais cette vérité reconnue de toute antiquité, mal comprise de la physique empirique, n'a eu pour effet que de faire transporter ses hypothèses dans les sciences naturelles. La chimie elle-même, qui jette un si grand jour sur la composition des êtres organisés, lorsqu'on ne veut voir dans les phénomènes de la nature organique que des transformations chimiques, ne fait que défigurer ces phénomènes sans les expliquer. Les sciences particulières sont distinctes et absolues en soi, elles ne retrouvent leur unité que dans le sein de la science universelle.

La science générale de la nature se résume donc dans la médecine, qui réunit ses parties éparses comme les rameaux d'un même tronc. Plusieurs médecins ont senti que, pour répondre à cette idée, la médecine devait reposer sur des bases philosophiques ; mais on s'est borné à systématiser les faits d'une manière extérieure et artificielle. Schelling fait cependant une exception en faveur de Brown, qu'il appelle un penseur unique dans l'histoire de la médecine, et dont la doctrine, en effet, s'accorde assez bien avec son système physiologique et médical. Dans plus d'un passage de ses autres ouvrages il constate cette affinité.

Cependant l'idée d'*excitabilité*, qui est la base de la doctrine de Brown, a besoin, dit-il, de rentrer dans une idée plus élevée, et de revêtir un caractère absolu. L'excitabilité n'est encore qu'une conception de l'entendement. Elle suppose que l'être organisé est déterminé à agir par des causes extérieures. L'organisme subit l'influence des objets extérieurs; mais, en soi, il est en dehors de toute pareille détermination. Son action vient du dedans, non du dehors ; il ne fait que réagir. S'il est sollicité par les agents extérieurs à rétablir l'équilibre altéré dans ses fonctions, cela n'explique pas son essence. Il émane du principe universel dont il est l'image et qui réside en lui. Là est la source première de ses déterminations (1).

---

(1) Ailleurs Schelling marque d'une manière plus précise la différence de son point de vue et de celui de Brown.

« L'écossais Joh. Brown, fait, il est vrai, dériver la vie animale de deux facteurs (l'excitabilité animale et les puissances excitatrices)(*exciting powers*); ce qui paraît sans doute s'accorder avec notre principe négatif et positif de la vie. Mais si l'on considère ce que Brown entend par puissances excitatrices, on trouve qu'il comprend par là des principes qui, suivant notre opinion, appartiennent déjà aux *conditions négatives* de la vie, à qui, par conséquent, on ne peut accorder la dignité de *causes positives* de la vie. Egalement dans le deuxième chapitre de son système, il appelle puissances excitatrices, la chaleur, l'air, les moyens de nutrition, d'autres matières qui doivent être reçues dans l'estomac, le sang, les sucs qui se séparent du sang, etc. On voit, d'après cela, que l'on accorde beaucoup trop au médecin écossais, si l'on croit qu'il s'est élevé aux plus hauts principes de la vie ; il est bien plutôt resté aux degrés inférieurs. Autrement il n'aurait pas pu dire: «Nous

L'organisme est l'expression de l'acte créateur de la manifestation divine ; il le représente par l'unité et l'identité des deux facteurs de la vie : la matière et l'essence, qui, séparés dans les êtres inorganiques, sont ici réunis, au point que le rapport des deux termes est interverti, la matière n'étant plus qu'un accident, la forme étant devenue son essence. Schelling relève l'insuffisance des explications que l'empirisme tire des notions communes sur la matière, des hypothèses plus ou moins matérialistes sur les fluides, l'attraction, etc.,

---

» ne savons ni ce qu'est l'excitabilité, ni comment elle est modifiée » par les puissances excitatrices. Sur ce point, comme sur d'autres » objets semblables, nous devons nous borner à l'expérience et éviter » soigneusement la recherche épineuse des causes, en général, incom- » préhensibles, ce serpent venimeux de la philosophie... » Par excitabilité, Brown, entend le principe purement passif dans la vie animale ; or, quelque chose de purement passif dans la nature est une chimère. » (*De l'Ame du monde*, 2ᵉ part. p. 199).

« L'idée de la maladie, comme celle de la vie, nous conduit nécessairement à admettre une cause physique qui, en dehors de l'organisation, renferme le principe de son excitabilité, et, par son moyen, de tous les changements qui en découlent. Car comment pouvons-nous croire que l'organisation renferme en elle-même le principe de sa vie et de sa durée, puisque nous la voyons, sous le rapport de tous ses changements, et, en particulier, des maladies, dépendre d'une force extérieure agissant uniformément, et qui change seulement sous le rapport de ses conditions, force qui doit agir sans interruption sur la source première des corps organisés, et qui paraît entretenir la vie de la nature universelle (comme cela se montre par les changements généraux), aussi bien qu'elle entretient la vie individuelle de chaque être organisé. »

(*Première esquisse d'une philosophie de la nature*, p. 227).

ou que l'on déduit des analogies entre les phénomènes physiques de l'électricité, du magnétisme, etc.

Mais nous craignons que l'indication de sa propre théorie, qu'il essaie d'esquisser en termes abstraits, tels que ceux de la substance et de la forme, de la matière et de l'accident, de la possibilité et de la réalité, sans parler des *dimensions* de l'organisme, ne soit peu propre à en donner une idée favorable. Il fallait s'en tenir au principe et supprimer des résultats qui ne peuvent se comprendre que dans l'ensemble du système. La pensée générale est celle-ci : La gradation en vertu de laquelle, dans l'organisme, la matière s'efface de plus en plus, et le réel se transforme en idéal, révèle le développement de la force créatrice dans les êtres vivants. Ce qui fait que, dans ce domaine élevé de la nature organique, où l'esprit se dégage de ses liens, toutes les applications tirées de la notion commune de la matière sont insuffisantes.

Ce que l'auteur dit de la médecine en particulier, la manière dont il définit la maladie, ce qu'il appelle la construction de cet état, comme pouvant se déduire de la plus haute opposition de la possibilité et de la réalité dans l'organisme et de la destruction de leur équilibre, etc., n'est guère plus clair. Il est difficile de deviner, sous de pareilles formules, la réforme à introduire dans l'art médical et de tirer de là une méthode thérapeutique. L'auteur a développé ailleurs ces idées (dans l'ouvrage cité plus haut, troisième section); ne pouvant ici les développer, il aurait mieux fait de les omettre dans l'intérêt de sa doctrine. Si l'on venait dire à quelqu'un de nos praticiens qu'il y a dans l'organisme un double rapport, l'un naturel, l'autre *divin*, dont les lois seules révèlent au médecin les formes, le premier et le principale siège de la maladie, le guident dans le choix des moyens et l'éclairent sur le spécifique dans l'action de ces derniers, aussi bien que sur les symptômes de la maladie, nous doutons que celui-ci, fût-il un disciple de Brown, se trouvât très édifié de ce théosophisme médical. Quant l'auteur développe des maximes générales comme celles ci : la science de la médecine exige un esprit et des principes philosophiques ; quant il montre la nécessité de joindre la théorie à l'expérience, les incertitudes et les ridicules de l'empirisme, si sa pensée est moins originale, son langage est plus clair, sa critique est pleine de force, et sa verve nous intéresse. On remarquera aussi le morceau qui termine cette leçon, où l'auteur de la philosophie de la nature insiste sur les rapports de la médecine avec la science générale de la nature, et avec l'anatomie comparée en particulier. S'il est vrai, dit-il, qu'un seul et même type fondamental se répète dans la production des diverses espèces, les métamorphoses de la maladie doivent être déterminées par les mêmes lois ; d'où il suit que la médecine doit se confondre avec la science générale de la nature ; les deux sciences se correspondent. La médecine doit embrasser l'ensemble des connaissances organiques, suivre les développements de la vie depuis la plante jusqu'au sommet du règne animal. L'anatomie comparée est le flambeau de la médecine. Mais si la comparaison, en effet, doit servir de guide, le type de comparaison, ce n'est pas l'expérience qui doit le fournir. Si l'on prend pour type l'organisation humaine, ce principe est clair en apparence; mais l'organisation humaine, comme la plus parfaite, est aussi la plus complexe; elle a besoin elle-même d'être éclairée par la connaissance des degrés inférieurs. Cette méthode, d'ailleurs, en s'arrêtant à un point unique, fausse le coup d'œil qui doit embrasser l'ensemble. L'oubli de ces principes, joint à la multiplicité des détails, a amené la séparation de l'anatomie et de la physiologie, qui doivent se correspondre comme l'intérieur et l'extérieur, et le procédé mécanique qui domine dans la plupart des livres d'enseignement et dans les académies.

Schelling voudrait donc que l'anatomiste, s'élevant au-dessus du point de vue ordinaire, se contentât d'exprimer avec vérité les formes réelles, en saisît le caractère symbolique, c'est-à-dire qui représente extérieurement les développements divers d'un même type intérieur; qu'il eût toujours présent à la pensée ce type fondamental; qu'il se laissât guider par l'idée d'une unité et d'une affinité entre toutes les organisations. — On reconnaît ici la base du système développé en Allemagne par Oken, Goëthe, etc., en France par Geoffroy Saint-Hilaire.

Quatorzième leçon. Sur la science de l'art. Schelling, qui assigne à l'art un rang si élevé dans son système, ne pouvait manquer de lui donner une place importante dans les études académiques ; c'est par là que se terminent ces leçons.

Une université n'est pas une école des beaux-arts ; ce n'est pas là que l'on apprend à devenir statuaire, peintre ou musicien. Mais les principes et la théorie des beaux-arts, leur histoire et les lois qui président à leur développement sont l'objet d'une étude du plus haut intérêt, qui laisse un vide dans le cadre du haut enseignement, si elle y est omise. Schelling ne trouvait alors, dans les universités allemandes, rien qui y répondît, si ce n'est la philologie qui, combinée avec la haute critique, doit aboutir à une histoire philosophique de la littérature. Quand aux arts du dessin, une histoire purement érudite et archéologique est tout à fait insuffisante. Il réclame donc, pour cette science devenue depuis une des branches les plus florissantes de l'enseignement supérieur chez nos voisins, des bases plus larges et un point de vue plus élevé. Il s'attache, dans cette leçon, à montrer sa possibilité, son véritable objet et son utilité.

1° Une philosophie de l'art est-elle possible ? Des difficultés s'élèvent ici et du côté de l'art et du côté de la philosophie elle-même.

Quest-ce que l'art en effet ? N'est-ce pas une imitation de la nature ? son but est de substituer l'apparence à la réalité, de produire l'illusion. Quoi de plus opposé à la philosophie, qui a pour objet la vérité ? Le philosophe doit renier l'art comme artisan de mensonges, comme nous transportant dans un monde de chimères et de fictions. Son effet, d'ailleurs, n'est-il pas d'énerver et d'amollir les ames ?

Schelling ne s'arrête pas à démontrer longuement la fausseté de ces assertions puisées dans de vulgaires préjugés ; il leur oppose une idée plus vraie de l'art et de sa mission. L'art n'a pas moins que la philosophie pour objet l'immortelle et invisible vérité ; c'est elle qu'il montre à travers ses images et ses emblèmes, et il s'adresse à l'esprit par l'intermédiaire des sens. Il est une révélation des idées divines ; loin d'énerver l'âme il épure ses sentiments, il la transporte dans un monde idéal et l'initie à ses mystères ; cette initiation a pour résultat de purifier les passions que réveille leur vivant tableau. Son effet est moral et même religieux.

Mais le divin Platon n'a-t-il pas banni les poètes de sa République ? — On a mal compris le sens de cet arrêt du roi des philosophes ; ce qu'il condamne, c'est l'art grec et la mythologie payenne, qui, en effet ont trop sacrifié au culte de la forme et trop flatté les sens. Si Platon eût connu l'art chrétien et la poésie chrétienne, loin de les proscrire il les eût accueillis avec enthousiasme. Il faut bien plutôt voir dans cet arrêt le pressentiment et comme la prophétie d'un art nouveau, essentiellement spiritualiste et destiné à représenter l'infini dans ses œuvres. Ce qui prouve que ce jugement n'a rien d'absolu, c'est que dans d'autres dialogues (Ion, Phèdre, Banquet), Platon parle de la poésie avec éloge et célèbre l'inspiration poétique comme émanant d'une source divine. La vraie conclusion, c'est que l'art grec n'est qu'un genre particulier, qui, comme tel, a ses limites, qu'il existe une autre forme de l'art plus élevée, et qu'il est nécessaire d'embrasser celui-ci dans son développement complet.

Mais si l'art est un digne objet d'étude pour la philosophie, celle-ci est-elle capable de le comprendre? N'est-il pas aussi mystérieux dans ses procédés que merveilleux dans ses effets? D'ailleurs n'est ce pas une prétention vaine que celle de lui assigner des lois? Le génie n'obéit qu'au souffle divin qui l'anime, il est essentiellement libre, il se joue des règles dans lesquelles on cherche à l'emprisonner. Comment introduire la réflexion dans les œuvres de l'inspiration ?

Ceux qui tiennent ce langage rabaissent en réalité l'art en croyant l'élever au-dessus de la raison; puisque, si tout est incompréhensible dans ses œuvres, ne s'adressant plus dès lors à l'esprit et à ses hautes facultés, il ne s'exerce plus que sur la partie inférieure de l'âme, la sensibilité. Mais pour bien comprendre la réponse de Schelling, il faut se placer à son point de vue et se rappeler le sens de ses formules. L'art, en revêtant les idées d'une forme sensible et réelle, représente l'unité de l'idéal et du réel, leur parfaite et harmonieuse fusion. Cependant le réel ou l'objectif, domine encore dans l'art. L'idée qui fait le fond de l'œuvre d'art est fondue avec la forme, et l'artiste n'en a pas la conscience distincte et réfléchie. L'idéal, la pensée pure n'existe que pour le philosophe. L'art et la philosophie s'opposent donc comme le réel et l'idéal, le subjectif et l'objectif. Bien qu'au sommet de la pensée il se rencontrent, bien qu'ils aient tous deux le même objet, soient, à la fois, l'image et le modèle l'un de l'autre, la distinction se maintient et l'opposition subsiste. Le sens artistique et l'esprit philosophique sont identiques et faits pour se comprendre mutuellement. Toutefois, la philosophie, c'est-à-dire la réflexion, peut voir plus clair encore que l'art lui-même dans ses œuvres. L'idée, la pensée qui en fait le fond, c'est une idée, une pensée philosophique; le vrai modèle, c'est la philosophie qui le possède. Si donc elle ne peut créer l'œuvre d'art, il lui est donné de le comprendre mieux que l'artiste lui-même. Dans l'inspiration, celui-ci obéit à une impulsion intérieure, qui lui ravit la conscience claire et réfléchie de lui-même et le secret de ses créations. Pour en avoir une intelligence plus parfaite, il faut qu'il abandonne l'inspiration pour la réflexion et devienne philosophe. Autrement, il est possédé par l'idée plus qu'il ne la possède, il la développe plus ou moins instinctivement et spontanément, à la manière des forces de la nature. En un mot, si le fond de l'art et de la philosophie est identique, les deux sphères de la pensée sont différentes, et la philosophie conserve son caractère propre, celui de comprendre et d'expliquer; elle peut poursuivre l'art jusque dans sa source la plus cachée et dans le foyer où s'élaborent ses conceptions.

L'art n'est incompréhensible que pour une philosophie étroite ou fausse, qui ne s'élève pas à la même hauteur que lui dans la région de l'idéal. Les règles que le génie dédaigne, ce sont des règles artificielles et factices. Sans doute il est autonome et se soustrait à une législation étrangère, mais il a la sienne propre, et il n'est le génie que parcequ'il est la plus haute conformité aux règles. Ces lois, la philosophie ne les fait pas; elle veut les connaître, de même qu'elle cherche à découvrir les lois de la nature; et les grands artistes sont comme la nature, calmes, simples, invariables dans leurs productions. Ceux donc qui proclament la liberté absolue du génie et l'affranchissent de toute règle, n'ont puisé leur enthousiasme factice et de seconde main que dans l'ignorance de sa nature et de ses procédés, et dans une connaissance superficielle de ses œuvres.

2° Une philosophie de l'art est possible, et l'on voit quel est son objet. C'est de dégager les idées éternelles qui forment le fond de ses créations; de comprendre les lois et les principes nécessaires sur lesquels il repose. Quelles sont ses limites? A-t-elle aussi le droit de lui prescrire des règles particulières sur la manière d'exécuter ses œuvres? Suivant l'opinion de Schelling, la philosophie, s'occupant exclusivement des idées et des principes, doit se borner, en ce qui concerne la partie empirique et technique de l'art, à indiquer les lois générales de la représentation artistique, sans se mêler de donner des règles positives d'exécution. C'est là ce qui a égaré la critique, ce qui a donné lieu à tant de théories étroites, banales ou fausses, dont l'effet a été de déconsidérer la science des beaux-arts.

Mais une partie essentielle de cette science, c'est la partie historique. Schelling se contente de montrer la possibilité d'une histoire philosophique de l'art, ou, suivant son expression, d'une construction historique des monuments de l'art et de la littérature. Il fait remarquer que déjà la distinction fondamentale de l'art ancien et de l'art moderne et de leurs principaux caractères, reconnus et signalés par la philosophie et par la poésie elle-même, rendent cette tâche plus facile. Nous pensons qu'il a en vue les travaux de Schiller et de Goëthe. Il est toutefois très sévère envers les écrivains qui ont traité avant lui cette science sous le nom d'Esthétique ou de théorie des beaux-arts; il leur reproche d'en avoir faussé l'esprit en la ramenant au point de vue moral ou à celui de l'utile. L'impulsion donnée par Kant lui-même est restée stérile chez ses successeurs. Les germes de cette science nouvelle ont été semés par d'excellents esprits, mais qui, étrangers à la philosophie, n'ont pu les développer d'une manière scientifique.

3° La connaissance de l'art et de ses œuvres est indispensable au philosophe. Il y voit les idées comme réfléchies dans un miroir magique et symbolique. La science de l'art est sur la même ligne que celle de la nature, puisque là est aussi un monde complet et parfait; le divin se reflète plus clairement encore dans les créations du génie que dans les productions de la nature; les types primitifs des choses que le naturaliste philosophe trouve confusément exprimés dans les êtres, reluisent d'un plus pur et plus vif éclat dans les images et les symboles de l'art.

Elle est utile à l'homme religieux. Un lien intime unit la religion et l'art. L'art emprunte à la religion ses hautes conceptions; il trouve en elle tout un monde poétique; de même que celle-ci a besoin des représentations et des symboles de l'art pour rendre accessibles au sens et à l'imagination des hommes ses incompréhensibles mystères. Il est son interprète et son organe.

Enfin, l'homme d'État ne peut rester étranger à la connaissance des véritables principes de l'art. Si rien n'honore les princes comme la protection accordée aux arts, rien n'est plus triste que de voir les dispensateurs de la fortune publique dissiper les trésors destinés à les faire fleurir dans des prodigalités qui ne servent qu'à entretenir la barbarie et le mauvais goût, à décourager le talent et le génie.

§ II. Discours sur les arts du dessin.

Schelling n'a pas essayé de remplir le cadre, tracé plus haut, d'une philosophie de l'art. A vrai dire, il n'a développé qu'une seule question, mais vaste et féconde. La manière nouvelle dont il envisage la nature devait porter son attention plus particulièrement sur les arts qui ont avec elle le rapport le plus intime.

Les arts du dessin tiennent, à la fois, à la nature physique d'où ils tirent leurs formes et au monde de l'ame, puisque dans ces images c'est la vie et l'esprit qu'ils ont pour but de représenter. De là, deux théories également exclusives et fausses. Les uns ne voient dans les arts du dessin que la reproduction fidèle des formes réelles de la nature sans l'esprit qui les anime et les vivifie. Les autres, s'attachant à l'idée comme à l'élément essentiel, accordent à l'expression une importance absolue, au point de négliger la forme, celle-ci n'est plus qu'une enveloppe, un vêtement, un pur accessoire. D'un côté, on recommande et on pratique à la lettre le précepte de l'*imitation de la nature*, de l'autre on préconise *l'idéal*. Mais, outre que le principe de l'imitation de la nature est vague et susceptible d'interprétations très diverses, il s'agit toujours d'une nature morte, inanimée. Aussi l'art ne crée-t-il que des masques, des copies vides de formes, vides elles-mêmes. D'un autre côté, qu'est-ce que l'idéal séparé de la forme qui lui donne un corps et de la réalité? Une ombre pâle, une froide allégorie. Là ce sont des corps sans ame, ici des ames sans corps.

Ces deux systèmes ont régné tour-à-tour, ou à la fois, à toutes les époques de l'art, ils ont égaré le talent et faussé le coup d'œil de la critique. Winckelmann, dont Schelling fait ici un magnifique éloge, sentit le premier leur insuffisance; il eut la pensée de considérer l'art d'après le procédé et les lois que suit la nature dans ses œuvres; et il jeta ainsi les fondements d'une véritable histoire de l'art. Néanmoins malgré son sens inné du beau, qui lui a fait retrouver la beauté antique, il conçoit encore les deux termes comme séparés. Au moins n'a-t-il pas saisi clairement le lien qui les unit. Quant à ses successeurs, il n'ont pas compris la pensée de ce grand homme; ils sont retombés du principe grossier de l'imitation de la nature dans celui de l'imitation non moins servile des ouvrages de l'antiquité.

L'art véritable est celui qui se place entre les deux extrêmes; qui, au lieu d'isoler les deux termes, la forme et l'idée, sait les réunir par un lien vivant, comme le fait la nature elle-même dans ses œuvres. Chez les êtres de la nature, la matière n'est pas séparée de la vie, ni la vie séparée de la matière; la vie anime toute les parties de l'organisme, les remplit et les pénètre; elle est répandue dans tous les membres. Ainsi doit il en être dans les œuvres de l'art.

L'imitation de la nature est une maxime vraie, mais non telle qu'elle est vulgairement comprise, quand on regarde la nature comme un ensemble d'existences corporelles privées de vie, ou comme un simple mécanisme mû par des ressorts, des agents et des forces capables de lui imprimer le mouvement.

La philosophie, qui rétablit l'activité, la vie et la pensée à tous les degrés de l'existence et dans tous les règnes, pouvait seule trouver le vrai sens de ce précepte, et les rapports de l'art avec la nature.

Le point essentiel est donc de saisir ce milieu, ce lien vivant de l'idée et de la forme. Or, comment s'établit-il? C'est là le secret de la création artistique. Ce lien, la nature le forme dans les êtres qui sortent de son vaste atelier, et dont elle peuple ses divers règnes, depuis le cristal jusqu'aux organisations les plus parfaites. L'artiste doit l'imiter, non la copier, faire comme elle, rivaliser avec elle, avec sa force créatrice, créer des êtres où cette étroite alliance soit partout visible. Or, cela ne peut être l'effet d'un simple effort de la volonté unie à la réflexion. La création artistique résulte du développement spontané d'une force intérieure qui agit fatalement dans l'artiste, de concert avec sa libre volonté. C'est ce qui constitue l'inspiration du talent et du génie. La rencontre et la réunion de ces deux activités, dont l'une est fatale et naturelle, fait éclore les véritables œuvres de l'art. Celles qui ne sont pas empreintes de ce cachet de la science inconsciente manquent de vie propre, de cette réalité inépuisable qui les fait ressembler aux œuvres de la nature.

Toutefois, l'artiste, même sous ce rapport, ne doit pas simplement imiter la nature : esprit, il doit spiritualiser ce qu'il touche et façonne, produire spirituellement un idéal, non par le rapprochement des belles formes, mais en faisant ressortir l'esprit qui agit dans l'intérieur des êtres.

L'idéal n'est pas le contraire du réel. Sans quoi, en perfectionnant le réel, on ne pourrait produire l'idéal. L'art représente ce qui est réellement dans la nature; mais il faut distinguer dans la nature ce qui est variable, mobile et passager, de ce qui est véritablement l'être. Idéaliser, ce n'est pas briser, détruire, altérer la forme; c'est en manifester l'idée, lui donner un caractère plus en harmonie avec le type invariable, éternel, obscurément ou imparfaitement exprimé dans la nature. En réalité, l'art ne peut créer des êtres vivants; ce n'est pas sur ce point qu'il peut engager la lutte. Encore moins doit-il chercher à faire illusion sur la réalité de ce qu'il montre; mais, dans des œuvres qui n'ont la vie qu'à la surface, il peut empreindre le cachet d'une plus riche et plus forte vitalité, ou d'une plus haute spiritualité, façonner des images plus transparentes, plus conformes à leur modèle éternel. Il arrête la course rapide des années humaines; il unit la force virile avec les grâces de la jeunesse; il efface ce qui est temporel et accidentel; il saisit, pour chaque être, l'instant unique, le moment de la vraie beauté, l'enlève au temps, le fixe et le fait paraître dans l'éternité de sa vie.

En poursuivant l'examen des rapports des arts du dessin avec la nature, Schelling rencontre un troisième système plus récent, et qui comptait alors des partisans illustres. Lessing, Goëthe lui-même, avaient adopté, avec des interprétations diverses, ce qu'ils appelaient le *caractéristique dans l'art*. Schelling fait remarquer avec justesse que, si l'on entend par là que l'art doit s'attacher à reproduire le caractère extérieur des objets, leur forme exacte et précise, on retombe dans le principe de l'imitation, et l'on ne doit attendre de cette méthode que de la raideur, de la rudesse et de la sécheresse. Si, au contraire, on veut dire que la vie est inséparable de la forme et que celle-ci est, non la négation de l'idée, mais la limite quelle s'impose à elle-même, que pour cette raison la forme doit être marquée avec force et précision, rien n'est plus vrai, et l'on prend pour guide la nature elle-même, qui, sous ce rapport, est profondément caractéristique dans ses œuvres. Harmonieuse dans l'ensemble, elle donne aux espèces et aux individus des caractères nettement prononcés. Surtout, elle débute dans les règnes inférieurs par la précision et la régularité des formes. Dans les degrés supérieurs et les organisations avancées, elle prend une allure plus libre et plus hardie, sans cependant s'écarter de ses limites. Sous une infinie variété, on retrouve toujours l'unité caractéristique et l'individualité. L'art qui se meut dans un petit espace ne peut affecter une telle variété ni s'arrêter aux degrés inférieurs; il s'attache de préférence à la forme humaine comme résumant la création entière, et rassemble en elle les traits épars dans la nature. Mais la nécessité n'en est que plus impérieuse pour l'artiste d'éviter la confusion, de se préserver du vague et de la mollesse, de reproduire d'une manière d'autant plus nette et plus précise le caractère spécifique et individuel des objets, en attendant qu'il ose, par une savante harmonie, atteindre à une beauté plus parfaite où la forme semble s'évanouir. La forme, en effet, semble disparaître chez les grands artistes, mais par la perfection de la forme. Ce n'est pas par une imitation mécanique des belles formes qu'on y arrive, mais en travaillant la forme avec une perfection telle, en la mariant si intimement au fond ou à l'idée qu'on ne puisse plus distinguer l'une de l'autre. On a dit que la plus haute beauté est sans caractère. Si par là on entend l'absence de caractère, la proposition est fausse; elle est vraie si l'on a voulu dire qu'il est impossible d'assigner mathématiquement et géométriquement des limites à ce qui est parfait; que la beauté dans les œuvres de l'art échappe à toute mesure fixe, et que l'ame s'y déploie avec une liberté divine. Mais cela n'exclut pas la force et l'énergie, ni le fini dans la forme. Réunir et fondre ensemble l'essence et la forme, en conservant à chacune son caractère propre, tel est le grand problème de l'art. Les Grecs le résolurent, eux qui, à tous les degrés, dans tous les styles, depuis le sévère jusqu'au gracieux, surent maintenir le caractère, même dans la plus haute douceur et l'indifférence sublime de la beauté. Ce principe, d'ailleurs, se modifie d'après l'étendue du cercle dans lequel il est donné à chaque art de se mouvoir. Ainsi la sculpture dont le champ est fort resserré, obligée, en quelque sorte, de montrer la beauté de l'univers en un point, doit tendre immédiatement à ce qu'il y a de plus élevé; elle ne peut affecter la même variété ni donner à ses figures un caractère aussi déterminé que la peinture. Celle ci, disposant de plus de moyens et représentant plus d'objets sur un plus vaste espace, peut oser davantage, marquer plus fortement les oppositions, parce que les oppositions partielles concourent à l'harmonie de l'ensemble et que de l'inégalité dans les parties naît l'équilibre du tout. Chez elle, une trop grande simplicité dégénère en sécheresse et pauvreté. Elle doit donner à ses grandes compositions la plénitude et la richesse qui caractérisent la vie et briser l'uniformité par la variété de l'expression. A plus forte raison, cette loi existe pour les autres arts qui disposent du mouvement et de l'action. Dans le drame, le caractère doit se révéler par la lutte des passions, par l'énergie qui les contient et les modère. Mais encore ne doit-on pas oublier que c'est une force positive et non négative qui le constitue; que la vertu elle-même ne consiste pas dans l'absence de passions, mais dans la force d'ame qui les maîtrise ; qu'ainsi leur violence doit éclater, afin de révéler d'autant mieux l'énergie de la volonté capable de les contenir et de les dompter. Ainsi compris, il est vrai que le *caractéristique* est la base, la racine, le principe générateur du beau.

On voit que, dans toute cette partie du discours,

principalement critique, où la théorie, cependant, se mêle à la réfutation, le principe de l'imitation de la nature est présenté sous une face toute nouvelle. Un examen plus approfondi du rapport des arts du dessin avec la nature, fournit la loi qui sert à marquer les dégrés essentiels de leur développement et la succession des principaux styles.

Dans la nature et dans l'art, se montrent au début, la rigueur caractéristique des formes, l'énergie, la concentration. Peu à peu cette âpreté, cette rudesse se tempère et s'adoucit; les mouvements deviennent plus faciles; les formes, moins raides, offrent plus de richesse et de variété.

L'idée et la forme, l'esprit et le corps, se mettent en parfait équilibre; on voit alors la beauté dans sa fleur et sa maturité. Mais l'esprit qui anime et vivifie la nature en se développant ainsi harmonieusement fait pressentir une beauté plus parfaite encore, celle de l'ame. La grace sensible est le lien qui unit les deux mondes; Vénus, la déesse de l'amour, personnifie ce moment.

L'art pourrait s'arrêter à ce point; son œuvre est parfaite sous le rapport physique; mais il est une beauté supérieure, la beauté morale fondue avec la grace sensible; et cet accord est possible. Entre l'esprit qui anime et vivifie la nature, et l'ame qui apparaît dans le monde moral, l'opposition n'est qu'apparente. L'esprit de la nature est le principe de l'individualité dans les êtres et dans l'homme. L'ame, au contraire, est cette force divine qui s'élève au dessus de la personnalité ; capable de sacrifice et de dévoûment, elle contemple les vérités éternelles, le vrai, le beau, le bien, dans leur essence.

L'artiste a plusieurs moyens de représenter l'ame. Déjà, l'idée générale répandue dans son œuvre, qui en harmonise les parties et communique à l'ensemble, avec l'unité, le calme et la sérénité, en offre un premier reflet. Mais c'est surtout dans l'action, dans la lutte des passions que peut se marquer l'intervention de l'ame. En réalité, celle-ci ne s'engage pas dans le combat ; mais sa présence adoucit la violence de la lutte orageuse qui s'élève au sein des puissances de la vie. Dans les situations ordinaires, la raison individuelle suffit pour modérer les passions ; mais dans les scènes vraiment tragiques, quand un conflit s'élève entre les puissances morales elles-mêmes, quand l'ame est mise en péril et risque d'être profanée, c'est alors que la grace sensible doit s'allier à la beauté morale. La grace sert de sauvegarde à la beauté, l'empêche de rien faire d'inconvenant et qui blesse le sens du beau ; elle change en beauté la douleur, la défaillance, la mort même.

D'un autre côté, si la grace préserve la beauté, elle a besoin elle-même d'être glorifiée par la victoire de l'ame qui révèle sa nature divine et proclame sa supériorité, en montrant qu'aucune force extérieure ne peut la retenir et l'enchaîner à la terre ; qu'elle est hors de toute atteinte ; que rien ne peut rompre le lien éternel qui l'unit au divin. Le plus bel exemple, dans la sculpture, sera toujours la *Niobé* antique.

L'ame, ici, semble dégagée de la matière et les deux mondes se séparer; cependant, l'art conserve encore un élément naturel; car, cette beauté supérieure, il faut qu'elle s'exprime sous une forme corporelle. Et cela ne peut avoir lieu qu'autant qu'il existe une secrète affinité entre le principe actif qui anime la matière et l'ame elle-même. D'ailleurs, en thèse générale, il n'y a pas de séparation absolue. Dès le début de l'art, apparaît l'élément moral. Déjà, dans la tragédie d'Eschyle, se manifeste cette haute moralité qui fait le caractère particulier du théâtre de Sophocle. La beauté qui naît de la parfaite fusion du caractère moral avec la grace sensible est le vrai but de l'art, le point central où doivent converger tous ses efforts. Cette beauté nous ravit avec la puissance d'un prodige. Pourquoi ? Précisément parce que le grand problème de l'art est résolu : la révélation de l'absolu dans l'identité des contraires. « Ici, l'unité
» originelle de l'essence de la nature et de celle de
» l'ame, apparaît comme une clarté soudaine à l'es-
» prit du spectateur, et en même temps, la certitude
» que toute opposition n'est qu'apparente, que l'amour
» est le lien de toutes choses, et que le bien absolu est
» le principe et le fond de toute création. » On reconnaît ici l'idée fondamentale du système de Schelling dans sa théorie sur l'art.

A ce point culminant, l'art semble vouloir se dépasser lui-même. La grace sensible qui d'abord était le tout et le but, devient l'accessoire et le moyen pour la manifestation de l'ame. Le rapport le plus élevé de l'art avec la nature est atteint.

Les exemples pourraient être choisis dans l'histoire de la peinture et dans celle de la sculpture. Celle-ci, toutefois, est dans des conditions qui ne lui permettent pas de parcourir complètement tous ces degrés. La sculpture représentant ses idées sous des formes plastiques, le point le plus élevé pour elle doit être le parfait équilibre entre l'ame et le corps, elle ne doit ni matérialiser l'esprit, ni trop spiritualiser la matière. Elle atteignit sa perfection dans la représentation des divinités païennes, ces puissances à la fois sensibles et morales, ces forces de la nature, où l'infini et le fini se balancent et se confondent, figures calmes, sereines, invariables. La peinture, qui emploie la lumière et les couleurs, moyen presque incorporel et qui ne donne ses objets que comme des images, s'élève davantage au-dessus de la matière ; elle est d'autant mieux en état de manifester la supériorité de l'ame, les hautes passions, les sentiments qui ont le plus d'affinité avec l'essence divine, la douleur sanctifiée par la résignation, les souffrances du martyre, etc.

De là, la prédominance de la sculpture dans l'antiquité, de la peinture dans le monde moderne; l'une est chrétienne, l'autre païenne.

Schelling cherche donc la confirmation de sa théorie dans l'histoire de la peinture moderne. Il croit reconnaître, chez les grands maîtres qui ont porté chacun des degrés de l'art à sa perfection, cette succession de formes essentielles de l'art. *Michel-Ange* lui paraît le représentant de ce premier degré qu'il appelle le caractéristique, et qui compense le manque de douceur, de grace et d'agrément, par l'expression de la force, par le sérieux, l'énergie et la profondeur. Avec *Léonard de Vinci*, l'art atteint à la grace. L'ame sensible est le principe de la beauté qui se manifeste par la douceur des contours et des figures, par l'habile mélange du clair et de l'obscur; l'esprit apparaît sous une forme corporelle et fait déjà pressentir l'ame. Le moment où le divin et l'humain, le ciel et la terre, la beauté morale et la grace s'unissent dans le plus parfait équilibre, est marqué par *Raphaël*, moment unique, après lequel l'art ne pouvant plus se surpasser essaie encore une direction nouvelle par une prédominance accordée à l'ame, où la forme corporelle semble s'évanouir. Le *Guide* représente cette tendance dans quelques uns de ses chefs-d'œuvre.

Les destinées de l'art sont-elles achevées, ou peut-on lui présager un nouvel avenir? Quelles seraient les conditions de cette renaissance? Schelling jette, en terminant, quelques réflexions sur cette grande question et donne, à ce sujet, des conseils aux artistes. L'art ne peut se rajeunir qu'à une condition, c'est de suivre sa loi, qui est celle de toutes les choses vivantes; c'est de se replacer au point qui est pour lui la source de la vie, à ce milieu vivant, dont il a été parlé plus haut; c'est de retourner à son origine et de remonter successivement les dégrés de son développement. Autrement, il s'arrête immobile au terme de sa course, ou il s'égare à poursuivre une fausse originalité et tombe dans la manière et le mauvais goût. En vain dira-t-on que le beau existe, puisqu'il a été réalisé par les grands maîtres, qu'il n'y a rien de mieux à faire que d'imiter leurs chefs-d'œuvre. L'art est essentiellement créateur; se résigner à un pareil rôle, pour lui, c'est abdiquer. Où en seraient les grands maîtres eux-mêmes, s'ils avaient ainsi compris l'imitation des anciens ? A la place de leurs merveilles nous n'aurions que des copies. Il faut renouveler l'art sur leurs traces, avec originalité. C'est le seul moyen de leur ressembler. Encore moins doit-on revenir aux mauvais commencements de l'art et reproduire ses premières ébauches, autre imitation qui ne fait qu'ajouter à l'impuissance et à la stérilité une affectation de simplicité. Mais il est nécessaire de se retremper à la véritable source de l'art dans ce milieu vivant, où l'artiste, en participation, à la fois, avec la nature et avec le monde de l'esprit, cherche à saisir le lien qui les unit, à combiner la forme et l'idée, à les fondre ensemble par un procédé semblable à celui de la nature dans ses créations. Il doit débuter par un caractéristique vrai qui, à la détermination et à la précision des formes, joigne le talent de saisir vivement l'esprit qui anime les objets, chercher à acquérir ainsi de la force, de l'énergie, du naturel, à se préserver du vague, de la mollesse et de la mignardise. Il apprend, par là, à respecter librement les limites de la nature, à donner de la vie et de la vérité à ses tableaux, du calme et de la simplicité à ses figures. Se former longtemps à ce rude exercice, au lieu de vouloir atteindre, du premier coup, à la grace, à la beauté parfaite et à l'expression de l'ame, tel est le principe qui doit présider à l'éducation des artistes.

Pour ce qui est de l'avenir de l'art, il ne dépend pas des efforts des individus; il ne peut naître que d'un enthousiasme général et de circonstances qui tiennent à la vie publique, à l'état de la société. L'art est une plante délicate qui ne peut croître et fleurir que dans une atmosphère favorable; il n'y a qu'un changement antérieur dans les idées qui soit capable de le relever de son épuisement. Schelling, qui voit partout des symptômes d'un renouvellement universel, devait annoncer une nouvelle ère de l'art. « Un second Raphaël, dit-il, n'apparaîtra pas, mais un autre qui, d'une manière originale, atteindra au sommet de l'art. » Il pense que le point de vue nouveau qui domine aujourd'hui dans les sciences naturelles, de même que le mouvement correspondant imprimé à l'histoire ne peuvent manquer d'exercer sur l'art une salutaire et féconde influence. L'étude de la nature, comme partout vivante et animée, le sens historique qui caractérise notre siècle et qui, de son côté, s'attache à comprendre la vie, l'esprit des sociétés, et à faire leur vivant tableau, ne peuvent manquer de se communiquer à l'art et de lui faire prendre un nouvel essor. Il termine par des vœux et des espérances qui s'adressent spécialement à sa patrie, et qui, on ne peut le nier, se sont depuis, au moins en partie, réalisés.

§ III. Dante sous le rapport philosophique.

Schelling conçoit le rapport de la poésie et de la philosophie comme offrant leur synthèse ou leur réunion au terme le plus élevé de leur développement. Or, aucun monument ne présente cette alliance à un plus haut degré que le poëme de Dante. L'auteur annonce, dès le début, que cette étude a une portée générale, qu'il s'agit pour lui de déterminer la loi selon laquelle l'art et la philosophie tendent à se combiner dans les temps modernes.

S'il est difficile d'admettre sa théorie sans réserve, on ne peut nier que ce morceau ne renferme des aperçus élevés et ingénieux, et qu'il ne contienne plus d'idées que plus d'un gros commentaire de la Divine Comédie.

Le poëme de Dante ne rentre dans aucun des genres admis en littérature ; c'est ce que tout le monde reconnaît ; il appartenait surtout à un philosophe d'en chercher la raison.

L'idée fondamentale est celle-ci : Le poëme de Dante est le premier type de la poésie ; il inaugure l'art nouveau. Si, dans un avenir inconnu, toutes les productions particulières de la poésie moderne doivent former un vaste poème et comme une grande épopée, jusque là, la loi nécessaire, c'est que le poète se fasse un tout de la partie du monde qui s'offre à lui ; que, des faits et des idées de son temps, il se crée sa propre mythologie. Tel est le poème de Dante ; il représente le siècle du poète dans son unité sociale, scientifique et religieuse. D'un autre côté, si le monde ancien était le monde des races, le monde nouveau est celui des individus. Dans l'antiquité, l'individu représente sa race, sa nation ; aussi, ses œuvres ont-elles un caractère de généralité, d'invariabilité, de fixité. Dans les temps modernes, l'individu se distingue et se détache davantage de la société ; son individualité est plus forte ; il est plus lui même. L'arbitraire et la mobilité doivent donc se faire reconnaître dans les créations de son esprit. Mais, comme l'art et la poésie n'existent pas sans une idée générale, il est nécessaire que le poète trouve, dans la puissance même de son originalité, un moyen de retourner à l'universalité et d'imprimer à son œuvre le cachet d'unité et d'invariabilité qui marque toutes les grandes productions de la pensée humaine.

Il faut qu'il montre par là qu'il porte en soi l'idéal de son espèce et de l'humanité entière. De cette façon se combinent en lui, dans une plus haute unité, les deux principes : l'individuel et l'universel, la liberté, la nécessité. Dante est le premier et, jusqu'ici, le plus grand exemple de cette identité.

Schelling développe cette idée sous un autre point de vue. Dans l'antiquité, la mythologie et la poésie précèdent la philosophie ; elles se maintiennent séparément, jusqu'à ce que ce que celle-ci dissolve les deux autres. Dans les temps modernes, la science précède la poésie et rend d'avance une mythologie impossible. La tendance de l'esprit moderne est d'ailleurs de dissoudre toutes les formes finies. Or, s'il est vrai que l'art ait besoin d'un côté fini et symbolique, il faut que le poète se crée lui-même une mythologie ; qu'il imprime au mélange des temps une forme durable ; que, s'exerçant avec une liberté entière sur des matériaux arbitrairement choisis, il rende à leur physionomie totale son caractère d'universalité, en créant des types qui aient la fixité des personnages mythologiques. C'est ce qu'a fait Dante ; et Schelling fait remarquer ici, avec raison, la vérité mythologique des personnages de la Divine Comédie. Il explique, par ce caractère de liberté et d'universalité, la haute originalité du poëme entier, comme offrant une combinaison de tous les genres qui ne lui permet d'entrer dans aucun des moules reçus, n'étant ni une épopée, ni un drame, ni un poëme didactique, ni une allégorie, ni une histoire, mais renfermant tous ces genres et ces éléments, harmonisés, fondus ensemble par la toute puissance de libre invention qui caractérise le génie du poète.

Il ajoute (et c'est une pensée qui nous paraît de la plus grande justesse) qu'il ne peut, dès lors, y avoir qu'un intérêt secondaire à exposer, comme on le fait souvent, la philosophie, la physique, l'astronomie de Dante en elles-mêmes, parce que leur caractère original ne consiste pas dans leur isolement, mais dans la manière dont elles sont combinées avec la poésie. Il ne faut pas d'ailleurs chercher dans une œuvre d'art quelque chose de suivi, de conséquent, qui l'assimile à un système scientifique et philosophique. C'est méconnaître les exigences de l'art et sa liberté. Rien n'est arbitraire dans ses créations, et l'art aussi a sa logique; mais les règles de cette haute logique de l'art ne sont point celles de la logique ordinaire. Soumettre un poème à cette méthode d'interprétation c'est lui faire violence et le considérer comme une froide allégorie. Malgré toute l'érudition et la sagacité qu'elle peut d'ailleurs déployer dans cette entreprise, la critique n'aboutit qu'à fausser le point de vue poétique et à prosaïser le chef-d'œuvre qu'elle a voulu nous faire comprendre et admirer.

Ce n'est pas ainsi, dit l'auteur, qu'il faut entendre l'alliance de la poésie et de la science. On peut appeler cela une synthèse inférieure. C'est, tout au plus, celle du poème didactique, qui occupe le dernier échelon de l'art. Mais il existe une synthèse supérieure, qui s'opère dans l'imagination du poète véritablement inspiré, et dont il n'a lui-même qu'une conscience imparfaite. La science et l'univers sont comme le modèle et la copie l'un de l'autre : à ce titre il se pénètrent réciproquement. Le monde est aussi une poésie, la poésie la plus ancienne et la plus belle. Que la science et l'univers se réflètent dans l'esprit de l'homme de génie et que leur type se retrouve dans son œuvre, il n'y a rien là qui doivent nous étonner. Dans ce sens élevé, le poème de Dante offre en effet la fusion de la science et de la poésie; il reproduit dans sa forme extérieure, et malgré son originalité, le type général du système du monde.

Ce principe incontestable dans sa généralité, Schelling l'applique plus particulièrement dans le sens de sa philosophie. Ainsi, dans le plan général de la Divine Comédie, il croit reconnaître les divisions principales de son système. L'Enfer, le Purgatoire et le Paradis répondent à la nature, à l'histoire et à l'art. Malgré ce qu'il y a d'ingénieux dans son explication, ces analogies nous paraissent forcées, ou elles ne sont vraies que comme analogies. C'est ainsi qu'il voit également symbolisé dans la forme extérieure du poème le type intérieur de l'art en général, la *forme*, la *couleur* et le *son*, qui dominent dans les trois parties du poème comme dans les trois principaux arts, l'art plastique, la peinture et la musique. Il revient plus loin sur cette idée. Sa conclusion est que : « Le poème de Dante, de quelque côté qu'on l'envisage, a le caractère d'un premier type par son universalité qui se combine avec l'individualité la plus absolue. »

A ce qui a été dit plus haut se rattachent les observations suivantes, qui nous semblent également justes. La mythologie de Dante, dont il est lui-même le créateur, s'appuie sur la science et les croyances de son temps; mais de cette mythologie religieuse, il forme une mythologie poétique. Ainsi l'Enfer, le Purgatoire et le Paradis, offrent le système de la théologie développé artistiquement, ou transformé en œuvre d'art. C'est ainsi qu'il se sert également des nombres sacrés et mystiques. Il renonce ici à inventer, afin de donner à la forme de son poème un caractère de nécessité et de fixité extérieures. La science logique et syllogistique de son temps n'est également pour lui qu'une forme qu'il faut traverser pour arriver à la poésie. De même, Dante ne cherche jamais la vraisemblance vulgaire ou rationelle, qui croit devoir tout motiver et expliquer, mais une vraisemblance poétique qui peut s'allier très bien avec le merveilleux. Dans l'Enfer, le rapport entre les supplices et les crimes est aussi un rapport tout poétique. Un criminaliste qui chercherait une proportion exacte entre la peine et la faute ou une analogie entre la nature de l'une et de l'autre rencontrerait souvent des bizarreries inexplicables.

Ceci s'applique également à la biographie de Dante. Sans doute, celle-ci peut fournir des renseignements utiles sur certains détails qui tiennent à la forme extérieure, non au fond et aux parties essentielles du poème; la critique doit se garder de s'y absorber. Que les événements de la vie du poète aient exercé une influence sur l'éducation de son génie, on ne peut le nier; mais prétendre qu'ils aient décidé sa vocation, déterminé le choix de son sujet, présidé à la composition de son poème, que la place et le rôle de ses personnages ont été assignés par des motifs de haine et de vengeance personnelle, c'est rabaisser le caractère et le génie du poète et méconnaître sa haute mission, qui lui fait exercer la fonction de juge universel, investi d'une mission divine. — Schelling explique, à son point de vue, un caractère extérieur qui n'a échappé à aucun critique. Si le type général de la forme première, malgré les inventions de détail, se reproduit partout, sa loi doit s'exprimer dans le rythme et le style, énergique, sévère, sombre, et qui remplit l'âme d'horreur dans l'Enfer, plus calme dans le Purgatoire, lyrique dans le Paradis. Nous signalons enfin des analogies qui conservent leur valeur indépendamment du système et aussi vraies qu'ingénieusement saisies. L'enfer, dit-il, se distingue comme étant particulièrement le monde des formes, c'est la partie plastique du poème. Le purgatoire est, en quelque sorte, la partie pittoresque; les expiations y sont représentées dans le genre et avec le calme de la peinture; le voyage sur la colline sacrée des expiations offre une succession de figures et de scènes où sont épuisés tous les effets variés de la lumière et des couleurs. Dans le paradis, où le poète s'élève par degrés à la contemplation pure de la substance sans couleur de la divinité même, à mesure que la contemplation s'absorbe dans l'universel pur, la poésie se change en musique et semble se combiner avec la musique des sphères. La forme s'efface, et, sous ce rapport, l'Enfer doit paraître la partie la plus poétique ; mais il ne faut rien prendre séparément ; l'excellence propre de chaque partie ne se comprend que par son rapport avec le tout. On approuvera la conclusion générale : « La grandeur admirable du poème, qui apparaît dans la fusion intime de tous les éléments intimes de la poésie, se manifeste aussi extérieurement d'une manière parfaite. Cette œuvre divine n'est ni plastique, ni pittoresque, ni musicale ; elle est tout cela en même temps, d'une manière parfaite. Elle n'est ni dramatique, ni épique, ni lyrique ; mais elle est de ces genres une combinaison entièrement originale, unique, sans exemple. »

Ce morceau sur Dante fut publié dans un journal périodique, à l'époque où commençait une nouvelle ère pour la critique et l'histoire de l'art, et où s'agrandissait de toutes parts l'horizon de la littérature. Les ouvrages composés selon les règles du beau classique n'étaient plus jugés seuls dignes d'être goûtés et admirés ; les productions du génie chez tous les peuples et à tous les degrés de la civilisation étaient devenues l'objet de savantes et intelligentes recherches, où se joignait à l'érudition et à la connaissance des langues un sens philosophique plus élevé et plus compréhensif. Herder, Lessing avaient ouvert la voie ; Goëthe venait d'appeler l'attention sur les merveilles de l'architecture gothique dans sa poétique description de la cathédrale de Stasbourg. Les deux Schlégel contribuaient à propager ce mouvement par leurs travaux sur la littérature indienne et sur la poésie du moyen-âge. W. Schlégel traduisait Shakespeare et faisait des leçons sur Dante. De l'oubli et du mépris, on était passé à une admiration souvent non moins exclusive et à un enthousiasme qui, chez quelques uns devait aller jusqu'au fanatisme. Cependant les partisans de l'ancienne critique persistaient à refuser leur suffrage à des œuvres composées selon des règles si différentes de celles d'Aristote, d'Horace et de Longin, et où même aucune des véritables lois de l'art ne semblait avoir été observée. De ce nombre était Bouterweck, un disciple de Kant, esprit distingué d'ailleurs, qui a laissé un traité d'esthétique remarquable par sa clarté et par des observations justes et fines. Il publiait alors une histoire de la poésie et de l'éloquence. Dans une appréciation du poème de Dante, il lui était échappé des expressions aussi irrévérencieuses qu'inconsidérées à l'égard du chantre de la Divine Comédie, qu'il allait jusqu'à appeler un « disciple malheureux de l'art. » Il n'en fallait pas davantage pour allumer la bile du philosophe qui proclame si hautement Dante le père de la poésie moderne. Aussi, dans des notes ajoutées à son écrit, et que nous avons cru inutile de traduire, il relève, avec une vivacité qui sort des termes de la convenance, les méprises du critique. Il le compare, à son tour, à un misérable architecte qui, à peine capable de bâtir une cabane (j'adoucis l'expression), irait se placer devant la cathédrale de

Strasbourg et ferait remarquer aux passants qu'elle n'est pas construite selon les règles de l'art grec et du bon goût. On peut juger, en effet, du sens et de la portée de cette critique quand on voit un esprit aussi éclairé que Bouterweck définir le poëme de Dante « une description poético-théologique de voyage », reprocher au poëte de n'avoir pas su proportionner les supplices aux crimes des damnés, etc., se plaindre de ce qu'on ne trouve nulle part appliquées les règles du poëme épique ou de quelque autre genre, et se résumer en disant que c'est « une galerie de tableaux, ornée d'ornements gothiques. » On conçoit que de pareils jugements, débités d'un ton à la fois léger et tranchant, aient provoqué de la part de notre auteur des sarcasmes qu'il n'est pas dans l'habitude d'épargner à ses adversaires.

ERRATA.

Page xvIII, ligne 17, *au lieu de* : coordonner à un système nouveau ; *lisez* : coordonner en un système nouveau.

Page xxxvII, ligne 3, *au lieu de* : traitera d'un point de vue plus élevé ; *lisez* : d'un point de vue plus vrai.

LEÇONS

sur la

MÉTHODE DES ÉTUDES ACADÉMIQUES.

AVANT PROPOS DE L'AUTEUR.

Ces leçons ont été faites, en 1802, à l'Université de Jéna. L'effet qu'elles produisirent sur un nombre considérable d'auditeurs, — l'espoir que beaucoup des idées qu'elles contiennent, sans parler des autres conséquences, pourraient être de quelqu'importance pour la direction future des Académies, — cette considération que, quand même on ne devrait en attendre aucune révélation nouvelle sur les principes, l'exposition plus rapprochée du langage populaire, aussi bien que le tableau de l'ensemble des sciences, ne serait cependant pas sans intérêt général, — ont paru à l'auteur des motifs suffisants pour les publier.

PREMIÈRE LEÇON.

Sur l'idée absolue de la Science.

Il peut n'être pas superflu d'exposer brièvement les motifs particuliers qui me déterminent à faire ces leçons. Il le serait, sans aucun doute, de s'arrêter à prouver longuement, par des raisons générales, que des leçons sur la méthode des études académiques, non-seulement utiles, mais nécessaires à la jeunesse qui fréquente les écoles, doivent aussi être profitables à la science elle-même, la ranimer et lui donner une meilleure direction.

Lorsque le jeune homme, au début de sa carrière académique, entre, pour la première fois, dans le monde de la science, plus il a d'intelligence et de disposition à saisir l'ensemble, plus il lui est impossible d'éprouver un autre sentiment que celui d'un chaos dans lequel il ne distingue rien, d'un vaste Océan sur lequel il se voit jeté sans boussole et sans étoile polaire. S'il en est un petit nombre à qui, de bonne heure, une lumière plus sûre montre le chemin qui les conduit à leur but, on ne doit pas tenir compte ici de cette exception. La conséquence ordinaire de cette situation est celle-ci : Pour les têtes les mieux organisées, c'est de se livrer à toutes sortes d'études, sans règle et sans ordre; d'errer çà et là dans toutes les directions, sans pénétrer, nulle part, jusqu'au cœur des questions, ce qui est la première condition d'une culture intellectuelle, complète et libérale. Ce qui peut leur arriver de mieux à la fin de la carrière académique, c'est de reconnaître, après tous ces tâtonnements infructueux, combien ils ont fait de choses inutiles, et combien ils en ont négligé d'essentielles. Quant aux esprits dont l'étoffe est moins bonne, l'effet de cette absence de méthode est que, dès l'abord, ils se résignent, s'abandonnent bientôt à la vulgarité, et, tout au plus, par une assiduité mécanique, se contentent d'apprendre de mémoire, et de s'approprier tout juste autant de connaissances spéciales qu'ils croient en avoir besoin pour la profession à laquelle ils se destinent.

L'embarras dans lequel se trouvent les meilleurs sujets, aussi bien sur le choix des objets d'étude que sur la manière de les étudier, fait qu'il n'est pas rare de les voir accorder leur confiance à des hommes indignes, qui leur communiquent leurs idées grossières sur les sciences ou leur haine contre elles.

Il est donc nécessaire que, dans les universités, un enseignement public soit donné, qui traite, d'une manière générale, du but, de la méthode des études académiques, et de l'ensemble des objets qu'elles doivent embrasser.

A ces motifs s'en ajoute un autre. Dans la science elle-même et dans l'art, le particulier n'a de valeur qu'autant qu'il renferme en soi le général et l'absolu. Mais il n'arrive que trop souvent, comme la plupart des exemples le prouvent, que la culture générale de l'intelligence est négligée pour des études spéciales ; que, tout préoccupé de devenir un jurisconsulte ou un médecin distingué, on oublie bien vite la haute destination du savant et de l'esprit ennobli par la science. On pourrait nous rappeler que, contre cette tendance exclusive, l'étude des sciences abstraites est un remède suffisant. Je ne suis pas disposé à nier ce principe dans sa généralité. Loin de là, je le maintiens bien plutôt. La géométrie et les mathématiques élèvent l'esprit à une connaissance pure et rationnelle, qui n'a pas besoin de matériaux sensibles. La philosophie, qui saisit l'homme tout entier et le touche par tous les côtés de sa nature, est encore plus propre à affranchir l'intelligence des bornes étroites d'une éducation exclusive, et à l'élever dans la région de l'universel et de l'absolu. Mais, ou il n'existe entre la science générale et la branche particulière des connaissances humaines à laquelle chacun se consacre, aucun rapport, ou la science, dans sa généralité, ne peut descendre jusqu'à montrer elle-même ces rapports. De sorte que celui qui n'est pas en état de les connaître par lui-même, se voyant, dans l'étude des sciences particulières, privé de la direction de la science absolue, aime mieux alors s'isoler à dessein du tout vivant, que de consumer inutilement ses forces à poursuivre cette unité qui lui échappe malgré tous ses efforts.

La préparation particulière à une certaine spécialité doit être précédée de la connaissance du tout organique que forment entre elles les sciences. Celui qui se livre à l'étude d'une science spéciale doit apprendre à connaître la place qu'elle occupe dans ce tout et l'esprit particulier qui l'anime, aussi bien que le mode de développement par lequel elle se rattache à la construction harmonique de l'ensemble. Par là, il saura aussi la manière dont il doit la traiter pour la concevoir, non en esclave, mais en homme libre, et dans son esprit général.

Vous comprenez déjà, d'après ce qui précède, qu'une doctrine sur la méthode des études académiques ne peut sortir que de la connaissance réelle et vraie du rapport vivant qui unit toutes les sciences; que, sans elle, tout enseignement doit être mort, sans intelligence, exclusif et borné. Mais peut-être cette exigence ne fut-elle jamais plus pressante qu'à une époque comme la nôtre, où tout, dans la science et dans l'art, paraît tendre puissamment vers l'unité, où, dans leur domaine, les choses en apparence les plus éloignées se touchent, où chaque commotion qui se produit au centre et dans son voisinage, se communique rapidement et immédiatement à toutes les parties, où un nouvel organe de l'intelligence se développe, se généralise et s'applique presque à tous les objets. Une pareille époque ne peut s'écouler sans voir naître un nouveau monde qui ensevelira dans la nullité ceux qui n'y prennent pas une part active. Surtout, ce n'est qu'aux forces fraîches et pures de la jeune génération que peuvent être confiés la conservation et le développement d'une si noble chose. Personne n'est exclu de cette participation, car la tâche que chacun choisira répond à un moment du progrès dans ce renouvellement universel. Mais, pour que son concours soit efficace, il faut qu'il saisisse lui-même l'esprit de l'ensemble, qu'il conçoive sa science comme un membre d'un corps organisé, et comprenne d'avance sa destination dans le monde qui se forme. Il faut arriver là soit par soi-même, soit par autrui, à un âge où l'esprit ne s'est pas encore laissé façonner aux formes vieillies, ou, soit une longue influence étrangère, soit l'habitude des occupations vulgaires, n'a pas éteint l'étincelle divine, c'est-à-dire dans la première jeunesse, et, en vertu de nos institutions, au commencement des études académiques.

De qui le jeune homme doit-il recevoir cette révélation? et à qui doit-il, sous ce rapport, se confier? Surtout à lui-même et au meilleur génie qui conduit le plus sûrement; ensuite, à ceux qui, de la manière la plus manifeste, par la nature même de la science particulière à laquelle ils sont voués, sont obligés d'acquérir l'intelligence la plus haute et la plus générale de l'ensemble des sciences. Celui qui n'a pas lui-même l'idée générale de la science est sans doute le moins capable de l'éveiller chez les autres. Celui qui consacre des soins louables d'ailleurs à une science d'un ordre inférieur et borné, n'est pas propre à s'élever à la conception du tout organique de la science. On ne doit attendre, en général, cette conception que de la science des sciences, de la philosophie, et, en particulier, du philosophe dont la science spéciale est la science absolue et universelle, dont les efforts, par conséquent, doivent tendre naturellement à embrasser l'universalité des connaissances humaines.

Telles sont, Messieurs, les considérations qui m'ont déterminé à ouvrir ce cours, dont vous connaissez sans peine le but, d'après ce qui précède. Jusqu'à quel point suis-je en état de réaliser l'idée que je me fais moi-même de cet enseignement et d'atteindre mon but? La réponse préliminaire à cette question, je l'abandonne tranquillement à la confiance que vous m'avez toujours accordée, et dont je m'efforcerai de me montrer digne également dans cette circonstance.

Permettez-moi d'abréger tout ce qui est simple introduction ou préambule, et d'arriver immédiatement à la seule chose d'où doit dépendre toute notre recherche ultérieure, et sans quoi nous ne pouvons faire un seul pas vers la solution de notre question. Je veux dire l'idée de la science absolue, inconditionnelle, qui est absolument une, et dans laquelle toute science est aussi nécessairement une, de cette science première, qui ne se divise en plusieurs branches que pour répondre aux divers degrés du monde idéal visible, et se développe dans l'arbre incommensurable de la connaissance. Comme étant la science de toute science, elle doit être capable de remplir le plus parfaitement, et non pas seulement pour les cas particuliers, mais absolument et d'une manière générale, la condition qui est impliquée dans chacune de ses parties. Quelle que soit la manière dont on exprime cette condition, soit par la formule de la conformité du sujet avec l'objet, de l'absorption complète du particulier dans le général, soit par des termes plus populaires; elle ne peut se concevoir ni en général ni dans aucun cas particulier sans cette haute supposition, savoir : que le véritable *idéal*, en lui-même, et sans aucun autre intermédiaire, est aussi le véritable *réel*, et qu'en dehors de lui, il n'y a rien. Nous ne pouvons prouver, à proprement parler, cette unité fondamentale, même dans la philosophie, parce qu'elle ouvre plutôt la voie à toute connaissance scientifique. Ce que l'on peut seulement démontrer, c'est que sans elle il n'y a absolument aucune science, et que, dans tout ce qui a la prétention d'être science, cette identité ou cette absorption complète du réel dans l'idéal est le but que l'on se propose.

Cette donnée première est, sans qu'on s'en rende compte, le fondement de tout ce que proclament si hautement les différentes sciences sur les lois générales des choses ou de la nature en général, aussi bien que le principe de leur tendance vers la connaissance de ces mêmes lois. Elles veulent que la partie concrète et obscure dans les phénomènes particuliers se résolve, pour elles, dans la pure évidence et la transparence d'une connaissance rationnelle et générale. On fait valoir ce principe dans les sphères limitées de la science et pour chaque cas particulier, lors même qu'on ne devrait ni le comprendre ni l'accorder d'une manière générale et absolue, tel qu'il est exprimé par la philosophie.

Le géomètre, avec une conscience plus ou moins nette, fonde sa science sur l'absolue réalité de l'idéal pur, lui qui, lorsqu'il démontre que, dans tout triangle possible, les trois angles sont égaux à deux droits, prouve cette proposition scientifique, non par la comparaison avec des triangles concrets ou réels, et en partant immédiatement de ceux-ci, mais d'après l'idée même du triangle. Il démontre cela immédiatement, en vertu de la science même qui est absolument idéale, et qui, d'après ce principe, est aussi absolument réelle. Mais, quand même on voudrait restreindre la question de la possibilité de la science à celle de la possibilité de la connaissance sensible, il ne suffirait pas, pour comprendre l'espèce de vérité empirique renfermée dans celle-ci, d'un rapport quelconque entre l'idée et ce qu'on appelle son objet. — La science seule peut franchir cet intervalle. — La vérité serait donc ici absolument incompréhensible, si l'idéal en soi, qui, dans la connaissance sensible, est toujours incorporé à l'existence finie, n'était pas la réalité et la substance même des choses.

Mais cette donnée fondamentale de toutes les sciences, cette unité essentielle de l'idéal absolu et du réel absolu, n'est possible qu'autant que *l'être identique*, qui est l'un des deux termes, est aussi en même temps l'autre. Or, c'est là l'idée même de l'absolu, qui consiste en ce que *l'idée*, par rapport à elle-même, est aussi *l'être*. L'absolu est donc aussi cette condition suprême de la science et la science première elle-même.

Par cette science première, toute autre science est dans l'absolu, et est elle-même absolue ; car bien que la science première dans son essence absolue ne réside originairement que dans l'absolu lui-même, comme étant l'être absolument idéal, elle existe cependant aussi pour nous ; nous la concevons comme l'essence de toute chose, comme l'idée éternelle. La science humaine dans sa totalité est destinée à être une image de cette science éternelle. Il va sans dire que je ne parle pas des sciences particulières qui se sont d'autant plus éloignées de leur véritable modèle primitif, qu'elles se sont détachées davantage de cette totalité. Sans doute la science, dans son universalité, ne peut être que le reflet plus ou moins parfait de cette science idéale ; mais toute science prise isolément chaque science particulière est comprise dans ce tout comme une partie organique. Toute science, par conséquent, qui ne se rattache pas médiatement ou immédiatement à la science absolue, quelque nombreux que soient, du reste, les anneaux intermédiaires, est sans réalité et insignifiante.

De la faculté de voir toutes choses, même les connaissances de détail, dans leur rapport avec la science première et une, dépend cet avantage de travailler dans chaque science particulière avec intelligence, et avec cette haute inspiration qu'on nomme le génie. Toute pensée qui n'a pas été pensée dans cet esprit de l'unité et de l'universalité est en soi vide et doit être rejetée. Ce qui n'est pas susceptible d'être saisi harmoniquement dans cet ensemble organisé et vivant, est une substance inerte qui, d'après les lois organiques, sera tôt ou tard expulsée. Peut-être existe-t-il aussi dans l'empire de la science bon nombre d'abeilles stériles qui, parce qu'il leur est refusé de produire, se plaisent à accumuler de pareilles matières inorganiques, et ne révèlent par là que leur incapacité.

Puisque j'ai exprimé cette idée de la destination de toute science, je n'ai rien de plus à ajouter sur la dignité de la science en elle-même. Pas une des règles que je dois poser dans la suite sur la manière de cultiver ou d'apprendre la science, ne découlera d'un autre principe que de cette seule idée.

Les historiens de la philosophie racontent de Pythagore que, le premier, il substitua au nom de science σοφία usité jusqu'alors, celui de philosophie φιλοσοφία amour de la sagesse, d'après ce principe : que Dieu seul est sage. Quelle que soit la vérité historique de ce récit, ce changement, ainsi que le motif par lequel il est expliqué, prouve que l'on a reconnu que toute science est une aspiration de l'homme à communiquer avec l'essence divine, à participer de cette science première dont l'univers est l'image, et dont la source est dans l'intelligence éternelle. Suivant la même conception, la science étant nécessairement une, et chacune de ses parties n'étant qu'un membre dans l'organisation de l'ensemble, toutes les sciences et tous les genres de connaissances sont les parties d'une seule et même philosophie, c'est-à-dire de cette tendance à participer de la science divine.

Maintenant, tout ce qui procède immédiatement de l'absolu comme de sa racine est également absolu, et, par conséquent, n'a pas son but hors de soi, mais est son propre but. Or, la science, dans son universalité, est l'une des manifestations de l'être universel, absolue comme lui, le monde réel ou la nature étant l'autre terme. Dans le domaine du réel domine le fini, dans celui de l'idéal l'infini. Le premier est ce qu'il est par la nécessité, le second doit l'être par la liberté. L'homme, l'être raisonnable surtout, est destiné à être un complément de l'univers. De lui, de son activité doit se développer ce qui manque à la totalité de la manifestation de Dieu; puisque la nature renferme, il est vrai, toute l'essence divine, mais seulement sous la forme du réel. L'être raisonnable doit exprimer l'image de cette même nature divine, telle qu'elle est en elle-même, par conséquent sous la forme de l'idéal.

Nous devons nous attendre à une objection contre le caractère absolu de la science, objection bien souvent reproduite et à laquelle nous prêterons un sens plus élevé que celui qu'on lui donne ordinairement. « De cette manifestation de l'absolu qui se projète à l'infini, la science elle-même n'est, dira-t-on, qu'une partie; on ne doit voir en elle qu'un moyen par rapport à l'action, celle-ci étant le véritable but. »

Agir! agir! tel est le cri qui retentit de toutes parts; et, dans ce concert, ceux dont la voix domine sont des gens dont le savoir, il est vrai, n'est pas fort avancé.

Il y a en soi quelque chose de recommandable à

prêcher l'action. Agir, se dit-on, chacun le peut ; car cela ne dépend que de la volonté libre. Mais la science et en particulier la philosophie, il n'est pas donné à tout le monde d'y arriver, et, sans parler des autres conditions, la meilleure volonté ne suffit pas pour y réussir.

Nous posons, au sujet de l'objection précédente, la question suivante : Quelle sera l'action dont la science doit être le moyen ? Quelle sera la science dont l'action doit être le but ?

Quel fondement se laisse entrevoir seulement à la possibilité d'une telle opposition ?

Si le principe que je dois invoquer ne peut recevoir sa parfaite lumière que dans la philosophie, cela n'empêche pas qu'il ne puisse au moins se comprendre dans son application présente. Pour peu que l'on ait saisi en général l'idée de l'absolu, on doit voir qu'en lui on ne peut concevoir qu'un seul principe à la possibilité d'une opposition, et que, par conséquent, si en général on peut imaginer que de lui naissent des oppositions, toutes doivent découler de ce principe unique. Or, la nature de l'absolu consiste en ceci : à être comme l'idéal absolu, en même temps aussi le réel.

En vertu de ce principe, deux choses sont possibles : ou, en tant qu'il est l'idéal, il développe son essence dans la forme, c'est-à-dire dans le réel, ou, en tant qu'il est le réel, celui-ci ne pouvant être absolu qu'en lui, la forme se résout aussi éternellement dans l'essence, de sorte que essence et forme se pénètrent parfaitement. C'est dans ces deux possibilités que consiste l'unique développement de la science absolue. Or, comme elle est absolument indivisible et par conséquent à la fois réalité et idéalité, dans chaque acte de l'absolue science doit se trouver l'expression de cette indivisible duplicité ; et dans ce qui en général apparaît comme le réel, aussi bien que dans ce qui se manifeste comme idéal, tous deux doivent se réunir en un seul. De même donc que, dans la nature cette image de la divine métamorphose de l'idéal dans le réel, la transformation du réel dans l'idéal se manifeste par la lumière et d'une manière plus parfaite par la raison ; de même dans ce qui, en général, est conçu comme le monde idéal, doit se rencontrer aussi un côté réel et un côté idéal; de telle sorte que le premier manifeste l'idéalité dans la réalité, sans lui faire perdre son caractère idéal, et que l'autre manifeste le mode opposé de l'unité. La première espèce de manifestation est la science, en tant qu'en elle la subjectivité apparaît dans l'objectivité. L'autre est l'action, en tant qu'en elle le particulier est conçu comme ramené à l'universel.

Il suffit de comprendre ces rapports seulement dans leur plus haute abstraction, pour voir que l'opposition dans laquelle les deux unités dans le sein de la même identité, celle de la science absolue, apparaissent comme science et action, n'existe qu'au point de vue inférieur, fini, de la pensée ; car il est évident de soi que si, dans la science, l'infini revêt une forme finie d'une manière idéale, de même aussi, dans l'action, le fini se transforme dans l'infini, et chacun d'eux exprime dans l'*idée* ou l'*absolu* la même unité absolue de la science première.

La science temporelle, de même que l'action temporelle, pose seulement d'une manière conditionnelle et successive ce qui dans l'idée est inconditionnel et simultané. Par conséquent, dans chaque connaissance et dans chaque action déterminée, elles apparaissent aussi nécessairement séparées qu'elles sont identiques dans l'idée absolue, à cause de leur caractère absolu. C'est ainsi que, dans Dieu l'idée de toutes les idées, l'absolue sagesse, par cela même qu'elle est absolue, est aussi une puissance inconditionnelle, qui ne suppose pas l'antériorité de l'idée comme dessein, en vue duquel elle se déterminerait à agir; ce qui fait que, tout en étant libre, elle est aussi une absolue nécessité.

Il en est de cette opposition comme de toutes les autres oppositions. Elles n'existent qu'en tant que chaque membre n'est pas conçu en lui-même comme absolu, et par conséquent est saisi par l'entendement fini. Le principe de l'opposition alléguée consiste donc uniquement dans une idée également imparfaite de la science et de l'action, erreur qui fait que l'on préconise celle-ci par cela même que l'on considère la science comme moyen par rapport à elle. La science ne doit être dans aucune relation semblable avec l'action vraiment absolue ; car celle-ci, par cela même qu'elle est absolue, ne peut être déterminée par une science quelconque. La même unité qui se manifeste dans la science se développe aussi dans l'action et produit un monde absolu et indépendant. — Il est aussi peu question ici de l'action dans le monde phénoménal que de la science dans la même sphère. Ici l'une se soutient et tombe avec l'autre ; car chacune n'a de réalité qu'en opposition avec l'autre.

Ceux qui font de la science un moyen et de l'action un but, n'ont de la première d'autre idée que celle qu'ils ont prise dans les actions et les affaires de la vie commune ; ajoutez à cela que, pour eux, la science doit être de nature à servir de moyen à l'action. La philosophie doit leur apprendre à remplir leurs devoirs dans la vie. Voilà pourquoi ils ont besoin de la philosophie. Ils remplissent ces devoirs non par une libre nécessité, mais comme soumis à une idée que la science leur met entre les mains. En général, la science doit leur servir à cultiver les champs, à faire prospérer leur commerce, ou à purifier leurs humeurs gâtées. La géométrie, dans leur opinion, est une belle science, non pas parce qu'elle offre la plus pure évidence, parce qu'elle est l'expression la plus manifeste de la raison même, mais parce qu'elle apprend à mesurer un champ et à bâtir une maison, ou parce qu'elle rend possible la navigation et le commerce ; car si elle s'applique à l'art militaire, c'est une chose qui diminue son prix à leurs yeux, la guerre étant tout-à-fait contraire à l'amour universel qui doit unir tous les hommes. Quant à la philosophie, elle n'est jamais propre à ces usages. Tout au plus n'est-elle bonne qu'au dernier, c'est-à-dire à mettre la guerre dans la science en combattant les esprits superficiels et les apôtres de l'utile ; elle doit donc être en principe hautement rejetée.

Ceux qui ne comprennent pas le sens de cette unité absolue de la science et de l'action mettent en avant contre elle des propositions banales, semblables à celles-ci : si la science s'accordait avec la pratique, celle-ci serait toujours la conséquence de celle-là (quoiqu'on puisse très-bien connaître les règles du juste sans pour cela les observer), et autres maximes du même genre. — Ils ont parfaitement raison de dire que l'action n'est pas la conséquence du savoir, et ils expriment dans cette réflexion cette vérité : que la science ne doit pas être un moyen pour l'action. Ils n'ont tort qu'en un point : c'est d'attendre une telle conséquence. Ils ne comprennent aucun rapport entre deux choses absolues ; ils ne voient pas comment chacune d'elles, quoique particulière, peut être en soi indépendante, et ils font l'une, malgré sa qualité de but, aussi dépendante que l'autre en sa qualité de moyen.

La science et l'action ne peuvent être dans une véritable harmonie qu'autant qu'elles sont également absolues. De même qu'il n'y a aucune véritable science qui ne soit médiatement ou immédiatement l'expression de la science première, de même il n'y a aucune action vraie qui, quel que soit le nombre des intermédiaires, n'exprime l'action dans sa source première et en elle l'essence divine. Cette liberté que l'on cherche dans l'action empirique, ou que l'on croit y trouver, est aussi peu la vraie liberté, elle est aussi bien illusoire que la vérité que l'on cherche dans la science empirique. Il n'y a de vraie liberté que par l'absolue nécessité, et entre celle-là et celle-ci il y a le même rapport qu'entre la science absolue et l'action absolue.

DEUXIÈME LEÇON.

Sur la destination scientifique et morale des Académies.

L'idée des études académiques nous a conduit d'abord à la conception plus haute d'un ensemble de sciences, que nous avons cherché à comprendre de son point de vue le plus élevé, celui de la science absolue. Elle nous amène, d'un autre côté, à rechercher les conditions particulières selon lesquelles les sciences doivent être enseignées et professées dans nos Académies.

Il pourrait, sans doute, paraître plus digne du philosophe d'esquisser un tableau idéal de l'ensemble des sciences, et de décrire la véritable manière de le saisir d'abord en soi, indépendamment des formes de l'organisation actuelle. Mais je crois pouvoir prouver, par la suite, que ces formes étaient nécessaires dans l'esprit des temps modernes, et, au moins, que les conditions extérieures de la pénétration réciproque des divers éléments de l'éducation moderne devaient subsister, jusqu'à ce que, par elles, le mélange confus de ces éléments se fût élevé à une plus belle organisation.

Le principe en vertu duquel la science en général, par sa manifestation, tombe dans le temps, est déjà contenu dans ce qui a été dit précédemment. De même que l'unité de l'idéal et du réel, qui se réfléchit dans le fini, se manifeste dans l'espace comme ensemble complet d'existences, comme nature en un mot; de même elle apparaît dans l'infini sous la forme générale du temps illimité. Mais le temps n'exclut pas l'éternité, et la science, quoiqu'elle soit fille du temps, considérée dans sa manifestation, tend cependant à constituer une éternité au milieu du temps. Ce qui est vrai, comme ce qui est en soi bon et beau, est de sa nature éternel, et, quoique placé dans le temps, n'a aucun rapport avec lui. La science n'est temporelle qu'autant qu'elle s'exprime par l'individu;

mais la science absolue n'appartient pas plus à l'individualité que l'action absolue. De même que la véritable action est celle qui pouvait arriver en quelque sorte sous le nom de l'espèce entière, de même la véritable science est celle qui s'adresse non à l'individu comme tel, mais à la raison. Cette propriété de la science, dans son essence, d'être indépendante du temps, se formule autrement quand on dit qu'elle appartient à l'espèce, qui elle-même est éternelle. Il est donc nécessaire que, comme la vie et l'existence, la science se communique d'individu à individu, de génération à génération. La tradition est l'expression de leur vie générale. Ce n'est pas ici le lieu de démontrer cette proposition avec tous les principes qu'elle renferme : que toute science et tout art qui sont le domaine actuel de l'espèce humaine, nous ont été transmis. On ne peut concevoir que l'homme, tel qu'il apparaît maintenant, se soit élevé par lui-même de l'instinct à la conscience, de l'animalité à la rationalité. Une autre race d'homme doit donc avoir précédé celle-ci, race que les anciennes traditions ont immortalisée sous la figure des dieux et des premiers bienfaiteurs de l'humanité. L'hypothèse d'un peuple primitif explique simplement, jusqu'à un certain point, les traces d'une haute culture dans l'antiquité, dont nous trouvons les restes déjà défigurés après la première séparation des peuples ; elle peut encore rendre raison de l'accord des traditions chez les anciens peuples, si on ne veut pas avoir recours à l'unité de l'esprit de la terre, inné à tous les hommes; mais elle n'explique pas le premier commencement, et, comme toute hypothèse empirique, elle ne fait que reculer la question.

Quoiqu'il en soit, il est reconnu que le premier moyen, par lequel se sont transmis les hautes idées, les grandes actions, les mœurs, les usages, a été les symboles; de même que les dogmes des anciennes religions n'ont été eux-mêmes conservés que par leur liaison avec les usages religieux. La formation des États, les lois, les établissements particuliers qui ont été fondés pour maintenir la prépondérance du principe divin dans l'humanité, étaient également, d'après leur nature, autant d'expressions des idées spéculatives. L'invention de l'écriture ne fit que donner d'abord à la tradition une plus grande fixité. La pensée de déposer dans la matière spirituelle du langage une empreinte de la forme et de l'art, qui eût une valeur plus durable, ne pouvait naître que plus tard. Comme dans la plus belle fleur de l'humanité, la moralité elle-même n'appartenait pas, en quelque sorte, en propre à l'individu, mais était l'esprit de l'ensemble d'où elle émanait et où elle retournait, de même la science aussi vivait dans la lumière et l'éther de la vie publique, au sein d'une organisation générale. S'il est vrai qu'en général, dans les temps postérieurs, on se détacha davantage du réel, et que la vie devint plus intérieure, il en fut de même de la science. Le monde moderne est en tout, et particulièrement dans la science, un monde divisé, qui vit à la fois dans le passé et dans le présent. Dans le caractère de toutes les sciences est exprimé ce principe : que l'âge moderne devait partir de la connaissance historique ; qu'il avait derrière lui un monde détruit des plus beaux et des plus grands monuments de l'art et de la science, auquel, séparé comme il l'était par un abîme infranchissable, il se rattachait, non par le lien intérieur d'un développement organiquement progressif, mais seulement par le lien extérieur de la tradition historique. L'activité de l'esprit humain, comme ressuscitée, ne pouvait, pendant la première renaissance des sciences, dans notre partie du monde, se mettre avec calme à enfanter exclusivement des productions originales, mais seulement chercher à comprendre, à admirer, à interpréter les chefs-d'œuvre du passé. Aux objets primitifs de la science, s'ajouta la science du passé sur ces objets, comme un objet nouveau. Par conséquent, comme il fallait aussi, pour organiser tous ces matériaux, une vive intelligence, savant, artiste et philosophe devinrent synonymes, et la première qualification fut donnée même à celui qui n'avait ajouté aux idées transmises aucune pensée personnelle. Si les Grecs, comme disaient un prêtre égyptien à Solon, étaient toujours jeunes, le monde moderne était déjà vieux dans sa jeunesse et instruit de l'expérience du passé.

L'étude des sciences, aussi bien que celle des arts, dans leur développement historique, est devenue comme une sorte de religion. Le philosophe reconnaît dans leur histoire les desseins non encore dévoilés, pour ainsi dire, de l'esprit universel. La science la plus haute, le génie le plus profond se sont identifiés avec cette connaissance.

Mais autre chose est de faire du passé lui-même l'objet de la science, autre chose, de substituer la connaissance du passé à la science. Dans ce cas, la connaissance historique a pour résultat de fermer tout accès au modèle primitif. On ne se demande plus, dès-lors, si quelque chose s'accorde avec l'essence de la science, mais si cela s'accorde avec quelque déduction plus ou moins éloignée, qui n'en est qu'une image imparfaite. Aristote avait, dans ses écrits sur la physique et l'histoire naturelle, interrogé, comme il convient, la nature elle-même. Dans les siècles suivants, l'intelligence de ce principe se perdit si bien, qu'Aristote remplaça lui-même le modèle primitif, et que son autorité fut invoquée contre les découvertes évidentes de Descartes, de Keppler, etc. C'est d'après le même mode de culture historique, que, pour une grande partie de ce qu'on nomme les savants, aucune idée, jusqu'à ce jour, n'a eu d'importance et de réalité, avant qu'elle fût passée par d'autres têtes et fût devenue historique, quelque chose de passé.

C'est plus ou moins dans cet esprit du savoir historique que nos Académies ont été érigées, moins peut-être à la première époque de la renaissance des lettres, qu'à une époque beaucoup plus tardive. Toute leur organisation scientifique pourrait se déduire parfaitement de cette séparation de la science de son mode primitif, par l'érudition historique. D'abord, la grande masse de connaissances qu'il fallait apprendre, seulement pour se mettre en possession des résultats acquis, a été la cause pour laquelle on a divisé la science en autant de branches que possible, et que l'on a disséqué la structure organique du tout, jusque dans ses plus petites fibres. Dès-lors, toutes les parties isolées de la science, toutes les sciences particulières, à proportion même que l'esprit universel s'en était retiré, ne pouvaient plus être, en général, que des moyens pour la science absolue. La conséquence nécessaire de ce morcellement fut que la science elle-même des moyens et des procédés de la science, fut à-peu-près perdue; et, tandis qu'une foule de gens, préoccupés du côté matériel, prenait le moyen pour la fin elle-même et cherchait à le faire dominer comme tel, la science, qui est essentiellement une et n'est absolue que par son unité, se retira entièrement dans les parties les plus élevées; et, encore ici, ne donna-t-elle toujours que de rares manifestations d'une vie libre et indépendante.

Nous avons, sous ce rapport, à répondre principalement à cette question : Même dans le cercle des limites reconnues, et avec les formes présentes de nos Académies, que peut-on exiger d'elles, afin que de ce fractionnement sorte de nouveau l'unité dans l'ensemble ? Je ne puis répondre à cette question sans en même-temps parler des conditions que doivent remplir ceux qui constituent une Académie permanente, par conséquent les professeurs. Je ne craindrai pas de m'exprimer sur ce sujet devant vous, avec une entière franchise. L'entrée dans la vie académique, est en même temps pour l'étudiant le premier affranchissement de la foi aveugle. Il doit ici d'abord apprendre et s'exercer à juger par lui même. Aucun maître digne de sa mission ne doit désirer d'autre considération que celle qu'il peut obtenir par l'ascendant du talent, par son savoir, par son zèle à communiquer la science. Il n'y a que l'homme ignorant et incapable qui cherchera à fonder cette considération sur d'autres appuis. Ce qui m'engage encore à m'expliquer sur ce point sans détour, c'est la raison suivante : Des exigences que les étudiants eux-mêmes imposent à une Académie et à ses professeurs dépend en partie leur réalisation ; et l'esprit scientifique, une fois éveillé parmi les étudiants, réagit sur le tout, en ce qu'il effraie les incapables par ces hautes conditions qui sont exigées d'eux, tandis qu'il détermine à embrasser cette carrière celui qui se sent en état de les remplir.

Contre cette nécessité, qui découle de la nature même de la chose, de traiter toute science dans l'esprit de l'ensemble et d'une science absolue, on ne peut nullement formuler cette objection : « D'où seraient tirés les maîtres capables de remplir cette tâche ? » — Précisément des Académies où ils reçoivent leur première culture selon cet esprit. Que l'on accorde seulement à celles-ci la liberté de la pensée, et qu'on ne la restreigne pas par des considérations qui ne s'appliquent nullement aux rapports scientifiques, des maîtres se formeront eux-mêmes, capables de satisfaire à ces conditions, et qui seront en état d'en former d'autres à leur tour.

On pourrait demander s'il convient, en général, de réclamer en quelque sorte, au nom de la science, des conditions pour les Académies, lorsqu'il est suffisamment reconnu et admis qu'elles sont des instruments de l'Etat, instruments qui doivent être appropriés au but auquel il les destine. Or, si l'intention de l'Etat était qu'en ce qui concerne la science, une certaine mesure, une certaine réserve, fût toujours observée, qu'elle se bornât à ce qui est pratique et utile, comment pourrait-on attendre ensuite des professeurs une tendance progressive, espérer qu'ils prendraient plaisir à cultiver leur science par amour pour les idées ? —

Il s'entend parfaitement de soi-même que nous supposons en général et que nous devons supposer, que l'État veut voir, dans les Académies, des établissements réellement scientifiques. Tout ce que nous soutenons à leur égard n'a de sens qu'à cette condition. L'État pourrait, sans contredit, supprimer les Académies ou les transformer en écoles industrielles, ou en autres du même genre; mais il ne peut pas les considérer comme établissements scientifiques sans, en même temps, vouloir la vie des idées et le mouvement scientifique le plus libre. Le refuser d'après des vues mesquines, comme celles qui, la plupart du temps, protègent le repos et l'incapacité, c'est repousser le génie et paralyser le talent.

La perfection extérieure ne manifeste encore aucunement la véritable vie organique de toutes les parties de la science, but que doivent atteindre les Universités qui tirent de là leur nom. Pour cela, il est besoin de l'esprit général qui émane de la science absolue, dont les sciences particulières doivent être les instruments ou les diverses faces manifestées, réalisées. Je ne puis encore développer ici cette pensée; cependant il est clair qu'il ne s'agit d'aucune application de la philosophie, semblable à celle que l'on a essayée peu à peu de faire à toutes les spécialités, et même aux objets les plus vulgaires, si on les compare à elle. C'est ainsi qu'on s'est efforcé de rendre philosophiques l'économie rurale, l'art des accouchements ou celui des bandages. On ne peut rien voir de plus ridicule que les efforts de certains jurisconsultes pour revêtir leur science d'une apparence philosophique, tandis qu'ils sont dans l'ignorance des premiers principes de la philosophie. C'est comme si quelqu'un voulait mesurer une sphère, un cylindre, ou un autre solide, sans connaître la première proposition d'Euclide.

Je parle seulement de l'absence de forme systématique dans la plupart des sciences positives, où l'on chercherait vainement la moindre trace d'art ou simplement les lois logiques de la pensée, de cet esprit borné qui ne sait s'élever par aucune pensée générale au-dessus des cas particuliers, et ne peut concevoir que, même dans les faits sensibles, sa tâche est de faire ressortir le rationel, l'universel.

L'universel pur est l'unique source des idées, et les idées sont la vie de la science. Celui qui ne connaît sa spécialité que par son côté particulier, et n'est pas capable d'y reconnaître l'élément général, ni de le marquer de l'empreinte d'une culture scientifique universelle, est indigne d'enseigner et d'être le gardien de la science. Il pourra se rendre utile de différentes manières, comme physicien, en élevant des paratonnerres, comme astronome, en faisant des calendriers, comme médecin, en appliquant le galvanisme aux maladies, ou de quelque autre façon que l'on voudra; mais la mission de celui qui enseigne exige quelque chose de plus élevé que l'habileté pratique. « Les » bornes plantées dans le champ de la science, dit » Lichtenberg, peuvent bien avoir une grande utilité dans le partage entre fermiers; mais, pour le » philosophe qui a toujours devant les yeux l'ordonnance du tout, sa raison, qui aspire à l'unité, l'avertit à chaque pas de ne faire aucune attention à » ces bornes qui souvent sont commodes, mais souvent aussi ne font que barrer le chemin. » Sans doute, ce n'était pas par une simple habileté mécanique dans sa science, mais par la faculté d'en pénétrer les détails avec les idées d'un esprit habitué aux conceptions générales, que Lichtenberg a été le physicien le plus distingué de son temps, et le meilleur maître dans sa spécialité.

Je dois mentionner ici une idée fausse qui se rencontre ordinairement chez ceux que l'on engage à traiter leur spécialité dans l'esprit de l'ensemble. Ils s'imaginent qu'on leur demande de considérer celle-ci comme un simple *moyen*. Mais c'est bien plutôt précisément le contraire qui a lieu. Du moment où chacun cultive sa science dans son rapport avec l'esprit du tout, il la considère comme son propre but et comme absolue. Déjà en soi, rien de ce qui joue le rôle de simple moyen ne peut être regardé comme membre dans un véritable organisme. Ainsi, tout État n'est parfait qu'autant que chaque membre particulier est à la fois moyen pour le tout et but pour lui-même. Par cela même que l'élément particulier est absolu en soi, il est aussi dans l'absolu; il en est une partie intégrante, et réciproquement.

Plus un savant conçoit sa spécialité comme but en elle-même, et en fait même le centre de la science entière, pouvant, de ce point central, s'étendre dans toutes les directions et embrasser l'universalité des choses, plus il tend à exprimer, dans ce cercle, l'esprit général de la science et les idées. Au contraire, moins il est capable de la saisir de ce coup d'œil universel, qu'il le sache ou qu'il l'ignore, plus il la comprend simplement comme moyen ; car ce qui n'est pas but en soi ne peut être que moyen. Or, c'est là, et avec raison, une condition que n'acceptera jamais tout homme qui a le sentiment de sa dignité. Aussi à ces vues étroites sont ordinairement associés des sentiments vulgaires, et le manque de véritable intérêt pour la science, en dehors de tout ce qui est en elle moyen pour atteindre des fins tout-à-fait extérieures et matérielles.

Je sais bien qu'un grand nombre de personnes et principalement toutes celles qui envisagent, en général, la science seulement au point de vue de l'utile, considèrent les Universités comme de simples établissements destinés à la transmission de la science ; comme des réunions d'hommes, qui ont simplement pour but de faire en sorte que chacun, dans sa jeunesse, puisse apprendre ce qui a été découvert dans les sciences jusqu'à l'époque où il vit. De sorte qu'on devrait regarder comme une chose accidentelle que les maîtres, outre qu'ils enseignent les résultats actuels de la science, l'enrichissent eux-mêmes par leurs propres découvertes. — Mais quand même on admettrait que les Académies ne doivent pas avoir d'autre but que celui là, on demande sans doute au moins que la transmission se fasse avec intelligence. Autrement, on ne comprend pas à quoi seulement serait nécessaire l'enseignement de vive voix des Universités. On pourrait alors renvoyer immédiatement l'élève à ce qui a été écrit expressément pour lui, aux manuels et aux résumés, ou aux lourdes compilations dans toutes les branches de l'enseignement. Mais un enseignement fait avec intelligence et talent suppose, sans doute, que celui qui le donne est en état de comprendre, avec un esprit juste et pénétrant, et sous toutes leurs faces, les découvertes des autres, soit dans le passé, soit dans le présent. Plusieurs d'entre elles sont d'une nature telle que leur sens le plus profond ne peut être saisi que par un génie homogène, et que pour les comprendre il faut réellement les découvrir une seconde fois. Celui qui se contente d'une pure transmission les transmettra par conséquent, dans plusieurs sciences, d'une manière tout-à-fait fausse. Où trouver, par exemple, une exposition historique de la philosophie ancienne, seulement de quelque philosophe ancien ou même moderne, que l'on puisse désigner avec assurance comme une exposition satisfaisante, vraie, qui atteigne son objet? — En général, celui qui vit dans sa science uniquement comme dans un domaine étranger, celui qui ne la possède pas personnellement, qui n'a pas su acquérir un organe sûr et vivant, capable de la saisir, qui ne pourrait à chaque moment entreprendre de la créer de nouveau lui-même, est un maître indigne, qui déjà, en essayant de transmettre, d'une manière simplement historique, les pensées du passé et du présent, va au-delà de sa portée et entreprend quelque chose qu'il ne peut tenir. On entend, sans doute, par une transmission intelligente, qu'elle soit accompagnée d'un jugement ; mais si déjà il est impossible de comprendre complètement et exactement les découvertes d'autrui sans la capacité des idées, combien n'est-il pas plus impossible encore de les juger ? Qu'en Allemagne tant de choses aient été jugées de la sorte, et cela par des hommes dont la tête ne logeait pas une idée qui leur fût propre, cela ne prouve rien. Des jugements tels qu'ils étaient capables d'en porter n'ont certes pas beaucoup profité à la science.

La conséquence nécessaire de cette impuissance à systématiser l'ensemble de la science et à l'exposer en vertu d'une intuition profonde et vivante, c'est un enseignement purement historique, par exemple, cette méthode usitée en philosophie : « Si nous dirigeons notre attention sur nous-mêmes, nous aurons conscience de certaines manifestations de ce qu'on appelle l'âme. — On a rapporté ces diverses opérations à diverses facultés. — On nomme ces facultés, selon la différence des phénomènes, sensibilité, entendement, imagination, etc. »

Or, il n'y a rien qui, non seulement soit dénué d'esprit, mais encore qui tue l'esprit, comme une telle exposition. Ajoutez à cela la considération qui se tire de la destination même de l'enseignement académique, celle d'être génétique. Ce qui fait la véritable supériorité de l'enseignement oral, c'est que le maître, au lieu de présenter les résultats comme a coutume de le faire l'écrivain, dans toutes les hautes sciences au moins, montre la manière d'y arriver, et sur chaque point de détail fait naître en quelque sorte l'ensemble de la science sous les yeux de l'élève. Comment maintenant celui qui ne possède pas sa science après l'avoir construite lui-même dans son esprit, peut-il être en état de l'exposer, non comme quelque chose qui se transmet, mais que l'on doit trouver de soi-même ?

Mais si la simple transmission sans intelligence personnelle, est insuffisante pour exercer comme maître une action réelle et obtenir un succès convenable, il n'est pas moins nécessaire que celui qui veut enseigner dans quelque science que ce soit, l'ait apprise aussi loin qu'il est possible. Dans tout art, même le plus vulgaire, on exige avant tout que celui qui veut l'exercer ait fait un apprentissage complet. Si on réfléchit avec quelle facilité, dans plusieurs Académies, on monte dans une chaire, on pourrait croire qu'il n'y a pas de tâche plus aisée à remplir que celle de professeur. Et on se tromperait fort, en général, si on prenait un penchant à produire de soi-même pour le signe d'une capacité précoce à enseigner ; car précisément celui qui est le plus tôt en état de produire, peut le moins se passer d'apprendre.

Nous avons cherché jusqu'ici ce que pouvaient être les Universités uniquement d'après le premier but pour lequel elles ont été fondées. Mais il semble qu'en raison du caractère exclusif de l'idée qui a présidé à leur origine, elles doivent tendre au-delà. Nous les avons considérées, conformément à cette idée, jusqu'à présent comme des établissements fondés simplement en vue de la science.

Nous n'avons accordé comme vraie aucune opposition, par exemple, celle du savoir et de l'action. En outre, il est nécessaire que, en proportion même qu'une chose qui a son opposé dans une autre, s'approche davantage de l'absolu, l'opposition dans laquelle elle est avec cette autre, s'efface. Par conséquent, c'est une simple conséquence de la grossièreté du savoir, si les Académies n'ont pas encore commencé à être, comme écoles où doit fleurir la science, en même temps des établissements généraux d'éducation morale.

Il est donc nécessaire de dire également quelques mots sur la constitution des Académies, en tant qu'elle a aussi une influence sur leur destination morale.

Si la société civile nous montre souvent un désaccord frappant entre l'idée et la réalité, c'est qu'elle a ordinairement d'autres fins à poursuivre que celles qui dérivent de son idée ; c'est que les moyens ont acquis une telle prépondérance qu'ils étouffent le but même pour lequel ils ont été institués. Les Universités étant des associations dont la science est l'unique objet, ne réclament pas en dehors de ce que l'Etat, de son plein gré et dans son propre intérêt, doit faire pour leur existence extérieure, d'autres mesures positives que celles qui découlent de leur idée même. A la science se trouve immédiatement réunie l'habileté pratique. On a seulement à faire ce que prescrit l'idée de l'association dans le but scientifique, pour rendre parfaite la constitution des Académies.

La société civile, en tant qu'elle doit poursuivre, outre son idéal, des fins matérielles, au préjudice de sa fin absolue, ne peut établir qu'une harmonie apparente et forcée, nullement un accord véritablement intérieur. Les Académies ne peuvent avoir qu'un but absolu. En dehors de ce but, elle n'en ont, à proprement parler, aucun. L'Etat, pour atteindre à ses fins, est obligé de maintenir des divisions, non pas seulement celles qui consistent dans l'inégalité des conditions, mais de beaucoup plus profondes, ainsi celles qui proviennent de l'isolement et de la lutte des talents, de comprimer toutes ces individualités, d'imprimer à toutes ces forces des directions différentes, et cela pour s'en faire des instruments d'autant mieux appropriés à son propre but. Dans une association scientifique, tous les membres, par la nature même de l'institution, n'ont qu'un seul but. Dans les Académies, rien ne doit être estimé que la science, et il ne peut y avoir d'autre différence que celles que constituent le talent et l'instruction. Des hommes qui sont là simplement pour se faire valoir d'une autre façon, par des prodigalités, par la perte du temps en grossiers amusements, en un mot ces oisifs privilégiés, comme on en voit dans le monde (et souvent ce sont ceux-là qui répandent le plus la grossièreté des mœurs dans les Académies), ne doivent pas ici être tolérés; celui qui ne peut prouver son assiduité et son application à la science doit être écarté.

Si la science dominait seule, si tous les esprits étaient possédés de son amour, on ne verrait pas tant de jeunes gens, dont le naturel est si noble et si excellent, et qui en définitive s'occupent particulièrement de la science, se laisser égarer. Si, dans les Universités, la grossièreté des mœurs est devenue dominante ou tend à le redevenir, c'a été en grande partie la faute des maîtres, ou de ceux à qui il convient de surveiller l'esprit propagé par leurs leçons.

Si les maîtres eux-mêmes ne développaient autour d'eux d'autre esprit que le véritable esprit qui doit les animer; s'ils n'avaient d'autre but que de propager la science et de la perfectionner, si des propos dignes de la populace, et qui ne trouvent d'écho que dans les ames viles, n'étaient pas soufferts dans la bouche d'hommes qui déshonorent une si noble profession, on verrait disparaître des rangs de la jeunesse studieuse, ceux qui ne peuvent se distinguer autrement que par leur grossièreté.

L'empire des sciences n'est nullement une démocratie, encore moins une ochlocratie, mais une aristocratie dans le sens le plus noble. Les meilleurs doivent y dominer. De plus, les incapables, qui ne se recommandent que par quelque raison de convenance, les bavards qui ne savent que se pousser, qui déshonorent la profession de savant par de petits moyens, doivent être maintenus dans une entière inaction. De soi-même personne ne peut se dérober au mépris que lui vaut, dans cette position, son ignorance et son incapacité; il y a plus, comme à celles-ci se joint, la plupart du temps, le ridicule ou une véritable bassesse de sentiments, ces défauts servent de jouet à la jeunesse, et inspirent bientôt un dégoût naturel à des âmes encore sans expérience.

Le talent n'a besoin d'aucune protection, pourvu que son contraire ne soit pas favorisé. La capacité, pour les hautes conceptions, acquiert par elle-même l'influence la plus haute et la plus décisive.

Telle est la seule politique qui doit être en vigueur par rapport aux établissements scientifiques, pour les rendre florissants, pour leur donner autant de dignité qu'il est possible, au dedans, et de considération au dehors. Pour faire en particulier des Académies des modèles de constitution, il n'est besoin de rien autre chose que de ce qu'on ne peut pas s'empêcher de vouloir, sans tomber en contradiction; et comme, je le répète, je n'admets pas, en général, la séparation du savoir et de l'action, je ne puis pas davantage l'accorder, en ce qui concerne les Académies.

La culture qui s'applique à la pensée dans sa fonction spéculative la plus haute (et, par là, je n'entends certes pas une simple routine superficielle, mais une éducation qui pénètre dans l'essence de l'homme même), cette culture, dis-je, qui est la seule vraiment scientifique, est aussi la seule qui doive s'appliquer à l'activité pratique dans sa conformité avec la raison. Les buts, qui sont en dehors de cette sphère absolue de l'éducation scientifique, sont déjà exclus des Académies par leur première destination.

Celui qui possède le développement parfait de sa science particulière, au point d'être arrivé au savoir absolu, est déjà élevé de lui-même dans l'empire de la clarté, de la sagesse. Ce qu'il y a de plus dangereux pour l'homme, ce sont les idées obscures. Il a déjà beaucoup gagné si cette domination est simplement restreinte; il a tout gagné s'il est arrivé à la conscience absolue, s'il habite tout-à-fait dans la lumière.

La science dirige aussi immédiatement le sens intellectuel vers cette intuition, qui conduit le perfectionnement moral de l'individu par une volonté persévérante, jusqu'à l'harmonie avec soi-même, et, par là, à une vie véritablement heureuse. L'expérience de la vie fait lentement notre éducation, non sans une grande perte de temps et de forces. A celui que la science a consacré à son culte, il est donné de devancer l'expérience et de connaître, en quelque sorte, immédiatement et en soi, ce qui peut cependant aussi être finalement le simple résultat de la vie la plus variée en tous sens et la plus riche en expériences.

TROISIÈME LEÇON.

Sur les premières conditions des Études Académiques.

Je crois avoir déjà, dans ce qui précède, fait suffisamment connaître par des idées tirées de la science même, le but élevé vers lequel doit tendre celui qui se consacre à elle. Je suis donc dispensé de m'étendre longuement sur les conditions générales qui doivent être exigées de celui qui choisit cette carrière.

L'idée d'étudier renferme déjà en soi, et en particulier d'après les caractères de l'éducation moderne, un double point de vue. Le premier est le point de vue historique. Sous ce rapport, il s'agit simplement d'*apprendre*. La nécessité inévitable d'emprisonner sa volonté et de la soumettre à cette obligation d'apprendre dans toutes les sciences, résulte déjà de ce qui a été démontré antérieurement. Ce qui égare les meilleurs esprits dans l'accomplissement de cette condition est une erreur très-ordinaire.

Ils sentent que, dans le fait d'apprendre, c'est plutôt leur attention que leur activité intellectuelle qui est mise en jeu ; et, comme l'activité est un état plus naturel, ils prennent toute espèce d'activité pour une plus haute manifestation de l'intelligence et du talent ; même lorsque la facilité à se former des idées à soi, à faire éclore des plans nouveaux, a son principe plutôt dans l'ignorance des véritables objets et des vrais problèmes de la science, que dans une réelle fécondité d'esprit. Celui qui apprend, au contraire, lors même qu'il est guidé par un enseignement vivant, n'a déjà plus la liberté de choisir. Il lui faut passer par toutes les questions, par le difficile comme par le facile, par ce qui offre moins d'attrait comme par ce qui intéresse davantage. Les questions se succèdent non arbitrairement, d'après l'association des idées, ou selon le goût du moment, mais dans un ordre nécessaire. Dans le jeu capricieux de la pensée, l'imagination elle-même étant médiocrement excitée; avec une faible connaissance des exigences scientifiques, on prend ce qui plaît, on rejette ce qui ne plaît pas, ou ce qui, dans l'invention ou la conception personnelle ne peut être établi solidement sans contention d'esprit.

Celui là même qui est appelé par une vocation naturelle à s'emparer des sujets non encore traités dans des régions nouvelles, doit cependant avoir l'esprit exercé de la manière qui a été dit, pour aborder un jour ces problèmes. Sans cela, il lui restera toujours, lorsqu'il essaiera de construire par lui-même, un procédé désultoire et une pensée fragmentaire. Celui là seul peut pénétrer au cœur de la science, qui est capable de l'embrasser dans sa totalité, et de la développer jusqu'à ce qu'il ait en lui-même la conscience de ne sauter sur aucun membre essentiel, d'avoir épuisé le nécessaire.

Un certain ton de popularité dans les sciences les plus élevées, qui fait qu'elles doivent être accommodées au goût de chacun et se mesurer à sa capacité, a propagé la peur de la contention d'esprit à un tel point, que l'absence de toute énergie dans la pensée, qui rend incapable de saisir les idées abstraites, la superficialité agréable et une aimable frivolité, sont devenues les caractères de ce qu'on appelle une élégante éducation, et qu'enfin on a restreint le but des études académiques à goûter du vin de la science tout juste autant qu'on peut en présenter avec bienséance à une dame.

On doit en partie rendre cet hommage aux Académies, qu'elles ont été les premières à arrêter l'irruption du torrent que la nouvelle pédagogique augmentait encore ; quoique, d'un autre côté aussi, le dégoût pour une profondeur ennuyeuse, diffuse, qu'aucun esprit ne vivifiait, lui eût principalement frayé la voie.

Toutes les sciences, outre le caractère particulier qui leur est propre, ont encore un côté qui leur est commun avec l'art. C'est celui de la forme, qui, dans quelques unes, est inséparable du fond. Toute perfection dans l'art, toute forme convenable donnée à une noble matière, vient des limites que l'esprit se pose à lui-même. La forme ne s'obtient parfaitement que par l'exercice, et toute véritable éducation doit, conformément à sa destination même, se rapporter plus à la forme qu'au fond.

Il existe des formes passagères et périssables. En tant que particulières, toutes celles dans lesquelles s'enveloppe l'esprit de la science, ne sont elles-mêmes que les diverses manifestations du génie qui se rajeunit sans cesse et renaît éternellement dans de nouvelles créations. Mais, dans les formes particulières, il existe une forme générale et absolue dont celles-là ne sont, à leur tour, que les symboles ; et l'œuvre d'art qu'elles constituent s'élève dans la mesure où il leur est donné de la manifester. Tout art a un côté par lequel il peut s'apprendre. Avoir peur des formes et des prétendues limites qu'elles imposent, c'est avoir peur de l'art dans la science.

Reproduire le sujet donné, non sous la forme donnée et particulière qui seule peut être apprise, mais sous une forme originale et personnelle, tel est le véritable complément de l'enseignement lui-même. Apprendre n'est qu'une condition négative. Une véritable intussusception n'est pas possible sans une transformation en sa propre substance. Toutes les règles que l'on peut prescrire pour étudier se résument en une seule : « Apprends seulement pour produire toi-même. » Ce n'est que par cette divine faculté de produire que l'on est véritablement homme. Sans elle on n'est qu'une machine plus ou moins habilement réglée. Celui qui, avec une inspiration semblable à celle de l'artiste, lorsque celui-ci fait sortir d'une masse grossière l'image de son ame et de sa propre pensée, n'est pas arrivé à façonner complètement l'image de la science dans tous ses traits et toutes ses parties, jusqu'à ce qu'elle lui paraisse parfaitement conforme avec son modèle idéal, ne l'a pas pénétrée à fond.

Tout acte de production consiste dans une rencontre ou une pénétration réciproque du général et du particlier. Saisir vivement l'opposition d'un objet particulier avec l'absolu, et en même temps l'unité des deux termes dans un acte indivisible de la pensée, tel est le secret de la production. Par là se forment ces points élevés d'unité, par où les éléments séparés se réunissent dans l'idée, ces hautes formules dans lesquelles se résout le concret. « Les lois nées de l'Éther céleste que n'a pas engendrées la nature de l'homme. »

La division ordinaire de la connaissance en rationnelle et en historique s'entend de telle sorte qu'à la première se rattache la connaissance des principes, et que la dernière est une simple science de faits. On pourrait objecter que les principes peuvent aussi être appris d'une manière purement historique; mais alors ils ne seraient pas compris comme principes. On a donné le nom dégoûtant de *Brodwissenschaften* (1), en général, aux sciences qui servent plus immédiatement que d'autres à pourvoir aux besoins de la vie. Mais nulle science en elle-même ne mérite ce nom. Pour celui qui considère la philosophie ou les mathématiques comme moyen, leur étude n'est pas moins mercenaire que celle de la jurisprudence ou de la médecine, pour celui à qui elles n'offrent pas d'intérêt plus élevé que l'utilité qu'il en retire. La conséquence de toute étude faite dans un pareil esprit, c'est ou d'apprendre à connaître simplement les résultats et de négliger complétement les principes, ou tout au plus d'apprendre à connaître ceux-ci d'une manière purement historique, pour un but uniquement matériel, afin, par exemple, de pouvoir motiver son juge-

---

(1) Sciences *gagne-pain*.

ment dans les occasions où on est requis de se livrer à un examen quelconque.

On ne peut se résoudre à une pareille condition qu'autant que l'on veut apprendre la science pour un usage purement matériel, c'est-à-dire que l'on se considère soi-même comme un simple instrument. Maintenant, il est certain que quiconque a le moindre respect pour lui-même ne peut se sentir vis-à-vis de la science dans une position tellement avilissante qu'elle n'ait pour lui d'autre prix que celui d'être un simple instrument pour des fins matérielles. Les conséquences nécessaires d'une pareille manière d'étudier sont les suivantes :

D'abord, il est impossible que l'on s'approprie bien ce qu'on ne fait que recevoir. Il est donc nécessaire qu'on l'applique à faux, puisqu'on ne le possède pas par un organe vivant et en vertu d'une véritable intuition, mais seulement de mémoire. Combien de fois il arrive que du sein des Universités sortent de semblables mercenaires de la science, qui ont parfaitement imprimé dans leur mémoire tout ce qui se rencontre d'érudition positive dans leur spécialité, mais qui manquent absolument de jugement pour rattacher les faits particuliers aux principes généraux ! L'habitude de saisir la science d'une manière vivante forme l'esprit à l'intuition. Or, dans celle-ci le général et le particulier sont toujours unis. Celui qui apprend la science comme un métier est dépourvu d'intuition. Il ne peut, dans les cas particuliers qui s'offrent à lui, saisir le lien qui les unit, et comme cependant, en apprenant, il n'a pu être préparé pour tous les cas possibles, il est le plus souvent abandonné par son savoir.

Une autre conséquence nécessaire, c'est qu'un pareil esprit est entièrement incapable de progrès. Aussi renonce-t-il par là au principal caractère de l'homme et en particulier du savant. Il ne peut avancer; car les véritables progrès ne doivent pas se juger d'après la mesure des doctrines antérieures, mais seulement en soi-même et d'après des principes absolus. Tout au plus, le voit-on accueillir des productions insignifiantes, des méthodes récemment recommandées, telle ou telle fade théorie qui vient de paraître et qui attire la curiosité, ou quelques nouvelles formules, de savantes nouveautés. Tout d'ailleurs, pour être compris par lui, doit lui apparaître sous la forme d'une particularité; car le particulier seul peut être appris; dans la catégorie des choses qui s'apprennent, il ne peut entrer que des idées particulières. Aussi, est-il l'ennemi juré de toute véritable découverte qui est faite d'un point de vue général, de toute idée, parce qu'il ne la comprend pas, de toute vérité réelle qui le trouble dans son repos. S'il s'oublie à ce sujet jusqu'à s'emporter contre elle, de deux choses l'une : — ou il s'y prend de la manière maladroite que l'on connaît, c'est-à-dire qu'il juge une théorie nouvelle d'après les principes et les opinions reçus que celle-ci met précisément en question, il la combat avec des arguments et des autorités qui pouvaient avoir quelque valeur dans l'état antérieur de la science;—ou bien il ne lui reste, dans la conscience de sa nullité, que des invectives et les armes de la calomnie, à laquelle il se sent intérieurement excité, parce que chaque nouvelle découverte est pour lui réellement une attaque personnelle.

Le succès de vos études, ou, au moins, leur première direction, dépend, pour tous, plus ou moins du mode et du degré de culture, et des connaissances que vous apporterez à l'Académie. Quant à la première éducation extérieure et morale, qui est déjà exigée pour cette éducation supérieure, je n'en parle pas, parce que tout ce qu'il y aurait à dire à ce sujet s'entend de soi-même.

Pour ce qui concerne l'instruction préalable, on ne peut guère désigner l'espèce de savoir acquis avant l'entrée à l'Académie, autrement que par le mot de *connaissances*. Quelle en doit être la portée? Il existe sans doute aussi là un point au-delà et en deçà duquel le bien ne peut se trouver.

Les hautes sciences ne se laissent pas posséder ou acquérir à titre de connaissances. Il ne serait donc pas convenable à un âge où, sous aucune forme, les vérités absolues ne peuvent encore être réellement comprises, d'anticiper sur la science qui, par sa nature même, repose sur ces sortes de vérités et communique leur caractère à toutes les autres sciences. Il y a plus, il est des sciences dont l'objet consiste en partie dans des connaissances qui ne peuvent obtenir leur véritable valeur que par leur rapport avec l'ensemble. Les enseigner avant que l'esprit y soit initié par les hautes études, ne pourrait offrir aucun avantage et n'aurait d'autre résultat que celui de les voir négliger plus tard. Peu s'en est fallu que, dans ces derniers temps, le zèle pour l'éducation n'ait cherché à transformer les écoles inférieures en Académies; mais on n'a fait que favoriser le demi-savoir dans la science.

Il est nécessaire, en général, de s'arrêter à chaque degré jusqu'à ce qu'on ait la conscience ferme de s'y être fortifié. Il ne paraît permis qu'à un petit nombre de franchir des degrés, quoiqu'à proprement parler il n'en soit pas ainsi. Newton lisait, dans un âge tendre, les éléments d'Euclide comme un ouvrage qu'il avait composé lui-même, et comme d'autres lisent des livres amusants. Il pouvait donc passer immédiatement de la géométrie élémentaire à de plus hautes recherches.

Généralement parlant, ce qui domine c'est l'extrême opposé de ce que nous venons de dire, la négligence des études préparatoires. Ce qui devrait absolument être acquis avant d'aborder les études académiques, c'est tout ce qui appartient à la partie mécanique dans les sciences. D'abord, chaque science a son mécanisme déterminé; ensuite la constitution générale des sciences rend nécessaire l'emploi des moyens mécaniques pour les obtenir. Un exemple du premier cas nous est offert dans les opérations les plus communes et les plus simples de l'algèbre. Le professeur à l'Académie peut bien développer les principes de cette science, mais non se faire maître de calcul. Un exemple du second cas, c'est la connaissance des langues anciennes et modernes qui seule peut ouvrir un accès aux principales sources de l'instruction et de la science. A cela se rattache, en général, tout ce qui veut être saisi plus ou moins par la mémoire, parce que cette faculté, dans le premier âge, d'abord est plus vive, et ensuite demande surtout à être exercée.

Je me bornerai ici de préférence à parler de l'étude préliminaire des langues, qui non seulement est indispensable comme moyen pour parvenir à un degré plus élevé dans la culture scientifique, mais qui possède en elle-même une valeur indépendante.

Les misérables raisons sur lesquelles se sont appuyés les modernes faiseurs de théories sur l'éducation, pour combattre l'étude des langues dans le premier âge, n'ont besoin d'aucune réfutation. Elles ne servent qu'à prouver la vulgarité des idées qui forment le fond de ces théories. Elles sont dues principalement à un zèle malentendu pour le développement exclusif de la mémoire, d'après les principes d'une psychologie empirique. Les prétendues expériences à ce sujet étaient tirées de certains savants, dont la mémoire était remplie à la vérité de connaissances de toute espèce, mais qui sans doute n'avaient pu acquérir ainsi ce que la nature leur avait refusé. Que, du reste, ni un grand général ni un grand mathématicien, un philosophe ou un poète ne soient possibles sans l'étendue et l'énergie de la mémoire, ce n'est pas là ce qui les préoccupait; car il ne s'agissait pas pour eux de former de grands généraux, des mathématiciens ou des philosophes, mais d'utiles et d'industrieux bourgeois.

Je ne connais aucun genre de travail qui soit plus propre à développer dans le premier âge les facultés naissantes, la sagacité, la pénétration, l'invention, que l'étude des langues et principalement des langues anciennes. Je ne parle pas ici de la science du langage dans le sens abstrait, en tant que celui-ci, comme expression immédiate des lois internes de la pensée, est l'objet d'une théorie scientifique. Il n'est pas question davantage de la philologie, à laquelle se rapporte la connaissance des langues seulement comme moyen pour un but beaucoup plus élevé. C'est par abus des termes que celui qui possède uniquement la connaissance des langues s'appelle philologue. Le véritable philologue occupe le rang le plus élevé à côté de l'artiste et du philosophe; ou plutôt ces deux derniers se retrouvent en lui. Sa tâche est la construction historique des œuvres de l'art et de la science, dont il doit saisir et exposer l'histoire par une vivante intuition. C'est dans ce sens seulement que la philologie proprement dite doit être traitée et enseignée dans les Universités. Le professeur académique ne doit pas être un maître de langues. — Je reviens à ma première proposition.

Le langage considéré en lui-même et pour lui-même, au point de vue purement grammatical, est déjà une logique développée et appliquée. Or, toute éducation scientifique consiste dans la faculté de reconnaître les possibilités logiques, tandis qu'au contraire la connaissance commune ne saisit que les réalités. Le physicien, lorsqu'il a reconnu que sous certaines conditions un phénomène est véritablement possible, en a aussi reconnu la réalité. L'étude du langage, comme interprétation, mais surtout comme amélioration du texte à l'aide de conjectures, exerce cette faculté de reconnaître les possibles d'une manière proportionnée à l'intelligence des enfants. Cela même peut encore, dans l'âge mûr, occuper agréablement un esprit qui a conservé quelque chose de l'enfance.

C'est une chose qui développe immédiatement l'intelligence que de reconnaître dans une langue morte l'esprit vivant qui l'anime, et on ne doit pas chercher un autre rapport que celui du naturaliste avec la nature. La nature est pour nous un auteur ancien par excellence, qui a écrit en hiéroglyphes, et dont les pages sont colossales, comme dit l'*artiste* dans Goethe. De même celui qui veut étudier la nature seulement d'après la méthode empirique, a besoin plus qu'aucun autre de sa connaissance philologique, en quelque sorte, pour comprendre cette langue morte pour lui. Dans un sens plus élevé du mot philologie, la même chose est vraie. La terre est un livre composé de la réunion de fragments et de rapsodies appartenant à des époques différentes. Chaque minéral est un véritable problème philologique. La géologie attend encore le Wolf qui doit aussi interpréter la terre comme Homère, et montrer l'enchaînement de ses diverses parties.

Il n'est pas possible maintenant d'entrer dans l'examen des branches spéciales des études académiques, et en même temps d'en développer le plan entier d'après les premiers principes, sans suivre les divisions de la science elle-même et construire son ensemble organique.

Je devrai, par conséquent, exposer d'abord les rapports de toutes les sciences entre elles et la réalisation que cette unité intérieure et organique a obtenue par l'organisation extérieure des Universités.

Sans doute, cette esquisse pourrait représenter une encyclopédie générale des sciences. Mais comme je dois la considérer non simplement en soi, mais toujours dans son rapport avec le but de ce cours, on ne peut nullement en attendre un système rigoureusement déduit des principes les plus élevés. Je ne puis d'ailleurs, dans ces leçons, avoir la prétention d'épuiser mon sujet. C'est ce qu'on ne peut obtenir que dans une véritable exposition systématique et par une démonstration rigoureuse. Il est beaucoup de choses qui méritent d'être dites, et que je ne dirai pas. Mais je devrai d'autant plus me garder de dire quelque chose qui ne devrait pas être dit, soit en soi même, soit parce que le temps présent et l'état des sciences rendent cette réserve nécessaire.

QUATRIÈME LEÇON.

Sur l'étude des Sciences rationnelles pures, des Mathématiques et de la Philosophie en général.

L'unité absolue d'où sortent toutes les sciences et où elles retournent, est la science première, qui venant à se réaliser dans le monde réel, donne à la connaissance humaine un centre d'où celle-ci s'étend jusque dans ses dernières divisions. Les sciences dans lesquelles la science absolue se réfléchit, comme dans ses organes les plus immédiats, où la connaissance s'identifie avec elle, ce qui réfléchit avec ce qui est réfléchi, sont comme les *sensoria* généraux dans le corps organique de la science. Nous devons partir de ces organes centres pour voir la vie en sortir et se répandre par diverses sources jusque dans les parties les plus extérieures.

Pour celui qui n'est pas encore lui-même en possession de ce savoir qui est identique avec la science absolue, il n'y a pas d'autre route qui le conduise à le reconnaître que de le voir opposé à l'autre mode de connaissance.

Il m'est impossible de faire comprendre ici comment nous arrivons à connaître en général quelque chose de particulier. Mais il est facile de montrer qu'une telle connaissance ne peut être rien d'absolu et par là rien d'inconditionnellement vrai.

On ne doit pas entendre cela dans le sens d'un scepticisme empirique qui doute de la vérité des représentations sensibles, c'est-à-dire qui ont uniquement pour objet le particulier, scepticisme qui s'appuie sur les erreurs des sens ; de sorte que, s'il n'y avait pas d'illusions d'optique ou autres, nous pourrions être alors suffisamment certains de la réalité de nos connaissances sensibles. Qu'on ne l'entende pas davantage dans le sens d'un grossier empirisme qui doute de la vérité des représentations sensibles en général, parce que les impressions d'où elles naissent passent d'une âme dans une autre, et dans ce chemin peuvent perdre beaucoup de leur caractère originel. Tout rapport causal entre le savoir et l'être appartient lui-même à l'illusion sensible, et si le premier est quelque chose de fini, il en est de même du second, à cause d'une détermination qui est en lui-même et non hors de lui.

Mais, précisément, ce caractère que présente une science, d'être une science déterminée, fait qu'elle est dépendante, conditionnelle et toujours changeante. Le déterminé, en elle, est ce par quoi elle est une multiplicité et une variété; c'est la *forme*. L'*essence* de la science est une; elle est la même en tout, et par conséquent aussi ne peut être déterminée. Ainsi, ce par quoi une science diffère d'une autre, c'est la forme, qui, dans le particulier, abandonne l'identité avec l'essence, que nous pouvons, sous ce rapport, appeler aussi l'universel. Mais la forme séparée de l'essence n'est pas réelle; c'est une simple apparence. La science particulière, simplement comme telle, n'est donc nullement une véritable science.

Au particulier s'oppose l'universel qui, comme étant séparé du particulier, prend le nom d'abstrait. On ne peut pas davantage ici faire comprendre l'origine de ce savoir. On peut seulement montrer que si, dans le particulier, la forme n'est pas adéquate à l'essence, l'universel pur doit, au contraire, apparaître à l'entendement logique comme l'essence sans la forme. Là où la forme n'est pas reconnue dans l'essence et par elle, une réalité est conçue, qui n'est pas comprise d'après sa possibilité ; de même que les déterminations particulières et sensibles de la substance dans l'éternité ne peuvent être comprises d'après son idée générale. Par conséquent, ceux qui restent dans cette opposition, se font accorder, outre l'universel, le particulier, sous le nom de matière, comme représentant la collection des individualités sensibles. Dans le cas opposé est conçue la possibilité pure, abstraite, d'où on ne peut passer à la réalité ; et l'un et l'autre sont, pour parler avec Lessing, le large fossé devant lequel la grande foule des philosophes se sont jusqu'à présent arrêtés.

Il est suffisamment clair que le premier principe et la possibilité de toute connaissance véritablement absolue, doit reposer sur ce que précisément le général doit être en même temps le particulier, et que cela même qui apparaît à la raison logique comme une simple possibilité sans réalité, une essence sans forme, doit aussi être précisément la réalité et la forme. C'est là l'idée des idées, et, d'après ce principe, c'est aussi celle de l'absolu lui-même. Il n'est pas moins manifeste que l'absolu considéré en soi, par cela même qu'il est seulement cette identité, n'est en soi ni l'un ni l'autre des deux termes opposés, mais qu'il est l'essence commune de tous deux, et par conséquent, comme identité, il ne peut se manifester dans le monde visible que de deux manières : soit sous la forme du réel, soit sous celle de l'idéal.

Les deux côtés de la connaissance, celui dans lequel la réalité précède la possibilité, et celui dans lequel la possibilité précède la réalité, se laissent en effet opposer de nouveau l'un à l'autre comme le réel et l'idéal. Si maintenant on pouvait concevoir que dans le réel ou dans l'idéal, à leur tour, se laisse entrevoir non l'un ou l'autre des deux termes opposés, mais leur pure identité en elle-même, dès-lors serait donnée par là, sans aucun doute, la possibilité d'une connaissance absolue, même dans le domaine du monde visible.

En partant de ce point, on peut aller plus loin encore; s'il existait dans le réel un reflet de cette identité du possible et du réel, elle pourrait aussi peu apparaître comme une idée abstraite que comme une chose concrète; comme une idée abstraite, parce qu'elle serait alors une possibilité à qui s'opposerait la réalité; comme une chose concrète, parce qu'elle serait une réalité à qui s'opposerait la possibilité.

En outre, puisqu'elle devait apparaître comme identité dans le réel, elle devait se manifester comme *être pur;* et, puisqu'à l'être pur s'oppose l'activité, elle devait apparaître comme négation de toute activité. De même, d'après le principe établi plus haut, on doit reconnaître que chaque chose qui a son opposé dans une autre, en tant qu'elle est absolue en soi, est en même temps l'identité de soi-même et de son opposé. Le réel, par conséquent, ne pourra apparaître comme l'identité du possible et du réel, qu'autant qu'il est en soi-même un être absolu, et que tout terme opposé, dès lors, est nié de lui.

Un pareil *être pur*, avec la négation de toute activité, est, sans aucun doute, *l'espace;* mais, en même temps, celui-ci n'est ni un être abstrait (car alors il y aurait plusieurs espaces, l'espace n'étant un que dans tous les espaces), ni un être concret; car alors il devrait y avoir de l'espace une idée abstraite à laquelle il ne serait qu'imparfaitement conforme comme particulier. Mais il est absolument ce qu'il est; l'être épuise son idée, et pour la même raison, et seulement parce qu'il est absolument réel, il est aussi absolument idéal.

Pour déterminer la même identité, en tant qu'elle apparaît dans l'idéal, nous pouvons nous servir immédiatement du terme opposé à l'espace; car, puisque celui-ci, comme être pur, apparaît avec la négation de toute activité, ce terme devra, au contraire, se manifester comme pure activité avec la négation de l'être. Mais, par là même qu'il est l'activité pure, il sera, à son tour, d'après le principe précédent, l'identité de lui-même et de son contraire, par conséquent de la possibilité et de la réalité. Une pareille identité, c'est le *temps* pur. Aucun être, comme tel, n'est dans le temps, mais seulement les changements de l'être qui apparaissent comme manifestations de son activité et comme négations de l'être. Dans le temps empirique, la possibilité, comme cause, précède la réalité. Dans le temps pur, l'une et l'autre se confondent. Comme identité du général et du particulier, le temps est aussi peu une idée abstraite qu'une chose concrète, et, sous ce rapport, tout ce qui est vrai de l'espace s'applique aussi à lui.

Ces raisonnements suffisent pour faire voir d'abord que, dans la pure intuition de l'espace et du temps, est donnée une véritable intuition objective de l'identité du possible et du réel comme tels, ensuite que ce sont deux absolus simplement relatifs, puisque ni le temps ni l'espace ne manifestent l'idée de toutes les idées en soi, mais seulement dans un reflet divisé; enfin que, d'après le même principe, ni l'un ni l'autre ne sont des déterminations de l'être en soi, et que, si l'unité exprimée dans tous les deux est le principe d'une connaissance ou d'une science, celle-ci elle-même appartient simplement au monde qui réfléchit l'existence absolue, et cependant n'en doit pas moins être absolue par la forme.

La réalité, en général, et celle de la connaissance en particulier, ne s'appuie ni seulement sur l'idée universelle, ni sur la simple particularité. La connaissance mathématique en particulier n'est ni celle d'une simple abstraction, ni celle de quelque chose de concret, mais celle de l'idée manifestée dans le monde visible. Exposer le général et le particulier dans leur unité, s'appelle, en général, faire une construction, ce qui est, au fond, la même chose que la démonstration. L'unité elle-même s'exprime d'une double manière : D'abord, pour prendre toujours nos exemples dans la géométrie, toutes les constructions de cette science, qui se distinguent entre elles, comme triangles, carrés, cercles, etc., ont pour essence la même forme absolue, et pour les comprendre scientifiquement dans leur particularité, rien autre chose n'est exigé que l'unique, universelle et absolue unité. En second lieu, chaque unité particulière dans sa généralité, par exemple le triangle, en général, est, à son tour, identique avec le triangle particulier ; d'un autre côté, le triangle particulier est pris pour tous les triangles, et est à la fois unité et universalité. La même unité se manifeste comme unité de la forme et de l'essence, puisque la construction qui, comme connaissance, pourrait paraître simplement une forme de la pensée, est, en même temps, l'essence de la quantité construite.

Il est facile de faire l'application de tout ceci à l'analyse.

La place des mathématiques, dans le système général de la science, est suffisamment déterminée. Son rapport avec les études académiques s'en déduit de soi-même. Un mode de connaissance qui s'élève au-dessus de la loi du simple enchaînement des causes et des effets (loi qui domine dans le savoir commun comme dans une grande partie de ce qu'on appelle les sciences), une science qui habite dans le domaine d'une pure identité rationnelle, n'a besoin d'aucun but étranger. Quelque haute idée que l'on se fasse d'ailleurs des grands résultats des mathématiques dans leur application aux lois générales du mouvement, à l'astronomie et à la physique, celui-là ne serait pas arrivé à connaître le caractère absolu de cette science, qui ne l'estimerait que par ses résultats ; et cela aussi bien en général qu'en particulier, parce que ceux-ci ne doivent en partie leur origine qu'à une fausse appréciation de l'évidence rationnelle pure. L'astronomie moderne n'a cherché qu'à transformer en nécessités empiriques les lois absolues qui découlent de l'idée, et elle a atteint ce but à sa parfaite satisfaction. Au reste, il n'appartient nullement aux mathématiques, envisagées de cette façon et telles qu'on les conçoit aujourd'hui, de comprendre la moindre chose à l'essence ou à l'être en soi de la nature et de ses objets. Pour cela, il faudrait qu'elles-mêmes, avant tout, retournassent à leur origine, et pussent saisir le type de la raison universelle exprimé en elles. S'il est vrai que les mathématiques dans l'abstrait, comme la nature dans le concret, soient la plus parfaite expression objective de la raison même, toutes les lois de la nature, se résolvant dans les lois pures de la raison, doivent avoir aussi leurs formes correspondantes dans les mathématiques ; mais, dans les mathématiques, non telles qu'elles ont été conçues jusqu'à présent, c'est-à-dire comme se bornant à calculer les lois de la nature, celle-ci, de son côté, agissant, malgré cette identité, d'une manière purement mécanique, mais de telle sorte que les mathématiques et la science de la nature soient une seule et même science, considérée sous des faces différentes.

Les formes des mathématiques, comme on les comprend aujourd'hui, sont des symboles dont la clef est perdue pour ceux qui s'en servent. D'après des traces certaines et le témoignage des anciens, Euclide la possédait encore. Il n'y a qu'un moyen de la retrouver, c'est de considérer les mathématiques comme des formes de la raison et comme l'expression d'idées qui, en prenant un caractère visible et objectif, ont simplement changé d'aspect. Moins l'enseignement actuel des mathématiques est propre à faire remonter au sens primitif de ces formes, plus la philosophie, dans la voie où elle est entrée maintenant, fournira les moyens de déchiffrer ces énigmes et de rétablir cette antique science.

Que l'étudiant porte son attention principalement, je dirai plus, uniquement, sur cette possibilité aussi bien que sur l'opposition remarquable de la géométrie et de l'analyse, qui correspond d'une manière frappante à celle du réalisme et de l'idéalisme en philosophie.

Nous avons montré dans les mathématiques le caractère simplement extérieur et formel du mode absolu de la connaissance, caractère qu'elles conservent tant qu'elles ne sont pas comprises d'une manière parfaitement symbolique. Les mathématiques appartiennent encore au monde des formes sensibles, en tant qu'elles ne montrent qu'en reflet la science première, l'absolue identité, et, ce qui en est une conséquence nécessaire, ne la montrent que dans une manifestation séparée de son principe. Le mode de connaître absolu sous tous les rapports serait par conséquent celui qui aurait immédiatement en lui-même la science première pour base et pour objet. Or, cette science qui ne reconnaît d'autre modèle primitif que celui là, est nécessairement la science de toute science, par conséquent la *philosophie*.

On ne peut ici apporter des preuves, soit générales, soit particulières, en vertu desquelles chacun soit forcé de reconnaître que la philosophie est en même temps la science de la science absolue. On peut seulement prouver qu'une telle science est nécessaire; et on peut être sûr de pouvoir démontrer que toute autre idée qu'on pourrait se faire de la philosophie ne serait non-seulement, en aucune façon, l'idée de cette science, mais, en général, l'idée d'une science quelconque.

La philosophie et les mathématiques se ressemblent en ce que toutes deux sont fondées sur l'identité du général et du particulier, et que toutes deux, par là aussi, en tant que chaque unité de ce genre est une intuition, sont du domaine de l'intuition. Mais l'intuition de la première ne peut être comme celle de la seconde, une intuition réfléchie; elle est une intuition immédiate de la raison ou de l'intelligence pure, intuition absolument identique avec son objet, la science absolue elle-même. L'exposition de la vérité dans le domaine de l'intuition intellectuelle est la construction philosophique; — mais ce qui est vrai de l'unité universelle, qui est le principe de toutes choses, l'est aussi des unités particulières, dont chacune renferme le caractère également absolu de la science première; elles ne peuvent être comprises que par l'intuition rationnelle et sont à ce titre les *idées*. La philosophie est donc la science des idées ou des types éternels des choses.

Sans intuition intellectuelle, pas de philosophie! La pure intuition de l'espace et du temps n'existe pas elle-même dans la conscience commune comme telle; car elle aussi est l'intuition intellectuelle, réfléchie seulement dans le sensible. Mais le mathématicien ne peut se passer de la représentation extérieure. Dans la philosophie, l'intuition retourne à sa source, à la pure raison. Celui qui ne l'a pas ne comprend pas non plus ce qu'on en dit. Une condition négative de la possession, c'est une claire et vive conception de la nullité de toute connaissance simplement finie. On peut la développer en soi-même; dans le philosophe, elle doit en quelque sorte s'identifier avec son caractère, constituer une faculté invariable, une capacité de ne voir toutes choses que par le point de vue où elles manifestent l'idée.

Je n'ai pas ici à parler de la philosophie en général, mais seulement en tant qu'elle se rapporte à la première éducation scientifique.

Quant à discourir sur l'utilité de la philosophie,

je regarde cela comme au-dessous de la dignité de cette science. Celui qui ne sait faire que de pareilles questions peut être sûr de n'être pas encore le moins du monde capable d'avoir l'idée de la philosophie. Elle se proclame libre par elle-même de tout rapport d'utilité. Elle n'existe que pour elle-même ; supposer qu'elle existe pour une autre fin, ce serait détruire immédiatement son essence.

Je ne regarde pas cependant comme tout-à-fait inutile de parler des reproches qui lui ont été adressés. Elle ne doit pas se recommander par l'utilité ; mais elle ne doit pas non plus souffrir, au moins dans ses rapports extérieurs, des funestes effets que le mensonge et le préjugé lui attribuent.

CINQUIÈME LEÇON.

Sur les objections que l'on fait ordinairement contre l'étude de la Philosophie.

Si je ne crois pas devoir passer sous silence le reproche, devenu banal, que l'on fait à la philosophie d'être dangereuse à la religion et à l'État, c'est qu'à mon avis la plupart de ceux qui ont entrepris d'y répondre n'étaient pas en état de dire ce qui convenait.

La première réponse était celle-ci : De quel État,

de quelle religion parlez-vous, quand vous dites que la philosophie peut leur être dangereuse? S'il en était réellement ainsi, la faute en serait à ce prétendu État, à cette prétendue religion. La philosophie ne suit que ses propres principes; elle ne peut guère s'inquiéter si tout ce qui est l'ouvrage des hommes s'accorde avec eux. Je ne parle pas ici de la religion; je me réserve de montrer, dans la suite, l'union intime de la religion et de la philosophie, et la manière dont l'une engendre l'autre.

En ce qui concerne l'État, je poserai ainsi la question d'une manière générale : A quel titre peut-on, sous le rapport scientifique, dire que quelque chose peut être dangereux à l'État ou le craindre avec raison? On verra alors, d'une manière évidente, si la philosophie est dans ce cas, ou si quelque chose de pernicieux peut sortir de son sein.

Il est une tendance dans la science que je tiens pour dangereuse à l'État, et une autre pour subversive.

La première, c'est lorsque le savoir vulgaire veut s'élever à la science absolue ou la juger. Que l'État favorise seulement cette tendance de la raison commune à s'ériger en arbitre des idées, celle-ci s'élevera bientôt au-dessus de l'État, dont elle ne comprend pas plus la constitution fondée sur la raison et les idées éternelles, qu'elles ne comprend ces dernières. Avec ces mêmes arguments populaires par lesquels elle croit pouvoir combattre la philosophie, elle peut d'une manière beaucoup plus évidente encore, attaquer les formes fondamentales de l'État. — Je dois expliquer ce que j'entends par raison commune. Ce n'est ni seulement ni principalement la raison ignorante et sans culture aucune, mais aussi la raison développée par une éducation fausse et superficielle, dont le résultat est une manière de raisonner creuse et vide, qui se regarde comme arrivée au plus haut degré de perfection, et qui, dans ces derniers temps, s'est principalement signalée en ravalant tout ce qui s'appuie sur les idées absolues.

Ce vide d'idées, qu'on est convenu d'appeler rationalisme, est ce qu'il y a de plus opposé à la philosophie. On nous accordera qu'aucune nation n'a poussé plus loin que les Français cette prédominance d'une logique raisonneuse sur la raison qui conçoit les idées. C'est donc la plus grande absurdité, même historique, de dire que la philosophie est funeste au maintien des maximes fondamentales du droit. (Je m'exprime ainsi parce qu'il peut, sans aucun doute, exister des constitutions ou des situations sociales à qui la philosophie, à la vérité, n'est pas dangereuse, mais n'est pas non plus favorable.) Précisément, cette nation qui, à l'exception de quelques hommes des temps antérieurs (et encore ne doit-on leur attribuer aucune influence sur les événements politiques qui se sont passés plus tard), n'avait eu de philosophes à aucune époque (ou au moins dans celle qui précéda la révolution), fut celle qui donna l'exemple d'un bouleversement politique marqué par d'atroces cruautés, et qui est tombée dans des excès tels qu'ils l'ont ramenée depuis à une nouvelle forme de despotisme. Je sais bien que les raisonneurs, dans toutes les sciences et dans toutes les directions de la pensée, ont usurpé, en France, le nom de philosophes. Mais il pourrait bien se faire que pas un de ceux à qui, parmi nous, ce titre est décerné sans contestation, ne l'accordât à un seul de ces personnages.

Si d'ailleurs on ne s'était pas prononcé d'une autre manière sur la valeur et l'importance de tout ceci, il ne faudrait pas s'étonner (et il n'y aurait même là rien que de louable) qu'un gouvernement fort proscrivît parmi ce peuple ces creuses abstractions qui formaient la grande partie, pour ne pas dire la totalité, de ce que les Français avaient d'idées scientifiques. Avec de vides théories, il n'est certes pas plus possible de fonder un Etat qu'une philosophie, et une nation qui n'a pas accès aux idées, fait bien d'en rechercher soigneusement les restes dans les débris des anciennes formes.

Cette prétention de la raison commune, de s'ériger en juge dans les choses qui sont du ressort de la véritable raison, introduit nécessairement l'ochlocratie dans l'empire des sciences, et avec celle-ci, tôt ou tard, la souveraineté absolue de la populace. De fades ou hypocrites bavards s'imaginent pouvoir substituer à la domination des idées un certain nombre de maximes morales, comme on les appelle, et qu'ils débitent d'un ton doucereux. Ils prouvent seulement, par là, combien peu ils comprennent la moralité. Il n'existe pas de moralité sans les idées, et toute action morale n'est que l'expression des idées.

L'autre tendance, dans laquelle se confond la première, et qui doit entraîner la destruction de tout ce qui est fondé sur les idées, est celle qui a pour but exclusif l'utile. Si ce principe devient la règle suprême dans laquelle toute chose s'appuie, il doit aussi s'appliquer à la constitution de l'Etat. Mais, maintenant, y a-t-il une garantie plus variable que celle-là? Aujourd'hui, une chose est utile, demain ce sera le contraire. En outre, ce principe, de quelque manière qu'il agisse, doit, en se propageant, éteindre toute grandeur et toute énergie dans une nation. Avec cette règle d'appréciation, l'invention d'une machine à filer sera plus importante que la découverte du système du monde; l'introduction dans une contrée, de la manière espagnole d'élever les moutons, sera considérée comme un plus grand événement que la civilisation d'un monde par la puissance presque divine d'un conquérant. S'il était une philosophie capable de rendre une nation grande, ce serait celle qui réside entièrement dans les idées, qui ne raffine pas sur le plaisir, et ne préconise pas l'amour de la vie comme le premier penchant de l'homme, mais qui enseigne le mépris de la mort, sans s'amuser à classer psychologiquement les vertus des grands caractères. En Allemagne, puisque tout lien extérieur, sous ce rapport, est impuissant, il n'y a qu'un lien intérieur, une religion ou une philosophie capables de ressusciter l'ancien caractère national qui a péri dans le morcellement, et qui achève de plus en plus de se dissoudre. Il est certain qu'une petite population, obscure et paisible, qui n'est appelée à aucune grande destinée, n'a pas non plus besoin de grands mobiles. Il semble que ce soit toujours assez pour elle de pourvoir à sa subsistance et de s'adonner à l'industrie. Dans de plus grands États même, la disproportion entre les moyens que fournit une pauvre contrée et les fins de la société, force le gouvernement lui-même à se contenter de ce principe de l'utilité et à rapporter les arts et les sciences à cette tendance. Il est hors de doute que la philosophie ne peut être en rien utile à de pareils États; et quand les princes commencent à devenir de plus en plus populaires, les rois eux-mêmes à rougir d'être rois, et à vouloir n'être plus que les premiers citoyens, la philosophie aussi peut se transformer en une morale bourgeoise et descendre de ses hautes régions dans la vie commune.

La constitution de l'État est une image de la constitution de l'empire des idées. Dans celui-ci l'absolu est comme la puissance devant laquelle tout s'efface; c'est le monarque. Les idées sont, non la noblesse ou le peuple (parce que ce sont là des catégories qui n'ont de réalité que dans leur mutuelle opposition), mais les hommes libres. Les réalités sensibles sont les esclaves et les serfs. Une semblable hiérarchie existe entre les sciences. La philosophie ne vit que dans les idées, elle abandonne le soin de s'occuper des choses réelles et particulières à la physique, à l'astronomie, etc. Mais j'oubliais que ce sont là des exagérations. Et, dans ce siècle de mœurs polies et d'un rationalisme si positif, qui croit encore aux rapports élevés de l'État?

Si quelque chose peut s'opposer à l'irruption de ce torrent qui toujours, d'une manière plus manifeste, confond les rangs et les idées, depuis que la populace aussi se mêle d'écrire, et que chaque plébéien s'érige en juge, c'est la philosophie, dont la devise la plus naturelle est le mot du poète :

Odi profanum vulgus et arceo.

Depuis qu'on a commencé à décrier, non sans succès, la philosophie comme dangereuse à l'État et à l'Église, les représentants des différentes sciences ont aussi élevé la voix contre elle; ils l'ont accusée d'être également pernicieuse, sous ce rapport qu'elle détourne des sciences positives, et les repousse comme des connaissances dont on peut se passer, etc.

Il serait sans doute excellent que les savants, dans certaines spécialités, pussent prendre rang parmi les classes privilégiées, et qu'une loi fondamentale de l'État défendît qu'aucun progrès, ou au moins aucune révolution ne s'accomplît dans aucune branche du savoir humain. Jusqu'à présent, du moins en général, on n'en est pas encore venu là, et il est probable qu'on n'y arrivera pas de sitôt. — Il n'est aucune science qui soit naturellement en opposition avec la philosophie; toutes les sciences trouvent bien plutôt par elle et en elle leur unité. Il s'agit donc ici seulement de la science telle qu'elle existe dans la tête du premier individu, et celle-là, en effet, est en opposition avec la science des sciences, mais c'est tant pis pour elle. Nous dira-t-on pourquoi la géométrie est depuis si long-temps dans une inébranlable possession de ses principes et dans un progrès tranquille?

Je suis convaincu que rien n'est propre à inspirer le respect pour la science comme l'étude approfondie de la philosophie, quoique ce respect pour la science puisse bien n'être pas toujours le respect pour les sciences telles qu'elles existent actuellement. Et si ceux qui, dans la philosophie, ont appris à se former une idée juste de la vérité, se détournent de l'absence de principes et de l'incohérence d'idées, qui, dans certaines spécialités, sont données sous le nom de sciences, s'ils cherchent quelque chose de plus profond, de plus solide, de mieux coordonné, cela certes est un gain pur et net pour la science elle-même.

Que de jeunes intelligences qui, n'ayant pas d'opinion faite d'avance, abordent les sciences avec le sens de la vérité, dans sa pureté primitive et non encore faussé, doivent être soigneusement préservées du moindre souffle du doute sur ce qui a été jusqu'à présent regardé comme vrai, qu'on leur laisse ignorer même l'insuffisance de ce qui existe, qu'elles doivent être embaumées comme des momies spirituelles, c'est ce que, du moins, quant à moi, je ne comprends pas.

Maintenant, pour pouvoir seulement aborder les autres sciences, il faut avoir puisé l'idée de la vérité dans la philosophie; et certes chacun se livrera à l'étude d'une science avec un intérêt d'autant plus grand qu'il y apportera plus d'idées. C'est ainsi que, moi-même, depuis que j'enseigne ici, j'ai vu naître, par l'influence de la philosophie, une ardeur générale pour toutes les parties de la science de la nature. Ceux qui savent si bien déclamer sur le mal que fait la philosophie à la jeunesse se trouvent dans l'un des deux cas suivants : Ou ils se sont procurés réellement la connaissance de la philosophie ou non. Généralement parlant, ils sont dans le dernier. Comment donc peuvent-ils juger? Sont-ils dans le premier? ils doivent au moins à l'étude de la philosophie de voir qu'elle est inutile, comme on a coutume de dire de Socrate, qu'il était au moins redevable à la science de savoir qu'il ne savait rien. Ils devraient cependant abandonner en partie à d'autres cet avantage, et ne pas désirer qu'on les croie sur parole, puisque l'expérience de chacun en dira toujours plus là-dessus que ce qu'ils peuvent affirmer. Ajoutez à cela que, sans cette connaissance, leur spirituelle polémique contre la philosophie serait inintelligible pour la jeunesse, et que leurs plaisanteries, quoiqu'elles ne soient pas d'une bien grande finesse, seraient complétement perdues.

La consolation ordinaire qu'ils se donnent entre eux, dans le peu de succès de leurs avertissements et de leurs exhortations, c'est de se dire que la philosophie ne doit pas avoir une longue durée, qu'elle n'est qu'une affaire de mode, que cette mode n'ayant pas toujours existé, n'aura aussi qu'un temps ; que, d'ailleurs, tous les jours voient naître de nouvelles philosophies, et autres choses semblables.

En ce qui concerne le premier point, ils se trouvent absolument dans le même cas que ce paysan qui, arrivé sur le bord d'un fleuve profond, s'imagine qu'il n'est grossi que par une pluie d'orage et attend qu'il se soit écoulé.

Rusticus expectat dum defluat omnis; at ille
Labitur et labetur in omne volubilis œvum.

Pour ce qui est du second point, le changement rapide des philosophies, ils ne sont pas capables de juger si ce qu'ils appellent ainsi ce sont réellement des philosophies différentes. Les changements apparents de la philosophie n'existent que pour les ignorants. De deux choses l'une : — Ou ces changements ne la concernent pas ; en effet, il existe, et même aujourd'hui, un assez grand nombre d'essais qui se donnent pour philosophiques et qui ne contiennent pas la moindre trace de philosophie ; mais précisément pour distinguer de la philosophie, ce qui se donne pour elle, sans l'être, il faut examiner, et comme ceux qui sont jeunes maintenant doivent encore faire cet examen plus tard, il faut étudier sérieusement la philosophie; — Ou ce sont des changements qui ont un rapport réel avec la philosophie, ce sont des métamorphoses de sa forme. Son essence est invariablement la même, depuis le premier qui l'a formulée; mais elle est une science vivante, et il existe un penchant artistique en philosophie comme en poésie.

Si des changements s'accomplissent encore dans la philosophie, c'est la preuve qu'elle n'a pas encore atteint sa forme dernière et son existence absolue. Il existe des formes inférieures et des formes plus élevées, des formes plus exclusives et des formes plus compréhensives; mais chaque nouvelle philosophie, comme on l'appelle, doit avoir fait faire un nouveau pas dans la forme. Que les systèmes se succèdent rapidement, cela se conçoit, puisque le dernier venu aiguise immédiatement l'esprit et allume son désir de connaître. Mais lors même que la philosophie serait exposée sous sa forme absolue (et elle ne l'a pas encore été autant que cela est possible), personne ne serait dispensé de la saisir en même temps dans ses formes particulières. Les philosophes ont cela de tout-à-fait propre, qu'ils sont aussi bien d'accord dans leur science que les mathématiciens (tous ceux qui ont mérité ce nom étaient réellement d'accord), et que chacun cependant peut être original, ce qui n'a pas lieu pour les mathématiciens. Les autres sciences peuvent s'estimer heureuses lorsque ce changement de formes s'introduit pour la première fois sérieusement chez elles. Pour parvenir à la forme absolue, l'esprit doit se chercher dans toutes les autres. Telle est la loi générale de tout développement libre.

Quant à cet épilogue : *La philosophie est une affaire de mode*, il ne faut pas non plus le prendre trop au sérieux. Ceux qui parlent ainsi n'en auraient que plus de facilité à se l'approprier. Or, s'ils ne veulent pas tout-à-fait suivre la mode, ils désirent cependant n'être pas non plus tout-à-fait en arrière, et quand ils peuvent attraper çà et là, ne fût-ce qu'un mot de l'ancienne ou de la nouvelle philosophie, ils ne dédaignent pas de s'en parer. Si ce n'était réellement qu'une affaire de mode, comme ils le disent, et qu'à ce titre il fût aussi facile que de changer la coupe d'un habit ou la forme d'un chapeau, de fonder un système de médecine, de théologie, etc., d'après les principes les plus récents, ils ne tarderaient certainement pas à le faire. Il faut bien pourtant que la philosophie ait aussi ses difficultés toutes particulières.

SIXIÈME LEÇON.

Sur l'étude de la Philosophie en particulier.

Si la science en général est un but en elle-même, cela est bien plus vrai encore, et dans le sens le plus élevé, de cette science dans laquelle toutes les autres se réunissent, qui est leur âme et leur vie.

La philosophie peut-elle s'apprendre? Peut-elle, en général, s'acquérir par l'exercice, par une étude assidue? Ou est-elle une faculté innée, un libre don de la nature? Qu'en elle-même elle ne puisse s'apprendre, c'est ce qui est déjà renfermé dans ce qui précède. Seulement, la connaissance de ses formes particulières peut s'obtenir par ce moyen. Et cette connaissance on doit se la proposer pour but dans l'étude de la philosophie, outre l'exercice de la faculté de comprendre l'absolu qui ne peut s'acquérir. Si l'on dit que la philosophie ne peut être apprise, il ne faut pas croire que chacun la possède sans exercice, et que l'on peut philosopher par nature, comme on peut réfléchir ou raisonner. La plupart de ceux qui se mêlent aujourd'hui de juger en philosophie, ou même qui ont la fantaisie d'exposer leur propre système, pourraient déjà se guérir suffisamment de cette présomption, par la connaissance de ce qui a été fait avant eux. Il arriverait alors plus rarement ce qui est si ordinaire, de se convertir à de vieilles erreurs, et cela par des raisons plus faibles que celles du simple bon sens qui les avait d'abord repoussées. Plus rarement encore, se persuaderait-on pouvoir, avec deux ou trois formules, évoquer l'esprit de la philosophie et comprendre ses grands objets.

Ce qui de la philosophie ne peut, à proprement parler, s'apprendre, mais peut être perfectionné par l'éducation, c'est le côté artistique de cette science, ce qu'on peut appeler, en général, dialectique, et sans l'art dialectique il n'y a pas de philosophie scientifique. Son but seul de tout représenter comme un, et cependant d'exprimer la science première dans des formes qui appartiennent essentiellement à la réflexion, en est déjà une preuve. C'est sur ce rapport de la spéculation à la réflexion que repose toute la dialectique.

Mais, précisément, ce principe de l'antinomie de l'absolu et des formes purement finies, en même temps qu'il montre que, dans la philosophie, art et production sont aussi inséparables que le fond et la forme dans la poésie, prouve aussi que la dialectique a un côté par lequel elle ne peut être *apprise*, et qu'elle ne s'appuie pas moins sur la faculté productrice que ce qu'on pouvait appeler, dans le sens primitif du mot, la poésie dans la philosophie.

L'essence intime de l'absolu est l'éternelle fusion de l'universel et du particulier. Or, nous en trouvons comme une émanation dans le monde visible, dans la raison et l'imagination qui sont une seule et même chose, avec cette seule différence que la première répond à l'idéal, la seconde au réel. Ceux qui n'ont reçu en partage qu'un entendement aride et un raisonnement stérile, peuvent bien se croire dédommagés, en s'étonnant que l'on exige l'imagination pour la philosophie. Au lieu de la faculté qui seule mérite ce nom, ils ne connaissent que l'association des idées qui, quelque soit sa vivacité, ne fait qu'appesantir la pensée, ou la fausse imagination, cette reproduction désordonnée des images sensibles. Tout œuvre d'art véritable, créé par l'imagination, est la destruction d'une contradiction semblable à celle qui s'efface également au point de vue des idées de la raison. L'entendement simplement logique ne saisit que des catégories abstraites et les idées sous la forme de la synthèse des contraires, de la contradiction.

La faculté productrice, là où elle existe, peut se développer et se perfectionner par elle-même à l'infini. Elle peut aussi se laisser étouffer dans son germe, ou au moins arrêter dans son développement. Si on peut, par conséquent, donner une direction dans l'étude de la philosophie, ce doit être plutôt d'une manière négative. On ne peut pas faire naître le sens des idées là où il n'est pas; mais on peut empêcher qu'il ne soit étouffé ou faussement dirigé.

Le penchant et le désir qui nous portent à rechercher l'essence des choses sont en général si profondément implantés dans l'âme des hommes, que ceux-ci accueillent avec empressement, même le médiocre et le faux, pour peu qu'ils aient une apparence séduisante et leur promettent de les conduire à cette connaissance. Autrement, on ne comprend pas comment, auprès d'esprits généralement graves et sérieux, les essais les plus superficiels, en philosophie, peuvent exciter de l'intérêt, pourvu qu'ils promettent la certitude dans une direction quelconque de la pensée.

Cette faculté, que de soi-disant philosophes appellent *saine raison*, parce qu'elle n'est que la raison commune, désire en quelque sorte toucher la vérité argent comptant et en monnaie sonnante; elle cherche à se la procurer sans s'apercevoir de l'insuffisance de ses moyens. En s'introduisant dans la philosophie, elle engendre le monstre d'une philosophie grossièrement dogmatique, qui cherche à soumettre l'infini à la mesure du fini, à étendre le fini à l'infini. La manière de raisonner, qui, dans le domaine du relatif, conclut d'un objet à un autre, doit venir ici à son aide, pour combler l'abîme qui sépare le contingent de l'absolu. Généralement parlant, elle ne s'élève même pas si haut; elle reste immédiatement dans ce qu'elle nomme les faits. La philosophie la plus circonspecte, dans cette direction, est celle qui donne l'expérience comme la seule ou la principale source de la connaissance réelle. Du reste, quant aux idées, elle accorde que peut être elles ont une existence réelle, mais elle nie qu'il soit donné à notre intelligence de les connaître. On peut dire qu'il vaut mieux, plutôt que d'étudier une pareille philosophie, n'en connaître aucune. Car, précisément, s'élever au-dessus des faits de la conscience à quelque chose d'absolu en soi est le premier but de la philosophie. Ceux qui entreprennent de faire, à ce sujet, cette description des faits, n'en auraient jamais eu l'idée, si la vraie philosophie ne les avait précédés.

Le simple doute, relativement au point de vue commun et fini des choses, n'est pas davantage de la philosophie. Il faut être parvenu à la conscience positive et catégorique de sa nullité ; et ce savoir négatif doit équivaloir à l'intuition positive de l'absolu, si on veut s'élever seulement à la hauteur du véritable scepticisme.

A ces tentatives empiriques, se rattache aussi, tout-à-fait, ce qu'on appelle communément la Logique. Si cette science, qui s'occupe exclusivement des formes de la pensée, devait, en même temps, enseigner ce qui répond à l'art en philosophie, elle se confondrait avec ce que nous avons caractérisé plus haut, sous le nom de dialectique. Or, une pareille science n'existe pas encore. Si elle devait être une simple exposition des formes de l'existence finie, dans son rapport avec l'absolu, elle ne serait autre qu'un scepticisme scientifique. Il ne faut même pas confondre avec elle la logique transcendantale de Kant. Mais si on entend par logique une science formelle, opposée au fond ou à la matière de la science, c'est une science en soi directement opposée à la philosophie, puisque celle-ci tend précisément à l'unité absolue de la forme et de l'essence; ou ce qui est la même chose, puisque tout en repoussant de son sein la matière dans le sens empirique, comme étant le concret, elle représente l'absolue réalité, qui est en même temps l'idéalité absolue. D'après cela, c'est une doctrine tout-à-fait empirique que celle qui érige les lois de la raison commune en lois absolues : par exemple, ce principe : que de deux idées contradictoirement opposées, une seule peut s'appliquer au même sujet; ce qui est parfaitement vrai, dans la sphère de l'existence finie, mais ne l'est plus dans celle de la spéculation, qui ne commence que du moment où elle pose l'égalité des contraires. C'est ainsi que l'on expose les lois de l'exercice de l'entendement dans ses diverses fonctions, telles que le Jugement, la Division, le Raisonnement. Mais comment? d'une manière toute empirique, sans prouver leur nécessité. On se contente d'en appeler à l'expérience, quand on dit, par exemple, que raisonner avec quatre idées, ou dans une division, opposer des membres qui, sous un autre rapport, n'ont entre eux rien de commun, engendre une absurdité.

Mais, supposez que la logique en vienne à prouver, par des principes spéculatifs, la nécessité de ces lois pour cette forme réfléchie de la connaissance humaine; elle ne serait nullement alors une science absolue, mais un degré particulier dans le système général de la science de la raison. C'est sur l'hypothèse du caractère absolu de la logique, que repose entièrement ce qu'on appelle la Critique de la Raison pure, qui ne connaît celle-ci que dans sa subordination à l'entendement logique. La raison y est définie : la faculté de raisonner, tandis qu'elle est plutôt un mode de connaissance absolu, le raisonnement étant au contraire purement conditionnel. S'il n'y avait pas d'autre connaissance de l'absolu, que celle qui s'obtient par les syllogismes de la raison logique, et pas d'autre raison que celle qui existe sous la forme du raisonnement, il faudrait, comme l'enseigne Kant, renoncer à toute connaissance immédiate et catégorique de l'inconditionnel et du suprasensible.

D'après cela, si l'on a su remédier à l'aridité naturelle de la logique par des connaissances antérieures, anthropologiques et psychologiques, il n'y a pas là une aussi grande méprise que Kant l'a prétendu. Cela suppose plutôt un sentiment vrai du prix de cette science. Aussi, tous ceux qui font consister la philosophie dans la logique ont, pour ainsi dire, un penchant inné pour la psychologie.

Ce qu'il faut d'ailleurs penser de cette dernière science, comme on l'appelle, se comprend d'après ce qui précède. Elle s'appuie sur l'hypothèse de l'opposition de l'âme et du corps, et l'on peut facilement juger ce qui peut sortir des recherche faites sur ce qui n'existe pas, savoir une âme opposée au corps. Toute vraie science de l'homme ne peut être cherchée que dans l'unité essentielle et absolue de l'âme et du corps, c'est-à-dire dans *l'idée* de l'homme, par conséquent, non pas en général dans l'homme réel et empirique, qui n'est qu'une manifestation relative de celle-ci.

A vrai dire, on devrait parler de la psychologie dans la physique, qui, de son côté, d'après le même principe, étudie ce qui est simplement corporel, ce qui concerne la matière et la nature comme mortes. La vraie science de la nature ne peut pas davantage

sortir de cette séparation. Elle aussi doit partir de
l'identité de l'âme et du corps dans toutes les existences ; de sorte qu'entre la physique et la psychologie, on ne doit concevoir aucune réelle opposition.
Mais, quand même on devrait accorder qu'il y en a
une, on ne pourrait pas comprendre comment, dans
cette opposition, la psychologie pourrait, plutôt que
la physique, remplacer la philosophie.

Puisque la psychologie connaît l'âme non dans
l'idée, mais selon le mode phénoménal, et seulement
en opposition avec ce avec quoi elle est identique dans
l'idée, sa tendance nécessaire est de tout subordonner dans l'homme à une relation causale, de ne rien
admettre qui vienne immédiatement de l'absolu ou de
l'essence, et de rabaisser à ce niveau tout ce qui est
élevé, tout ce qui sort de la ligne commune. Les
grands faits du temps passé, soumis au scalpel psychologique, apparaissent comme le résultat naturel
de quelques motifs parfaitement faciles à comprendre. Les idées de la philosophie s'expliquent par
plusieurs illusions psychologiques très-grossières.
Les œuvres des anciens grands maîtres de l'art apparaissent comme le produit du jeu naturel de quelques
facultés particulières de l'âme ; et si, par exemple,
Shakespeare est un grand poète, c'est à cause de sa
parfaite connaissance du cœur humain et de sa psychologie d'ailleurs très-fine. Un des principaux résultats de cette doctrine, c'est le système de nivelle-
ment général des facultés. A quoi faut-il attribuer ce

qu'on nomme l'imagination, le génie, etc.?—En principe, tous les hommes sont égaux entre eux, et ce qu'on désigne par ces mots, c'est la prépondérance d'une faculté de l'âme sur les autres, et, à ce titre, une maladie, une énormité; au lieu que chez les hommes raisonnables, dans les têtes bien faites, dans les esprits sensés, tout est dans un harmonieux équilibre, et par conséquent dans une parfaite santé.

Une philosophie simplement empirique, qui s'appuie uniquement sur les faits aussi bien qu'une philosophie simplement analytique et formelle, ne peut, en général, préparer à la science. Une philosophie exclusive ne peut, au moins, conduire au savoir absolu, puisqu'elle ne fait envisager tous les objets de la science que sous un point de vue borné.

La possibilité d'une philosophie à la vérité spéculative, mais du reste encore exclusive et bornée, est donnée par cela même que, comme tout se reproduit dans tout, et qu'à tous les degrés de l'existence la même identité se renouvelle, seulement sous des formes différentes, cette identité peut être saisie par un point de vue inférieur de la réflexion et être prise pour principe de la science absolue sous la forme particulière où elle apparaît à ce point de vue. La philosophie qui sort d'un pareil principe est spéculative, parce qu'il n'est besoin que de faire abstraction des limites de cette conception et de faire rentrer par la pensée l'identité particulière dans l'identité absolue, pour s'élever à l'universel pur et à l'absolu. Elle est bornée en ce qu'elle ne le fait pas, et qu'elle esquisse de l'ensemble une image qui, de ce point de vue, est faussée et contrefaite.

Le monde moderne est, en général, le monde des oppositions, et si, dans l'antiquité, malgré toutes les tendances particulières, dans l'ensemble au moins, l'infini se trouve réuni avec le fini sous une enveloppe commune, l'esprit des temps modernes, au contraire, a le premier brisé cette enveloppe et a fait apparaître l'infini dans une opposition absolue avec le fini. De cette carrière que le destin a ouverte à l'esprit moderne et dont l'étendue ne peut être mesurée, nous ne voyons qu'une partie tellement petite que l'opposition peut nous apparaître seulement comme le caractère essentiel, et l'unité dans laquelle elle doit se résoudre, comme un phénomène simplement accidentel. Cependant il est certain que cette unité supérieure que doit en même temps manifester avec le fini l'idée revenue de sa fuite infinie, que cette unité, dis-je, comparée à l'unité du monde ancien en quelque sorte inconsciente et antérieure à la séparation, sera comme l'œuvre d'art par rapport à l'œuvre organique de la nature. Quelque soit d'ailleurs l'opinion que l'on ait à cet égard, il est évident que, dans le monde moderne, il est nécessaire qu'il existe des conceptions intermédiaires où éclate la pure opposition. Il est nécessaire même que cette opposition, dans la science comme dans l'art, se reproduise toujours sous des formes les plus différentes, avant qu'elle ne se transforme dans une véritable identité absolue.

Le dualisme, dont non-seulement l'apparition en général, mais les transformations incessantes sont un fait nécessaire dans le monde moderne, doit donc avoir tout-à-fait la prépondérance de son côté. De même l'identité, entrevue par quelques individus isolés, ne peut presque être comptée pour rien, parce que ceux-ci, déjà repoussés et bannis par leur siècle, n'ont été considérés par la postérité que comme des exemples frappants d'égarement.

A mesure que les grandes idées qui forment la base de la constitution politique et même de la société religieuse universelle, se sont effacées, le principe divin s'est retiré du monde, et il ne pouvait rien rester à la surface de la nature que le corps privé de vie du fini. La lumière s'est concentrée entièrement au-dedans, et l'opposition du subjectif et de l'objectif devait atteindre son plus haut degré. Si on excepte Spinosa, depuis Descartes dans lequel l'opposition s'est exprimée avec la précision scientifique, jusqu'à notre époque, il n'y a eu aucune manifestation opposée, puisque Leibnitz lui-même exposa sa doctrine sous une forme que le dualisme pouvait de nouveau s'approprier. Par cette scission de l'idée, l'infini avait aussi perdu sa signification, et celle qu'il avait obtenue était précisément, comme cette opposition même, une signification purement subjective. Faire prévaloir complètement cette subjectivité, jusqu'au point de nier entièrement la réalité de l'absolu, tel était le premier pas qui pouvait être fait dans la restauration de la philosophie, et qui a été réellement fait par ce qu'on appelle la *Philosophie critique*. L'idéalisme de la *Doctrine de la science* (1) a consommé ensuite ce mouvement philosophique. Le dualisme n'a pas encore, il est vrai, disparu dans ce système; mais l'infini ou l'absolu, dans le sens du dogmatisme, a été détruit d'une manière plus positive et avec la dernière racine de réalité qu'il conservait encore. Comme l'être en soi, il devait être quelque chose d'absolument objectif, placé complètement en dehors du moi. Or, c'est ce qui ne peut se concevoir, puisque précisément se poser ainsi en dehors du moi, c'est se poser en même temps pour le moi, et par conséquent aussi dans le moi. Tel est le cercle éternel et insoluble de la réflexion, tel qu'il a été parfaitement démontré par la doctrine de la science. L'idée de l'absolu est rentrée dans la subjectivité, qui la renfermait nécessairement, en vertu de la direction suivie par la philosophie moderne et à laquelle elle avait, en apparence, échappé par un dogmatisme qui se méconnaissait lui-même; elle y est rentrée, dis-je, par cela même qu'elle est reconnue comme une réalité qui n'existe que dans l'action et pour l'action. On

---

(1) De Fichte. (C. B.)

doit, par conséquent, considérer l'idéalisme, sous cette forme, comme la philosophie des temps modernes dans sa parfaite expression, et arrivée à la conscience d'elle-même.

Dans Descartes qui, le premier, lui imprima cette direction vers la subjectivité par le *cogito ergo sum*, et dont l'introduction à la philosophie (dans les Méditations) était en réalité tout-à-fait d'accord avec les principes développés plus tard par l'idéalisme, les tendances opposées ne pouvaient pas encore être représentées dans leur parfaite distinction, et la subjectivité apparaître nettement séparée de l'objectivité. Mais si on pouvait encore méconnaître, dans sa philosophie, sa véritable pensée, sa manière d'envisager Dieu, le monde, l'âme, à cause de la preuve ontologique de l'existence de Dieu (ce reste de vraie philosophie), cette pensée, il l'a exprimée plus clairement dans sa physique. Une chose qui doit paraître en général digne de remarque, c'est que, sous l'influence du même esprit dans lequel le dualisme de la philosophie se développait d'une manière évidente, la physique mécanique prit, pour la première fois, la forme d'un système dans les temps modernes. Dans l'esprit compréhensif de Descartes l'annihilation de la nature dont se vante l'idéalisme sous la forme indiquée plus haut, fut aussi vraie et aussi positive qu'elle était réelle dans sa physique. En effet, au point de vue de la spéculation, que la nature, sous sa forme empirique, existe dans le sens réel ou dans le sens idéal, il n'y a pas la moindre différence. Il est parfaitement équivalent que les choses réelles, particulières, existent réellement telles que les conçoit un grossier empirisme, ou qu'elles ne soient que des affections, des déterminations de *chaque moi* individuel considéré comme la substance absolue, et, à ce titre, lui soient effectivement et réellement inhérentes.

Le véritable anéantissement de la nature consiste bien, sans doute, à la réduire à un ensemble de qualités absolues, de propriétés qui se limitent réciproquement et d'affections qui peuvent en quelque sorte être prises pour des atômes idéaux. Au reste, il n'est nullement besoin de prouver qu'une philosophie qui laisse derrière elle quelque opposition, et n'a pas rétabli véritablement l'harmonie absolue, n'est pas arrivée non plus au savoir absolu, et peut encore moins y préparer.

La tâche que doit se proposer immédiatement quiconque veut parvenir à la philosophie, est celle-ci : Poursuivre la connaissance une et véritablement absolue qui, par sa nature, est aussi la connaissance de l'absolu, jusqu'à ce qu'on l'embrasse dans sa totalité et que l'on comprenne parfaitement le tout dans l'unité. En nous révélant l'absolu, en écartant toutes les oppositions, au point que l'absolu lui-même, s'il n'est connu que d'une manière subjective ou objective, retombe dans le relatif, la philosophie non-seulement ouvre, en général, l'empire des idées, mais encore la véritable source première de toute connaissance de la nature qui n'est que l'organe des idées.

J'ai déjà montré, dans ce qui précède, la destination suprême du monde moderne, celle de représenter une plus haute unité, une unité qui embrasse véritablement toutes choses ; elle s'applique aussi bien à la science qu'à l'art, et, en même temps, pour que cette unité se réalise, toutes les oppositions doivent éclater.

Jusqu'ici, il a été question des oppositions prises dans le sein même de la philosophie. Je dois en mentionner quelques autres qui sont extérieures, qui lui viennent des idées exclusives et des fausses tendances de l'époque, et de quelques opinions en partie erronées.

SEPTIÈME LEÇON.

De quelques oppositions extérieures, — et, spécialement, des Sciences positives dans leur opposition avec la Philosophie.

Parmi ces oppositions, celle de la *science* et de l'*action*, dont nous avons déjà parlé plus haut, doit être de nouveau considérée dans son application à la philosophie. Elle n'est nullement dans l'esprit des temps modernes. En général, c'est le produit d'une époque récente, un rejeton du rationalisme que tout le monde connaît. Conformément à cette manière de voir, il n'existe, à proprement parler, qu'une philosophie pratique et nullement une philosophie théorique. On sait que Kant, après avoir fait, dans la philosophie théorique, de l'idée de Dieu, de l'immortalité de l'âme, etc., de simples conceptions de la raison, cherche à leur donner dans la conscience morale une sorte de titre à notre créance; de même ici il semble que l'on ne songe qu'à fêter le bienheureux avénement de la délivrance des idées, dont une prétendue moralité doit fournir l'équivalent.

La moralité, c'est la sagesse qui aspire à ressembler à Dieu, à s'élever au-dessus des choses finies dans la région des idées. La philosophie est une semblable élévation, et par conséquent elle est intimement unie à la moralité, non par un lien de subordination, mais sur le pied d'une égalité nécessaire. Il n'existe qu'un seul monde qui, par cela même qu'il est dans l'absolu, tend à laisser chaque chose se développer selon sa nature et sa manière d'être, la science comme science, l'action comme action. Le monde de l'action est donc en soi aussi absolu que celui de la science, et la morale n'est pas moins une science spéculative que la philosophie théorique. Chaque devoir particulier correspond à une idée particulière et est un monde en soi, comme chaque espèce dans la nature a son archétype, auquel elle tend à ressembler, autant qu'il est possible. La morale, par conséquent, ne peut pas, plus que la philosophie, se concevoir sans une construction métaphysique. Je sais qu'une science des mœurs, dans ce sens, n'existe pas ; mais les principes et les éléments de cette science se trouvent dans le point de vue de l'absolu, rétabli dans la philosophie.

La moralité se manifeste dans la société par la liberté, et celle-ci se confond elle-même avec la moralité publique. La construction métaphysique de cette organisation morale est une tâche tout-à-fait semblable à la construction philosophique de la nature ; elle s'appuie comme elle sur des idées spéculatives. La dissolution de l'unité morale, dans la vie publique et privée, devait s'exprimer par la destruction de la philosophie et par la ruine des idées. Tant que d'impuissantes maximes, usurpant le titre de moralité, feront les affaires de la raison commune (celle-ci ne pouvant plus apparaître sous sa forme naturelle), ce concert de voix énervées et débiles ne sera que l'accompagnement nécessaire du rythme énergique du temps.

Manifester la moralité sous ses formes positives, lorsque son idée est devenue presque purement négative, sera l'œuvre de la philosophie. La peur de la spéculation, cette impatience de gens si pressés de passer de la théorie à la pratique, engendrent nécessairement la mollesse dans l'action, comme elle rend la science superficielle. L'étude d'une philosophie sévèrement théorique, familiarise de la manière la plus immédiate avec les idées ; et les idées seules donnent à l'action de l'énergie et un sens moral.

Je mentionnerai encore une autre opposition que la philosophie a rencontrée, celle de la *religion*. Ce n'est pas dans le sens auquel, dans un autre temps, la raison et la foi ont été représentées comme étant en contradiction, mais dans un sens de nouvelle origine. On dit que la religion, comme contemplation immédiate de l'infini, et la philosophie qui, comme science, est obligée de s'éloigner de cette identité avec l'infini, sont opposées. Nous chercherons d'abord à comprendre cette opposition, afin de découvrir ensuite ce que nous devons en penser.

Que la philosophie, par son essence, soit entièrement dans l'absolu et n'en sorte en aucune façon, c'est là une proposition plusieurs fois exprimée. La philosophie ne connaît aucun passage de l'infini au fini, elle s'appuie entièrement sur la possibilité de saisir le particulier dans l'absolu et réciproquement, ce qui est le principe fondamental de la doctrine des idées. — « Mais, dit-on, précisément par cela même que le philosophe représente le particulier dans l'absolu, mais ne contemple pas celui-ci dans celui-là et celui-là dans celui-ci, immédiatement, instinctivement, cela suppose déjà dans sa pensée une séparation antérieure, et alors, il sort de l'identité. » — Si l'on prend ceci à la rigueur, l'état le plus élevé de l'esprit, par rapport à l'absolu, sera le plus rapproché de celui de la brute qui n'a pas conscience d'elle-même, ou un état de complète innocence, dans lequel cette contemplation ne se saisit pas même comme sentiment religieux. Autrement, elle serait supposée en même temps un acte de réflexion, et ce serait sortir de l'identité.

Ainsi donc, depuis que la philosophie a rétabli l'idée de l'absolu, et l'a affranchie de toute subjectivité, depuis qu'elle cherche, autant qu'il est en elle, à la montrer dans des formes objectives, on s'est emparé d'un nouveau et, en quelque sorte, d'un dernier moyen de *subjectivation*. On a cru pouvoir mépriser la science parce que celle-ci, s'imposant à tout, repousse, en mêmetemps, toute idée qui manque d'une forme sévère et rigoureuse, en un mot, parce qu'elle est la science. Il n'est pas étonnant que, dans une époque où un dilettantisme particulier s'est étendu à presque tous les objets, ce qu'il y a de plus sacré n'ait pu lui échapper, et que cette espèce d'impuissance et de paresse se réfugie dans la religion, pour échapper aux hautes exigences de la raison.

Honneur à ceux qui ont proclamé de nouveau l'essence de la religion, l'ont exposée d'une manière vivante et avec énergie, et qui ont maintenu son indépendance vis-à-vis de la morale et de la philosophie. Mais s'ils veulent que la religion soit hors des atteintes de la philosophie, ils doivent vouloir, d'après le même principe, que la religion ne puisse engendrer la philosophie ou se mettre à sa place. Ce à quoi chacun peut parvenir sans posséder la faculté de formuler sa pensée au dehors, c'est cette harmonie avec soi-même, qui devient une beauté intérieure. Mais représenter celle-ci objectivement, soit dans la science, soit dans l'art, c'est là une capacité très-différente de cette génialité purement subjective. Ceux, par conséquent, qui prennent une tendance louable en soi vers cette harmonie, ou bien simplement son besoin vivement senti, pour la faculté de la manifester extérieurement, ne feront qu'exprimer une aspiration à la poésie et à la philosophie, sans la condition supérieure pour les posséder; ils ne pourront que s'abandonner au vague dans l'une et dans l'autre, et dans la philosophie, en particulier, décrier le système qu'ils sont également incapables de faire et de comprendre, même sous une forme symbolique.

Ainsi donc, la *poésie*, aussi, et la *philosophie* qu'une autre espèce de dilettantisme oppose l'une à l'autre, se ressembleraient en ce point : que pour toutes deux il faut avoir du monde une connaissance originelle, innée. Le plus grand nombre, en effet, en abordant l'art, se regardent comme suffisamment équipés et se croient capables d'exprimer ses idées éternelles, quand ils ont étudié le monde dans les salons. Et encore, ce sont les meilleurs, si on les compare à ceux qui, sans la moindre expérience de la vie, avec une simplicité d'enfant, font de pitoyables vers. L'empirisme domine dans la poésie aussi bien, et d'une manière plus générale encore que dans la philosophie. Quant à ceux qui se sont livrés à l'observation comme par hasard, parce que d'ailleurs, tous les arts procèdent de la contemplation de la nature et y retournent, ils regardent, conformément à cette opinion, les phénomènes particuliers, ou en général les particularités, comme la nature elle-même. Ils croient comprendre parfaitement la poésie renfermée dans son sein, lorsqu'ils font de ces objets des allégories de sentiments et de situations morales; ce qui, comme il est facile de le voir, donne carrière à l'empirisme et au caprice individuel.

Dans la science, à son degré le plus élevé, tout se confond, tout s'accorde originairement : la nature et Dieu, la science et l'art, la religion et la poésie; et si dans son sein toutes les oppositions s'effacent, même à l'extérieur, elle n'engendre pas de conflits réels ou apparents, si ce n'est ceux que peuvent imaginer l'ignorance, l'empirisme, ou le savoir superficiel des amateurs, incapable de se formuler nettement et dépourvu de sérieux.

La philosophie est la science de la science absolue, sa représentation immédiate; mais elle ne l'est que d'une manière *idéale* et non réelle. Si l'intelligence pouvait, dans un acte unique, saisir *réellement* le tout absolu comme un système parfait dans toutes ses parties, elle cesserait par là même d'être finie. Elle saisit bien le tout réellement comme un, mais, dès lors, elle ne saisit plus rien comme déterminé.

L'image *réelle* de la science absolue, ce sont les sciences particulières; mais dans celles-ci dominent aussi la séparation et la division. Elles ne peuvent être réellement unes dans l'individu, mais seulement dans l'espèce; et encore, dans celle-ci, elles ne le sont que pour une intuition intellectuelle, qui considère le progrès à l'infini, non comme quelque chose de successif, mais de simultané.

Maintenant, il faut concevoir en général que la réalisation d'une idée et son développement progressif, tels à la vérité que l'espèce entière et non l'individu les représente, s'expriment par l'histoire. L'histoire n'est ni ce qui est purement conforme aux lois de la raison, ce qui est soumis à l'idée, ni ce qui est purement sans lois, mais ce qui combine, avec l'apparence de la liberté dans les individus, la nécessité dans l'ensemble. La science réelle, par cela même qu'elle est une manifestation successive de la science absolue a nécessairement un côté historique; et en tant que toute histoire tend à la réalisation d'un organisme extérieur comme expression des idées, la science a aussi pour tendance nécessaire de se donner une manifestation objective et une existence extérieure.

Cette manifestation extérieure ne peut être que l'expression de l'organisme intérieur de la science absolue, et ainsi de la philosophie ; seulement, elle représente séparé ce qui, dans l'une et dans l'autre, est nécessairement un.

D'après cela, nous avons d'abord à déduire le type intérieur de la philosophie de la source commune d'où découlent la forme et la matière, et cela afin de déterminer la forme d'un organisme extérieur en harmonie avec ce modèle, et dans lequel la science soit véritablement objective.

Le véritable absolu en soi est aussi nécessairement une véritable identité ; mais la forme absolue de cette identité consiste à être soi-même éternellement sujet et objet ; ce que nous pouvons supposer comme déjà prouvé. Ni le subjectif ni l'objectif, dans cet acte éternel de la connaissance, n'est en soi l'absolu, mais ce qui est l'essence identique de l'un et de l'autre, et ce qui, par conséquent aussi, n'est troublé par aucune différence. Cette même essence identique est représentée, dans ce que nous pouvons nommer le côté objectif de ce développement absolu, comme *l'idéal* dans le *réel*, et dans le côté subjectif, comme le *réel* dans *l'idéal*; de sorte que dans chacun des deux est posée la même *subject-objectivité*, et que dans la forme absolue réside aussi l'essence de l'absolu.

Si nous désignons ces deux côtés comme deux unités, l'absolu n'est en soi ni l'une ni l'autre de ces deux unités ; car il est lui-même seulement leur identité, l'essence identique de chacune, et par conséquent de toutes deux ; par conséquent aussi, toutes deux sont dans l'absolu, quoique d'une manière indistincte, puisqu'il est le même dans toutes deux, et quant à la forme et quant à l'essence.

Si maintenant on a compris ainsi l'absolu, comme ce qui est en soi une pure identité, mais à ce titre aussi comme l'essence nécessaire des deux unités, on a compris, en même temps, le point d'indifférence absolue de la forme et de l'essence, principe d'où découle toute science et toute connaissance.

Chacune des deux unités est dans l'absolu ce qu'est l'autre. Mais autant il est nécessaire que leur unité essentielle soit le caractère de l'absolu lui-même, autant il est nécessaire aussi que, dans ce qui n'est pas absolu, elles apparaissent comme non identiques, comme différentes. Car, supposé que, dans le monde visible, l'une des deux seulement apparût avec son caractère distinct, elle serait aussi comme existant seule dans l'absolu ; elle exclurait donc son opposé ; et dès-lors elle-même ne serait plus absolue, ce qui est contre l'hypothèse.

Les deux éléments se différencient donc lorsqu'ils viennent à se manifester, de même que la vie absolue des grands corps de l'univers s'exprime par deux foyers relativement différents. La forme qui, dans l'absolu, était identique à l'essence, qui était l'essence même, devient distincte comme forme ; elle apparaît, dans le premier, comme développement de l'unité infinie dans la pluralité, de l'infini dans le fini. Telle est la forme de la nature, qui, telle qu'elle apparaît, n'est à chaque instant qu'un moment ou un point de transition dans l'acte éternel du développement de l'identité dans la différence. Considérée simplement en soi, elle est l'unité par laquelle les choses ou les idées s'éloignent de l'identité comme de leur centre, et prennent une existence particulière. Le côté de la nature est donc en lui-même seulement l'un des deux côtés de toutes choses.

La forme de l'autre unité se distingue comme développement de la multiplicité en unité, du fini en infini; et c'est celle du monde idéal ou spirituel. Celui-ci, considéré simplement en lui-même, est l'unité par laquelle les choses retournent à l'identité comme à leur centre et sont dans l'infini comme elles sont en elles-mêmes dans la première unité.

La philosophie considère les deux unités seulement au point de vue de l'absolu, et, par conséquent, aussi dans leur opposition simplement idéale et non réelle. Son caractère essentiel est celui-ci : Montrer le point central absolu également dans les deux termes relatifs, *et vice versâ*, ceux-ci dans celui-là. Cette forme fondamentale, qui domine dans l'ensemble de la science, se reproduit nécessairement aussi dans les détails.

Cet organisme intérieur de la science absolue et de

la philosophie doit aussi maintenant s'exprimer dans l'ensemble extérieur des sciences, et, par leur séparation et leur réunion, constituer un seul corps.

La science ne peut se réaliser objectivement que par l'action qui, elle-même, se manifeste extérieurement par des créations idéales. La plus générale est l'État qui, comme il a été remarqué précédemment, est formé d'après le modèle du monde des idées. Mais, précisément, comme l'État lui-même n'est qu'une science devenue objective, il renferme nécessairement en lui, à son tour, un organisme extérieur pour la science proprement dite, et, en quelque sorte, un État idéal et spirituel. Or, les sciences, en tant qu'elles obtiennent une existence objective par l'État, ou dans leur rapport avec lui, s'appellent sciences positives. Le passage à l'objectivité suppose nécessairement la division générale des sciences comme particulières, quoiqu'elles soient unes dans la science absolue. Mais le plan extérieur qui reproduit leur séparation et leur réunion doit être fait à l'image du type intérieur de la philosophie.

Or, celui-ci consiste principalement en trois points : Le point d'indifférence absolue dans lequel le monde réel et le monde idéal sont considérés comme identiques, et les deux points simplement relatifs et idéalement opposés, dont le premier est le point absolu exprimé dans l'idéal, et est le centre du monde réel, dont l'autre est le point absolu exprimé dans le réel et est le centre du monde idéal. L'organisme extérieur de la science reposera donc aussi, principalement, sur trois sciences distinctes les unes des autres, et cependant réunies par un lien extérieur.

La première, qui représente objectivement le point d'indifférence absolue, est la science immédiate de l'être absolu, de Dieu, par conséquent, la *théologie*. Des deux autres, celle qui renferme le côté réel de la philosophie et le représente extérieurement, est en général la *science de la nature*. Mais quoiqu'elle ne se borne pas à étudier les êtres organisés, comme elle ne peut être positive que dans son rapport avec l'organisme, ainsi qu'il sera montré plus loin, ce sera ici la science de l'organisme, par conséquent la *médecine*.

Celle qui représente le côté idéal de la philosophie avec son caractère distinct, sera en général la science de l'*histoire*, et comme l'histoire a pour mission principale d'exposer le développement du droit et de la législation, ce sera aussi la science du droit ou la *jurisprudence*.

En tant que les sciences obtiennent une existence réelle et positive par l'Etat et dans l'Etat, et qu'elles deviennent une puissance ayant chacune son organisation propre, elles prennent le nom de *Facultés*. Pour nous borner ici, en ce qui concerne leurs rapports mutuels, aux remarques nécessaires (Kant en particulier, dans son écrit intitulé : *La lutte des Fa-*

cultés (1), nous paraît avoir traité cette question sous un point de vue très-exclusif), il est manifeste que la théologie, comme étant la science dans laquelle la partie la plus profonde de la philosophie est objectivée, doit occuper la première place et la plus élevée. D'un autre côté, l'idéal étant une puissance plus haute que le réel, il s'ensuit que la Faculté de droit doit passer avant celle de médecine. Pour ce qui est de la Faculté philosophique, mon opinion est qu'il n'y en a aucune de semblable, et qu'il ne peut y en avoir ; la raison en est fort simple, c'est que ce qui est tout ne peut, par là même, être quelque chose de particulier.

C'est la philosophie elle-même qui est représentée dans les trois sciences positives ; mais elle ne l'est dans sa totalité par aucune d'elles prise isolément. La véritable manifestation objective de la philosophie dans sa totalité, c'est *l'art*. Il pourrait donc y avoir, en tout cas, non pas une Faculté de philosophie, mais seulement une Faculté des arts. Mais les arts ne peuvent être une puissance extérieure ; ils ne peuvent pas plus recevoir de l'État des priviléges que des lois. Il n'existe donc pour les arts que des relations libres. Et c'était aussi là le sens du nom qui, dans les anciennes Universités, désignait la Faculté appelée maintenant philosophique ; elle s'appelait alors *Col-*

---

(1) *Der Streit der Facultæten.*

legium artium, et ses membres artistes. Ce caractère, par lequel la Faculté philosophique se distingue des autres Facultés, s'est encore conservé jusqu'à nos jours, puisqu'elle ne crée pas, comme les autres, des savants privilégiés et attachés à un service public (doctores), mais des maîtres (magistros) ès-arts libéraux.

On pourrait encore, au sujet de l'opinion que nous venons d'émettre, invoquer une autre preuve : c'est que là où les Facultés de philosophie ne se sont pas, conformément à leur première destination, considérées comme des réunions libres pour les arts, elles sont devenues, dans leur ensemble et leurs détails, une espèce de caricature et un objet de plaisanterie générale, tandis que, d'après leur vocation, elles devaient jouir de la plus haute et universelle considération.

Que la théologie et la jurisprudence aient un côté positif, c'est ce qui est généralement admis. Il est plus difficile de montrer la même chose pour la science de la nature. La nature, comme réalisation de la science absolue, est un tout achevé, indépendant ; sa loi est le fini, comme celle de l'histoire est l'infini. Si la science de la nature a un côté historique, il ne s'applique pas à l'objet, mais seulement au sujet. La nature agit toujours dans son intégrité et avec une nécessité manifeste ; et si une action ou une circonstance particulière est distinguée en elle, cela ne peut venir que d'un procédé propre au savant. Une pareille détermination de la nature à agir sous certaines conditions à l'exclusion des autres, est ce qui a lieu dans ce qui s'appelle faire des expériences. Celles-ci, par conséquent, fournissent à la science de la nature un côté historique, puisqu'il s'agit d'un phénomène placé à dessein dans telle circonstance que fait ressortir celui qui l'a ménagée. Mais, même dans ce sens, la science de la nature n'a pas cette existence extérieure dont nous avons parlé, comme par exemple la science du droit. Elle n'est, par conséquent, comptée parmi les sciences positives qu'autant que la science devient en elle un service public. C'est ce qui a lieu seulement dans la médecine.

Nous avons ainsi le corps entier des sciences positives dans son opposition avec la philosophie et le conflit de la science absolue et de la science historique dans tout son étendue. Tout ce qui a été dit en général sur la manière de traiter les sciences spéciales dans l'esprit de l'unité et de l'universalité, constituera maintenant le sujet des développements ultérieurs et devra être justifié par sa possibilité.

HUITIÈME LEÇON.

Sur la construction historique du Christianisme.

Les sciences réelles ne peuvent être distinguées, en général, de la science absolue, ou idéale, que par l'élément historique. Mais la théologie, outre ce rapport général avec l'histoire, en a encore un autre qui lui est tout-à-fait spécial et qui tient à son essence propre.

Comme elle est en quelque sorte le centre de la manifestation objective de la philosophie, en ce qui touche principalement aux idées spéculatives, elle est, dans son ensemble, la plus haute synthèse de la philosophie et de l'histoire, et la représenter comme telle est le but des considérations suivantes.

La première origine de la religion, aussi bien que celle de toute autre connaissance ou culture de l'esprit humain, ne peut se comprendre que par un enseignement dont nous sommes redevables à des natures supérieures; en un mot, toute religion, dans son principe, est déjà une tradition. Mais je ne fonde pas le rapport de la théologie avec l'histoire seulement sur ce principe. Aussi je laisse de côté les explications banales données par l'empirisme, et dans lesquelles les uns font naître la première idée de Dieu ou des dieux, de la frayeur, de la reconnaissance ou d'autres mouvements de l'âme, tandis que les autres l'attribuent à une invention adroite des anciens législateurs. Les premiers conçoivent l'idée de Dieu en général comme un phénomène psychologique, les seconds n'expliquent pas même comment quelqu'un a conçu la première idée de se faire législateur d'un peuple, ni comment il a eu la pensée de se servir de la religion comme d'un moyen d'intimidation, sans tenir auparavant l'idée de la religion d'une autre source. Parmi la foule de faux et insignifiants essais qui ont paru dans ces derniers temps, figurent, au premier rang, les prétendues histoires de l'humanité, qui appuient leurs hypothèses sur le premier état de notre race, sur les traits de barbarie que l'on raconte des peuples sauvages et compilés dans les descriptions de voyages. Il n'existe aucun état de barbarie qui ne dérive d'une civilisation détruite. Il est réservé aux travaux futurs sur l'histoire du globe de montrer comment ces peuples qui vivent aujourd'hui dans l'état sauvage, ne sont que des peuplades violemment séparées, par des révolutions, de toute communication avec le reste du monde, et qui, dans leur isolement, privées des trésors amassés de la civilisation, sont tombées dans l'état où nous les voyons. Je regarde absolument l'état de civilisation comme ayant été le premier de la race humaine, et la fondation des États, des sciences, de la religion et des arts comme simultanée, ou plutôt tout cela comme ne faisant qu'un à l'origine. De sorte que non-seulement tout n'était pas divisé, mais les parties se pénétraient réciproquement; ce qui doit arriver de nouveau lorsque la société sera arrivée à son plus haut point de perfection.

Un autre principe sur lequel s'appuie le rapport de la théologie avec l'histoire, c'est que les formes particulières sous lesquelles le christianisme existe parmi nous ne peuvent être connues qu'historiquement.

Quant au rapport absolu, il consiste en ce que, dans le christianisme, le monde, en général, est considéré comme une *histoire*, comme un empire moral, et que cette idée constitue le caractère fondamental du christianisme. C'est ce dont nous pouvons déjà parfaitement nous convaincre en comparant celui-ci spécialement avec la religion grecque. — Si je ne remonte pas plus haut, si je ne parle pas en particulier de la religion indienne, c'est qu'elle ne forme, sous ce rapport, aucune opposition avec le christianisme, sans toutefois, à mon avis, s'accorder avec lui. Faire ici un parallèle complet, c'est ce que ne permettent pas les limites nécessaires de cette recherche; nous ne pouvons que l'indiquer en passant. — La mythologie grecque formait un monde complet de symboles destinés à exprimer des idées qui ne pouvaient être contemplées que personnifiées dans des dieux. Le caractère essentiel et constitutif de chaque divinité en particulier, comme de ce monde divin dans son ensemble, c'est de réunir à la fois le côté purement fini et limité de l'existence et le côté absolu, indivisible. L'infini fut alors contemplé seulement dans le fini, et, de cette façon, subordonné au fini lui-même. Les dieux étaient simplement des êtres d'une nature supérieure, des figures fixes, invariables. Tout autre est le caractère d'une religion qui conçoit immédiatement l'infini en soi, dans laquelle le fini n'est pas regardé comme symbole de l'infini, mais n'en est qu'une simple allégorie, en un mot, lui est complètement subordonné et n'attire pas l'attention sur lui-même. L'ensemble des représentations, qui dans une pareille religion doivent revêtir les idées d'une forme sensible, est nécessairement lui-même quelque chose d'infini.

Ce ne peut être nullement un monde achevé et limité en tout sens. Les figures ne sont plus fixes, mais passagères; ce ne sont plus les puissances éternelles de la nature, mais des personnages historiques, dans lesquels le divin ne se manifeste que passagèrement, dont l'apparition momentanée ne peut prendre un caractère durable que par la foi, mais jamais se changer en une absolue permanence.

Là où l'infini lui-même peut devenir fini, et par là aussi peut devenir pluralité, le polythéisme est possible. Là où il n'est qu'exprimé par le fini il reste nécessairement un, et le polythéisme, comme collection de personnages divins qui existent simultanément, est impossible. Il se forme par la synthèse de l'existence absolue et de l'existence finie, de sorte qu'en lui ni l'absolu n'est effacé par sa forme, ni le fini ne perd son caractère limité. Dans une religion telle que le christianisme, les symboles ne peuvent pas être empruntés à la nature, parce que celle-ci ne contient pas le fini comme symbole de l'infini et dans une signification indépendante. Ils ne peuvent donc être tirés que de ce qui tombe sous la loi du temps, par conséquent de l'*histoire*. Aussi le christianisme, dans son esprit le plus intime et dans son sens le plus élevé est-il historique. Chaque moment particulier du temps est la manifestation d'un côté particulier de Dieu qui conserve néanmoins dans chacun son caractère absolu. Ce que la religion grecque présentait comme simultané, le christianisme le montre comme successif, quoique le temps de la séparation des manifestations, et avec elle du développement, ne soit pas encore arrivé.

Il a déjà été dit précédemment que la nature et l'histoire en général sont entre eux dans le même rapport que le réel et l'idéal. Or, le même rapport existe entre la religion grecque et le christianisme, avec lequel le divin a cessé de se manifester dans la nature et ne se montre que dans l'histoire. La nature est en général la sphère de l'*être en soi-même* des choses. Celles-ci, par cela même que l'infini en elles se développe dans le fini, ont comme symboles des idées, en même temps, une vie indépendante de leur signification. Par là, Dieu dans la nature est en quelque sorte *exotérique* : l'idéal s'y révèle par un autre que lui-même, par une existence réelle. Mais c'est seulement en tant que cette existence est prise pour l'essence et que le symbole est indépendant de l'idée, que le divin est véritablement exotérique ; par l'idée il reste *ésotérique*. Dans le monde idéal, au contraire, et par conséquent dans l'histoire en particulier, le divin rejette toute enveloppe ; l'histoire est la révélation des mystères du royaume de Dieu.

Le monde intellectuel était enfermé dans les fables grecques, ces symboles de la nature, comme une fleur dans son bouton, enveloppé quant à l'objet et inexprimé pour le sujet. Le christianisme, au contraire, est le mystère révélé ; de même que le paganisme était, de sa nature, exotérique, il est de sa nature ésotérique.

Avec le christianisme devait, pour la même raison, aussi changer le rapport tout entier de la nature et du monde idéal. Si, dans le paganisme, la nature était le révélé, tandis que le monde idéal se cachait comme un mystère, dans le christianisme, au contraire, à proportion même que le monde idéal se révélait, la nature devait se retirer comme quelque chose de mystérieux. Pour les Grecs, la nature était immédiatement et en elle-même divine, parce que leurs divinités n'étaient pas en dehors d'elle ni au-dessus d'elle. Elle fut fermée pour le monde moderne, parce que celui-ci ne la conçoit pas en elle-même, mais comme simple image du monde invisible et spirituel. Aussi les manifestations les plus vivantes de la nature, telles que les phénomènes de l'électricité et les transformations chimiques des corps, étaient à peine connues des anciens, ou au moins n'excitaient pas parmi eux l'enthousiasme général avec lesquelles elles ont été reçues dans le monde moderne. La plus haute religiosité qui s'exprime dans le mysticisme chrétien regardait le mystère de la nature et celui de l'incarnation de Dieu comme également incompréhensibles.

J'ai déjà montré ailleurs (dans le *Système de l'Idéalisme transcendental*) que nous devons admettre, en général, trois périodes dans l'histoire : celle de la *nature*, celle du *destin* et celle de la *providence*. Ces trois idées expriment la même identité, mais de différentes manières. Le destin est aussi la providence, mais reconnue dans le réel, comme la providence est aussi le destin, mais considéré dans l'idéal. La nécessité éternelle, à l'époque où elle règne d'une manière absolue, se manifeste comme nature. L'opposition de l'infini et du fini repose alors encore enveloppée dans le sein du fini. C'est ce qui eut lieu au moment de la plus belle fleur de la religion et de la poésie grecques. A leur décadence, cette nécessité se manifeste comme le destin, parce qu'elle apparaît dans son opposition réelle avec la liberté. C'était la fin du monde ancien, dont l'histoire, prise dans son ensemble, peut, pour ce motif, être regardée comme la période tragique. Le monde *nouveau* commence avec une sorte de péché originel général : l'homme se détache de sa nature. S'abandonner à elle n'est pas un péché; au contraire, tant que l'homme n'en a pas conscience, c'est plutôt l'âge d'or. Mais la conscience de cet état détruit l'innocence et exige dès-lors aussi la réconciliation et la soumission volontaire, dans lesquelles la liberté sort du combat à la fois vaincue et victorieuse. Cette réconciliation sentie et comprise, qui succède à l'époque où l'homme est identifié, sans le savoir, avec la nature, et à celle où il se sépare du destin, cette réconciliation qui rétablit l'unité à un degré supérieur, est exprimée dans l'idée de la Providence. Le christianisme inaugure ainsi dans l'histoire cette période de la providence. Aussi, sa pensée dominante c'est la conception de l'univers comme histoire et monde de la providence.

Telle est la grande direction historique du christianisme. Tel est le principe par lequel la science de la religion, en lui, est inséparable de l'histoire, et, il y a plus, ne fait qu'un avec elle. Mais cettte synthèse de l'histoire et de la théologie, sans laquelle celle-ci ne peut même se concevoir, exige à son tour, comme condition, le point de vue élevé d'où le christianisme envisage l'histoire.

L'opposition que l'on établit ordinairement entre l'histoire et la philosophie, n'existe qu'autant que l'histoire est comprise comme une succession d'événements accidentels ou comme simple nécessité empirique. La première de ces deux manières de voir est la manière tout-à-fait commune. La seconde croit s'être élevée au-dessus d'elle, quoiqu'elle ne soit pas moins étroite. Elle aussi, l'histoire, procède d'une unité éternelle, et elle a ses racines dans l'absolu, comme la nature ou tout autre objet de la science. La raison commune explique le caractère fortuit des événements et des actions principalement par l'existence accidentelle des individus Mais, demanderai-je, au contraire : « Un personnage historique, qu'est-il autre chose que l'individu qui a fait telle ou telle action? N'est-ce pas là l'idée qu'il représente? Si donc l'action était nécessaire, l'individu l'était aussi. » — Même en se plaçant à un point de vue encore inférieur, ce qui seul peut paraître libre, et, par conséquent, accidentel dans toute action, c'est simplement ce qui était déterminé d'avance et nécessaire ; seulement l'individu en a fait son action propre. Pour tout le reste, et quant aux suites heureuses ou malheureuses, elles sont l'œuvre de l'absolue nécessité.

La nécessité empirique n'est qu'un moyen de reculer la question de l'accidentel, en faisant rentrer la nécessité dans une succession indéfinie. Cette espèce de nécessité ne règne qu'en apparence dans la nature. Combien, à plus forte raison, dans l'histoire ? Quel est l'homme sérieux qui se laissera persuader que des faits tels que le développement du christianisme, les migrations des peuples, les croisades et tant d'autres grands événements, ont leur vrai principe dans les causes extérieures par lesquelles on a coutume de les expliquer ? Et, s'il est vrai que celles-ci aient eu une action réelle, elles ne sont, sous ce rapport, que des instruments dans l'ordre éternel des choses.

Ce qui est vrai en général de l'histoire, doit en particulier s'appliquer à l'histoire de la religion ; elle est fondée sur une nécessité éternelle, et, par conséquent, sa construction philosophique est possible. Par là, elle est intimement liée et ne fait qu'un avec la science de la religion.

La construction historique du christianisme ne peut sortir d'aucun autre point de vue que de ce principe : que le monde en général, et en particulier celui de l'histoire, apparaît nécessairement scindé en deux parts. Et cette opposition, qui est celle du monde moderne vis-à-vis du monde ancien, suffit pour faire pénétrer l'essence et les formes particulières du christianisme.

Le monde ancien est le côté *naturel* de l'histoire, en tant que l'unité ou l'idée qui y domine est l'existence de l'infini dans le fini. Le monde ancien ne pouvait donc finir, et la limite qui le sépare du monde moderne, dont le principe dominant est l'infini, ne pouvait être posée, qu'autant que le véritable infini viendrait dans le fini, non pour le diviniser, mais pour l'immoler à Dieu dans sa propre personne, et par là le réconcilier avec Dieu. L'idée première du christianisme est donc nécessairement le Dieu fait homme, le Christ comme sommet et fin de l'ancien monde des dieux. En même temps, le Christ nous montre le principe divin prenant aussi une forme finie; mais il revêt l'humanité dans sa bassesse et non dans sa grandeur. Il apparaît comme une manifestation résolue, il est vrai, de toute éternité, mais passagère dans le temps; il apparaît comme la limite des deux mondes. Lui-même retourne dans le monde invisible et promet à sa place, non le principe qui vient dans le fini, qui demeure dans le fini, mais l'Esprit, le principe idéal qui ramène plutôt le fini dans l'infini, et est, comme tel, la lumière du monde nouveau.

A cette première idée se rattachent tous les caractères particuliers du christianisme. Représenter d'une manière sensible l'unité de l'infini et du fini, par un symbolisme, semblable à celui de la religion grecque, est impossible, en vertu de la tendance idéale du spiritualisme chrétien. Tout symbolisme disparaît dans le retour de l'esprit sur lui-même; et si la contradiction des termes est levée, cette conciliation, qui ne doit pas être seulement aperçue extérieurement, mais intérieurement, reste dès-lors un secret, un mystère. L'antinomie du divin et du naturel, qui se reproduit partout, ne s'efface que par la résolution du sujet de concevoir les deux termes comme identiques, bien que cette identité soit incompréhensible. Une telle unité subjective, c'est ce qu'exprime l'idée du miracle. L'origine de chaque idée est, d'après cette manière de voir, un miracle, puisqu'elle naît dans le temps, sans avoir de rapport avec lui. Aucune idée ne peut naître d'une manière temporelle; elle est l'absolu, c'est-à-dire Dieu même qui se manifeste; et par conséquent l'idée de la manifestation divine est une conception nécessaire dans le christianisme.

Une religion qui vit comme poésie dans l'imagination d'un peuple, a aussi peu besoin d'un principe historique, que la nature ouverte à tous les regards. Là où le divin ne vit pas sous une forme permanente, mais dans de fugitives apparences, il a besoin de moyens qui le fixent et l'immortalisent par la tradition. En-dehors des mystères proprement dits de la religion, il y a nécessairement une mythologie qui est son côté exotérique, et qui s'appuie sur la religion, tandis que la religion grecque s'appuyait, au contraire, sur la mythologie.

Les idées d'une religion, dont le caractère est de contempler l'infini dans le fini, doivent être principalement exprimées par les formes de la nature. Les idées de la religion opposée, dans laquelle les symboles sont arbitraires, ne peuvent être manifestées que par l'action. Le véritable symbole de toute manifestation de Dieu chez elle, est l'histoire. Mais celle-ci n'a pas de limites, elle est incommensurable. Elle doit donc être représentée en même temps par une manifestation à-la fois infinie et finie, qui elle-même ne soit pas réelle comme l'État, mais idéale ; qui représente visiblement l'unité de tous dans l'esprit universel, malgré la division qui éclate dans les parties. Cette conception symbolique, c'est l'Eglise, comme œuvre d'art vivant.

Maintenant, si l'action qui exprime extérieurement l'unité de l'infini et du fini peut s'appeler symbolique, considérée comme intérieure, elle est mystique, et le mysticisme en général est un symbolisme subjectif. Si les opinions qui renferment cette manière de voir ont rencontré presqu'à chaque siècle dans l'Eglise, tantôt des contradictions, tantôt un accueil favorable, c'est parce qu'elles cherchaient à rendre exotérique ce qui est ésotérique dans le christianisme ; ce n'est nullement que cette idée soit contraire à l'esprit le plus intime de cette religion.

Si l'on veut regarder comme réellement symboliques les actions et les usages de l'Eglise, quoique cependant leur signification puisse être conçue d'une manière simplement mystique; alors, au moins, ces idées du christianisme, qui ont été symbolisées dans les dogmes, ne cessent pas pour cela d'avoir un sens entièrement spéculatif, puisque leurs symboles n'ont pas obtenu une vie indépendante de leur signification, comme ceux de la mythologie grecque.

La réconciliation du fini, tombé du sein de Dieu par sa propre naissance dans le monde du fini, est la conception première du christianisme. C'est aussi l'accomplissement de sa manière d'envisager l'univers et son histoire dans l'idée de la Trinité, qui pour cette raison est en lui absolument nécessaire. Lessing, comme on sait, a cherché déjà, dans son écrit sur *l'Education du genre humain*, à dévoiler le sens prophétique de cette doctrine; et ce qu'il a dit à ce sujet est peut-être ce qu'il a écrit de plus spéculatif. Mais il manque à sa conception le rapport de cette idée à l'histoire du monde. Ce rapport consiste en ce que le fils de Dieu, né de toute éternité de l'essence du père de toutes choses, est le fini lui-même, tel qu'il est dans la contemplation éternelle de Dieu. Il apparaît dans le monde comme un dieu souffrant, soumis aux conditions du temps, qui, au sommet de sa manifestation dans le Christ, termine le monde du fini et ouvre celui de l'infini ou le règne de l'esprit.

Si le but que nous nous proposons en ce moment nous permettait de pénétrer plus avant dans cette construction historique, nous reconnaîtrions de la même manière, comme nécessaires, toutes les oppositions du christianisme et du paganisme, aussi bien que les idées qui dominent dans le premier, et les symboles subjectifs des idées. Il me suffit d'avoir montré en général la possibilité de cette entreprise. Si le christianisme, non-seulement dans sa généralité, mais encore dans ses principales formes, est historiquement nécessaire, et si nous lui appliquons la haute conception de l'histoire même, comme émanant de la nécessité éternelle, dès-lors aussi est donnée la possibilité de le comprendre historiquement comme une manifestation divine et absolue, et aussi la possibilité d'une véritable science historique de la religion et de la théologie.

NEUVIÈME LEÇON.

Sur l'étude de la Théologie.

Si je trouve difficile de parler de l'étude de la théologie, c'est qu'à mon avis la vraie méthode de cette science et le point de vue d'où ses vérités veulent être conçues, sont totalement perdus et mis en oubli. Toutes ses doctrines sont comprises d'une manière empirique, et comme telles peuvent être aussi bien contestées que défendues. Or, ce terrain n'est nullement celui qui leur appartient ; et c'est ce qui leur ôte complètement leur sens et leur importance.

Les théologiens disent que le christianisme est une manifestation divine, et se représentent celle-ci comme une action de Dieu isolée dans le temps. En se plaçant à ce point de vue, on ne peut nullement se demander si le christianisme, quant à son origine, peut s'expliquer naturellement. Or, celui-là connaîtrait bien peu l'histoire et le caractère général de l'époque où apparut le christianisme, qui ne pourrait se résoudre cette question d'une manière satisfaisante. Qu'on lise seulement les écrits des savants, où il est démontré que le noyau du christianisme existait non-seulement dans le judaïsme, mais même dans une secte religieuse particulière, également antérieure. Sans doute, cela n'est pas nécessaire, quoique, pour rendre ce rapport évident, le récit de Josèphe et les traces que contiennent les livres chrétiens eux-mêmes n'aient pas encore été convenablement employés. Le Christ, comme individu, est une personne parfaitement intelligible ; aussi était-il d'une nécessité absolue de le concevoir comme personnage symbolique dans le sens le plus élevé.

Veut-on considérer le développement du christianisme comme une œuvre particulière de la providence divine? Que l'on apprenne à connaître le temps dans lequel il a fait ses premières conquêtes, pour reconnaître en lui une simple manifestation particulière de l'esprit universel de cette époque. Le christianisme n'a pas créé cet esprit, mais il en était lui-même l'anticipation et le pressentiment; il en fut la première expression. L'empire romain était déjà mûr pour le christianisme avant que Constantin eût mis la croix sur sa bannière, et en eût fait le signe de la nouvelle domination universelle. La satiété des jouissances matérielles ramenait l'esprit vers le monde intérieur et invisible. Un empire qui tombait en ruines, et dont la puissance était purement temporelle, le scepticisme, les malheurs de l'époque, devaient disposer les esprits à comprendre une religion qui rappelait l'homme à l'idéal, enseignait le renoncement aux choses terrestres, et en faisait la condition du véritable bonheur.

Les théologiens ne peuvent justifier aucune de leurs assertions historiques, sans auparavant s'être approprié le point de vue élevé de l'histoire qui leur est prescrit par la philosophie comme par le christianisme. Assez long-temps ils ont combattu avec l'incrédulité sur leur propre terrain, au lieu d'attaquer celle-ci elle-même du point de vue où elle se place. « Vous avez parfaitement raison, peuvent-ils dire aux rationalistes, eu égard à votre manière d'envisager les choses, et la nôtre implique que vous jugez bien dans votre sens. Seulement, ce point de vue, nous en nions la vérité, et nous le regardons comme simplement inférieur. Vous ressemblez au logicien empiriste qui prouve, d'une manière irréfutable, au philosophe, que toute science repose sur la sensation. » —

Le même rapport se reproduit en ce qui concerne tous les dogmes de la théologie. Pour l'idée de la Trinité, il est clair que non comprise d'une manière spéculative, elle est absolument inintelligible. Les théologiens exposent l'incarnation de Dieu dans le Christ d'une manière tout aussi empirique : c'est-à-dire que Dieu a revêtu la nature humaine à un moment déterminé du temps; ce qui est tout-à-fait inconcevable, puisque Dieu étant éternel, est en-dehors du temps. L'incarnation de Dieu est donc une incarnation éternelle. Le Christ, comme homme, est seulement, dans la manifestation de Dieu, le sommet, et à ce titre aussi le commencement de cette manifestation; car elle devait se continuer à partir de lui, en ce sens que tous les fidèles étaient les membres d'un seul et même corps, dont il était la tête. Que dans le Christ Dieu ait été contemplé véritablement pour la première fois parmi les hommes, c'est ce que montre l'histoire; car, qui avant lui avait manifesté l'infini de cette manière ?

On pourrait prouver, qu'aussi loin que peut remonter la connaissance historique, on peut discerner deux fleuves bien distincts : celui de la religion et celui de la poésie; le premier, qui déjà facile à reconnaître dans la religion indienne, nous a transmis le système intellectuel et l'idéalisme les plus anciens; l'autre, qui renfermait en lui-même le côté réaliste des choses. Le premier, après avoir coulé à travers tout l'Orient, a trouvé son lit invariablement tracé dans le christianisme; et mêlé avec le sol infertile par lui-même de l'Occident, il a enfanté les productions du monde moderne. L'autre, dans la mythologie grecque, en se complétant par l'unité opposée, l'idéal de l'art, a engendré la plus parfaite beauté. Et doit-on compter pour rien les mouvements du pôle opposé dans la culture grecque, les éléments mystiques d'un genre particulier de poésie, le rejet de la mythologie et le bannissement des poètes par les philosophes, surtout par Platon, qui, dans un monde tout-à-fait étranger et éloigné, est une prophétie du christianisme?

Que le christianisme ait déjà existé avant lui-même et en-dehors de lui-même, c'est ce que prouve la nécessité de son idée, et ce principe : que sous ce rapport aussi il n'existe pas d'oppositions absolues. Les missionnaires chrétiens qui vinrent dans l'Inde croyaient annoncer quelque chose d'inouï aux indigènes, lorsqu'ils enseignèrent que le Dieu chrétien s'était fait homme. Ceux-ci n'en étaient par surpris. Ils ne contestaient nullement l'incarnation de Dieu dans le Christ. Ils trouvaient seulement extraordinaire que chez les chrétiens, ce qui chez eux avait eu lieu souvent et se renouvelait sans cesse, ne fût arrivé qu'une fois; et on ne peut nier qu'ils n'aient mieux compris leur religion que les missionnaires la leur.

La construction historique du christianisme, à cause de cette universalité de son idée, ne peut être conçue sans la construction religieuse de l'histoire tout entière. Elle ressemble, par conséquent, aussi peu à ce qui jusqu'ici a été appelé histoire générale de la religion (et où il ne s'agit de rien moins que de religion) qu'aux histoires partielles de la religion chrétienne et de l'Église.

Une pareille construction n'est déjà en soi possible qu'au point de vue supérieur qui s'élève au-dessus de l'enchaînement empirique des choses. Elle ne peut donc se passer de la philosophie, qui est le véritable organe de la théologie comme science, où sont exposées les plus hautes idées de l'essence divine, de la nature comme instrument, et de l'histoire comme manifestation de Dieu. Personne ne confondra, sans doute, ce que nous soutenons au sujet du sens spéculatif des principales doctrines de la théologie avec les opinions de Kant, dont la pensée finale ne tend à rien moins qu'à écarter complétement le côté positif et historique du christianisme, et à proclamer une religion de la raison pure. La vraie religion de la raison consiste à comprendre qu'il n'existe en général que deux manifestations de la religion : la religion réelle de la nature, qui est nécessairement le polythéisme au sens des Grecs, et celle qui, entièrement morale, contemple Dieu dans l'histoire. Dans l'explication kantienne il ne s'agit nullement d'un sens spéculatif, mais d'un sens moral de ces doctrines. Aussi le point de vue empirique n'est-il pas abandonné en principe ; et, en même-temps, la vérité de ces doctrines est comprise, non en soi, mais seulement dans son rapport avec un sens moral possible, et arbitrairement assigné.

Le dogmatisme est le même en théologie qu'en philosophie ; c'est toujours l'abandon de ce qui ne peut être connu que d'une manière absolue pour le point de vue empirique du raisonnement vulgaire. Kant n'a saisi ni l'un ni l'autre dans leur racine, puisqu'il n'a su rien mettre à leur place. En particulier, d'après son dessein d'interpréter la Bible moralement pour l'éducation du peuple, la manifestation empirique du christianisme n'est qu'un instrument pour des fins qui ne peuvent être atteintes, sans que le sens des écritures soit faussé. Et, de plus, cette explication est incapable de s'élever au-dessus du fait, jusqu'à l'*idée*.

Les premiers livres qui renferment l'histoire et la doctrine du christianisme ne sont eux-mêmes autre chose qu'une manifestation particulière et encore imparfaite sous ce rapport. Il ne faut pas chercher son idée dans les livres dont la valeur doit se déterminer d'après la mesure dans laquelle ils expriment cette idée et y sont conformes. Déjà, dans saint Paul, l'apôtre des gentils, le christianisme est devenu quelque chose d'autre qu'il n'était chez son premier fondateur. Nous ne devons pas nous arrêter à une de ses époques particulières, qui peut être prise arbitrairement, mais avoir devant les yeux son histoire tout entière et le monde qu'il a créé.

Aux pitoyables explications du nouveau rationalisme, se rattache aussi le projet de ramener, comme on dit, le christianisme à son sens primitif, à sa première simplicité, à cette forme qui s'appelle le christianisme primitif. On aurait dû penser cependant que, si les théologiens chrétiens avaient su tirer du fond pauvre des premiers livres de la religion une matière si riche d'idées spéculatives et lui donner une forme systématique, ils en étaient redevables aux temps postérieurs. Il est sans doute plus commode de parler de l'aridité scholastique de l'ancienne dogmatique et d'écrire, à la place, des dogmatiques populaires, d'éplucher des mots et de fabriquer des étymologies, que de comprendre le christianisme et sa doctrine dans leur caractère universel. Néanmoins, on ne peut s'empêcher de songer aux obstacles qu'ont apporté à l'intelligence de ce caractère les livres appelés bibliques, qui, pour le contenu religieux, ne soutiennent que de loin la comparaison avec tant d'autres des temps antérieurs et postérieurs, et principalement avec les livres indiens.

On a supposé à la pensée qu'a eu le pouvoir sacerdotal de soustraire ces livres à l'interprétation du peuple, un but purement politique. Il pouvait avoir un motif plus profond, savoir : que le christianisme étant une religion vivante, se perpétue, non comme quelque chose de passé, mais comme un éternel présent. De même aussi, les miracles ne cessent pas dans l'église, et le protestantisme en cela est inconséquent, lorsqu'il les suppose arrivés seulement autrefois. A proprement parler, ce sont ces livres, documents dont l'histoire a besoin, mais non la foi, qui ont toujours mis dans le christianisme, le fait à la place de l'idée. Celle-ci en était indépendante, et elle a été bien plus hautement manifestée par l'histoire entière du monde moderne, dans son opposition avec le monde ancien, que par ces livres, où elle est encore peu développée.

L'esprit des temps modernes tend, avec une persévérance manifeste, à l'anéantissement de toutes les formes purement finies, et c'est religion que de le reconnaître aussi dans cette tendance. En vertu de cette loi, si le christianisme a atteint autrefois une certaine vie générale et publique, cette forme devait être passagère, puisqu'elle ne montre réalisée qu'une partie des desseins de l'esprit universel. Le protestantisme apparut; et il fut, lui aussi, à l'époque de sa naissance, un nouveau retour au spiritualisme. Mais sa tendance purement négative, outre qu'elle supprimait la continuité dans le développement du christianisme, ne pouvait produire une unité réelle, et en offrir le symbole extérieur dans une église universelle. A l'autorité vivante se substitua une autre autorité, celle de la lettre morte, écrite dans des langues mortes ; et, comme la vertu de rallier les esprits lui manquait, un nouvel esclavage commença, bien plus honteux que le premier : la soumission aux symboles qui ne conservèrent plus qu'une simple apparence morale. Il était nécessaire que le protestantisme qui, par son essence même, était anti-universel, se divisât de nouveau en sectes, et que l'incrédulité s'attachât aux formes particulières et aux faits de détail, puisque la religion y était ramenée tout entière.

Sans génie comme sans foi, sans piété, et cependant aussi sans esprit et sans frivolité, semblables à ces malheureux que Dante laisse dans le vestibule de l'enfer, qui ne furent ni rebelles ni fidèles à Dieu, que le ciel repoussa et que l'enfer n'accueillit pas, parce que les damnés n'avaient à tirer d'eux aucun honneur, les savants allemands surtout, à l'aide de ce qu'on appelle une saine exégèse, d'une psychologie qui prétend tout expliquer, et d'une morale relâchée, ont écarté du christianisme toute la partie spéculative, et même le symbolisme mystique dont il a été parlé plus haut. La croyance à sa divinité fut fondée sur des arguments empiriquement historiques, le miracle de la révélation prouvé dans un cercle palpable d'autres miracles. Or, comme le divin, par sa nature, n'est ni empirique, ni visible, ni démontrable, les rationalistes avaient ici beau jeu. On a déjà négocié avec eux, lorsque les recherches sur l'authenticité des livres saints, la preuve de leur inspiration tirée de certains passages, ont été données comme le fondement de la théologie. Du moment où on renvoyait aux textes de quelques livres, il devenait nécessaire que cette science tout entière se transformât en philologie et en art d'interpréter le sens des mots; ce qui en a fait une science tout-à-fait profane. Aussi, nulle part la théologie n'est tombée plus bas, ou, au moins, ne s'est plus éloignée de son but, que là où le palladium de l'orthodoxie est cherché dans ce qu'on appelle la connaissance des langues. Ici, l'art principal consiste à effacer de la Bible autant de miracles que possible, en les expliquant naturellement; ce qui est une entreprise aussi pitoyable que son contraire, c'est-à-dire de chercher à prouver la divinité de la religion par ces faits empiriques et hautement insuffisants pour ce but. A quoi bon accumuler tant de preuves, si toutes ces preuves sont impuissantes? Une seule prouverait, autant que mille, si ce genre de démonstration, en général, avait un sens.

A côté de cette tendance philologique, s'est placée la tendance psychologique. On s'est donné beaucoup de peine pour expliquer par des illusions psychologiques plusieurs récits qui sont évidemment des fables juives, inventées d'après les prophéties messianiques de l'Ancien Testament : sources, du reste, sur la pureté desquelles les premiers auteurs ne permettent eux-mêmes aucun doute, lorsqu'ils ajoutent que cela a dû arriver afin que fût accompli ce qui était écrit.

Il faut ajouter ici la méthode insipide, en vertu de laquelle, sous prétexte que ceci ou cela n'était qu'une façon de parler selon l'emphase orientale, les idées triviales de la raison commune la plus bourgeoise, de la morale et de la religion modernes, ont été transportées dans l'explication des documents primitifs.

Enfin, cet éloignement pour la spéculation s'est aussi étendu à l'enseignement populaire, qui, dès-lors, devait être purement moral et totalement dépourvu d'idées. La morale, on ne peut en douter, n'est pas le trait caractéristique du christianisme. Ce n'est pas à cause de quelques maximes morales, comme celles de l'amour du prochain, etc., que le christianisme a existé dans le monde et dans l'histoire. Or, ce n'est pas la faute de ce rationalisme vulgaire, si les prédications morales ne sont pas descendues encore plus bas, et jusqu'aux détails de l'économie domestique. Les prédicateurs, à diverses époques, devaient être, à la lettre, agriculteurs, médecins: Que sais-je encore? Et non-seulement recommander la vaccine en chaire, mais aussi la meilleure manière de cultiver les pommes de terre.

Je devais parler de l'état où se trouve la théologie, parce que je ne pouvais espérer de rendre clair ce que j'avais à dire sur cette science, autrement qu'en l'opposant à la manière dont elle est généralement traitée.

La divinité du christianisme ne peut être nullement connue d'une manière médiate, mais seulement d'une manière immédiate et combinée avec le point de vue absolu de l'histoire. Aussi, entre autres idées, celle d'une révélation médiate, outre qu'elle n'a été imaginée que pour venir à l'appui d'une équivoque dans le langage, est entièrement inadmissible, parce qu'elle est entièrement empirique.

Ce qui, dans l'étude de la théologie, est réellement une simple affaire d'expérience, comme la manière critique et philologique de traiter les premiers livres chrétiens, doit être entièrement séparé de l'étude de la science en soi, de la science absolue. Les hautes idées ne peuvent avoir aucune influence sur leur interprétation. Celle-ci doit se faire indépendamment, comme pour tout autre auteur, quand on ne se demande pas si ce qu'il dit est conforme à la raison, historiquement ou religieusement vrai, mais s'il l'a réellement dit. D'un autre côté, que ces livres soient authentiques ou non, que les histoires qu'ils renferment soient réellement des faits incontestables, que leur contenu lui-même soit conforme à l'idée du christianisme, cela ne peut rien changer à la réalité de celui-ci, puisqu'il est indépendant de ces particularités, puisqu'il est universel et absolu. Et déjà depuis longtemps, si on n'avait pas conçu le christianisme comme une manifestation purement temporelle, l'interprétation eût été dégagée de ses entraves; de sorte que nous serions beaucoup plus avancés dans l'appréciation historique de ces documents si importants pour l'histoire des premiers temps du christianisme; et dans une chose aussi simple on n'aurait pas cherché tant de détours et de complications.

L'essentiel, dans l'étude de la théologie, est d'allier la construction spéculative et la construction historique du christianisme et de ses principales doctrines.

Il est vrai que cette tentative de substituer à l'élément exotérique et à la lettre, l'élément ésotérique et l'esprit du christianisme est en contradiction avec la pensée manifeste des anciens théologiens et de l'église elle-même, qui se sont accordés de tout temps à s'opposer à l'introduction de tout ce qui ne s'adresse pas à tous les hommes, et n'est pas parfaitement exotérique. Cela prouve, dans les premiers fondateurs comme dans les représentants postérieurs du christianisme, un sens juste et une conscience nette de ce qu'ils devaient en effet se proposer. Ils écartaient sagement ce qui pouvait nuire à sa propagation et le repoussaient expressément comme hérésie, comme s'opposant à son universalité. Aussi, parmi les défenseurs même de l'église, parmi les orthodoxes, ceux qui s'attachèrent le plus à la lettre furent ceux qui obtinrent la plus grande autorité. Il y a plus, ce sont eux qui ont particulièrement donné au christianisme la forme d'une religion universelle. La lettre de l'Occident pouvait seule donner au principe idéal venu de l'Orient, un corps et une forme extérieure, de même que la lumière du soleil n'enfante ses plus beaux types que dans la matière terrestre.

Mais, précisément, ce rapport qui donna naissance aux premières formes du christianisme est aujourd'hui changé. Il l'est depuis que ces formes, suivant la loi des choses finies, se sont dissoutes, et que l'impossibilité de conserver au christianisme son caractère exotérique est devenue manifeste. L'élément ésotérique doit apparaître à son tour, et, dépouillé de son enveloppe, briller de sa propre lumière. L'esprit éternellement vivant, qui anime toute existence et toute création, doit revêtir ce principe de formes nouvelles et plus durables, puisque la matière opposée à l'idéal ne manque pas, puisque l'Occident et l'Orient se sont rapprochés dans une seule et même civilisation, et que partout où les contraires se touchent, s'allume le flambeau d'une vie nouvelle. L'esprit des temps modernes, par le peu de ménagement avec lequel il a détruit les formes les plus belles, mais qui avaient le malheur d'être finies, après que le principe de vie se fut retiré d'elles, manifeste suffisamment son intention de développer l'infini sous des formes incessamment rajeunies. Qu'il veuille le christianisme non comme manifestation particulière, empirique, mais comme cette idée éternelle elle-même, c'est ce qu'il a témoigné assez clairement. Les développements du christianisme non bornés à un temps passager, mais qui s'étendent à un avenir incommensurable, se font reconnaître assez clairement dans la poésie et la philosophie. La première exige la religion comme la plus haute, la seule condition de la beauté poétique ; la seconde, en s'élevant au véritable point de vue spéculatif, a aussi atteint de nouveau celui de la religion, que l'empirisme et le rationalisme peu différent de celui-ci ont détruit, non en partie, mais en totalité ; et elle prépare la renaissance du christianisme ésotérique comme prédication de l'évangile absolu.

DIXIÈME LEÇON.

Sur l'étude de l'Histoire et de la Jurisprudence.

De même que l'absolu conserve son unité et son identité en se manifestant sous la double forme de la nature et de l'histoire, de même la théologie, comme étant le centre d'où partent ,et où se confondent les sciences positives, se développe d'une part dans l'histoire, de l'autre dans la science de la nature, celles-ci considérant chacune son objet séparément et en même temps du point de vue de la plus haute unité.

Cela n'empêche pas que chacune d'elles ne puisse rétablir en elle-même le point central, et ainsi retourner à la science absolue.

L'idée qu'on se forme communément de la nature et de l'histoire, c'est que, dans la première, tout arrive par nécessité, et que, dans la seconde, tout s'accomplit par la liberté. Mais ce ne sont là précisément que des formes ou des manières d'être en dehors de l'absolu. L'histoire est la nature à sa plus haute puissance, en tant qu'elle exprime dans l'idéal ce que celle-ci exprime dans le réel. Mais, dès lors, le principe est essentiellement le même dans toutes deux. Il ne diffère que par le degré ou la puissance à laquelle il est posé. Si on pouvait voir le pur absolu dans toutes deux, on reconnaîtrait, représentée sous la forme du réel dans la nature, la même chose qui apparaît comme idéal dans l'histoire. La liberté au point de vue phénoménal ne peut rien créer. Il existe un être universel qu'expriment, chacune en soi et avec son caractère propre, les deux formes du monde visible. Le monde parfait de l'histoire serait par conséquent lui-même une nature idéale, savoir: l'État comme organisme extérieur où se manifeste l'harmonie de la nécessité et de la liberté, harmonie réalisée au sein de la liberté même. L'histoire, en tant qu'elle a pour principal objet le développement de cette harmonie, serait l'histoire dans le sens véritable du mot.

Une question s'offre à nous d'abord : L'histoire peut-elle être une science? La réponse ne paraît pas douteuse. Si, en effet, l'histoire proprement dite (et c'est d'elle qu'il s'agit) s'oppose à la science, comme cela a été admis en général dans ce qui précède, il est clair qu'elle ne peut être science elle-même; et, si les sciences positives sont des synthèses de l'élément philosophique et de l'élément historique, l'histoire elle-même ne peut pas plus être une science positive que la philosophie. Sous ce rapport, elle va donc de pair avec celle-ci.

Pour nous former une idée plus précise de ce rapport, distinguons les différents points de vue sous lesquels l'histoire peut être envisagée.

Le plus élevé est celui qui a été reconnu par nous dans ce qui précède, c'est le point de vue *religieux*, dans lequel l'histoire entière est conçue comme l'œuvre de la providence. Mais il ne peut être appliqué à l'histoire proprement dite; cela résulte de ce qu'il ne diffère pas essentiellement du point de vue philosophique. Il va sans dire que je ne nie ici ni la construction religieuse ni la construction philosophique de l'histoire. Seulement, la première appartient à la théologie ; la seconde à la philosophie, et elles sont nécessairement distinctes de l'histoire en elle-même.

Le point de vue opposé à celui de l'absolu est le point de vue *empirique*, qui lui-même offre deux aspects. Le premier consiste à recueillir et à exposer simplement les faits, ce qui est la tâche de l'érudition historique, et ne présente qu'une des conditions du véritable historien. Le second est celui de l'enchaînement des faits d'après leur rapport logique; et comme ce rapport ne peut être dans les événements en eux-mêmes, puisque, empiriquement parlant, ils apparaissent plutôt comme accidentels et sans liaison harmonique, il se réduit à coordonner les faits d'après le but que se propose l'historien, d'après le point de vue didactique ou politique. Cette manière de traiter l'histoire dans un but tout-à-fait spécial et non général, est ce qui, conformément à la signification attachée par les anciens, s'appelle le point de vue *pragmatique*. Ainsi Polybe, qui s'explique clairement sur ce point, est pragmatique, à cause du but tout spécial de son histoire, qui est l'art militaire. De même Tacite, qui, en retraçant la décadence de l'empire romain, signale les effets de la corruption des mœurs et du despotisme.

Les modernes sont disposés à regarder l'esprit pragmatique comme le plus élevé dans l'histoire, et ils se parent volontiers entre eux de ce titre comme de la plus grande louange qu'ils puissent se décerner. Mais, précisément à cause du caractère relatif et personnel qui s'y fait remarquer, quiconque a le sens philosophique ne mettra jamais au premier rang de l'histoire le genre d'exposition adopté par les deux historiens que nous venons de citer. Quant aux Allemands, leur esprit pragmatique a, de plus, généralement parlant, beaucoup de rapport avec celui du Famulus de Faust, dans Goëthe. On peut aussi leur dire : « Ce que vous nommez l'esprit des siècles, c'est votre propre esprit, dans lequel les siècles se reflètent. » En Grèce, les esprits les plus élevés et les plus mûrs, les plus riches d'expérience, prirent le burin de l'histoire pour l'écrire comme en caractères éternels. Hérodote est une tête vraiment homérique. Dans Thucydide se concentre toute la civilisation du siècle de Périclès, de manière à produire en lui comme une intuition divine. En Allemagne, où la science devient de plus en plus une affaire d'industrie, ce sont précisément les têtes les plus vides qui s'aventurent dans l'histoire. Quel spectacle repoussant que de voir le tableau des grands événements et des grands caractères se dessiner dans le cerveau d'un esprit borné ; surtout s'il se fait violence pour en avoir l'intelligence, et fait consister celle-ci à soumettre la grandeur des temps et des peuples à la mesure des vues étroites qui le préoccupent : par exemple, l'importance du commerce, de telles ou telles inventions utiles ou nuisibles, et, en général, à appliquer autant que posssible cette règle à tout ce qu'il y a de plus sublime. Ce n'est rien encore s'il ne vise pas au pragmatisme historique en se faisant valoir lui-même par de longues réflexions sur les événements, en cherchant à parer son sujet de vaines fleurs de rhétorique, ou bien encore en discourant sur les progrès constants de l'humanité, en montrant comment *nous* sommes enfin parvenus à ce haut degré de civilisation.

Cependant, entre les choses saintes, il n'en est pas de plus sainte que l'histoire, ce grand miroir de l'esprit universel, ce poëme de la raison divine. Il n'est rien qui souffre moins le contact de mains impures.

Le but pragmatique de l'histoire exclut de soi-même l'universalité; il exige nécessairement un objet restreint. La fin que l'on se propose, celle d'enseigner, demande un enchaînement rigoureux des faits, fondé sur l'expérience. Cet exposé est sans doute instructif au point de vue positif et pratique; mais, si on n'y ajoute pas autre chose, il ne satisfait pas la raison. Kant lui-même, dans son plan d'une histoire *au point de vue d'un citoyen du monde*, ne considère que l'enchaînement logique et régulier des événements de l'histoire dans leur ensemble; seulement, il le cherche plus haut, dans les lois générales et nécessaires de la nature. En vertu de ces lois, à la guerre doit succéder la paix, et finalement une paix éternelle; après de nombreux écarts on finira aussi par arriver à la vraie forme de gouvernement. Mais ce plan de la nature n'est lui-même qu'un reflet empirique de la vraie nécessité. D'un autre côté, la conception d'une histoire ordonnée d'après ce plan devrait plutôt s'appeler civile que cosmopolitique, se borner à exposer le progrès de l'humanité dans le sens des relations paisibles entre les hommes, dans celui du commerce et de l'industrie, et présenter ces avantages comme les plus beaux fruits de l'activité de l'homme et de ses efforts.

Ainsi, puisque la simple liaison des événements, d'après la nécessité empirique, ne peut toujours être que pragmatique, tandis que l'histoire, dans sa plus haute acception doit être indépendante de tout but personnel et marcher librement, il est évident que le point de vue empirique ne peut être le plus élevé qui préside à son exposition.

La véritable histoire est fondée aussi sur une synthèse du réel et de l'idéal, mais qui n'a pas lieu par la philosophie, puisque celle-ci fait abstraction de la réalité, et est entièrement idéale. L'histoire, au contraire, doit être entièrement dans le réel, et cependant aussi être en même temps idéale. Or, ceci n'est possible que dans l'*art*, qui laisse subsister le réel, comme le théâtre représente les événements réels ou historiques, mais dans une perfection et une unité telles qu'ils sont l'expression des plus hautes idées. L'art est donc ce par quoi l'histoire, tout en étant la science du réel comme tel, s'élève au dessus de lui dans la région la plus haute de l'idéal, où règne la science ; le troisième point de vue de l'histoire, qui est en même temps absolu, est, par conséquent, celui de l'*art historique*.

Nous avons à montrer son rapport avec ce qui précède.

Il va sans dire que l'historien, par amour pour ce qu'il appellerait son art, ne peut changer les faits de l'histoire dont la première loi est la vérité. On ne doit pas s'imaginer davantage qu'à un point de vue supérieur, l'historien néglige l'enchaînement réel des événements. Mais il en est ici plutôt comme de la manière de combiner l'action dans le drame, où, à la vérité, chaque événement doit naître nécessairement de celui qui précède, et finalement l'ensemble de la première synthèse, mais où le plan lui-même doit être saisi, non empiriquement, mais d'après un ordre de choses plus élevé. L'histoire n'arrive à être parfaite pour la raison que lorsque les causes empiriques, en même temps qu'elles satisfont l'entendement logique, servent comme instruments et moyens à la manifestation d'une plus haute nécessité. Dans une telle exposition, l'histoire ne peut manquer de produire l'impression du drame le plus grand et le plus merveilleux qui puisse être composé dans un esprit infini.

Nous avons placé l'histoire au même rang que l'art. Mais ce que celui-ci représente, c'est toujours une identité de la nécessité et de la liberté, et cette représentation, surtout dans la tragédie, est l'objet propre de notre étonnement. Or, cette même identité est également le point de vue philosophique et religieux dans l'histoire, puisque la religion ne voit autre chose dans la providence que la sagesse qui concilie dans le plan du monde la liberté de l'homme avec la nécessité générale, et réciproquement celle-ci avec la première. Mais, maintenant, l'histoire proprement dite ne doit se placer, ni au point de vue philosophique, ni au point de vue religieux. Elle saura, par conséquent, représenter cette identité de la liberté et de la nécessité d'une manière telle qu'elle apparaisse du point de vue de la réalité, dont elle ne doit jamais s'écarter. Or, de ce point de vue, cette identité ne peut se concevoir que comme ne s'adressant pas à la raison, mais immédiate et visible : en un mot comme *destin*. Il ne faut pas croire pour cela que l'historien doive avoir sans cesse le mot de destin à la bouche, mais celui-ci se révèle par la vérité même du tableau, naturellement, et sans que rien s'y ajoute. Dans les livres d'Hérodote, planent le destin et la justice, comme des divinités invisibles qui dominent partout. Dans le style élevé et pleinement libre de Thucydide, qui se montre déjà dramatique par l'introduction des harangues, cette haute unité est exprimée formellement et manifestée de la manière la plus frappante.

Quant à la manière dont l'histoire doit être étudiée, ce qui suit peut suffire. Elle doit, dans son ensemble, être considérée comme une sorte d'épopée qui n'a pas de commencement ni de fin déterminés. Que l'on prenne le point que l'on regarde comme le plus significatif et le plus intéressant, et que de ce point se développe et s'étende le tout, dans toutes les directions.

Evitez ce qu'on appelle les histoires universelles, qui n'apprennent rien. La vraie histoire universelle doit être conçue dans le style épique, dans l'esprit, par conséquent, dont la tendance est chez Hérodote. Ce qu'on appelle aujourd'hui histoires universelles, ce sont des *compendium* d'où le côté particulier, et par conséquent l'intéressant, ont disparu. Que celui-là même qui ne choisit pas l'histoire pour sa spécialité, aille, autant que possible, aux sources, et lise les histoires particulières, qui seront pour lui beaucoup plus instructives. Qu'il apprenne, quant à l'histoire moderne, à aimer la naïve simplicité des chroniques, qui ne font ni descriptions prétentieuses de caractères, ni réflexions morales.

Que celui qui veut devenir un artiste historique, s'en tienne uniquement aux grands maîtres de l'antiquité, qui, la vie générale et publique une fois éteinte, ne pouvaient être égalés. Si nous exceptons Gibbon, qui pourtant est aussi un orateur et non un historien, mais dont l'ouvrage, au moins, a pour lui la grandeur du plan et l'avantage de se placer au point central des temps modernes, il n'existe, à vrai dire, que des historiens nationaux, parmi lesquels la postérité ne nommera que Machiavel et Jean Muller.

Quels degrés doit gravir celui qui veut écrire dignement l'histoire? C'est ce dont ceux qui se consacrent à cette carrière, pourraient déjà se former une idée, uniquement d'après les lettres que ce dernier a écrites dans sa jeunesse. Mais, en général, tout ce qu'on peut attendre de la science et de l'art, d'une vie riche en expériences et passée dans les affaires publiques, doit contribuer à former l'historien.

Les premiers modèles du style historique sont l'épopée, dans sa forme primitive, et la tragédie. Car si l'histoire universelle, dont les commencements sont inconnus comme les sources du Nil, affectionne particulièrement la forme et la richesse épiques, l'histoire spéciale, au contraire, veut être développée plutôt d'une manière concentrique. Les événements doivent graviter autour d'un point central commun; sans compter que, pour l'historien, la tragédie est la vraie source des grandes idées, de l'élévation de la pensée, à laquelle il doit s'être accoutumé.

Nous avons désigné comme l'objet de l'histoire proprement dite, la formation d'un organisme social qui réalise la liberté, en un mot l'Etat. Il existe une science de l'Etat aussi bien qu'une science de la nature. Son idée ne peut pas davantage se tirer de l'expérience, puisque celle-ci doit apparaître ici plutôt comme créée elle-même d'après des idées, et l'Etat comme une œuvre d'art.

Si, en général, les sciences positives ne se distinguent de la philosophie que par l'élément historique, cela s'applique également à la science du droit. Mais il ne peut entrer d'historique dans cette science que ce qui est nécessaire pour l'expression des idées. Ce qui, par conséquent, est purement transitoire, doit être écarté, ainsi que toutes les formes de la législation qui appartiennent uniquement au mécanisme extérieur de l'Etat. Or, c'est ce qui fait presque tout le contenu de ce qui s'enseigne aujourd'hui dans la science du droit. C'est à peine si on y voit percer, çà et là, comme à travers des débris épars, l'esprit qui anime la société.

En ce qui concerne une pareille science, le seul conseil à donner, c'est, en effet, de l'enseigner et de l'apprendre d'une manière empirique, comme cela est nécessaire pour l'usage qu'on en fait dans les cas particuliers, devant les tribunaux ou dans les relations sociales, et de ne pas profaner la philosophie, en la mêlant à des choses qui n'ont aucun rapport avec elle. La construction scientifique de l'Etat, en ce qui touche à la vie intérieure, ne rencontrerait aucun élément historique qui lui répondît dans les temps modernes, si ce n'est en tant que le contraire lui-même sert à refléter son opposé. La vie privée, et avec elle aussi le droit privé, sont séparés du droit public. Or, séparés de la vie publique, ils offrent aussi peu le caractère absolu que les corps individuels et leurs rapports mutuels dans la nature. Par cela même que la vie privée abandonnée complètement de l'esprit public, et comme placée en dehors de l'État, a perdu elle-même son existence véritable, on ne peut appliquer à la législation qui la régit rien qui ressemble aux idées, mais, tout au plus, une certaine pénétration, une sorte d'habileté mécanique, qui se borne à exposer les principes empiriques dans les cas particuliers, et à décider les points litigieux d'après ces principes.

La seule partie de la science du droit qui puisse être traitée au point de vue de l'histoire universelle, c'est la forme de la vie publique, en tant que celle-ci, même dans ses développements particuliers, peut être envisagée d'après l'opposition du monde ancien et du monde moderne, et, par là, offre un caractère de nécessité et de généralité.

L'harmonie de la nécessité et de la liberté, qui nécessairement s'exprime à l'extérieur et dans une unité objective, se différencie dans cette manifestation même et offre deux faces distinctes ; elle revêt une forme différente selon qu'elle est exprimée dans le réel ou dans l'idéal. La manifestation parfaite de cette harmonie dans le réel est l'État parfait, dont le but est atteint dès que le particulier et le général se sont identifiés, lorsque tout ce qui est nécessaire est en même temps libre, et tout ce qui est libre en même temps nécessaire. Or, puisque la vie extérieure qui présentait l'image de cette harmonie a disparu, elle devait être remplacée par la vie intérieure dans une unité idéale, qui est l'Église. L'État opposé à l'Eglise est lui-même le côté naturel du tout dans lequel les deux termes sont réunis. Dans son existence absolue il devait empêcher le terme opposé d'apparaître, précisément par cela même qu'il le comprenait. Ainsi, l'Etat grec ne connaissait pas d'Eglise, à moins qu'on ne veuille donner ce nom aux Mystères, qui n'étaient d'ailleurs eux-mêmes qu'une branche de la vie publique. Au contraire, depuis que les mystères sont exotériques, c'est l'Etat qui est ésotérique, en ce sens qu'en lui l'individu vit dans le tout, en se séparant néanmoins de lui, tandis que le tout ne vit pas dans l'individu. Quand l'Etat existait sous sa forme réelle, l'unité était dans la pluralité au point de s'identifier avec elle. Avec l'opposition des deux termes, se sont manifestées dans l'Etat toutes les autres oppositions renfermées dans celle-ci. L'unité devait être l'élément dominant, mais non sous sa forme vraie, sous une forme exclusive, en un mot dans la monarchie, dont l'idée a disparu essentiellement avec l'Eglise. D'un autre côté la pluralité, ou la multitude, par son opposition même avec l'unité, devait se disséminer complètement en individualités, et cesser d'être l'instrument de la puissance générale. De même que, dans la nature, comme manifestation de l'infini dans le fini, la pluralité également absolue est à la fois unité et pluralité, de même, dans l'Etat parfait, la pluralité, avait une existence absolue par cela même qu'elle était organisée de manière à faire un monde à part (celui des esclaves). C'était le côté réel de l'Etat, séparé de lui, et par là subsistant par lui-même; tandis que, d'après le même principe, les hommes libres se mouvaient dans le pur éther d'une vie idéale, semblable à celle des idées. Le monde moderne est, sous tous ces rapports, le monde du mélange, comme l'ancien était celui de la séparation et de l'exclusion. Ce qu'on appelle liberté des citoyens n'a produit que le plus monstrueux amalgame de l'esclavage et de la liberté, mais nullement le maintien absolu, et par là libre, de l'un ou de l'autre. L'opposition de l'unité et de la pluralité rendait nécessaires dans l'Etat des intermédiaires, mais qui, dans cette position équivoque entre commander et obéir, ont cherché à se donner une existence indépendante, et néanmoins, dans un état de lutte permanente, ne sont jamais arrivés à une existence libre, propre et véritable.

Quiconque veut comprendre lui-même en homme libre la science positive du droit et de l'Etat, doit, avant tout, chercher à se créer par la philosophie et l'histoire, l'image vivante de la société à venir et des formes nécessaires de la vie publique, qu'elle doit revêtir On ne peut calculer combien de sources de progrès pourraient être ouvertes dans cette science, si elle était traitée pour elle-même, par un esprit indépendant, affranchi de la routine et des usages reçus.

La condition essentielle pour cela c'est de construire

l'État sur le modèle des idées, problème qui n'a encore eu de solution jusqu'ici que la République de Platon. Quoique nous devions maintenir également ici l'opposition du monde moderne et du monde ancien, cet ouvrage divin restera cependant toujours le premier type et le premier modèle.—Ce que l'on peut dire sur la vraie synthèse de l'État dans son organisation actuelle est indiqué dans ce qui précède, et ne peut être expliqué davantage, sans de longs développements, ou sans l'application à un exemple donné. Je me bornerai, par conséquent, à montrer, dans la manière dont on a, jusqu'ici, traité ce qu'on appelle le droit naturel, ce qui a été fait, ou ce qu'on s'est seulement proposé.

C'est dans cette partie de la philosophie que la méthode analytique et le formalisme se sont maintenus avec le plus d'opiniâtreté. Les premières idées furent empruntées, soit au droit romain, soit à quelque autre forme en vogue ; de sorte que le droit naturel a traversé tour-à-tour, non-seulement tous les penchants de la nature humaine, la psychologie tout entière, mais encore toutes les formes imaginables. Par leur analyse on a trouvé une série de maximes et de formules à l'aide desquelles on espérait donner à la jurisprudence une forme systématique. Les jurisconsultes kantiens, en particulier, ont entrepris avec zèle d'employer la philosophie comme servante de leur science ; et c'est dans cet esprit, comme cela se conçoit, qu'ils ont voulu réformer le droit naturel. Cette manière de philosopher est une sorte de chasse aux idées abstraites. Tout leur est bon, pourvu que ce soit quelque théorie bien singulière, et que, grâce à elle, celui qui l'a inventée, par la peine qu'il se donne à y faire rentrer tous les matériaux de la science, puisse se donner l'air d'avoir son système à lui, système qui sera, du reste, bientôt remplacé par un autre également original.

La première entreprise qui ait été faite pour construire de nouveau l'État comme organisation réelle fut le *Droit naturel* de Fichte. Si le côté simplement négatif de la constitution civile, qui a uniquement pour but le maintien des droits, pouvait être isolé, s'il pouvait être séparé de toutes les institutions qui ont pour objet l'énergie, le mouvement harmonieux et la beauté de la vie publique, il serait difficile, en général, d'imaginer une autre forme de société que celle qui est représentée dans ce système. Mais la prédominance du côté simplement relatif fait dégénérer l'organisme de la constitution en un mécanisme infini, où ne se rencontre plus rien d'absolu. En général, on peut reprocher à tous les essais qui ont été faits jusqu'à présent le caractère relatif et borné de leur tendance, c'est-à-dire d'imaginer une forme de société avec laquelle on atteigne tel ou tel but particulier. Sous ce rapport, il est parfaitement indifférent que l'on place ce but dans le bien-être général, dans la satisfaction des penchants sociaux de la nature humaine, ou dans quelque chose de purement extérieur, comme la vie en commun d'êtres libres dans les conditions de la plus grande liberté possible; car, dans chacun de ces cas, l'État n'est toujours conçu que comme un moyen, que comme relatif et dépendant. Toute vraie construction philosophique est, par sa nature même, absolue, et ne tend jamais qu'à l'unité, même dans chaque forme particulière. Elle n'est pas, par exemple, la construction de l'État comme tel, mais de l'organisme absolu sous la forme de l'État. Construire celui-ci, ce n'est donc pas le concevoir comme condition de la possibilité de quelque fin extérieure. Et, du reste, pourvu qu'avant tout il soit représenté comme l'image immédiate et visible de la vie absolue, il atteindra de lui-même tous ces buts. C'est ainsi que la nature n'existe pas afin que l'équilibre de la matière soit; mais cet équilibre est parce que la nature existe.

ONZIÈME LEÇON.

Sur la Science de la Nature en général.

Lorsque nous voulons parler de la nature d'une manière absolue, nous entendons par là l'univers en général; nous distinguons seulement dans celui-ci deux côtés : celui dans lequel les idées sont engendrées d'une manière réelle, et celui dans lequel elles le sont d'une manière idéale. L'un et l'autre existe par une action de la puissance créatrice absolue, et d'après les mêmes lois ; de sorte que, dans l'univers, il n'y a en soi aucun désaccord, mais la plus parfaite unité.

Pour concevoir la nature comme la naissance générale des idées, nous devons remonter à l'origine et à la signification de celles-ci elles-mêmes.

Cette origine consiste dans la loi éternelle de l'Être absolu, qui consiste à se manifester à lui-même. En vertu de cette loi, l'action créatrice de Dieu est une incarnation de l'universel et de l'essence divine dans des formes particulières ; d'où il résulte que celles-ci, quoique particulières, sont cependant aussi des universaux et ce que les philosophes ont appelé *monades* ou *idées*.

On démontre plus au long, dans la philosophie, que les idées sont les seules médiatrices par lesquelles les choses particulières peuvent être dans Dieu, et que, d'après ce principe, il y a autant d'universaux que de choses particulières ; que, cependant, à cause de l'identité de leur essence, il n'y a dans toutes qu'un seul être universel. Maintenant, quoique les idées soient dans Dieu purement et simplement d'une manière idéale, elles ne sont cependant pas mortes, mais vivantes. Ce sont les premiers organismes par lesquels Dieu se contemple lui-même, qui, par conséquent, participent de toutes les propriétés de son essence, et de la réalité invisible et absolue, quoique sous une forme particulière.

En vertu de cette participation, elles sont, comme Dieu, créatrices, et elles agissent d'après les mêmes lois et de la même manière, puisqu'elles revêtent leur essence de formes particulières et la manifestent par des choses individuelles. Absolues et éternelles en soi, au point de vue des choses individuelles et relativement à celles-ci elles sont dans le temps. Les idées sont comme les âmes des choses, qui, à leur tour, sont comme le corps des idées. Celles-là sont, sous ce rapport, infinies, celles-ci, finies. Mais l'infini ne peut s'unir au fini autrement que par une identité intime et essentielle. Si donc celui-ci en lui-même, et comme fini, ne renferme et n'exprime pas déjà l'infini tout entier, n'est pas déjà l'infini considéré seulement par le côté objectif, l'idée ne peut s'introduire en lui comme âme, et l'essence n'apparaît pas en elle-même, mais par une existence différente, par la simple réalité. Si, au contraire, le fini comme tel porte en lui-même l'infini tout entier, auquel il prête une forme, de même que le plus parfait organisme, qui déjà en lui-même est l'idée tout entière, l'essence de la chose apparaît aussi comme son âme, et, en outre, comme idée; et la réalité rentre de nouveau dans l'idéalité. C'est ce qui a lieu dans la *raison*, qui, par conséquent, est le centre de la nature et de la manifestation des idées.

Ainsi, de même que l'absolu, dans l'acte éternel de la connaissance divine, se manifeste à lui-même dans les idées, de même celles-ci agissent d'une manière éternelle dans la nature, qui, considérée sensiblement du point de vue des choses particulières, engendre celles-ci d'une manière temporelle, et en tant qu'elle a reçu les divines semences des idées, apparaît infiniment féconde.

Nous sommes arrivés au point où nous pouvons faire comprendre les deux manières de connaître et d'étudier la nature dans leur opposition. L'une consiste à considérer la nature comme l'organe des idées, ou, en général, comme le côté réel de l'absolu, absolu par conséquent lui-même. Dans l'autre, on l'envisage en elle-même comme séparée de l'idéal, et dans son existence relative. Nous pouvons nommer la première, en général, le point de vue *philosophique*, l'autre le point de vue *empirique*, et poser ainsi la question de leur valeur : Rechercher si la manière empirique, en général, et de quelque manière qu'on la comprenne, peut conduire à une *science* de la nature.

Il est clair que le point de vue empirique ne s'élève pas au-dessus de l'existence corporelle, et considéré celle-ci comme quelque chose qui existe en soi-même, tandis que l'autre point de vue, au contraire, ne la conçoit que comme l'idéal transformé en réel (en vertu de l'acte créateur par lequel Dieu s'objective et se manifeste à lui-même). Les idées se symbolisent dans les choses, et comme elles sont en soi les formes de l'absolue connaissance, elles apparaissent dans celle-ci comme les formes de l'existence physique, de même que l'art plastique matérialise ses idées pour leur donner la forme visible. L'empirisme considère l'existence matérielle entièrement indépendante de sa signification, parce qu'il est de la nature du symbole d'avoir en lui-même sa vie propre. Dans cette abstraction, rien ne peut apparaître que de purement fini, avec une négation complète de l'infini. Et encore, si cette idée se fût développée de manière à revêtir un caractère d'universalité dans la physique moderne, si, à cette conception de la matière, au point de vue purement matériel, ne se fût pas opposée, d'une manière absolue, celle de l'esprit, elle aurait pu former, au moins, en soi, un véritable système, elle aurait eu la perfection qu'elle avait dans l'ancienne philosophie atomistique, particulièrement dans celle d'Epicure. Celle-ci, en anéantissant la nature elle-même, délivre l'ame du désir et de la crainte, tandis que l'autre se repaît plutôt des idées du dogmatisme, et ne sert qu'à entretenir la division d'où elle est sortie.

Cette opinion systématique, qui tire son origine de Descartes, a changé essentiellement le rapport de l'esprit et de la science, vis-à-vis de la nature. Dénuée des hautes conceptions sur la matière et la nature, que renfermait la doctrine des atômes, ne songeant même pas à étendre et à compléter celle-ci, elle considère la nature dans sa généralité comme un livre fermé, comme un secret que l'on ne peut chercher à pénétrer que dans les détails, et encore seulement par bonne fortune et par hasard, mais jamais dans son ensemble. Or, s'il est de l'essence de la science qu'elle ne soit pas elle-même atomistique, mais formée d'un seul esprit, et que l'idée du tout précède celle des parties, non l'idée des parties celle du tout, il est clair, dès lors, qu'une vraie science de la nature est impossible et inaccessible à cette méthode.

Le point de vue purement relatif et fini détruit déjà entièrement l'idée d'organisme, pour lui substituer le simple enchaînement mécanique, de même qu'il remplace la construction philosophique par l'explication rationnelle. Ici on remonte des effets observés aux causes. Mais quand même cette manière de raisonner ne serait pas arbitraire, et qu'il n'existerait aucun phénomène qui dérivât immédiatement d'un seul principe absolu, de ce que ce sont bien ces causes et non pas d'autres qui produisent ces effets, il ne s'ensuit pas certainement qu'elles les fassent comprendre. Si les causes étaient connues en elles-mêmes et que de celles-ci on pût conclure les effets, ce serait alors seulement que l'enchaînement des causes et des effets pourrait avoir un caractère de nécessité rationnelle. Sans compter que les effets doivent bien, sans doute, suivre les causes, puisque l'on a pensé qu'il était nécessaire de les en déduire.

Le principe interne de toutes choses, celui d'où découlent toutes leurs manifestations vivantes est l'unité du réel et de l'idéal, qui étant en soi le repos absolu, n'est déterminé extérieurement à l'action que par un dédoublement de lui-même. Comme le principe de toute activité dans la nature est un, est l'être présent partout, affranchi de toute relation, absolu par rapport à chaque chose, les différentes activités ne peuvent se distinguer les unes des autres que par la forme, puisque chacune, dans son espèce, est la même que toute autre. Ce qui fait l'unité de la nature ce n'est pas qu'un phénomène dépende d'un autre, mais que tous découlent d'un principe commun.

Cette conception même, où l'empirisme a pressenti la vérité, savoir : que tout dans la nature s'accorde par l'harmonie préétablie de toutes choses et qu'aucune existence n'en change ou n'en modifie une autre, si ce n'est par l'intermédiaire de la substance universelle, cette idée, dis-je, fut à son tour comprise dans le sens mécanique et réduite à l'insignifiance d'une action à distance (dans l'acception que cette expression a chez Newton et ses successeurs).

Comme la matière n'avait en elle aucun principe de vie et qu'on voulait s'épargner d'admettre une action de l'esprit sur elle, pour expliquer les phénomènes de l'ordre le plus élevé, du mouvement spontané et autres semblables, on adopta alors, pour les phénomènes les plus élémentaires, quelque chose en dehors d'elle, mais qui ne devait être encore que matière, qui, par la négation de ses principales propriétés, telles que la pesanteur, se rapprocherait de l'idée négative de l'esprit, de la substance immatérielle. Comme si par là pouvait être levée ou même diminuée l'opposition des deux principes! Or, même en accordant la possibilité de la matière impondérable et incoercible, conformément à ce mode d'explication, tout serait toujours déterminé dans la matière par une action extérieure. La mort serait le principe, et la vie le résultat.

Mais quand même, au point de vue mécanique, chaque phénomène serait parfaitement compris par cette explication, le cas resterait le même que si quelqu'un voulait expliquer Homère ou quelqu'autre auteur, en commençant par faire remarquer la forme des caractères, puis en montrant comment ils ont été rassemblés et imprimés, et enfin comment est sorti de là un ouvrage. Cette observation s'applique plus ou moins, surtout à ce qu'on a jusqu'ici donné, dans la science de la nature, pour des constructions mathématiques. Déjà il a été remarqué plus haut que les formes mathématiques ne peuvent être, ici, que d'un usage simplement mécanique. Elles ne sont pas le principe essentiel des phénomènes eux-mêmes, lequel, dans ce système, réside plutôt dans quelque chose d'étranger, d'empirique, par exemple : pour les mouvements des corps célestes, dans un choc, une impulsion reçue *à tergo*. Il est vrai, que, par l'application des mathématiques, on a appris à déterminer d'avance, avec exactitude, le lever et le coucher des astres, le temps de leurs révolutions. Mais sur l'essence et la nature même de ces mouvements on n'a pas donné le moindre résultat. La physique que l'on appelle mathématique est donc, jusqu'à ce jour, un pur formalisme, dans lequel on ne rencontre rien d'une véritable science de la nature.

L'opposition que l'on a coutume d'établir entre la théorie et l'expérience n'a par conséquent aucun véritable sens, puisqu'on suppose qu'il est précisément de l'essence de la théorie de se rapporter à une particularité et par conséquent à l'expérience. Aussi, la science absolue n'est pas la théorie ; celle-ci ne désigne que le mélange confus du général et du particulier qui caractérise le savoir commun. La théorie ne peut se distinguer de l'expérience que parce qu'elle exprime celle-ci d'une manière abstraite, séparée de ses circonstances accidentelles et dépouillée de sa forme originelle. Mais, précisément, faire ressortir cette forme et manifester simplement l'action de la nature dans chaque phénomène est aussi la tâche de l'expérimentation. Toutes deux se tiennent donc et sont au même niveau. On ne voit donc pas comment le physicien expérimentateur peut s'élever, en aucune façon, au-dessus de la théorie, puisque c'est d'elle seule que dérive le principe qui l'inspire à son insu, et sans lequel il ne pourrait même pas interroger, comme on dit, la nature, lui poser des questions ; car de leur sens plus ou moins profond dépend la clarté des réponses qu'il obtient. Toutes deux (l'expérience et la théorie) ont cela de commun que leur point de départ est toujours l'objet déterminé, non une science générale et absolue. Toutes deux, lorsqu'elles restent fidèles à leur essence, se distinguent de la fausse manière de théoriser, qui procède à l'explication de la nature, et pour y parvenir imagine des causes ; car toutes deux se bornent à la simple exposition ou description des phénomènes eux-mêmes, et elles ressemblent, en ce point, à la construction philosophique qui ne se mêle pas d'avantage d'expliquer. Si elles avaient conscience de leur tendance, elles pourraient l'une et l'autre se proposer pour unique but d'aller de la périphérie au centre, comme la construction va du centre à la périphérie. Mais la route, dans la première direction, comme dans la seconde, est infinie; de sorte que, si être en possession du centre est la première condition de la science, celle-ci est nécessairement inaccessible dans la première direction.

Chaque science a besoin, pour son existence positive, d'un côté exotérique. Celui-ci doit donc exister aussi pour la science de la nature ou pour cette partie de la philosophie qui a pour objet la construction de la nature. Il ne peut exister que dans l'expérimentation et dans son corrélatif, la théorie (dans le sens que nous venons d'indiquer). Mais celle-ci ne doit pas avoir la prétention d'être la science même, ou autre chose que son côté réel, qui nous offre, séparé dans l'espace et successif dans le temps, ce qui est simultané dans les idées de la science première.

Ensuite l'expérience ne doit se combiner avec la science, comme son corps, que lorsqu'elle tend à être, dans son genre, ce que celle-ci est dans le sien, c'est-à-dire à être une construction empirique. Enfin elle est enseignée et cultivée dans l'esprit de l'ensemble, lorsque, s'abstenant d'explications et d'hypothèses, elle se contente d'exposer fidèlement les phénomènes eux-mêmes, et ne cherche à exprimer aucune idée autrement que par ceux-ci. Mais un empirisme étroit veut-il, avec ses fausses conceptions, porter ses regards sur l'univers ou pénétrer l'essence des êtres ? En face de ces vérités, qu'il s'agit de saisir et de montrer dans leur universalité, essaye-t-il d'édifier un système, à l'aide de quelques expériences détachées du milieu d'une foule de cas particuliers qu'il ne saurait embrasser, ou d'une multitude de circonstances qui se croisent et s'embrouillent, c'est une entreprise qui, dans sa prétention vis-à-vis de la science, est tout aussi vaine, pour me servir d'une comparaison connue, que de vouloir traverser l'Océan avec une paille.

Une science de la nature, fondée sur les idées, est donc la première base et la condition qui seule permet aux théories empiriques sur la nature de remplacer leurs tâtonnements aveugles par un procédé méthodique dirigé vers un but déterminé. Car l'histoire de la science montre qu'une pareille tentative de systématiser les phénomènes par l'expérience, telle que nous l'avons indiquée, n'est jamais guidée dans les cas particuliers que par une sorte d'instinct. Par conséquent, pour appliquer cette méthode d'une manière générale, il faut que l'on ait déjà emprunté le modèle de la construction philosophique à une science absolue.

J'ai trop de fois développé devant vous l'idée d'une pareille science, pour qu'il me paraisse nécessaire de l'exposer ici autrement que dans ses traits les plus généraux.

La science de la nature doit déjà, en elle-même, s'élever au-dessus des phénomènes particuliers et des productions de la nature, jusqu'à l'idée du principe unique d'où ils découlent comme de leur source commune. L'expérience, il est vrai, a aussi une idée obscure de la nature, comme formant un seul tout dans lequel chaque partie est déterminée par l'ensemble, et l'ensemble par les parties. Il ne suffit donc pas de connaître les parties, si on ne connaît pas le tout. Mais, précisément, le point où l'unité et la totalité elles-mêmes se réunissent, n'est connu que par la philosophie; ou plutôt sa connaissance est la philosophie même.

Ce que celle-ci se propose nécessairement et avant tout, c'est de comprendre la manière dont toutes choses naissent de Dieu ou de l'absolu; et comme la nature est le côté réel tout entier dans l'acte éternel de la manifestation divine, la philosophie de la nature est aussi nécessairement la première partie de la philosophie.

Son principe et son point de départ est l'être idéal absolu ; mais celui-ci ne serait jamais connu, il resterait éternellement enveloppé en lui-même, si comme sujet il ne se transformait pas en objet, transformation dont la nature visible et finie est le symbole. La philosophie, dans son ensemble, est donc un idéalisme absolu, puisque cet acte par lequel Dieu se manifeste, est compris lui-même dans la pensée divine ; et la philosophie de la nature, dans cet idéalisme, ne renferme aucune opposition. L'opposition n'existe que dans l'idéalisme relatif, qui ne saisit de l'idéal absolu qu'un seul côté. Car le développement de l'essence divine revêtant la forme de l'existence particulière, ce développement parfait au point de réaliser l'identité des deux termes, produit dans Dieu les idées; de sorte que l'unité par laquelle celles-ci existent en elles-mêmes et sont réelles, est immédiatement identique avec celle par laquelle elles existent dans l'absolu et sont idéales. Mais dans les choses particulières qui sont les simples images des idées, ces deux unités n'apparaissent plus comme identiques : la première domine dans la nature comme le simple côté relativement réel. De sorte que, en opposition avec l'autre côté, celui où l'idéal se manifeste sans enveloppe, non déguisé sous une autre forme, elle apparaît comme l'existence négative, la dernière comme l'existence positive et le principe de la première, tandis qu'en réalité elles ne sont que les manifestations relatives de l'idéal absolu et se confondent entièrement en lui. D'après cette conception, la nature non seulement, en soi, comme étant l'acte intégral et absolu de la manifestation divine, mais encore, dans son existence visible, où elle se montre comme le côté relativement réel et objectif de cette manifestation, la nature, dis-je, est essentiellement une, elle ne renferme aucune diversité intérieure. Dans toutes choses est la même vie, la même puissance, la même fusion par les idées. Il n'y a point en elle d'existence corporelle pure, mais partout l'âme symboliquement transformée en corps et, en apparence seulement, une prédominance de l'un ou de l'autre. D'après le même principe, la science de la nature ne peut, aussi, être qu'une, et les parties dans lesquelles elle se divise à un point de vue inférieur, ne sont que les branches d'une seule connaissance absolue.

Toute construction philosophique consiste à représenter le réel dans l'idéal, le particulier dans le général, dans l'idée. Tout ce qui est particulier, comme tel, est *forme ;* mais la source et l'origine première de toutes les formes, est la forme nécessaire, éternelle et absolue. L'acte éternel de la manifestation divine se reproduit en toutes choses et se continue dans les formes particulières; et comme celles-ci ne sont toutes que les divers modes de manifestation de l'être universel et absolu, elles sont dans celui-ci également absolues.

Il y a plus, comme le type intérieur de toutes choses

doit être un, à cause de leur commune origine, et qu'il peut être saisi avec son caractère de nécessité, la même nécessité se communique aussi à la construction philosophique qui repose sur lui. Celle-ci, par conséquent, n'a pas besoin d'être confirmée par l'expérience, elle se suffit à elle-même. Elle peut aussi pénétrer au-delà du point où d'insurmontables limites retiennent enfermée l'expérience, par exemple, dans l'atelier intérieur de la vie organique, au foyer du mouvement universel.

Ce n'est pas seulement dans le monde de l'action qu'il existe un destin ; dans celui de la science aussi l'existence extérieure de l'univers et de la nature apparaît comme une absolue nécessité ; et si, selon l'expression d'un ancien, l'homme courageux aux prises avec l'adversité est un spectacle que la divinité elle-même contemple avec joie, la lutte de l'esprit qui fait effort pour contempler la nature dans son principe et dans l'essence éternelle de ses manifestations, n'est pas un spectacle moins sublime. De même que, dans la tragédie, le véritable dénoûment n'a pas lieu par le triomphe de la liberté sur le destin, ni par celui du destin sur la liberté, mais seulement lorsque celle-ci s'élève jusqu'à une parfaite harmonie avec celui-là ; de même, l'esprit ne peut sortir de ce combat contre la nature, et faire la paix avec elle, qu'autant qu'elle se manifeste comme lui étant tout-à-fait identique et comme étant aussi l'idéal.

Dans le poëme allemand par excellence, l'auteur

a représenté cette lutte qui naît du désir insatiable de connaître les choses, et il y a ajouté ses inventions personnelles; il a ouvert ainsi une source éternellement fraîche et vive à l'enthousiasme. C'en était assez pour rajeunir la science, à cette époque, et répandre sur elle le souffle d'une vie nouvelle. Que celui qui veut pénétrer dans le sanctuaire de la nature se nourrisse de ces sons échappés d'un monde supérieur ; qu'il suce, dans ses jeunes années, la force qui en émane comme en rayons condensés et qui remue le monde dans sa partie la plus intime.

DOUZIÈME LEÇON.

Sur l'étude de la Physique et de la Chimie.

Avant les phénomènes particuliers et les formes qui ne peuvent être connus que par l'expérience, se place nécessairement ce qui les constitue, savoir : la matière et la substance. L'expérience ne connaît celle-ci que comme corps, c'est-à-dire comme matière revêtue d'une forme changeante ; elle ne conçoit même la matière première, quand d'ailleurs elle remonte jusque-là, que comme un assemblage de petits corps d'une forme invariable et qui s'appellent pour cela atômes. Il lui manque, par conséquent, la connaissance de la première unité d'où tout sort et où tout retourne dans la nature.

Pour parvenir à l'essence de la matière, il faut écarter complètement de notre esprit l'image de chacune de ses formes particulières, par exemple de ce qu'on appelle les formes inorganiques ou organiques, puisqu'elle est en soi seulement le principe de ces différentes formes ; considérée absolument elle est l'acte de la contemplation de l'absolu par lui-même, en tant que celui-ci s'objective et se réalise en elle. Montrer d'un côté que telle est l'essence de la matière, de l'autre comment les êtres particuliers de la nature sortent de son sein avec les caractères qui les distinguent, telle est l'unique tâche de la philosophie.

J'ai suffisamment parlé du premier point dans ce qui précède ; je me borne donc ici au second. L'idée de chaque chose particulière est absolument une, et pour expliquer la variété infinie des individus de la même espèce, la même idée suffit, sa fécondité infinie n'étant épuisée par aucune réalité. Puisque la première loi de l'existence absolue est d'être absolument indivisible, le caractère particulier des idées ne peut consister à exclure les autres idées ; il consiste uniquement en ce que, dans chacune, toutes les autres sont représentées, mais seulement selon sa forme particulière. De ce système des idées, dans le monde intellectuel, doit être tiré le modèle qui doit servir à la connaissance du monde visible. Dans celui-ci les premières formes sont également des unités qui portent en soi toutes les autres formes comme particulières et les engendrent d'elles-mêmes, qui, par conséquent, apparaissent elles-mêmes comme des universaux. La manière dont elles passent dans l'étendue et remplissent l'espace doit être déduite elle-même de la loi éternelle du développement de l'unité en pluralité, pluralité qui dans les idées est, comme on l'a vu, identique avec son opposé, mais dans le monde visible devient, comme lui, divisible et multiple. Le type premier et le plus général à l'aide duquel on peut concevoir la formation de l'univers visible est nécessairement celui-ci : De même que les unités sensibles procèdent, comme idées, de l'absolu leur centre, de même, dans le monde réel, elles sont sorties d'un point central commun ou plutôt de centres communs (chacune d'elle étant à son tour créatrice et pouvant devenir centre), à la fois dépendantes et indépendantes comme leurs modèles.

Après la construction de la matière, la connaissance de la structure de l'univers et de ses lois est donc le premier et le principal objet de la physique. Ce que la *physique mathématique*, depuis le moment où ses lois ont été formulées par le divin génie de Keppler, a fait pour cette connaissance, se réduit, comme on sait, à avoir cherché une construction entièrement empirique, sous le rapport des principes. On peut admettre, comme règle générale, que ce qui, dans une prétendue construction, n'a pas le caractère d'une loi purement universelle, ne peut avoir aucun fondement scientifique, ni aucune vérité. Le principe d'où est déduit le mouvement centrifuge des corps, n'est nullement une loi nécessaire, mais un fait simplement empirique. La force d'attraction de Newton, bien qu'elle puisse faire exception aux yeux d'une méthode qui s'arrête au point de vue de la réflexion, n'est d'aucune valeur pour la raison, qui ne connaît que des rapports absolus, et elle ne peut entrer, par conséquent, dans une construction philosophique. Les principes sur lesquels s'appuient les lois de Keppler se laissent concevoir sans aucun accessoire empirique, uniquement d'après la science des idées, d'après les deux unités qui, en soi, forment une seule unité, et en vertu desquelles chaque essence, en même temps, qu'elle est en elle-même absolue, est aussi dans l'absolu, et réciproquement.

L'astronomie physique, ou la science des propriétés et des rapports particuliers des astres, s'appuie, quant à ses principes les plus importants, sur des conceptions universelles ; et, en ce qui concerne le système des planètes en particulier, sur l'harmonie qui existe entre celles-ci et les productions de la terre.

L'organisme général du monde ressemble à l'idée dont il est l'image, en ce qu'il est, comme celle-ci, fécond, et engendre, de lui-même, toutes les formes de l'univers. La matière, quoiqu'en apparence elle soit le corps de l'univers, se différencie à son tour en âme et corps. Le corps de la matière, ce sont les choses individuelles, les corps chez lesquels l'unité est entièrement perdue dans la multiplicité et dans l'étendue, et qui apparaissent, pour cela même, comme inorganiques.

L'exposition purement descriptive des formes inorganiques est devenue une branche spéciale de la science, et ce n'est pas sans un sentiment vrai qu'elle s'abstient de pénétrer jusqu'aux caractères intérieurs, ou qui constituent leur essence et leur qualité. Depuis que les différences spécifiques de la matière ont été saisies, même au point de vue de la quantité, et que la possibilité est donnée de les représenter comme les métamorphoses d'une seule et même substance, par de simple changements de forme, la voie est ouverte aussi à une construction historique de la série des corps, à laquelle les idées de Steffens ont déjà donné un commencement remarquable d'exécution.

La *géologie*, qui devrait offrir un caractère semblable, en ce qui concerne la terre tout entière, devrait donc aussi embrasser toutes ses productions, et montrer leur genèse dans la continuité de leur développement historique. Puisque le côté réel de la science ne peut toujours être qu'historique (car, hors de la science, il n'est rien qui, immédiatement et originairement, se rapporte à la vérité, si ce n'est l'histoire), la géologie, dans ses plus riches et ses plus hautes découvertes, comme histoire de la nature elle-même, vis-à-vis de laquelle la terre n'est qu'un moyen et un point de départ, la géologie serait la véritable intégration et la représentation purement objective de la science de la nature. Vis-à-vis d'elle, la physique expérimentale n'est qu'une transition ; elle est le but, celle-ci le moyen.

De même que les existences corporelles sont le corps de la matière, la lumière est l'âme qui les pénètre. Par son rapport à la différence, et comme son idée immédiate, l'idéal lui-même est fini. Il apparaît dans sa subordination à l'étendue, comme un idéal qui, à la vérité, décrit l'espace, mais ne le remplit pas. Ainsi, dans le monde visible, il est bien à la vérité l'idéal, mais non l'idéal entier de la manifestation divine (puisque, dans l'existence corporelle, il laisse un de ses côtés en dehors de lui); il est l'idéal simplement relatif.

La connaissance de la lumière est semblable à celle de la matière ; il y a plus, elle se confond avec elle, puisque toutes deux ne peuvent être véritablement comprises que dans leur opposition réciproque, comme le côté subjectif et le côté objectif. Depuis que cet esprit de la nature s'est retiré de la physique, la vie pour elle a disparu de toutes ses parties, de même qu'il n'existe aussi pour elle aucune transition possible de la nature en général au règne organique. L'optique de Newton est une grande preuve de la possibilité d'un échaffaudage d'erreurs qui repose dans toutes ses parties sur l'expérience et l'expérimentation. Comme si ce n'était pas toujours une théorie déjà existante, et dont on a plus ou moins conscience, qui détermine impérieusement le sens et l'ordre des recherches, en supposant qu'un instinct plus rare et plus heureux, ou une classification générale trouvée par une construction philosophique, n'ait pas assigné d'avance l'ordre naturel ! Et cependant l'expérience, qui peut bien apprendre des particularités mais, ne peut jamais donner une vue d'ensemble, n'en est pas moins considérée comme le principe infaillible de la connaissance de la nature.

Le germe de la terre n'a pu être développé que par la lumière ; car la matière doit devenir forme et se particulariser, afin que la lumière puisse apparaître comme essence et existence générale.

La forme générale de la particularisation des corps est celle par laquelle ils sont semblables à eux-mêmes, et sont dans une dépendance réciproque. C'est d'après le rapport à cette forme générale (qui est celle du passage de l'unité à la différence), que l'on doit chercher à comprendre toutes les qualités spécifiques de la matière.

Pour tous les êtres, le fait de sortir de l'identité est en même temps immédiatement leur retour à l'unité, qui est leur côté idéal, celui par lequel ils paraissent animés.

Exposer la formule générale des manifestations vivantes des corps, est, après les questions indiquées précédemment, le principal, l'unique objet de la physique, même en tant qu'on la conçoit dans ses limites ordinaires, et séparée de la science de la nature organique.

Ces manifestations, comme développements d'activité essentiellement inhérents aux corps, ont été appelées, en général, dynamiques, en tant que la formule qui résume leurs diverses formes déterminées, s'appelle *Processus dynamique*.

Il est nécessaire que ces formes soient renfermées dans un certain cercle et suivent un type général. Seulement, quand on possède ce type, on ne peut être certain ni de saisir un lien nécessaire, ni de considérer comme différentes des manifestations qui sont essentiellement unes. La physique expérimentale ordinaire se trouve, sous le rapport de la multiplicité et de l'unité de ces formes, dans la plus grande incertitude; de sorte que chaque nouvel ordre de phénomènes est pour elle un motif d'adopter un principe nouveau, différent de tous les autres, et que la même forme est déduite, tantôt d'un principe, tantôt d'un autre.

Si nous soumettons à la règle d'appréciation que nous avons établie, les théories reçues et la manière d'expliquer ces phénomènes en général, dans aucune d'elles on ne peut rien saisir qui ressemble à une loi nécessaire et générale, mais seulement quelque chose de purement accidentel. Car, qu'il existe des fluides impondérables tels que ceux que l'on admet pour cet usage, c'est ce qui n'est nullement prouvé; que ces fluides, en outre, soient de telle nature que leurs éléments homogènes se repoussent et leurs éléments hétérogènes s'attirent, comme dans l'explication des phénomènes magnétiques et électriques, c'est ce qui est encore complètement hypothétique. Si l'on vient à réunir l'ensemble de ces éléments hypothétiques, voici l'image que l'on doit se former de leur disposition. D'abord, dans les pores de la matière la plus grossière est logé l'air, dans les pores de l'air le calorique, dans ceux du calorique le fluide électrique qui renferme, à son tour, dans les siens le fluide magnétique, sans compter que celui-ci, dans ses propres interstices, contient l'éther. Ces divers fluides, emboîtés les uns dans les autres, ne se confondent pas, et ils apparaissent selon le bon plaisir du physicien, chacun dans son espèce, sans se mêler avec les autres; puis ils se retrouvent également, sans aucune confusion, chacun à sa place.

Ainsi, ce mode d'explication, outre qu'il n'a aucune consistance scientifique, ne peut pas même se supporter au point de vue de l'empirisme.

La construction philosophique de la matière par Kant donna lieu d'abord à une conception plus élevée, si on la compare à la considération matérielle des phénomènes; mais, dans tout ce qu'elle y substitua de positif, elle retourna elle-même à un point de vue inférieur. Les deux forces d'attraction et de répulsion, telles que Kant les désigne, sont de simples facteurs abstraits, des concepts de l'entendement trouvés par l'analyse, qui ne donnent aucune idée de la vie et de l'essence de la matière. Ajoutez à cela que, selon la même conception, il est impossible de comprendre la diversité des formes de la matière, d'après le rapport de ces forces, que Kant ne concevait que comme un simple rapport arithmétique. Ses successeurs et les physiciens qui cherchèrent à appliquer sa doctrine, se bornèrent, en ce qui concerne la conception dynamique, au point de vue purement négatif. Ainsi, par rapport à la lumière, ils croyaient avoir exprimé une haute idée, lorsqu'ils la désignaient simplement comme immatérielle, explication qui, du reste, laissait subsister toutes les hypothèses mécaniques, celle d'Euler par exemple.

L'erreur commune à toutes ses opinions, et qui en fait le fond, c'est la conception de la matière comme pure réalité. Avant que l'on pût comprendre les formes dans lesquelles s'exprime la vie intérieure de la matière, il fallait que l'on eût exposé scientifiquement l'acte général de la manifestation divine, d'où toutes choses sont sorties et la matière en particulier.

L'existence de chaque être individuel dans l'identité, comme étant l'âme universelle, et sa tendance à se réunir avec elle, lorsqu'il est posé en dehors de l'unité, ont déjà été données dans ce qui précède, comme le principe universel des manifestations vivantes. Les formes particulières ne sont nullement accidentelles dans la matière; ce sont des formes originelles, innées et nécessaires. Car, de même que l'unité de l'idée, dans l'espace, se développe en trois dimensions, la vie et l'activité s'expriment aussi selon le même type et par trois formes qui, par conséquent, sont aussi inhérentes à l'essence de la matière que les trois dimensions. Par cette construction, il n'est pas seulement certain qu'il n'existe que trois formes du mouvement vivant des corps, mais par là est trouvée, pour toutes leurs déterminations particulières, la loi générale d'après laquelle elles peuvent être considérées comme nécessaires.

Je me bornerai ici, d'abord, au *processus chimique*, puisque la science des phénomènes sous lesquels il se manifeste est devenue une branche spéciale de la connaissance de la nature.

Le rapport de la *physique* à la *chimie* s'est réduit, dans ces derniers temps, à une subordination presque complète de la première à la seconde. La clef, pour l'explication de tous les phénomènes de la nature et même des phénomènes de l'ordre le plus élevé, du magnétisme, de l'électricité, etc., devait être donnée par la chimie; aussi, à mesure que toute explication des phénomènes de la nature était attribuée à cette science, elle perdait elle-même le moyen de comprendre ses propres phénomènes. La chimie moderne avait conservé encore quelque chose de la jeunesse de la science, de cette époque où le sentiment de l'unité intérieure de toute choses était plus profondément empreint dans l'esprit de l'homme. Elle en avait retenu quelques expressions figurées, comme *affinité*, etc.; mais, loin de représenter une idée profonde, ces termes ne furent bientôt plus propres qu'à servir d'asile à l'ignorance. Le *nec plus ultra*, la limite dernière de toute connaissance, fut, de plus en plus, ce qui se laissait apprécier en poids et en volume; et ces esprits innés de la nature, ces puissances qui l'animent, qui produisent les qualités impérissables, furent eux-mêmes des éléments matériels, qui pouvaient être recueillis et enfermés dans un bocal.

Je ne nie pas que la chimie moderne ne nous ait enrichi d'un grand nombre de faits, quoiqu'il reste toujours à désirer que ce nouveau monde soit découvert une seconde fois, intégralement, par un organe plus élevé. Il est ridicule de s'imaginer avoir trouvé une théorie dans l'exposition de ces faits, qui ne sont liés entre eux que par des mots insignifiants : *matière, attraction*, etc., tandis qu'on n'a pas la moindre idée de ce que c'est que *qualité, synthèse, analyse*, etc.

Il peut être avantageux de traiter la chimie indépendamment de la physique. Mais alors elle doit être considérée simplement comme art de faire des expériences, sans qu'elle ait aucune prétention au titre de science. La construction des phénomènes chimiques n'appartient pas à une science particulière, mais à la science générale et universelle de la nature, où ces phénomènes ne sont pas envisagés en dehors de l'ordre total des choses, et comme soumis à des lois à part, mais comme des manifestations particulières de la vie universelle de la nature.

L'exposition du processus dynamique, qui a lieu dans le système général du monde, et en ce qui concerne la terre considéré dans son ensemble, est, dans le sens le plus large, la *météorologie*; et, à ce titre, c'est une partie de l'astronomie physique, puisque, d'un autre côté, les changements généraux de la terre ne peuvent être parfaitement compris que dans leur rapport avec la structure générale de l'univers.

Quant à la *mécanique*, dont une grande partie a été introduite dans la physique, elle appartient à ce qu'on appelle les mathématiques appliquées. Mais le type générale de ses lois, qui, exprimées d'une manière purement extérieure, sont en quelque sorte les formes mortes du processus dynamique, lui est assigné par la physique.

Le domaine de celle-ci, dans sa circonscription ordinaire, se borne à la sphère de l'opposition générale de la lumière et de la matière, ou de la pesanteur. La science absolue de la nature comprend, dans un seul et même tout, non seulement ces manifestations inférieures de l'unité divisée dans son sein, mais aussi celles du monde plus élevé, du monde organique, dans les productions duquel apparaît le développement entier de l'absolu sous ses deux faces à la fois.

TREIZIÈME LEÇON.

Sur l'étude de la Médecine et de la science de la nature organique en général.

De même que l'organisme, suivant la manière de voir la plus ancienne, n'est autre chose que la nature en petit et sa plus parfaite image, de même aussi la science de l'organisme doit rassembler et concentrer comme en un foyer tous les rayons de la connaissance générale de la nature. A presque toutes les époques, la connaissance de la physique générale fut considérée, au moins, comme une introduction nécessaire au sanctuaire de la vie organique. Mais quel modèle scientifique la science de la nature pouvait-elle emprunter à la physique qui elle-même, dépourvue de l'idée générale de la nature, ne pouvait que la charger du fardeau de ses hypothèses, et la défigurer, comme cela est suffisamment arrivé, en général, depuis que les limites par lesquelles on croyait séparées la nature inerte et la nature vivante ont été, plus ou moins, renversées?

L'enthousiasme du siècle pour la chimie a fait également chercher dans celle-ci le principe de la connaissance de tous les phénomènes organiques et considérer la vie elle-même comme le résultat d'une transformation chimique. Les explications des premières manifestations de la nature vivante par des affinités ou par la cristallisation, des mouvements organiques, et même de ce qu'on appelle les impressions des sens par des changements et des déplacements dans la composition des corps, peuvent être excellentes; seulement, ceux qui les donnent ont à expliquer auparavant ce que sont ces affinités et ces changements de composition eux-mêmes, question à laquelle ils se garderont bien, sans doute, de répondre.

On n'a rien fait quand on a transporté les résultats d'une partie de la science de la nature dans une autre. Chacune est absolue en soi; aucune ne peut se déduire d'une autre, et toutes ne peuvent être véritablement unes qu'autant que, dans chacune le particulier sera saisi d'après le général et en vertu d'une harmonie absolue.

Maintenant, que la médecine doive être la science générale de la nature organique, réunir ses parties éparses comme les rameaux du même tronc, et que, pour lui donner à la fois cette étendue et cette unité intérieure, ainsi que le rang de véritable science, les premiers principes sur lesquels elle repose doivent être non pas empiriques ou hypothétiques, mais certains en eux-mêmes et philosophiques, c'est ce qui, à la vérité, a été senti et reconnu depuis quelque temps plus généralement que pour les autres parties de la science de la nature. Mais, encore ici, la tâche de la philosophie s'est bornée à systématiser les faits d'une manière tout extérieure et artificielle, et à donner à la médecine, dont le caractère scientifique a été, de tout temps, révoqué en doute par les poètes et les philosophes, un meilleur renom. Quand la doctrine de *Brown* ne se distinguerait que comme étant pure d'explications empiriques et d'hypothèses, que parce qu'elle reconnaît et développe le grand principe de la différence simplement quantitative de tous les phénomènes, et se recommande par la rigueur avec laquelle elle poursuit ce principe dans ses conséquences, sans accueillir rien de ce qui lui est étranger, sans s'écarter de la route tracée par la science, son auteur serait déjà, par cela seul, jusqu'ici, un penseur unique dans l'histoire de la médecine, et le créateur d'un nouveau monde dans ce domaine de la science. Il est vrai qu'il s'arrête à l'idée d'*excitabilité*, et qu'il n'en a même aucune connaissance scientifique; mais il rejette en même temps toute explication empirique, et il avertit de ne pas s'abandonner à la recherche incertaine des causes, ce qui a toujours perdu la philosophie. Il est certain qu'il n'a pas nié par là qu'il existât une sphère plus élevée de la science, dans laquelle cette idée de l'excitabilité elle-même pût rentrer, comme devant en être déduite et se construire d'après une plus haute idée, de la même manière qu'il faisait sortir de son principe les formes secondaires des maladies.

L'excitabilité est une simple conception de l'entendement logique. Elle explique, il est vrai, comment est déterminé l'être organique individuel, mais elle ne fait pas connaître l'essence de l'organisme; car l'idéal absolu, qui apparaît en lui à la fois objectif et subjectif, comme corps et comme âme, est en soi en dehors de toute détermination. Mais l'être individuel, le corps organique, qu'il se construit comme son temple, peut être déterminé, et il l'est nécessairement par les choses extérieures. Maintenant, comme l'absolu veille sur l'unité de la forme et de l'essence dans l'organisme, parce que c'est dans cette unité seule que celui-ci est son symbole, chaque détermination du dehors par laquelle la forme est changée, le détermine à la rétablir, et, par conséquent, à agir. Ce n'est donc toujours qu'indirectement, c'est-à-dire par des changements dans les conditions extérieures de la vie, mais jamais en soi-même, qu'il peut être déterminé.

Ce qui fait que l'organisme est l'expression de l'acte par lequel l'être absolu se manifeste à lui-même, c'est que la matière qui, au degré le plus bas de l'existence, apparaît opposée à la lumière, est en lui unie avec elle, et n'est plus qu'un simple accident de l'essence de l'organisme, et, par conséquent, est entièrement la forme. C'est une conséquence de ce qu'étant réunis ils ne peuvent plus se comporter que comme attributs d'un seul et même principe. Dans l'acte éternel de la transformation de la subjectivité en objectivité, l'objectivité ou la matière ne peut être qu'un accident, auquel la subjectivité s'oppose comme l'essence ou la substance, mais qui, dans l'opposition même, dépouille le caractère absolu et apparaît comme idéal simplement relatif (dans la lumière). C'est l'organisme, par conséquent, qui représente la substance et l'accident comme parfaitement identiques, confondus, et comme dans l'acte absolu de la manifestation divine.

Ce principe, d'après lequel la matière revêt une forme, ne détermine pas seulement la connaissance de l'essence, mais aussi celle des fonctions particulières de l'organisme, dont le type doit être le même que le type général de ses mouvements vitaux, seulement en tant que les formes, comme on dit, sont identiques avec la matière et se confondent entièrement avec elle. Si on considère les tentatives de l'empirisme pour expliquer ces fonctions, aussi bien en général, que dans leurs caractères particuliers, on ne trouve pas dans une seule la trace d'une idée qui ait pour but de les ramener à une loi générale et nécessaire. L'hypothèse des fluides impondérables dans la nature, auxquels on ajoute, pour expliquer la conformation des organes, certaines conditions tout aussi hypothétiques : d'attraction, de juxta-position, de décomposition, est le dernier asile misérable de l'ignorance. Et, toutefois, avec ces hypothèses, on n'est parvenu à aucune explication qui fît comprendre le mouvement organique : la contraction, par exemple, même au point de vue purement mécanique. On est retombé bien vite, il est vrai, dans les analogies entre ces phénomènes et ceux de l'électricité ; mais comme on connaissait ceux-ci, non dans leur généralité, mais seulement comme faits particuliers, et qu'on n'avait aucune idée des puissances dans la nature, les phénomènes organiques, au lieu d'être placés au même niveau que les phénomènes physiques, sinon à un degré plus élevé, on furent plutôt déduits et conçus comme simples effets produits par eux. En même temps, l'électricité étant reconnue comme principe d'activité, pour expliquer le caractère particulier de l'actraction, il fallait encore recourir à de nouvelles hypothèses.

Les formes du mouvement qui, dans la nature inorganique sont déjà exprimées par le magnétisme, l'électricité et le processus chimique, sont des lois générales qui, même dans ce dernier, n'apparaissent qu'avec un caractère simplement particulier. Dans le magnétisme, etc., elles se présentent toujours comme simples accidents distincts de la substance de la matière. Sous l'aspect le plus élevé où elles s'offrent dans l'organisme, elles sont encore des formes, mais qui, en même temps, sont l'essence de la matière elle-même.

Pour les corps inorganiques, dont l'idée se borne à celle de l'existence immédiate, la lumière d'où ils procèdent peut se concevoir comme leur étant extérieure ; dans l'organisme qui ne peut se concevoir qu'en rapport avec d'autres êtres, la lumière réside dans l'objet même. Aussi, la matière qui, tout à l'heure était considérée comme substance, n'est plus posée ici que comme accident.

Maintenant,—ou le principe idéal n'est uni à la matière que selon la première *dimension*, et dans ce cas, la matière n'est aussi pénétrée par la forme et unie à elle que suivant la première dimension, celle de l'*être en soi-même*; l'être organique renferme alors seulement la possibilité infinie de soi-même, comme individu ou comme espèce ; —ou la lumière s'est aussi mariée à la pesanteur selon l'autre dimension, et alors la matière est, en même temps, à ce degré qui est celui de l'*être en d'autres choses*, posée comme accident ; et l'être organique renferme la possibilité infinie d'autres choses en dehors de lui. Dans le premier cas, qui est celui de la *reproduction*, la possibilité et la réalité étaient toutes deux bornées à l'individu et par là même identiques. Dans le second, qui est celui du *mouvement spontané*, l'individu sort de son propre cercle pour se mettre en rapport avec d'autres êtres. La possibilité et la réalité ne peuvent donc ici se rencontrer dans une seule et même existence, parce que les objets extérieurs doivent être posés expressément comme tels, comme placés en dehors de l'individu. Mais si les deux rapport précédents sont combinés dans un plus élevé, si la possibilité infinie d'autres choses se rencontre en même temps comme réalité dans le même objet, dès lors est donnée la plus haute fonction de l'organisme; la matière est, sous l'un et l'autre rapport, et complètement, accident de l'essence ou de l'idéal; celui-ci, actif de sa nature, mais déployant ici son activité en rapport avec une chose finie, agit et produit sensiblement, tout en conservant son caractère idéal, ce qui constitue la *perception*.

De même que la nature, en général, n'est autre chose que la contemplation de Dieu par lui-même et la manifestation de son activité, de même cet éternel développement de la force créatrice se fait reconnaître et est visible dans les êtres vivants. Il est à peine nécessaire de prouver que, dans ce domaine élevé de la nature organique, où l'esprit qui lui est inné se dégage de ses liens, toutes les explications qui s'appuient sur les idées qu'on se forme communément de la matière, aussi bien que toutes les hypothèses par lesquelles on fait comprendre, d'une manière encore très-étroite, les phénomènes inférieurs, sont parfaitement insuffisantes. Aussi, les explications de l'empirisme dans ce domaine ont peu à peu complètement disparu ; les unes se sont retranchées derrière les conceptions du dualisme, les autres ont cherché un asile dans la théologie.

Après la connaissance des fonctions organiques dans la généralité et la nécessité de leurs formes, celle de la loi qui détermine leur rapport mutuel, aussi bien dans l'individu que dans le monde entier des êtres organisés, est la première et la plus importante.

L'individu, en ce qui concerne ce rapport, est renfermé dans une certaine limite, qu'il ne peut franchir sans rendre son existence impossible comme être physique, et par là il est sujet à la maladie. La construction de cet état est une partie nécessaire de la science générale de la nature organique, et elle ne peut être séparée de ce qu'on a appelé la physiologie. Dans sa plus grande généralité, elle peut parfaitement se déduire de la plus haute opposition de la possibilité et de la réalité dans l'organisme, et de la destruction de leur équilibre. Mais les formes particulières et les phénomènes de la maladie ne peuvent se connaître que d'après le rapport interverti des trois formes fondamentales de l'activité organique. L'organisme présente un double rapport : Je puis nommer le premier le rapport *naturel*, parce que, comme étant un rapport purement quantitatif des facteurs intérieurs de la vie, il est, en même temps, un rapport à la nature et aux choses extérieures. L'autre, qui est un rapport des deux facteurs, sous le point de vue des dimensions, et indique la perfection dans laquelle l'organisme est l'image de l'univers, l'expression de l'absolu, je l'appelle le rapport *divin*. Brown n'a songé qu'au premier, comme étant le principal pour l'art médical ; mais il n'a pas pour cela exclu positivement l'autre, dont les lois seules révèlent au médecin le principe des formes, le premier et le principal siège de la maladie, le guident dans le choix des moyens, et l'éclairent sur ce que l'absence d'esprit philosophique a appelé le spécifique dans l'action des derniers, aussi bien que sur les symptômes de la maladie. Que, d'après ce point de vue, la science des moyens médicaux ne soit nullement une science à part, mais seulement un élément de la science générale de la nature organique, c'est ce qui s'entend de soi-même.

Je devrais me borner à répéter ce qui a été dit tant de fois par des esprits éminents, si je voulais prouver que la science de la médecine, dans ce sens, non-seulement suppose, en général, un esprit philosophique développé, mais encore les principes de la philosophie. Et si, pour persuader cette vérité à des hommes intelligents, d'autres raisons étaient nécessaires que celles qui sont données généralement, ce seraient les considérations suivantes : D'abord, en ce qui regarde cet objet, l'expérimentation, la seule espèce de construction possible pour l'empirisme, est en soi impossible; ensuite toute prétendue expérience médicale est de sa nature équivoque, et avec elle on ne peut jamais décider sur la valeur d'une doctrine, parce que, dans chaque cas, reste la possibilité qu'elle soit faussement appliquée; enfin, dans cette partie de la science plus qu'en aucune autre, l'expérience n'est possible que par la théorie, comme le prouve suffisamment la révolution opérée par la théorie de l'excitabilité, qui a changé complètement le sens de toutes les expériences antérieures.

On peut invoquer, comme surcroît de preuves, les ouvrages et les productions de ceux qui, sans la moindre idée, ou sans aucune science des premiers principes, ont été poussés par la force des temps à vouloir soutenir, dans leurs écrits ou leur enseignement, la nouvelle doctrine, quoiqu'ils ne la comprissent pas, et qui se sont rendus ridicules aux yeux de leurs élèves eux-mêmes, parce qu'ils cherchaient, par là, à concilier l'inconciliable et le contradictoire, parce qu'ils traitaient les idées de la science comme un objet historique, et que, quand ils croyaient démontrer, ils ne faisaient que raconter. On pouvait leur appliquer ce que Galien disait de la plupart des médecins de son temps : « Inexpérimentés, ignorants, et en même temps si hardis et si prompts à prouver, quand ils ne savaient même pas ce que c'est qu'une preuve. » — Comment peut-on s'amuser à discuter davantage avec des esprits aussi dépourvus d'idées, et perdre son temps à entendre de pareilles misères ?

Les mêmes lois qui déterminent les métamorphoses de la maladie déterminent, aussi, les transformations générales et constantes que la nature opère dans la production des diverses espèces. Car celles-ci s'appuient uniquement sur la répétition constante d'un seul et même type fondamental, avec des rapports qui changent incessamment ; et il est manifeste que la médecine s'absorbera complètement dans la science générale de la nature, quand elle construira les espèces de maladies de ces organismes idéaux, avec la même précision que l'histoire naturelle proprement dite construit les diverses espèces d'organismes réels. A ce point, les deux sciences doivent nécessairement manifester leur correspondance mutuelle.

Mais, qui peut guider la construction historique de l'organisme, lorsqu'elle suit l'esprit créateur à travers ses labyrinthe, si ce n'est la forme du développement extérieur? puisque, en vertu de la loi éternelle de la manifestation divine, l'extérieur, dans toute la nature, est l'expression et le symbole de l'intérieur et offre la même régularité, la même exactitude dans ses changements.

Les monuments d'une véritable histoire de la nature, dans ses créations organiques, sont donc les formes visibles, les développements de la vie, depuis la plante jusqu'au sommet du règne animal, formes dont on a désigné, jusqu'ici, la connaissance, dans un sens étroit, sous le nom d'anatomie comparée. Il est, en effet, hors de doute que, dans cette branche de la science, la comparaison ne soit le premier principe qui sert de guide ; mais ce ne doit pas être la comparaison avec un premier type empirique quelconque, au moins avec l'organisation humaine, qui, comme la plus parfaite, se trouve sur une des deux limites de l'organisation. Lorsque l'anatomie se bornait, en général, à l'étude du corps humain, elle avait, il est vrai, dans l'usage qu'elle se proposait, l'art de guérir, un principe très-clair ; mais il n'était, sous aucun rapport, avantageux à la science, non-seulement parce que l'organisation humaine était tellement difficile à pénétrer, que, pour donner à l'anatomie le degré de perfection qu'elle a aujourd'hui, il fallait la comparer avec d'autres organisations, mais encore, parce que, se plaçant ainsi à la plus haute puissance, sans passer par les degrés inférieurs, cette méthode fausse le coup-d'œil qui doit embrasser l'ensemble, et empêche de s'élever aux vues simples et générales. L'impossibilité, dans une science aussi compliquée et perdue dans les faits de détail, de rendre, le moins du monde, raison des principes, depuis qu'on s'était fermé tout accès à ceux-ci, amena la séparation de l'anatomie et de la physiologie, qui devaient se correspondre comme l'extérieur et l'intérieur, et ce procédé, tout mécanique, qui domine dans la plupart des livres d'enseignement et dans les Académies.

L'anatomiste qui veut traiter sa science, en même temps, en naturaliste et dans un esprit d'universalité, devrait, avant tout, reconnaître qu'il a besoin de se détacher du point de vue ordinaire, de s'élever au-dessus de lui, pour exprimer, avec vérité, les formes réelles, même d'une manière purement historique. Qu'il saisisse le caractère symbolique de toutes ces formes, et qu'il reconnaisse que, même dans le particulier, toujours une forme générale est exprimée, comme dans l'extérieur un type intérieur. Qu'il ne se demande pas : A quoi sert tel ou tel organe ? mais, comment il s'est formé, et qu'il montre simplement la nécessité de sa formation. Plus les points de vue d'où il déduit la genèse des formes sont généraux, moins ils sont relatifs aux cas particuliers, mieux il comprendra l'inexprimable naïveté de la nature dans l'infinie variété de ses créations. Puisqu'il veut admirer la sagesse et la raison divines dans le monde, qu'il tâche de faire, le moins possible, admirer sa propre ignorance et son défaut d'intelligence.

Que l'idée d'une unité et d'une affinité intimes entre toutes les organisations, de leur dérivation d'un même type fondamental, dont le côté extérieur seul est variable, et dont le côté interne est invariable, soit toujours présente à son esprit, et qu'il regarde comme sa seule véritable tâche de démontrer ce principe. Qu'il s'efforce, avant tout, de découvrir la loi selon laquelle s'opère cette transformation ; il reconnaîtra que, puisque le type primitif reste toujours le même en soi, ce par quoi il est exprimé ne peut aussi changer que dans la forme; qu'ainsi, une égale somme de réalité est dépensée dans toutes les organisations, et seulement employée diversement; que le retrait d'une forme étant compensé par le développement d'une autre, et la prépondérance de celle-ci par le refoulement de celle-là, il s'établit ainsi un équilibre. Il esquissera, à l'aide de la raison et de l'expérience, un tableau général de toutes les dimensions intérieures et extérieures, dans lesquelles peut se déployer la forme productive de la nature. Par là, il obtiendra, pour l'imagination, un prototype de toutes les organisations, invariable dans ses limites les plus extérieures, et, cependant, capable de se mouvoir dans ce cercle avec la plus grande liberté.

La construction historique de la nature organique, si elle était parfaite en soi ferait du côté réel et objectif de la science générale de la nature l'expression parfaite des idées que celle-ci renferme dans son sein, et par là elle se confondrait véritablement avec lui.

QUATORZIÈME LEÇON.

Sur la science de l'Art dans son rapport avec les études académiques:

La science de l'art peut d'abord signifier sa construction historique. Dans ce sens, elle exige, comme condition extérieure nécessaire, la considération immédiate des monuments de l'art. Comme cette étude, au moins en ce qui touche aux ouvrages de la poésie, est possible dans sa généralité, la science de l'art, telle que nous venons de l'indiquer, figure aussi, sous le nom de philologie, parmi les matières de l'enseignement académique.

Néanmoins, rien n'est plus rare que de voir enseignée, dans les Universités, la philologie dans le sens que nous avons déterminé plus haut; ce qui, du reste, n'est pas surprenant, puisqu'elle est aussi bien un art que la poésie, et qu'on ne naît pas moins philologue que poète.

Il faut donc encore bien moins chercher dans les Universités l'idée d'une construction historique des œuvres appartenant aux arts du dessin, puisqu'ils se dérobent à un examen immédiat, et que là où, comme par honneur pour ceux-ci, avec le secours d'une riche bibliothèque, on essaye de donner un pareil enseignement, il se borne naturellement à la connaissance purement érudite de l'histoire de l'art.

Les Universités ne sont pas des écoles de beaux-arts; encore moins, par conséquent, la science de l'art peut elle y être enseignée sous le point de vue pratique ou technique.

Reste donc la science purement spéculative, qui aurait pour but non de transmettre des connaissances empiriques, mais de développer les idées qui, dans l'art, s'adressent à l'intuition rationelle. Mais ceci suppose la nécessité d'une construction philosophique de l'art, contre laquelle s'élèvent, du côté de la philosophie, comme du côté de l'art lui-même, des doutes assez graves.

Avant tout, comment le philosophe, dont la pensée doit être uniquement dirigée vers la vérité invisible, inaccessible aux regards des sens et que l'esprit seul peut atteindre, voudra-t-il s'occuper de la science de l'art? Celui-ci n'a-t-il pas pour unique objet de façonner de belles apparences? Quand il ne se borne pas à montrer des images trompeuses de la vérité, il ne parle toujours qu'aux sens. Telle est, du moins, l'idée que se forment de l'art la plupart des hommes. Ils le regardent comme un agrément, un délassement, un repos de l'esprit fatigué des travaux sérieux, comme une émotion agréable, qui a, sur toutes les autres, l'avantage de nous arriver par un milieu délicat, mais avec cet inconvénient grave, aux yeux du philosophe, d'avoir sa source dans un penchant de la nature sensible, et qui plus est, de conserver souvent l'empreinte funeste des mœurs d'une civilisation corrompue? D'après cette manière de voir, la philosophie ne peut se distinguer de l'art et de la molle sensibilité où il se plaît, qu'en le condamnant formellement. —

Tel n'est pas l'art dont je parle, cet art saint, qui, selon le langage des anciens, est un organe des dieux, un révélateur des mystères divins, une manifestation des idées, de la beauté immortelle dont le rayon non profané illumine seulement les cœurs où elle habite, beauté dont la forme est aussi bien cachée et inaccessible aux regards des sens que l'invisible vérité. Rien de ce que l'opinion vulgaire appelle art ne peut occuper le philosophe. L'art est pour lui une manifestation de l'absolu, immédiatement émanée de son essence; et ce n'est qu'en tant qu'il peut être représenté et compris comme tel, qu'il a pour lui de la réalité.

Mais le divin Platon, dans sa République, n'a-t-il pas condamné lui-même les arts d'imitation, banni les poëtes de sa cité idéale comme des membres non seulement inutiles mais dangereux? Peut-il y avoir une autorité qui prouve, d'une manière plus péremptoire, l'incompatibilité de la poésie et de la philosophie, que ce jugement du roi des philosophes?—

Il est essentiel de reconnaître le point de vue particulier d'où Platon porte ce jugement sur les poëtes. Car si jamais philosophe a observé la distinction des points de vue, c'est celui-ci. Et, sans cette distinction, ici, comme partout, mais ici en particulier, il serait impossible de comprendre son génie capable d'embrasser une multitude de rapports et de concilier les contradictions de ses œuvres sur le même objet. Il faut, avant tout, se résoudre à concevoir la haute philosophie et celle de Platon, en particulier, comme formant une opposition tranchée dans la culture grecque, non seulement avec les représentations sensibles de la religion, mais, encore avec les formes positives et réelles de la constitution politique. Or, maintenant, dans un Etat purement idéal et en même temps moral comme la République de Platon, pouvait-il être question de la poésie d'une autre manière, et les limites qu'il lui impose n'étaient-elles pas nécessaires ? La réponse à cette question nous entraînerait trop loin. — Cette opposition de toutes les formes publiques contre la philosophie devait nécessairement développer une opposition semblable de celle-ci contre elle; ce dont Platon n'est ni le premier ni le seul exemple. Depuis Pythagore jusqu'à lui, et en remontant plus haut encore, la philosophie se reconnaît elle-même comme une plante exotique sur le sol grec, sentiment qui se trahit déjà par le penchant qui conduisait dans la patrie des idées, en Orient, ceux qui avaient été initiés aux hautes doctrines, soit par la sagesse des philosophes antérieurs, soit par les mystères.

Mais quand même, laissant de côté cette opposition simplement historique, on en admettrait une véritablement philosophique, si l'on vient à comparer cet arrêt de Platon contre la poésie avec ce que dit ce philosophe, dans d'autres ouvrages, à la louange de la poésie enthousiaste, qu'est-ce autre chose qu'une polémique contre le réalisme poétique, un pressentiment de la direction que devait prendre plus tard le génie artistique et la poésie en particulier? Ce jugement, surtout, ne pourrait s'appliquer à la poésie chrétienne, qui, en général, n'offre pas le caractère de l'infini d'une manière moins prononcée que la poésie antique celui du fini. Si nous sommes en état de marquer les limites de cette dernière avec plus de précision que le philosophe qui ne connaissait pas cette opposition, si, par la même raison, nous pouvons nous élever à une idée plus compréhensive que la sienne, embrasser la poésie tout entière dans un système complet, si, par là encore, nous devons regarder comme les belles limites de cette poésie ce qu'il regardait comme les vices de la poésie de son temps, nous le devons à l'expérience des temps modernes, et nous voyons accompli ce que Platon regrettait de ne pas trouver autour de lui, ce qu'il prophétisait en quelque sorte.

La religion chrétienne, et, avec elle, le sens du monde intellectuel, sens qui, dans l'ancienne poésie, ne pouvait trouver ni sa parfaite satisfaction, ni même des moyens d'expression, se sont créé une poésie propre et un art dans lequel ils la retrouvent; par là, sont données les conditions d'une intelligence parfaite et complètement vraie de l'art, et de l'art antique lui-même.

Il résulte de là, évidemment, que la construction philosophique de l'art est un objet digne non-seulement du philosophe en général, mais en particulier du philosophe chrétien, qui doit considérer comme sa tâche propre de l'apprécier et de l'exposer dans son développement universel.

Mais, pour aborder l'autre côté de la question, le philosophe, à son tour, est-il capable de pénétrer l'essence de l'art et de l'exposer avec vérité?

J'entends demander : — « Quel est celui qui peut parler dignement de ce principe divin qui inspire l'artiste, de ce souffle de l'esprit qui vivifie ses œuvres, si ce n'est celui-là même chez lequel brûle cette flamme divine ? Peut-on chercher à soumettre à une construction philosophique ce qui est aussi incompréhensible dans son origine que merveilleux dans ses effets ? Peut-on vouloir assujettir à des lois et déterminer exactement ce dont la nature est de ne reconnaître d'autre loi que soi-même ? Ou bien encore, n'est il pas aussi impossible de comprendre le génie avec des idées abstraites que de le créer par des règles ? Qui oserait vouloir s'élever par la pensée au-dessus de ce qu'il y a de plus manifestement libre et de plus absolu dans l'univers, étendre l'horizon de ses regards par delà les dernières limites, pour marquer de ce côté de nouvelles limites ? » —

Ainsi pourrait parler un certain enthousiasme qui n'aurait compris l'art que dans ses effets, et ne le connaîtrait pas véritablement en lui-même, ni la place qui appartient à la philosophie dans l'universalité des choses. En effet, quand on supposerait que l'art n'a au-dessus de lui rien qui le comprenne, cependant, la loi universelle des choses embrasse tout, domine tout, à tel point que rien ne peut-être connu dans l'univers qui n'ait son modèle ou son contraste dans un autre terme. La loi de l'opposition de l'idéal et du réel est tellement absolue, que, même dans les derniers confins de l'infini et du fini, là où les oppositions de l'existence visible s'effacent dans le sein de l'absolu le plus pur, le même rapport conserve ses droits et se reproduit à sa dernière puissance. Ce rapport est celui de la philosophie et de l'art.

La dernière identification du réel et de l'idéal, quoiqu'absolue et parfaite, est cependant encore à la philosophie comme le réel est à l'idéal. Dans celle-ci la dernière opposition du savoir disparaît dans la pure identité. Et toutefois, vis-à-vis de l'art, la philosophie représente toujours seulement l'idéal; les deux termes se rencontrent ainsi au sommet le plus élevé de la pensée, et à cause du caractère absolu qui leur est commun, ils sont à la fois le modèle et l'image l'un de l'autre. Tel est le principe pour lequel aucune faculté de l'esprit ne peut pénétrer scientifiquement plus avant dans la nature intime de l'art que le sens philosophique. Il y a plus, le philosophe peut voir plus clair dans l'essence de l'art que l'artiste lui-même. Car s'il est vrai que toujours le réel se réfléchit d'une manière plus élevée dans l'idéal, ce qui est réel dans l'artiste doit nécessairement trouver dans le philosophe un reflet idéal plus élevé. Dès lors, il est évident que non seulement dans la philosophie l'art peut être l'objet d'une science, mais encore qu'en dehors de la philosophie, et autrement que par la philosophie, rien de ce qui touche à l'art ne peut être connu d'une manière absolue.

Le même principe, qui se réfléchit subjectivement dans le philosophe, n'existant que d'une manière objective dans l'artiste, celui-ci ne peut en avoir une conscience réfléchie. Il peut, sans doute aussi, en avoir conscience par une plus haute réflexion, mais ce n'est pas en qualité d'artiste. Comme tel il est inspiré par cette idée et, par conséquent, il ne la possède pas lui-même. S'il parvient à la saisir sous un point de vue plus idéal, il s'élève par là, comme artiste, à une plus haute puissance; mais même, à ce degré, il se comporte toujours, comme artiste, *objectivement*. Le subjectif, en lui, retourne à l'objectif, de même que, dans le philosophe, l'objectif est toujours conçu subjectivement. Par là, quoique, entre la philosophie et l'art, le fond soit identique, la première conserve nécessairement son caractère de science, c'est-à-dire son caractère idéal, et l'art reste toujours et nécessairement l'art, c'est-à-dire conserve son caractère réel.

Le philosophe peut donc poursuivre l'art jusque dans sa source la plus cachée et dans le foyer où s'élaborent ses productions. L'art n'est incompréhensible que d'un point de vue purement objectif, ou de celui d'une philosophie qui ne s'élève pas dans l'idéal à la même hauteur que l'art dans le réel. Les règles que le génie peut rejeter sont de celles que prescrit une raison purement mécanique. Le génie est autonome. Il ne se soustrait qu'à une législation étrangère, non à la sienne propre; car il n'est le génie qu'autant qu'il est la plus haute conformité aux lois; mais cette absolue législation, la philosophie la reconnaît en lui, elle qui non-seulement est autonome elle-même, mais tend vers le principe de toute autonomie. Aussi a-t-on vu, à toutes les époques, que les vrais artistes sont calmes, simples, grands et invariables dans leur manière comme la nature. Cet enthousiasme, qui ne voit en eux autre chose que le génie dégagé de toutes règles, a, lui-même, sa première origine dans la réflexion, qui ne connaît du génie que le côté négatif; c'est un enthousiasme de seconde main, non celui qui anime l'artiste et qui, dans une liberté semblable à celle de Dieu, est en même temps la plus pure et la plus haute nécessité.

Mais, maintenant, si le philosophe est éminemment capable d'exposer ce qu'il y a d'incompréhensible dans l'art et de reconnaître en lui l'absolu, est-il en état de saisir et de déterminer, par des règles, ce qu'il offre de compréhensible? Je veux parler du côté technique de l'art. La philosophie doit-elle descendre à cette partie empirique de l'exécution, en faire connaître les moyens et les conditions?

La philosophie, qui s'occupe exclusivement des idées, doit se borner, en ce qui concerne la partie empirique de l'art, à indiquer les lois générales de la représentation, et seulement sous la forme des idées; car les formes de l'art sont les formes des choses en soi, et telles qu'elles sont dans leurs modèles primitifs.

Ainsi donc, en tant que ces formes peuvent être conçues en soi d'une manière générale et d'un point de vue universel, leur exposition fait partie essentielle de la philosophie de l'art. Mais il ne faut pas demander à celle-ci des règles d'exécution et d'exercice artistique; car, en général, la philosophie de l'art est la représentation du monde absolu des idées sous la forme de l'art. La théorie seule s'occupe immédiatement du côté particulier, ou se propose un but déterminé, et c'est par là qu'une chose peut être réalisée d'une manière empirique. La philosophie, au contraire, est entièrement inconditionnelle et sans but en dehors d'elle-même. Si on voulait invoquer ce principe : que l'élément technique de l'art étant ce par quoi il présente l'apparence de la vérité, peut être du ressort de la philosophie, nous dirions que cette vérité est toujours simplement empirique. Celle que la philosophie doit reconnaître et montrer dans l'art est d'une nature plus élevée, elle est identique avec l'absolue beauté ; c'est la vérité des idées.

Les contradictions et les divisions dont la critique offre le spectacle, même sur les premières notions, à une époque qui veut ouvrir de nouveau, par la réflexion, les sources scellées de l'art, font doublement désirer que cette manière d'envisager l'art soit appliquée aussi aux formes par lesquelles il s'exprime, et cela scientifiquement, d'après les premiers principes. Car tant qu'il n'en sera pas ainsi, on verra dominer dans les jugements de la critique, comme dans ses exigences, avec les réflexions les plus communes et les plus banales, les idées les plus étroites, les plus exclusives et les plus bizarres.

La construction philosophique de l'art dans chacune de ses formes particulières, et jusque dans ses détails, conduit naturellement à déterminer les formes que lui ont imposées les conditions du temps, et par conséquent à systématiser aussi son développement historique. La parfaite possibilité d'un tel système et son extension à l'histoire entière de l'art, n'est plus douteuse depuis que le dualisme universel, qui se manifeste dans l'opposition de l'art ancien et de l'art moderne, a été exposé, même dans le domaine de l'art, et qu'il a été soutenu de la manière la plus remarquable, en partie par l'organe de la poésie elle-même, en partie par la critique. Comme toute construction philosophique est, en général, une destruction des contraires, et que les oppositions qui, par rapport à l'art, naissent de la dépendance où il est du temps, sont, comme le temps lui-même, non essentielles, mais simplement extérieures, la construction historique doit consister dans la représentation de l'unité générale d'où les oppositions sont sorties, et s'élever, par là, au-dessus d'elles, à un point de vue plus compréhensif.

Une pareille construction philosophique de l'art n'a sans doute rien de commun avec ce qui, jusqu'à ce jour, a existé sous le nom d'Esthétique, de théorie des beaux-arts, de science du beau, ou de quelque autre que ce soit. Dans les principes les plus généraux du premier auteur de cette dénomination, il y avait au moins encore la trace de l'idée du beau, considérée comme l'archétype qui se manifeste dans le monde des images et des formes visibles. Depuis ce moment cette idée s'est trouvée placée dans une dépendance toujours plus étroite du point de vue moral, ou de celui de l'utile. De même, dans les théories psychologiques, ses manifestations ont été expliquées comme accidentelles, à peu près comme des histoires de spectres ou d'autres apparitions, jusqu'à ce que le formalisme kantien, qui leur a succédé, fît naître, il est vrai, un point de vue nouveau et plus élevé, mais avec lui une foule de sciences de l'art, vides de l'art.

Les germes d'une véritable science de l'art, que d'excellents esprits ont semés depuis, n'ont pas encore été développés de manière à former un tout scientifique, comme ils le font cependant attendre. La philosophie de l'art est un but essentiel pour le philosophe, qui voit en elle l'essence intime de la science comme dans un miroir magique et symbolique. Elle a pour lui, comme science, une importance absolue, égale à celle de la philosophie de la nature, par exemple, comme construction des productions et des œuvres les plus remarquables ou comme tableau d'un monde aussi complet et aussi parfait que l'est celui de la nature. Par elle, celui qui observe la nature en philosophe apprend à reconnaître, représentés sous des images sensibles, les véritables types primitifs des formes, qu'il ne trouve que confusément exprimés dans la nature; il voit comment de ceux-ci s'engendrent les choses sensibles.

Le lien intime qui unit l'art et la religion, l'impossibilité absolue de donner au premier un monde poétique autre que celui qui existe dans la religion et par la religion, l'impossibilité, d'un autre côté, de manifester véritablement aux regards des sens les vérités de celle-ci, autrement que par l'art, rendent déjà, sous ce rapport, la connaissance scientifique de ce dernier nécessaire à l'homme véritablement religieux.

Enfin, il n'est pas moins honteux à celui qui, directement ou indirectement, prend part aux affaires publiques, de n'avoir, en général, aucune intelligence de l'art, de n'en pas posséder une véritable connaissance; car, si rien n'honore plus les princes et ceux qui gouvernent, que de savoir apprécier les arts, d'exciter l'émulation par leurs encouragements, de même, rien n'offre un aspect aussi triste et plus honteux que de voir ceux qui ont les moyens de les faire fleurir au plus haut degré, dissiper ces moyens dans le mauvais goût, la barbarie ou les prostituer à de basses flatteries. Si, d'ailleurs, on ne voyait pas que l'art en général est une partie nécessaire et intégrante d'une constitution politique fondée sur des idées éternelles, l'antiquité, au moins, devrait le rappeler, elle dont les fêtes publiques, les monuments destinés à immortaliser les grandes choses, les spectacles, aussi bien que toutes les actions de la vie publique, n'étaient que les branches diverses d'un même œuvre d'art, général, visible et vivant.

FIN.

DISCOURS

SUR LE RAPPORT DES

ARTS DU DESSIN

AVEC LA NATURE.

DISCOURS

SUR LE RAPPORT DES

ARTS DU DESSIN

AVEC LA NATURE [1],

SUIVI DE QUELQUES NOTES.

Messieurs,

Quand tous les citoyens sont appelés à fêter de concert le nom du roi et à se livrer à d'unanimes sentiments d'allégresse, là où cette solemnité publique ne peut être célébrée que par des discours et des

---

[1] Ce Discours fut prononcé le jour de la fête de Sa Majesté le Roi de Bavière, dans la séance publique de l'Académie royale des Sciences de Munich (1807).

paroles, elle semble inviter d'elle-même à des considérations qui, en rappelant les objets d'un intérêt général et de l'ordre le plus élevé, réunissent les auditeurs dans la même pensée, comme ils sont confondus dans le sentiment patriotique du jour. Or, parmi les avantages dont nous sommes redevables aux princes de la terre, en est-il un plus grand que celui de nous procurer et de nous conserver la jouissance paisible de tout ce qui est en soi excellent et beau? De sorte que nous ne pouvons songer à leurs bienfaits ni considérer la félicité publique sans qu'immédiatement notre esprit se reporte sur ce qui intéresse l'humanité tout entière. Aussi, qu'un grand ouvrage d'art, un véritable chef-d'œuvre des arts du dessin fût, en ce moment, découvert et livré aux regards, ce spectacle ne contribuerait pas moins à l'éclat de cette fête que la joie commune. Puisse cet essai, qui a pour but de dévoiler l'essence de l'œuvre d'art, en général, et de le manifester, en quelque sorte, aux regards de l'esprit, paraître capable d'éveiller ce sentiment sympathique, en même temps qu'il répond au caractère de ce lieu uniquement consacré aux sciences.

Que n'a-t-on pas, depuis long-temps, senti, pensé et affirmé sur l'art? Comment, dès lors, un discours pourrait-il espérer, devant une si digne assemblée des connaisseurs les plus éclairés et des juges les plus habiles, prêter un nouvel intérêt à un pareil sujet, si celui-ci ne dédaignait les ornements étrangers, et si une partie de la faveur générale et du bon accueil dont il jouit, ne pouvait être revendiquée pour l'orateur lui-même. Il est d'autres sujets qui doivent être relevés par l'éloquence, ou qui, s'ils offrent en soi quelque chose d'extraordinaire, sont rendus vraisemblables par l'exposition. L'art a sur eux cet avantage, qu'il se manifeste immédiatement aux regards, et qu'il va au devant des doutes qui pourraient s'élever sur l'existence d'une perfection au-dessus de la mesure commune, puisque ce qui ne peut être saisi par plusieurs d'une manière abstraite, apparaît ici aux yeux revêtu d'un corps. Ensuite, ce qui favorise ce discours c'est cette considération : que la plupart des doctrines qui se sont formées sur ce point ont toujours trop peu remonté aux sources premières de l'art ; car la plupart des artistes, bien qu'ils doivent tous imiter la nature, sont cependant rarement parvenus à se faire une idée de son essence. Quant aux connaisseurs et aux penseurs, à cause de la difficulté de pénétrer dans les secrets de la nature, ils trouvent la plus part du temps plus commode de déduire leurs théories de la considération de l'âme que de les emprunter à la science de la nature. Aussi ces doctrines sont-elles ordinairement trop superficielles. Elles contiennent, il est vrai, en général, beaucoup de réflexions justes et vraies sur l'art ; mais elles sont inutiles aux artistes eux-mêmes dans les arts du dessin, et parfaitement stériles dans l'application.

D'un autre côté, les arts du dessin, suivant une ancienne expression, doivent être une *poésie muette*. L'auteur de cette définition voulait dire par là, sans doute, que, de même que la poésie, ils doivent exprimer des idées de l'esprit, des conceptions dont l'origine est dans l'âme, non par la parole, mais comme la silencieuse nature, par des figures, par des formes, par des œuvres visibles, indépendantes du langage. Il est donc évident que les arts du dessin forment comme un intermédiaire vivant entre l'âme et la nature, et qu'ils ne peuvent être compris que dans ce milieu vivant. Il y a plus, comme ils ont de commun avec les autres arts, et spécialement avec la poésie, de se rapporter à l'âme, ce qui les distingue, c'est le lien qui les unit à la nature et fait de l'artiste une force qui se développe d'une manière semblable à elle. Par là, ils restent attachés à son domaine. C'est donc à la nature que doit se rapporter une théorie qui puisse à la fois satisfaire la raison, être utile à l'art et contribuer à ses progrès.

Nous espérons, par conséquent, en considérant les arts du dessin dans leur rapport avec leur véritable modèle et leur source première, la nature, pouvoir fournir à leur théorie un élément nouveau, donner quelques idées plus exactes et des explications plus précises, mais surtout faire ressortir l'enchaînement des parties qui composent l'édifice entier de l'art, dans la lumière d'une haute nécessité.

Mais la science n'a-t-elle pas déjà reconnu ce rapport? Toutes les théories modernes ne sont-elles pas parties de ce principe même : que l'art doit être l'imitateur de la nature?—Oui, sans doute, mais de quelle utilité était pour l'artiste cette maxime générale et vague, avec les diverses acceptions de l'idée de nature, et lorsqu'il y a autant de manières de l'entendre qu'il y a d'individus? Pour celui-ci, elle n'est que l'agrégat inanimé d'une foule indéterminée d'objets, ou l'espace dans lequel il se représente les choses et leur situation respective. Pour celui-là, elle n'est que le sol d'où il tire sa nourriture et son entretien. Aux yeux seulement du naturaliste philosophe, elle est la force universelle et divine, éternellement créatrice, qui tire toutes choses de son sein, dont l'activité enfante sans cesse de nouvelles productions. Le principe de l'imitation de la nature aurait, sans doute, une haute importance s'il apprenait à l'art à rivaliser avec cette force créatrice. Mais il n'est guère possible d'élever un doute sur le sens qu'on lui donnait, lorsque l'on connaît l'état général de la science à l'époque où il a été mis au jour, pour la première fois. Il serait vraiment singulier que ceux qui refusent complètement la vie à la nature recommandassent de l'imiter dans l'art. On peut leur appliquer ces mots d'un profond penseur : « Votre philosophie mensongère a supprimé la nature. Pourquoi demandez-vous que nous l'imitions? Afin que vous puissiez vous donner de nouveau le plaisir d'exercer la même violence à l'égard de ses disciples? (1) »

La nature n'était pas seulement pour eux une image muette et dont la bouche ne rendit jamais une parole vivante ; c'était un squelette de formes vides dont la copie, également vide, devait être transportée sur la toile ou sculptée sur la pierre. C'était là précisément la doctrine de ces anciens peuples grossiers qui, ne voyant rien de divin dans la nature, lui empruntaient des idoles, tandis que, pour le peuple intelligent des Hellènes, qui voyaient partout des traces d'une force active et vivante, de véritables divinités sortaient du sein de la nature.

Ensuite, le disciple de la nature doit-il tout imiter en elle, et tout dans toutes ses parties? Il doit seulement reproduire les objets beaux et encore de ceux-ci seulement le beau et le parfait. C'est ainsi que le principe se détermine d'une manière plus précise. Mais, en même temps, on prétend que, dans la nature, l'imparfait est mêlé avec le parfait, le laid avec le beau. Comment donc celui qui n'a d'autre rapport avec la nature que celui de l'imiter servilement doit-il distinguer l'un de l'autre? La coutume des imitateurs, c'est de s'approprier les fautes de leurs modèles plutôt et plus facilement que ses beautés, parce que les premiers offrent plus de prises, des caractères plus saillants, plus saisissables. Aussi voyons-nous que, dans ce sens, les imitateurs de la nature imitent plus souvent le laid que le beau et ont même pour le premier une prédilection marquée. Si nous ne considérons pas les choses dans leur essence, mais dans leur forme vide et abstraite, elles ne disent rien à notre âme. Il faut que nous leur prêtions notre propre sentiment, notre esprit, pour qu'elles nous répondent. D'ailleurs, qu'est-ce que la perfection de chaque objet? rien autre chose que la présence en lui de la vie créatrice, de la force qui l'anime. Ainsi donc, il ne sera jamais donné à celui à qui la nature apparaît, en général, comme une existence morte, d'opérer cette transformation analogue à l'opération chimique en vertu de laquelle se dégage, comme purifié par la flamme, l'or pur de la beauté.

Aucune modification ne fut apportée à la manière principale d'envisager ce rapport, lorsque l'on commença à sentir l'insuffisance d'un tel principe ; aucune même, lorsque fut heureusement fondée une doctrine nouvelle : celle de Jean *Winckelmann*. Il replaçait, il est vrai, l'âme, avec tous ses droits, dans l'art, et il faisait sortir celui-ci d'une indigne dépendance, pour l'élever dans la région de la liberté spirituelle. Vivement frappé de la beauté des formes dans les représentations plastiques de l'antiquité, il enseignait que la manifestation d'une nature idéale et supérieure à la réalité, ainsi que l'expression des idées de l'esprit, était le but le plus élevé de l'art.

Mais si nous examinons dans quel sens fut comprise du plus grand nombre cette supériorité de l'art sur la réalité, il se trouve que, même avec cette doctrine, la manière d'envisager la nature comme simple effet, et les choses qu'elle renferme comme objets privés de vie, subsista toujours, et que l'idée d'une nature vivante, créatrice, n'était par là nullement éveillée. Dès lors, ces formes idéales ne pouvaient être vivifiées par aucune connaissance positive de leur essence. Car si les formes de la nature réelle étaient mortes pour des observateurs morts, celles de l'art ne l'étaient pas moins. Si les premières n'étaient pas engendrées par une force libre, il en était de même des secondes. L'objet de l'imitation fut changé, l'imitation resta. A la place de la nature vinrent les beaux ouvrages de l'antiquité, dont les disciples s'attachaient à saisir la forme extérieure, mais sans l'esprit qui les anime. Or, ils sont d'un abord plus difficile que les œuvres de la nature elle-même. Ils vous laissent encore plus froids que celles-ci, si vous ne cherchez pas à pénétrer leur enveloppe avec l'œil de l'esprit, et à saisir en eux la force qui les vivifie.

D'un autre côté, les artistes conservèrent, il est vrai, une certaine tendance idéale et des notions vagues d'une beauté supérieure à la matière; mais ces idées étaient comme de belles paroles auxquelles les actions ne répondent pas. Si la manière précédente de traiter l'art avait produit des corps sans âme, la conception nouvelle apprenait seulement le secret de l'âme, mais non celui du corps. Comme il arrive toujours, la théorie fût poussée rapidement jusqu'à l'extrême opposé, mais le milieu vivant n'avait pas encore été trouvé.

Qui pourrait dire que Winckelmann ne connût pas la plus haute beauté? Mais elle apparut chez lui seulement dans ses éléments séparés, d'un côté comme beauté qui consiste dans l'idée abstraite et qui découle de l'ame; de l'autre, comme la beauté des formes. Quel lien actif et vivant les réunit ensemble? ou, si l'on veut, par quelle force l'âme est-elle créée en même temps que le corps, d'un seul jet et comme par un souffle unique? Si cela n'est pas au pouvoir de l'art, aussi bien que de la nature, il ne peut rien créer. Winckelmann n'a pas determiné cet intermédiaire vivant. Il n'a pas enseigné comment les formes peuvent être engendrées par l'idée. C'est ainsi que l'art passa à une méthode que nous pouvons appeler rétrograde, parce qu'elle part de la forme pour arriver à l'essence. On n'atteint pas l'absolu de cette manière. Ce n'est pas en élevant le conditionnel à sa plus haute puissance qu'on trouve l'inconditionnel. Aussi, de pareils ouvrages qui ont leur point de départ dans la forme, malgré toute la perfection de cette dernière, trahissent, comme signe distinctif de leur origine, un vide qui ne peut être rempli, là même où nous attendons le parfait, le vrai, la suprême beauté. Le prodige par lequel le relatif doit être élevé à l'absolu, la nature humaine devenir quelque chose de divin, reste à accomplir. Le cercle magique est tracé, mais l'esprit qui devait s'y montrer n'apparait pas, indocile à la voix de celui qui a cru possible une création par la simple forme.

Loin de nous la pensée de vouloir ici rabaisser le génie de l'homme dont la doctrine immortelle, véritable révélation du beau, fut plutôt la cause occasionnelle qu'efficiente de cette direction de l'art. Que sa mémoire demeure sainte comme le souvenir de tous les bienfaiteurs de l'humanité. Il resta, pendant tout son siècle, comme une montagne, dans un isolement sublime. Aucune voix sympathique, aucun signe de vie, aucun battement du cœur dans tout le vaste empire de la science, ne répondit à ses efforts (2), et lorsque vinrent ses véritables contemporains, cet homme admirable n'était plus. Et cependant il a fait une si grande chose!.. Par son sens profond et par ses idées, il n'appartient pas à son époque, mais à l'antiquité ou au siècle dont il est le créateur, au siècle présent. Par sa doctrine, qui jeta les premiers fondements de cet édifice général de la connaissance et de la science de l'antiquité, il lui a été donné d'inaugurer les temps nouveaux. Le premier, il eut la pensée de considérer les œuvres de l'art d'après le procédé et les lois que suit la nature dans ses œuvres éternelles, tandis qu'avant et après lui toute création de l'activité humaine était regardée comme l'œuvre d'une volonté arbitraire et sans lois, et traitée conformément à ce principe. Son génie, comme le souffle d'un vent venu des climats plus doux, dissipa les nuages qui nous dérobaient le ciel de l'art de l'antiquité; et si maintenant nous en voyons clairement les astres, c'est à lui que nous le devons. Combien il a senti le vide de son époque! Certes, n'aurions nous d'autre motif que son sentiment éternel de l'amitié, et cette soif inextinguible qu'il avait de la goûter, cela suffirait pour justifier le mot de confirmation d'amour spirituel, qui convient à ma pensée à l'égard de l'homme parfait, de l'homme dont la vie et les actions furent vraiment classiques. Et s'il est un autre désir encore qu'il ait éprouvé et qu'il n'ait pu satisfaire, c'est celui d'une connaissance plus profonde de la nature. Lui-même, pendant les dernières années de sa vie, fait connaître à ses amis intimes que ses dernières études ont été dirigées de l'art sur la nature(3), pressentant, en quelque sorte, ce qui lui manquait encore. Il sentait que la plus haute beauté qu'il trouvait dans Dieu, il lui manquait de pouvoir la contempler aussi dans l'harmonie de l'univers.

La nature s'offre à nous d'abord sous une forme plus ou moins sévère et comme voulant se dérober à nos regards. Elle est comme la beauté sérieuse et silencieuse, qui n'excite pas l'attention par des traits frappants et ne séduit pas les yeux vulgaires. Comment pouvons-nous, en quelque sorte, adoucir spirituellement cette apparente rudesse, de manière que la force qui anime les êtres physiques étant spiritualisée se développe en harmonie avec celle de notre esprit, et que toutes deux ne forment, en quelque sorte, qu'un seul jet ? Il faut nous élever au-dessus de la forme, pour la retrouver elle-même d'une manière intelligente, vivante, pour la sentir véritablement. Considérez les plus belles formes de la nature, que reste-t-il lorsque vous en avez retiré le principe actif qui les anime ? Rien que des propriétés insignifiantes, telles que l'étendue et leur rapport dans l'espace. Qu'une partie de la matière soit à côté et en dehors d'une autre, en quoi cela importe-t-il le moins du monde à son essence intérieure ? en rien évidemment. Ce n'est pas la juxta-position des éléments qui fait la forme mais leur disposition. Or, celle-ci ne peut être déterminée que par une force positive qui s'oppose précisément à l'isolement des parties, qui soumette leur multiplicité à l'unité d'une idée, depuis la force qui agit dans le cristal, jusqu'à celle qui, comme un doux courant magnétique, dans l'organisation du corps humain, donne aux parties de la matière une position relative et un ordre qui les rend capables de manifester l'idée, l'unité essentielle et la beauté.

Mais ce n'est pas seulement comme principe actif en général, c'est aussi comme esprit et comme science active, que l'essence doit nous apparaître dans la forme, si nous voulons la saisir d'une manière vivante. Toute unité ne peut être que d'une nature et d'une origine spirituelles. Et, d'ailleurs, à quoi tendent toutes les recherches sur la nature, sinon à trouver en elle-même la science ? En effet, ce qui ne renfermerait en soi aucune raison ne pourrait être un objet de la raison, ni ce qui serait dépourvu de connaissance être connu. La science par laquelle agit la nature, sans doute, ne ressemble nullement à celle de l'homme, qui a la conscience réfléchie d'elle-même. Dans la nature l'idée n'est pas différente de l'action ni le but de l'exécution. Aussi, la matière brute tend aveuglément à une forme régulière, et prend, sans le savoir, des formes purement stéréométriques, mais qui appartiennent cependant au domaine des idées et sont quelque chose de spirituel dans la matière. Aux étoiles sont innées une arithmétique vivante et une géométrie sublime, qu'elles observent, sans les connaître, dans leurs mouvements. La connaissance vivante apparaît, plus clairement, incomprise encore, il est vrai, dans les animaux, que nous voyons accomplir, tout stupides et dépourvus de raison qu'ils sont, d'innombrables actions bien supérieures à eux : l'oiseau qui, ivre de musique, se surpasse lui-même dans ses chants harmonieux, la petite créature qui, avec son instinct d'artiste, sans exercice ni éducation, construit d'élégants ouvrages d'architecture, tous guidés par un esprit supérieur, qui déjà brille dans des éclairs d'intelligence, mais nulle part ne reluit, comme un véritable soleil, ailleurs que dans l'homme.

Cette science active est, dans la nature et dans l'art, le lien entre l'idée et la forme, entre le corps et l'âme. A chaque chose correspond une idée éternelle qui réside dans la raison infinie. Mais comment cette idée passe-t-elle dans la réalité et prend-elle une forme corporelle? Uniquement par la science créatrice, qui est aussi nécessairement unie à la raison infinie que l'est dans l'artiste l'essence qui comprend l'idée de la beauté invisible, avec ce qui la représente d'une manière sensible. Si cet artiste doit être félicité et célébré entre tous, à qui les dieux ont fait don de ce génie créateur, l'œuvre d'art doit aussi paraître excellente, à proportion qu'elle nous montre, dans leur pureté, cette puissance créatrice et cette activité de la nature comme développées dans un cercle plus étroit.

On a déjà reconnu, depuis long-temps, que, dans la production artistique, tout ne se fait pas avec conscience; qu'avec l'activité consciente doit se combiner une force inconsciente, et que la parfaite union, la pénétration mutuelle de ces deux principes enfante ce qu'il y a de plus élevé dans l'art. Les œuvres auxquelles manque ce cachet de la science inconsciente se reconnaissent à un défaut palpable : celui de manquer de la vie propre, d'une vie indépendante de celle de l'artiste; tandis qu'au contraire, là où elle se manifeste, l'art communique à ses œuvres, avec la plus haute clarté pour la raison, en même temps, cette réalité inépuisable qui les fait ressembler aux œuvres de la nature.

La place de l'artiste vis-à-vis de la nature devait être souvent expliquée par cette maxime : que l'artiste pour être tel, devait s'éloigner d'abord de la nature et n'y retourner ensuite que quand il serait arrivé à la dernière perfection. Le vrai sens de cette maxime nous paraît ne pouvoir être autre que le suivant : — Dans tous les êtres de la nature l'idée vivante ne se montre active que d'une manière aveugle. S'il en était de même de l'artiste, celui-ci ne se distinguerait pas, en général, de la nature; d'un autre côté, s'il voulait se soumettre entièrement et avec conscience à la réalité, reproduire avec une fidélité servile ce qu'il a sous les yeux, il pourrait bien créer des larves, mais non des œuvres d'art. Il doit donc s'éloigner du simple procédé de production et de création naturelles, pour s'élever de lui même à la puissance créatrice et s'emparer de celle-ci spirituellement. Par là, il prend son essor dans la région des idées pures. Il abandonne la création proprement dite, pour la ressaisir après mille détours, et retourner dans ce sens à la nature. C'est avec cet esprit de la nature, qui agit dans l'intérieur des êtres, qui s'exprime par leurs formes extérieures, comme par autant de symboles, que l'artiste, sans doute, doit rivaliser; et ce n'est qu'autant qu'il le saisit en l'imitant d'une manière vivante, qu'il a lui-même produit quelque chose de vrai. Car des œuvres qui naissent d'un rapprochement de formes, belles du reste, seraient cependant sans aucune beauté, puisque ce qui doit donner à l'œuvre d'art, à l'ensemble, sa beauté, ne peut plus être la forme, mais quelque chose qui est au-dessus de la forme, savoir : l'essence, l'élément général, en un mot, le regard, l'expression de l'esprit de la nature, qui doit y résider.

On voit clairement, dès lors, ce qu'il faut penser de cette *idéalisation* de la nature dans l'art, comme on l'appelle, et que l'on exige si généralement. Cette exigence paraît naître d'une manière de voir d'après laquelle le vrai, le beau, le bien, ne sauraient être rien de ce qui est le réel et en seraient précisément le contraire. Si le réel était, en effet, opposé à la vérité et à la beauté, l'artiste ne pourrait pas le perfectionner ou l'idéaliser ; il devrait le faire disparaître et l'anéantir, pour créer à sa place quelque chose de vrai et de beau. Mais comment pourrait-il exister réellement quelque chose en dehors du vrai? Et qu'est-ce que la beauté si elle n'est pas l'être parfait et sans défaut? Quel but plus élevé pourrait donc avoir l'art, si ce n'est de représenter ce qui dans la nature est réellement l'être? comment se proposera-t-il de surpasser ce qu'on appelle la nature réelle, lui qui ne peut que rester au-dessous d'elle? En effet, donne-t-il en rien à ses œuvres la vie sensible et réelle? Cette statue ne respire pas ; sous ce marbre il n'y a pas de cœur qui batte, pas de sang qui répande la chaleur et la vie. Si vous placez au contraire le but de l'art dans la représentation de ce qui est véritablement l'être, ces deux choses : cette prétendue supériorité et cette apparente infériorité, se montrent comme la conséquence d'un seul et même principe.

Les œuvres de l'art, il est vrai, ne sont, en apparence, animées qu'à la surface, tandis que, dans la nature, la vie paraît pénétrer plus profondément et se marier entièrement à la matière ; mais les transformations continuelles de la matière et la loi universelle de la destruction des existences finies, ne nous avertissent-elles pas combien ce lien est peu essentiel et qu'il n'est nullement une fusion intime? L'art, en animant ses œuvres seulement à la surface, représente donc, comme n'étant pas, ce qui n'est pas réellement. Comment se fait-il que pour tout homme d'un esprit suffisamment développé, l'imitation de ce qu'on nomme le réel, poussée jusqu'à l'illusion, apparaisse comme le faux au plus haut degré, et même, produise sur lui l'impression de spectres, tandis qu'un ouvrage dans lequel l'idée domine, le saisit avec toute la force de la vérité, il y a plus, le place dans le vrai monde réel? D'où vient cela, sinon du sentiment plus ou moins obscur qui lui dit que l'idée est le seul principe vivant dans les choses, que le reste est privé d'essence et n'est que de vaines ombres ? Par le même principe s'expliquent tous les cas opposés qui sont donnés comme exemples de la supériorité de l'art sur la nature. Si celui-ci arrête la course rapide des années humaines ; s'il unit la force virile avec les grâces de la jeunesse, s'il montre la femme mère d'enfants déjà grands et sa fille, conservant toutes deux leur pleine et florissante beauté, que fait-il autre chose que d'effacer ce qui n'est pas essentiel : le temps ? Si, d'après la remarque d'un parfait connaisseur, chaque production de la nature n'a qu'un instant de la vraie et parfaite beauté, nous devons dire aussi qu'elle n'a qu'un moment de la pleine existence. Dans ce moment elle est ce qu'elle est dans toute l'éternité. En dehors de lui elle ne fait que devenir et disparaître. L'art, en tant qu'il représente un être dans ce moment, l'enlève au temps; il le laisse apparaître dans son excellence pure, dans l'éternité de sa vie.

Lorsqu'on eut une fois écarté de la forme tout élément positif et essentiel, elle dut apparaître comme imposant des limites et en quelque sorte hostile à l'essence; aussi, cette même théorie qui avait évoqué un faux et impuissant idéal, avait, en même temps, conduit à l'absence de formes dans l'art. Sans doute la forme devrait limiter l'essence, si elle s'offrait indépendante d'elle. Mais si elle existe avec et par l'essence, comment celle-ci pourrait-elle se sentir limitée par ce qu'elle crée elle-même ? Elle pourrait bien éprouver de la violence de la part de la forme qui lui serait imposée, mais non de celle qui découle d'elle-même. Elle doit bien plutôt se reposer paisiblement en elle, et sentir son existence comme quelque chose d'indépendant et de parfait en soi. La détermination de la forme est, dans la nature, non pas une négation, mais toujours une affirmation. Suivant les idées communes, sans doute, vous regardez la forme d'un corps comme une limitation qui lui est imposée ; mais si vous considérez la force créatrice, elle vous apparaîtra, manifestement, comme une mesure que celle-ci s'impose à elle-même, et dans laquelle elle se révèle comme une force véritablement intelligente et sage. Car partout la puissance de se soumettre soi-même à une mesure est regardée comme une perfection, et même comme la plus haute perfection. C'est de la même manière que l'on envisage généralement l'individuel, d'un point de vue purement négatif, c'est-à-dire comme quelque chose qui simplement n'est pas l'ensemble ou le tout. Mais aucun être individuel n'existe par ses limites, il existe par la force qui réside en lui, et avec laquelle il se maintient comme un tout indépendant vis-à-vis du grand tout.

Comme cette force, qui est le principe de la particularisation et par conséquent aussi de l'individualité des êtres, se révèle en eux comme caractère vivant, le système étroit qui la nie a pour conséquence nécessaire le point de vue insuffisant et faux du *caractéristique* dans l'art. L'art qui voudrait représenter l'écorce vide, ou le simple contour extérieur des objets individuels, serait mort et d'une rudesse insupportable. Sans doute, ce n'est pas l'individu que nous voulons voir, c'est quelque chose de plus, son idée vivante. Mais lorsque l'artiste reconnaît en lui le regard et l'essence de l'idée créatrice et les fait ressortir, il façonne l'individu de manière à en faire un monde en soi, une espèce, un type éternel. Aussi celui qui a saisi l'essence ne doit pas craindre la rudesse et la sévérité dans la forme; car elles sont la condition de la vie. Si la nature, dans l'harmonieuse perfection de son ensemble, nous montre la plus haute douceur, nous la voyons, dans tout être individuel, tendre à la détermination des formes, affecter même la rudesse et la concentration dans les premières manifestations de la vie. De même que la création entière est une œuvre de la plus haute extériorisation, de même l'artiste doit d'abord savoir s'abstraire de lui-même, descendre dans les détails, ne pas redouter le sacrifice de sa personnalité, ni les efforts pénibles qu'il en coûte pour se rendre maître de la forme. Dès ses premières œuvres la nature est parfaitement caractéristique. Elle enferme dans le dur silex la force du feu et l'étincelle de la lumière, l'âme harmonieuse du son dans le dense métal. Sur le seuil même de la vie, lorsqu'elle songe déjà à l'organisation, elle retombe, vaincue par la puissance de la forme, dans la pétrification. La vie des plantes consiste dans une silencieuse sensibilité; mais dans quels contours précis et serrés cette vie souffrante n'est-elle pas enfermée? Dans le règne animal, paraît, pour la première fois, commencer précisément le combat entre la vie et la forme. La nature cache ses premières œuvres sous de dures écailles, et là où celles-ci disparaissent, la vie retourne de nouveau, par l'instinct de l'art, dans le règne de la cristallisation. Enfin elle prend une allure plus hardie et plus libre, et alors se montrent, dans l'activité et la vie, des caractères qui sont les mêmes dans toutes les espèces. L'art, il est vrai, ne peut prendre son point de départ aussi bas que la nature. Chez elle, si la beauté est également répandue partout, il y a cependant divers degrés dans la manifestation et le développement de l'essence, par conséquent aussi dans la beauté; mais l'art veut dans celle-ci une certaine richesse, il voudrait faire résonner non un accent, ou un son isolé, ni même un accord détaché, mais l'harmonieuse mélodie de la beauté. Il s'empare donc de préférence, immédiatement, de ce qu'il y a de plus élevé et de plus développé : de la forme humaine. Car, comme il ne lui est pas donné d'embrasser l'ensemble dans ses immenses proportions, et que, dans les autres créatures, l'être ne se manifeste que par des éclairs isolés, tandis que dans l'homme il apparaît dans sa plénitude, sans interruption, non-seulement il lui est permis, mais il est obligé de voir la nature entière dans l'homme seul. Mais, précisément pour cela même, comme la nature rassemble ici tout en un seul point, elle reproduit toute sa variété, et le chemin qu'elle a parcouru dans un plus vaste circuit, elle le reprend de nouveau dans un espace plus restreint. Ici donc naît pour l'artiste la nécessité d'être fidèle et vrai dans des limites plus étroites, afin de paraître, dans l'ensemble, parfait et beau. C'est ici qu'il s'agit de lutter avec la nature créatrice, qui dans le monde de l'homme, distribue aussi les caractères et les empreintes avec une diversité inépuisable, d'engager le combat, non lâchement et mollement, mais avec énergie et courageusement. L'habitude continuelle de s'exercer à reconnaître le caractère propre des choses et à distinguer leur côté positif, doit le préserver du vide, de la faiblesse, de la nullité intérieure, en attendant qu'il puisse oser, par une plus savante harmonie et par une fusion définitive des formes diverses, essayer d'atteindre à la beauté la plus parfaite, dans des représentations d'une haute simplicité, malgré la richesse infinie du fond qu'elles expriment.

C'est seulement par la perfection de la forme que la forme peut être anéantie; et c'est là, sans contredit, dans le caractéristique, le but suprême de l'art. Mais s'il est vrai, en général, que l'harmonie apparente, à laquelle les esprits superficiels parviennent plus facilement que d'autres, est cependant nulle intérieurement, il en est de même, dans l'art, de l'harmonie extérieure, à laquelle on parvient vite et qui cache la pauvreté du fond. Et, si la science et l'éducation doivent combattre une imitation mécanique des belles formes, elles doivent aussi et surtout, combattre la tendance à un genre mignard et sans caractère, qui se donne à la vérité les plus beaux noms, mais ne cache par là que l'impuissance à remplir les conditions fondamentales de l'art.

Cette beauté supérieure, dans laquelle la perfection de la forme fait disparaître la forme elle-même, fut admise par les nouvelles théories sur l'art, depuis Winckelmann, non-seulement comme la plus haute, mais l'unique mesure. Mais comme le principe profond, sur lequel cette beauté repose, avait échappé, il arriva que l'on se fit une idée négative de cette formule, qui exprime la vérité dans son caractère le plus positif. Winckelmann compare la beauté à l'eau qui, puisée à sa source, est regardée comme d'autant plus salutaire qu'elle a moins de goût. Il est vrai que la plus haute beauté est sans caractère; mais elle l'est dans le même sens que nous disons de l'univers qu'il n'a aucune mesure déterminée, ni longueur, ni largeur, ni profondeur, parce qu'il renferme toutes les dimensions dans une égale infinité; elle l'est dans ce sens que l'art de la nature créatrice est sans forme, parce qu'elle-même n'est soumise à aucune forme. C'est dans ce sens, et non dans un autre, que nous pouvons dire que l'art hellénique, dans ses plus hautes créations, s'est élevé à l'absence de caractère. Mais il n'y parvint pas immédiatement; ce n'est qu'après s'être affranchi des liens de la nature qu'il sut s'élever à une liberté divine. D'une graine semée au hasard ne pouvait naître cette plante héroïque, mais d'un germe profondément caché dans la terre. Les grands mouvements de l'âme, les profonds ébranlements de l'imagination, sous l'impulsion des forces de la nature qui vivifient tout, qui agissent partout, pouvaient seuls donner à l'art l'empreinte de cette puissance irrésistible, avec laquelle, depuis le sérieux raide et enveloppé des représentations d'une époque antérieure, jusqu'aux œuvres d'une grace sensible surabondante, il resta toujours fidèle à la vérité, et enfanta, avec un inépuisable génie, la plus haute réalité qu'il ait été donné aux mortels de contempler. De même que la tragédie commença par la grandeur et l'énergie du caractère moral, de même le commencement de leur sculpture fut le sérieux de la nature; et la sévère déesse d'Athènes fut la première et la seule muse des arts plastiques. Cette époque est caractérisée par ce style que Winckelmann décrit comme encore rude et sévère, dont le style suivant, ou le haut style, ne pouvait sortir qu'en s'élevant du caractéristique au sublime et au simple. En effet, dans les représentations des natures les plus parfaites ou des divinités, devait apparaître toute la richesse des formes réunies, dont la nature humaine est capable. De plus, cette réunion devait être telle que nous puissions la supposer existant dans le monde réel lui-même, c'est-à-dire telle que les qualités inférieures, ou de moindre importance, soient subordonnées aux supérieures et toutes finalement à une seule, la plus haute, dans laquelle elles s'effacent réciproquement comme particulières, et cependant subsistent par l'essence et la force intime qui leur est inhérente. Si, dès lors, cette beauté élevée et libre ne peut être appelée caractéristique, puisque ce mot suppose des limites et des conditions imposées à l'apparence, cependant le caractéristique s'y développe encore d'une manière insensible, comme dans le cristal la contexture des parties subsiste malgré la transparence. Chaque élément caractéristique maintient son action, mais avec douceur, et concourt ainsi à l'effet que produit l'indifférence sublime de la beauté.

Le côté extérieur ou la base de toute beauté est la beauté de la forme; mais comme la forme ne peut exister sans l'essence, partout où la forme se montre, le caractère aussi est visible, ou, au moins, se fait sentir. La beauté caractéristique est donc la beauté dans sa racine; elle seule peut ensuite produire comme son fruit la véritable beauté. L'essence, il est vrai, dépasse la forme; mais encore le caractéristique reste-t-il toujours le principe générateur du beau.

Le plus digne connaisseur [1], à qui les dieux ont donné, à la fois, l'empire de la nature et celui de l'art, compare le caractéristique, dans son rapport avec la beauté, au squelette dans son rapport avec la forme vivante. Si nous voulions expliquer cette excellente comparaison dans notre sens, nous dirions que le squelette n'est pas dans la nature, comme dans notre esprit, séparé de l'organisme vivant; que les parties solides et les parties molles, ce qui détermine et ce qui est déterminé, se supposent réciproquement et ne peuvent exister que dans leur mutuelle relation; que

[1] Goëthe C. B.

là même, le caractéristique vivant est déjà la forme totale, qui naît de l'action réciproque des os et des chairs, de l'actif et du passif. Si l'art aussi, comme la nature, à ses degrés supérieurs, refoule au dedans le squelette qui d'abord était visible, celui-ci ne peut être opposé à la forme et à la beauté, parce qu'il ne cesse pas de concourir à déterminer l'une et l'autre.

Mais si cette haute et indifférente beauté doit, en outre, être prise pour la seule mesure dans l'art, puisqu'elle est considérée comme la plus haute, elle paraît devoir dépendre du degré d'étendue et de richesse selon lequel chaque art particulier peut agir. Cependant la nature, dans le vaste cercle où elle se meut, représente toujours, avec ce qui est élevé, l'élément inférieur qui lui est inhérent. En créant le divin dans l'homme, elle se contente d'en donner, dans les autres êtres, la matière ou la base, qui doit n'être là que pour faire ressortir l'essence en elle-même. Il y a plus, dans l'humanité elle-même, les grandes masses deviennent, de nouveau, la base d'où s'élèvent un petit nombre d'individus, destinés à représenter le principe divin, législateurs, conquérants, ou fondateurs de religions. Par conséquent, partout où l'art agit avec la variété de la nature, il peut et doit, à côté de la plus haute mesure de la beauté, en montrer aussi la base, et, en quelque sorte, la matière, dans des images indépendantes. C'est ici que se manifeste, pour la première fois, d'une manière significative, la nature différente des formes de l'art.

La Sculpture, dans le sens rigoureux du terme, dédaigne de donner extérieurement l'espace à son objet; elle le porte en elle-même. Mais, par-là même, le champ de son développement se trouve fort resserré. Il y a plus, elle est obligée de montrer la beauté de l'univers, en quelque sorte, dans un point. Elle doit donc tendre immédiatement à ce qu'il y a de plus élevé; elle ne peut atteindre à la variété que dans des images isolées, et par la plus sévère exclusion des éléments qui se contredisent. Par l'élimination du principe purement animal, elle parvient aussi à représenter, dans la nature humaine, d'une manière harmonique et presque belle, des créatures inférieures; ce que nous apprend la beauté de plusieurs Faunes conservés de l'antiquité. Elle peut même, à l'imitation de la capricieuse nature, se parodier elle-même, retourner son propre idéal, par exemple, dans les formes disproportionnées des Silènes, se jouer, plaisanter, et paraître ainsi s'affranchir du joug de la matière. Mais elle est toujours forcée de placer son œuvre dans une condition tout-à-fait à part, pour le mettre d'accord avec lui-même, et d'en faire comme un monde en soi, parce qu'il n'y a pas pour elle une unité plus haute où la dissonance des parties puisse s'effacer. Au contraire, la Peinture peut déjà, pour l'étendue, se mesurer avec la nature et composer avec une largeur épique. Dans une Iliade, il y a aussi place pour un Thersite. Et qui est-ce donc qui ne trouverait pas place dans le grand poëme héroïque de la nature et de l'histoire? Ici, l'individu compte à peine pour lui-même. Le tout prend sa place, et ce qui ne serait pas beau en soi, le devient par l'harmonie de l'ensemble. Supposez que, dans une des grandes compositions de la peinture, qui lie ses figures par la perspective, par la distribution de la lumière et des ombres, la plus haute mesure de la beauté soit appliquée partout, de là naîtra l'uniformité la plus anti-naturelle, puisque, comme le dit Winckelmann, la plus haute idée de la beauté est partout la même et permet peu de déviations. La partie serait alors préférée au tout, au lieu qu'en général, là où le tout naît d'une pluralité, la partie doit lui être subordonnée. Par conséquent, dans un pareil ouvrage, les gradations de la beauté doivent être observées; ce qui seul peut faire ressortir la parfaite beauté placée dans un point central; et d'une inégalité dans les parties naît l'équilibre dans le tout. Ici le faux caractéristique trouve aussi sa place. Au moins la théorie, au lieu d'enfermer le peintre dans l'espace étroit qui réunit et concentre toute beauté, aurait-elle dû lui proposer pour modèle la multiplicité caractéristique de la nature, par laquelle seule il peut donner à une grande composition la plénitude et la richesse qui caractérisent la vie. Ainsi pensait, parmi les fondateurs de l'art moderne, l'illustre Léonard, ainsi, le maître de la plus haute beauté, Raphaël, qui ne craignait pas de représenter celle-ci dans une mesure inférieure, plutôt que de paraître uniforme, froid et sans effet. Il savait non-seulement produire la beauté parfaite, mais aussi briser son uniformité par la variété de l'expression.

Si le caractère peut s'exprimer même dans le repos et l'équilibre de la forme, il n'est cependant, à proprement parler, vivant que dans l'activité. Nous nous représentons le caractère comme la réunion de plusieurs forces agissant constamment de manière à conserver un certain équilibre et une mesure déterminée, de sorte que si cet équilibre vient à être rompu, un autre lui succède avec la même harmonie de formes. Mais si cette unité vivante doit se montrer en action et en mouvement, cela n'est possible qu'autant que les forces, violemment soulevées par quelque cause, sortent de leur équilibre. Or, chacun reconnaît que c'est ce qui a lieu dans les passions.

Ici, nous rencontrons ce précepte de la théorie qui ordonne de modérer, autant qu'il est possible, les passions, lorsqu'elles éclatent au dehors, afin que la beauté de la forme ne soit pas violée. Mais nous croyons devoir plutôt retourner le précepte et l'exprimer ainsi : Les passions doivent être tempérées par la beauté elle-même. Car il est très à craindre que cette modération que l'on recommande ne soit aussi entendue d'une manière négative, tandis que la véritable loi de l'art est bien plutôt d'opposer à la passion une force positive. Car, de même que la vertu ne consiste pas dans l'absence de passions, mais dans la force de l'esprit qui les maîtrise, de même ce n'est pas en les écartant, ou en les amoindrissant, que l'on produit la beauté, mais par l'empire qu'exerce la beauté sur elles. La force des passions doit, par conséquent, se montrer. Il doit être visible qu'elles peuvent se soulever dans toute leur violence, mais qu'elles sont maintenues par l'énergie du caractère, et qu'elles viennent se briser contre les lois d'une inébranlable beauté, comme les flots d'un fleuve qui remplit ses bords, mais ne peut les inonder. Autrement, cette entreprise de modérer les passions ne pourrait se comparer qu'à celle de ces moralistes étroits qui, pour avoir meilleur marché de la nature humaine, ont volontiers pris le parti de la mutiler, et qui ont si bien réussi à supprimer dans l'homme tout ce qu'il y a de positif dans ses actions, que le peuple se repaît du spectacle des grands crimes pour se délasser au moins par la vue de quelque chose de positif.

Dans la nature et dans l'art, l'essence aspire, d'abord, à se réaliser et à se manifester elle-même dans l'individuel. Aussi, dans les commencements de l'un et de l'autre, se montre la plus grande rigueur dans la forme; car, sans la limitation, ce qui est illimité ne pourrait se manifester. Sans la rudesse, la douceur n'existerait pas, et pour que l'unité soit sentie, la séparation, la distinction et la lutte sont nécessaires. Aussi, dans ses premiers essais, l'esprit créateur paraît entièrement absorbé dans la forme, inaccessible, concentré en lui-même, âpre même dans le sublime. Mais à mesure qu'il parvient à réunir toute sa richesse dans une même créature, il abandonne insensiblement sa raideur. Aussi, là où il façonne la forme dans sa perfection, de manière à se reposer en elle et à se saisir lui-même, il affecte, en même temps, plus de sérénité et commence à se mouvoir selon des lignes douces. Tel est le caractère de la beauté dans sa plus belle fleur et dans sa maturité. Là où le vase est achevé, l'esprit de la nature est libre de ses liens et il sent son affinité avec l'âme. L'arrivée de l'âme s'annonce comme une douce aurore qui se lève sur la forme tout entière. Elle n'est pas encore présente, mais tout se prépare pour la recevoir, par le jeu facile et la délicatesse des mouvements; les rudes contours se tempèrent et s'adoucissent; une aimable essence, qui n'est encore ni spirituelle ni sensible, se répand sur l'extérieur et se plie à toutes les formes, à toutes les ondulations des membres. Cette essence incompréhensible, comme on dit, et que cependant tout le monde sent, est ce que les Grecs nommaient *Charis* et ce que nous appelons la *grace*.

Là où la grace apparaît dans une forme parfaitement façonnée, l'œuvre est parfaite du côté de la nature; rien ne lui manque; toutes les conditions sont accomplies. L'âme et le corps sont aussi dans une parfaite harmonie. La forme est le corps, la grace est l'âme, non pas l'âme proprement dite, il est vrai, mais l'âme de la forme ou de la nature.

L'art peut s'arrêter à ce point et ne pas le franchir; car déjà, sous un rapport au moins, il a accompli sa tâche entière. L'image pure de la beauté qui s'arrête à ce degré est la déesse de l'amour. Mais la beauté de l'âme en elle-même, fondue avec la grace sensible, celle-là, c'est la plus haute [divinisation de la nature.

L'esprit de la nature n'est opposé à l'âme qu'en apparence; en soi, il est l'instrument de sa manifestation; il produit, à la vérité, l'opposition des choses, mais seulement afin que l'essence seule puisse apparaître comme la plus haute douceur et l'harmonie de toutes les forces. Toutes les autres créatures sont animées par le simple esprit de la nature et conservent par lui leur individualité. Dans l'homme seul, comme dans un point central, apparaît l'âme, sans laquelle le monde moral ressemblerait à la nature privée du soleil.

L'âme est donc, dans l'homme, non le principe de l'individualité, mais ce par quoi il s'élève au-dessus de toute personnalité, ce qui le rend capable du sacrifice de soi-même, de l'amour désintéressé, de ce qu'il y a de plus sublime, comme de contempler et de comprendre l'essence des choses, ce qui lui donne, en même temps, le sens de l'art. Elle ne s'occupe plus de la matière, elle n'a plus de commerce immédiat avec elle, mais seulement avec l'esprit, qui est la vie des êtres. Quoiqu'apparaissant dans le corps, elle est libre des liens du corps, et la conscience de lui être unie, dans les plus belles représentations de l'art, plane seulement comme un songe facile qui ne la trouble pas. Elle n'est aucune propriété, aucune faculté et aucune espèce en particulier. On ne peut pas dire d'elle : elle sait, mais elle est la science ; elle est bonne, mais elle est la bonté ; elle est belle, comme cela peut être pour le corps, mais elle est la beauté même.

Sans doute, l'âme de l'artiste se révèle dans l'œuvre d'art, d'une manière plus ou moins immédiate, soit par l'invention dans les détails, soit par l'unité dans l'ensemble, unité qui fait qu'elle semble planer au-dessus de son œuvre dans un silence calme. Mais elle doit se manifester aussi dans le sujet représenté comme puissance supérieure de la pensée, lorsque la nature humaine est représentée remplie d'une haute conception, d'une noble pensée, d'une vérité morale profondément sentie. Ces deux choses trouvent leur expression claire, même dans l'état le plus calme, plus vive, cependant, lorsque l'âme peut se manifester d'une manière active et dans la lutte. Et, comme ce sont principalement les passions qui troublent la paix de la vie, il est admis généralement que la beauté de l'âme se montre surtout par une force calme au milieu de la tempête des passions.

Il y a ici, cependant, une distinction importante à faire : Pour modérer ces passions, qui ne sont que le soulèvement des esprits inférieurs de la nature, l'âme ne doit pas être évoquée ; elle ne doit pas, non plus, être montrée en opposition avec les passions. Tant que la raison ordinaire combat contre elles, l'âme, en général, n'a pas besoin d'intervenir. Elles doivent être déjà modérées par la nature humaine, par la puissance de l'esprit. Mais il existe des situations élevées où, non pas seulement une faculté particulière, mais la raison humaine elle-même rompt toutes les digues. Il y a même des cas où l'âme elle-même, par le lien qui l'unit à l'existence sensible, est soumise à la douleur, qui est étrangère à sa nature divine, où l'homme est combattu, non-seulement par les forces de la nature, mais par les puissances morales et se sent saisi à la racine de la vie, où une erreur innocente l'entraîne dans le crime, et par là dans le malheur, injustice profondément sentie, qui soulève les sentiments les plus saints de l'humanité. C'est ce qui a lieu dans toutes les situations tragiques, au sens élevé du mot, telles que nous les offre le théâtre ancien. Si ce sont les passions aveugles qui sont soulevées, alors la simple raison est là pour servir de sauve-garde à la beauté. Mais si c'est l'esprit lui-même qui est déchiré comme par une puissance fatale, quelle puissance protégera la sainte beauté et veillera sur elle? Si l'âme partage elle-même les souffrances du corps, où cherchera-t-elle son salut contre la douleur? comment évitera-t-elle d'être profanée?

Refouler arbitrairement la force de la douleur ou la violence des passions, serait pécher contre le sens et le but de l'art, et trahirait un défaut de sensibilité et d'âme dans l'artiste lui-même. Par cela seul que la beauté ayant pour base des formes larges et solides s'est élevée jusqu'au caractère, l'art s'est préparé le moyen de montrer toute la grandeur du sentiment, sans blesser la mesure. Car, là ou la beauté s'appuie sur des formes puissantes, comme sur des colonnes inébranlables, un changement léger et à peine sensible dans les rapports nous fait conclure que, pour le produire, une grande violence est nécessaire. La grâce sanctifie encore plus la douleur. Son essence consiste en ce qu'elle ne se connaît pas elle-même ; et comme elle n'a pas été acquise volontairement, elle ne peut pas non plus se perdre arbitrairement. Si une douleur insupportable, la démence, même, envoyée par les dieux vengeurs, enlève la conscience et la raison, elle se tient là comme un génie protecteur auprès du personnage souffrant; elle l'empêche de faire rien d'inconvenant, rien qui choque la nature humaine; et s'il succombe, au moins, il tombe comme une victime pure et sans tache. Ce n'est pas encore l'âme elle-même, mais elle la fait pressentir. Elle produit déjà, par une action naturelle, ce que la première produit par une force divine, puisqu'elle change en beauté la douleur, la défaillance, la mort même.

Cependant cette grace conservée jusque dans les tortures les plus violentes serait morte, si elle n'était glorifiée par l'âme. Mais quelle expression doit lui convenir dans cette situation? Elle se préserve de la douleur, elle apparaît au dehors non vaincue, mais victorieuse, en abandonnant ses liens avec l'existence sensible. Quoique l'esprit de la nature emploie sa puissance pour la retenir, l'âme ne s'engage pas dans ce combat, mais sa présence adoucit la violence même de la lutte orageuse qui s'élève au sein des puissances de la vie. Toute force extérieure ne peut ravir que des biens également extérieurs, l'âme est hors de son atteinte. Cette force peut déchirer un lien temporel, mais non détruire le lien éternel d'un amour véritablement divin. Dans la douleur, l'âme ne se montre pas dure et insensible, dépouillée de l'amour ; loin de là, elle montre l'amour seul comme le sentiment qui survit à l'existence sensible, et elle s'élève ainsi sur les ruines de la vie et du bonheur terrestre à la gloire divine.

Telle est l'expression de l'âme, que nous a montrée, dans la sculpture, l'auteur de la Niobé. Tous les moyens que l'art peut employer, pour tempérer la terreur, sont ici mis en action : puissance des formes, grâce sensible. Il y a plus, la nature du sujet lui-même adoucit l'expression, par cela même que la douleur dépassant toute expression s'efface à son tour, et la beauté qu'il paraissait impossible de conserver vivante est sauvée par la pétrification qui se fait avant que la beauté n'ait été violée. Que serait, cependant, tout cela sans l'âme, et comment celle-ci se manifeste-t-elle ? Nous ne voyons pas seulement sur le visage de la mère la douleur que lui cause la vue de ses enfants étendus comme des fleurs à ses pieds, ni seulement l'angoisse mortelle que lui inspire la conservation de ceux qui lui restent et de la plus jeune fille qui se réfugie dans son sein, ni l'indignation contre les cruelles divinités, ou au moins, comme on l'a prétendu, une froide consolation ; nous voyons tout cela sans doute, mais non en soi. A travers la douleur, l'angoisse et l'indignation, rayonne, semblable à une lumière divine, l'amour éternel, comme la seule chose qui ne périt pas ; et c'est en lui que se conserve la mère, la mère qui ne l'était pas seulement tout-à-l'heure, mais qui l'est toujours, qui reste réunie par un lien éternel à ses enfants bien aimés.

Chacun reconnaît que la grandeur, la pureté et la beauté de l'âme ont aussi leur expression sensible. Comment cela pourrait-il se concevoir, s'il n'y avait dans la matière un principe actif qui a déjà de l'affinité avec l'âme et qui lui ressemble? Maintenant, il y a, pour la représentation de l'âme, des degrés dans l'art, même lorsqu'il est retenu dans le simple caractéristique, ou lorsqu'il se développe harmonieusement avec toute la douceur de la grace. Qui ne voit que déjà, dans la tragédie d'Eschyle, domine cette haute moralité qui fait le caractère particulier du théâtre de Sophocle? Mais elle est là, encore enfermée sous une rude enveloppe, et elle se communique moins à l'ensemble, parce qu'ici manque encore le lien de la grace sensible. De ce sérieux et de ces graces encore terribles de l'art, à son origine, devait cependant naître la grace sophocléenne, et, avec elle, cette fusion parfaite des deux éléments, qui nous fait douter si c'est la grace morale ou sensible qui nous ravit dans ce poète. Il en est de même des représentations plastiques du style encore sévère, comparées à celles du style plus tardif que caractérise la douceur.

Si la grace, outre qu'elle est la glorification de l'esprit qui anime la nature, est encore le moyen qui sert à lier la bonté morale avec la manifestation sensible, il est évident que l'art doit converger en tout sens vers elle comme vers son point central. Cette beauté, qui naît de la parfaite fusion du caractère moral avec la grace sensible, nous saisit et nous ravit avec la puissance d'un prodige, là où nous la trouvons. Car, puisque l'esprit qui se développe dans la nature physique se montre d'ailleurs partout comme indépendant de l'âme, et même, en quelque sorte, comme opposé à elle, il paraît ici se fondre avec l'âme comme par un libre accord, et comme par le feu intérieur de l'amour divin. Le souvenir de l'unité originelle de l'essence de la nature et de celle de l'âme apparaît comme une clarté soudaine à l'esprit du spectateur, et, en même temps, la certitude que toute opposition n'est qu'apparente, que l'amour est le lien de toutes choses, et que le bien absolu est le principe et le fond de toute la création.

Ici, l'art s'élève, pour ainsi dire, au-dessus de lui-même et se sert, en quelque sorte, à lui-même de moyen. A ce point culminant, la grace sensible devient aussi une simple enveloppe et un corps pour une vie plus élévée. Ce qui, auparavant, était le tout, n'est plus considéré que comme partie, et le rapport le plus élevé de l'art à la nature est atteint, par cela même qu'il prend celle-ci comme moyen, pour rendre visible l'âme en elle.

Mais si, dans cette fleur de l'art, comme dans la fleur du règne végétal, tous les degrés antérieurs se répètent, on voit aussi, d'un autre côté, par quelles routes différentes l'art peut sortir de ce point central. C'est ici, surtout, que la différence naturelle des deux formes qu'affectent les arts du dessin se montre dans toute sa force. Car, pour la sculpture, comme elle représente ses idées par des formes corporelles, le point le plus élevé paraît devoir consister dans le parfait équilibre entre l'âme et le corps. Si elle donne à ce dernier la prépondérance, alors elle tombe au-dessous de son idée. Mais il semble tout-à-fait impossible qu'elle élève l'âme aux dépens de la matière, puisqu'ainsi elle se dépasserait elle-même. Le parfait sculpteur, il est vrai, comme le dit Winckelmann, à propos de l'Apollon du Belvedère, ne prendra pas pour son œuvre plus de matière qu'il n'en a besoin pour atteindre son but spirituel; mais aussi, d'un autre côté, il ne mettra pas dans l'âme plus de force spirituelle que la matière ne peut en exprimer; car son art consiste précisément à exprimer le spirituel d'une manière toute corporelle. La sculpture ne peut donc atteindre à son véritable point de perfection que dans des natures telles, qu'en vertu de leur essence même, elles soient en réalité, à chaque instant, tout ce qu'elles peuvent être d'après leur idée ou leur âme, par conséquent, dans des natures divines. Ainsi, quand même il n'y aurait eu auparavant aucune mythologie, l'art y serait arrivé de lui-même, et aurait inventé les dieux s'il ne les avait pas trouvés déjà existants. Ensuite, comme l'esprit, à un degré inférieur de l'existence, est avec la matière dans le même rapport que nous avons attribué à l'âme vis-à-vis de lui (puisqu'il est le principe de l'activité et du mouvement, comme la matière est celui du repos et de l'inertie), la loi de la mesure dans l'expression et dans les passions est une loi fondamentale qui dérive de leur nature. Et cette loi doit s'appliquer, non-seulement aux passions inférieures, mais, s'il est permis de parler ainsi, aux passions élevées et divines dont l'âme est capable dans le ravissement, dans la méditation, dans la prière. Par conséquent, puisque les dieux seuls sont affranchis de ces passions par ce côté, aussi, la sculpture est éminemment propre à la représentation des natures divines.

Mais la peinture paraît dans des conditions toutes différentes de celles de la sculpture; car elle ne représente plus, comme celle-ci, à l'aide de formes corporelles, mais par la lumière et les couleurs, moyen lui-même incorporel et en quelque sorte spirituel. Aussi, ne donne-t-elle jamais ses images pour les objets eux-mêmes; elle veut expressément qu'elles ne soient considérées que comme des images. Par là, elle n'accorde déjà plus à la matière en elle-même la même importance que la sculpture. D'après ce principe, en élevant ses sujets au-dessus de la nature sensible, elle paraît, il est vrai, tomber plus bas au-dessous d'elle-même que ne fait l'art plastique dans le cas semblable; mais, d'un autre côté, elle est d'autant mieux en état de manifester clairement la supériorité de l'âme. Dans ses représentations de l'ordre le plus élevé, elle saura, sans doute, ennoblir les passions par le caractère, ou les tempérer par la grace, ou enfin montrer en elles la force de l'âme. Mais, d'un autre côté, ces hautes passions, qui s'appuient sur l'affinité de l'âme avec l'essence divine, sont précisément celles qui lui conviennent parfaitement. Il y a plus, si la sculpture établit un parfait équilibre entre la force par laquelle un être se conserve physiquement et se développe au sein de la nature, et celle par laquelle il vit intérieurement et comme âme, si elle exclut la souffrance pure, même physique, la peinture, au contraire, peut, en représentant celle-ci, adoucir, dans l'intérêt de l'âme, le caractère de la force et de l'énergie active, leur substituer l'abandon et la résignation; ce qui fait paraître l'homme plus capable des inspirations de l'âme, et, en général, des hautes influences.

Par cette seule opposition s'explique déjà la prédominance nécessaire de la sculpture dans l'antiquité, et de la peinture dans le monde moderne. L'antiquité sentait et pensait d'une manière tout-à-fait plastique, tandis que le christianisme fait, en quelque sorte, de l'âme l'organe souffrant d'une plus haute révélation. Ceci montre également qu'il ne suffit pas de viser au plastique dans la forme et la représentation, et qu'avant tout il faut penser et sentir plastiquement, c'est-à-dire à l'antique. Mais si les envahissements de la sculpture sur le domaine de la peinture ont pour résultat la corruption de l'art, d'un autre côté resserrer la peinture dans les conditions et la forme de la sculpture, c'est lui imposer des limites arbitraires; car si la première tend, comme la pesanteur, vers un point unique, la peinture comme la lumière, peut remplir l'espace entier de l'univers.

La preuve de cette universalité de la peinture est l'histoire même et l'exemple des grands maîtres, qui, sans violer l'essence même de leur art, ont porté chacun de ses degrés, en lui-même, à sa perfection; de sorte que, la même succession qui peut être montrée dans les formes essentielles de l'art, nous pouvons aussi la retrouver dans son histoire.

Nous nous attacherons, il est vrai, plutôt à l'ordre réel et naturel qu'à celui du temps (4). La plus ancienne et la plus puissante époque de l'art devenu libre apparaît avec Michel Ange. L'art déploie sa force encore indomptée dans des créations gigantesques; de même que, selon les traditions de la mythologie, la Terre, après les embrassements d'Uranus, engendra d'abord les Titans et les Géants qui voulaient escalader le ciel, avant que ne s'établît le doux empire des paisibles divinités de l'Olympe. Tel nous apparaît la représentation du Jugement dernier, dont cet esprit géant remplit la chapelle Sixtine, résumant tout son art dans cette grande œuvre, plus propre à rappeler les premiers temps de la terre et ses premières créations que les temps nouveaux. Attiré vers les principes les plus mystérieux de la nature organique et particulièrement de la forme humaine, il n'évite pas le terrible. Loin de là, il le cherche à dessein, lui ôte même son calme et le précipite dans les noires officines de la nature. Il compense le manque de douceur, de grace et d'agrément, par l'expression la plus frappante de la force. Si, par ses représentations, il excite la terreur, c'est l'épouvante que, selon la fable, le dieu Pan répandait tout-à-coup dans les assemblées des hommes. La nature, en général, produit l'extraordinaire par des qualités exclusives et incompatibles avec leurs opposées. Ainsi, dans le génie de Michel Ange, le sérieux, l'énergie et la profondeur dominaient trop le sens de la grace et la sensibilité de l'âme, pour qu'il montrât, pure et à son plus haut degré, la force plastique, dans la peinture des temps modernes.

Lorsque la première violence s'est adoucie et que l'impétuosité d'une force qui enfante s'est calmée, alors se manifeste dans l'âme l'esprit de la nature, et avec lui naît la grace. L'art atteignit ce degré après Léonard de Vinci, avec Corrège, dans les ouvrages duquel l'âme sensible est le principe qui produit la beauté.

Ceci n'est pas seulement manifeste dans la douceur des contours de ses figures, mais aussi dans les formes qui ressemblent, au plus haut degré, à celles des natures purement sensibles dans les ouvrages de l'antiquité. En lui fleurit le véritable âge d'or de l'art, que le doux règne de Chronus vint apporter à la terre. Ici le sourire aimable de l'innocence, le désir naïf, la sérénité, la joie enfantine rayonnent sur des visages ouverts et riants; ici sont célébrées les saturnales de l'art. L'expression générale de ce style, c'est le clair obscur que Corrège emploie plus qu'aucun autre. Car ce qui, pour le peintre, remplace la matière, c'est l'obscur; c'est là le fond sur lequel il doit fixer l'apparence fugitive de la lumière et de l'âme. Mieux, par conséquent, le clair et l'obscur se marient ensemble, de telle sorte que de tous deux naisse une chose unique, et, pour ainsi dire, une âme et un corps; plus l'esprit apparaît sous une forme corporelle et la matière s'élève au niveau de l'esprit.

Quand l'art s'est affranchi des limites de la nature, et que le gigantesque, fruit de sa première liberté, a été refoulé, lorsque la forme et les figures se sont embellies par le pressentiment de l'âme, le ciel s'éclaircit, le terrestre ayant dépouillé sa rudesse, peut s'unir avec le céleste, et le divin avec l'humain. Raphaël prend possession de l'Olympe radieux, et nous conduit avec lui de la terre dans l'assemblée des dieux, au milieu des natures immortelles et heureuses. La fleur de la vie a son moment le plus parfait, le souffle de l'imagination et le parfum plus subtil encore de l'esprit s'exhalent à la fois de ses œuvres. Il n'est plus seulement peintre, il est philosophe; il est poète en même temps. La puissance du génie, la sagesse et la mesure se donnent ici la main. Telles les choses sont ordonnées dans la nature d'après les lois d'une éternelle nécessité, telles il les représente. Avec lui l'art a atteint son terme, et comme le véritable équilibre du divin et de l'humain ne peut guère exister que dans un point unique, le sceau de *l'unicité* est empreint sur ses œuvres.

A partir de ce moment, la peinture, pour épuiser toutes les formes possibles que comporte sa nature, ne pouvait plus se mouvoir en avant que d'un seul côté ; et quoi qu'elle ait pu entreprendre dans les renouvellements postérieurs de l'art, quelles que soient les différentes directions qu'elle ait essayées, elle paraît n'en avoir pris qu'une seule qui lui ait permis de fermer le cercle des grands maîtres avec une espèce de nécessité. De même que le cercle des anciennes histoires des dieux se ferme par la fable récente de Psyché, de même la peinture pouvait encore, par la prépondérance accordée à l'âme, atteindre à un degré nouveau de l'art, quoique non plus élevé. C'est à ce but que tendit Guido Reni, et il fut, à proprement parler, le peintre de l'âme. Tel nous paraît avoir été le caractère général de sa tendance, quoique souvent elle soit mal assurée, et que plusieurs de ses œuvres se perdent dans l'indéterminé. C'est à la maturité de ce style que l'on doit, avec un petit nombre d'autres chefs-d'œuvre, celui qui est exposé, dans la grande collection de notre roi, a l'admiration universelle. Dans la figure de la Vierge enlevée au ciel, tout ce qui peut rappeler la rigueur et la sévérité plastiques est effacé jusque dans sa dernière trace. Il y a plus, la peinture elle-même ne paraît-elle pas dans ce tableau, semblable à Psyché, libre et dégagée des formes matérielles, s'envoler sur ses propres ailes vers la glorification céleste ? Ici, rien qui trahisse à l'extérieur la présence de la force qui anime la nature. Tout respire la sensibilité, le calme de la résignation, jusqu'à cette chair mortelle dont la langue italienne désigne le caractère particulier par le terme de *morbidezza*, et qui est ici toute différente de celle dont Raphael revêt la Reine du ciel, lorsqu'elle descend des cieux et apparaît au pape en prières et à un saint. Si l'on doit ajouter foi à ce qui a été remarqué : que le modèle des têtes de femmes du Guide est la Niobé de l'antiquité, le principe de cette ressemblance n'est certainement pas une simple imitation arbitraire ; une tendance semblable a pu conduire aux mêmes moyens. Si la Niobé de Florence est une œuvre dans laquelle la sculpture se dépasse elle-même, si elle est, dans cet art, la représentation de l'ame, de même le tableau que nous connaissons est aussi une œuvre qui franchit les limites de la peinture qui ose, ici, rejeter les ombres et l'obscur et produire ses effets presque avec la pure lumière.

Quand même il serait permis à la peinture, à cause de son caractère particulier, d'incliner vers la représentation de l'âme, il n'en serait pas moins vrai que la science et l'éducation n'auraient rien de mieux à faire que de ramener, sans cesse, à ce milieu primitif dont il a été parlé plus haut, et d'où seulement l'art peut toujours être renouvelé ; tandis qu'autrement, il doit toujours s'arrêter immobile sur son dernier degré de développement, ou dégénérer en une manière étroite. Car, cette haute souffrance elle-même contredit l'idée d'une nature dans la plénitude de sa force, ce dont l'art est appelé à montrer l'image dans tout son éclat. Toujours un sens droit aimera à voir une nature dignement représentée, même par son côté individuel et dans sa plus haute indépendance; il y a plus, la divinité abaisserait, avec complaisance, ses regards sur une créature qui, douée d'une âme pure, maintiendrait la noblesse de sa nature en déployant son énergie au dehors et en développant sa force sur la scène du monde sensible.

Nous avons vu comment, après être parti des degrés inférieurs de la nature (5), l'œuvre d'art, venant à se développer, commence par la détermination et la précision des formes, déploie ensuite sa fécondité, sa richesse infinie, se transfigure dans la grace et atteint finalement à l'expression de l'âme. Mais ce qui a dû être représenté comme séparé, dans l'acte créateur de l'art parvenu à son plus haut point de perfection se résume en un fait unique. Cette puissance divine de créer, aucune théorie, aucun précepte, ne peuvent la produire. Elle est un pur don de la nature, qui s'achève doublement, puisque, parvenue à la dernière limite de son action, elle dépose sa force créatrice dans sa créature. Mais, de même que dans le développement général de l'art, ces degrés se succèdent l'un après l'autre, jusqu'à ce qu'ils se réunissent dans le plus élevé de tous ; de même aussi, dans les individus, il ne peut y avoir de développement solide que celui qui part du germe et de la racine, et s'élève régulièrement jusqu'à la fleur.

Cette loi, en vertu de laquelle l'art, comme tout ce qui est vivant, doit partir d'un premier commencement et y retourner toujours pour se rajeunir, peut paraître dure à une époque à laquelle il a été dit, de tant de manières, comment la beauté la plus parfaite pouvait être empruntée toute faite aux œuvres d'art déjà existantes, et comment on pouvait ainsi atteindre, comme d'un seul coup, à la perfection. N'avons-nous pas déjà l'excellent, le parfait? Pourquoi donc retourner à l'origine de l'art, à ses premières ébauches? — Si les grands maîtres, qui ont fondé l'art moderne, avaient pensé de même, nous n'aurions jamais vu leurs merveilles. Avant eux, il y avait aussi les créations des anciens, des ouvrages de sculpture et de peinture qu'ils auraient pu transporter immédiatement sur la toile (6). Mais le fait de s'approprier ainsi un beau, étranger, non acquis par soi-même et, parlà aussi, incapable d'être bien compris, ne pouvait satisfaire chez eux un penchant artistique, qui les portait à remonter au véritable principe d'où le beau devait s'engendrer de nouveau, libre, plein de sève et de force. Ils ne craignaient pas de paraître simples, sans art, froids, en comparaison de ces grands génies de l'antiquité, et d'enfermer long-temps la fleur de l'art dans son bouton, jusqu'au moment où la grace viendrait l'épanouir. D'où vient que nous regardons ces ouvrages des anciens peintres, depuis Giotto jusqu'au maître de Raphaël, maintenant encore, avec un espèce de sentiment religieux et même avec une sorte de prédilection, si ce n'est parce que la vérité naturelle de leurs tableaux et le sérieux imposant et calme avec lequel ils respectent librement les limites de la nature, nous inspirent, malgré nous, la vénération et l'admiration ? Or, ce que ceux-ci étaient par rapport aux anciens, nous le sommes par rapport à eux. Aucune tradition vivante, aucun lien organique de développement progressif ne rattache notre époque à la leur. Nous devons renouveler l'art sur leurs traces, mais avec originalité, si nous voulons leur ressembler. Sans doute, à la fin du XVIe et au commencement du XVIIe siècle, ce rejeton de l'art pouvait bien pousser quelques nouvelles fleurs sur la souche ancienne, mais nullement produire des germes féconds, et encore moins faire naître une nouvelle tige. D'un autre côté, rejeter les véritables chefs-d'œuvre et rechercher, comme l'ont voulu quelques uns, les mauvais commencements de l'art, pour les imiter à cause de leur simplicité, ça été une nouvelle et peut être plus grave méprise. Ils ne sont même pas retournés au primitif; la simplicité ne fut que de l'afféterie, une apparence hypocrite et mensongère.

Mais, quel aspect nous offre le temps actuel? Verra-t-on l'art sortir d'un nouveau germe, et reverdir sur une tige nouvelle ? Malheureusement, l'art dépend en grande partie de l'esprit du siècle où il se développe; or, qui pourrait promettre aujourd'hui à ces sérieux commencements dont nous avons parlé, l'approbation générale, quand l'art obtient à peine la même estime que les instruments d'un luxe prodigue; quand, d'un autre côté, artistes et amateurs louent et recommandent l'idéal avec une parfaite impuissance de comprendre la nature?

L'art ne doit sa naissance qu'à ce vif ébranlement des puissances les plus profondes de l'âme que nous appelons l'enthousiasme. Tout ce qui, sorti des commencements pénibles et faibles, est devenu puissant et s'est élevé à une grande hauteur, est devenu grand par l'enthousiasme. Il en est ainsi des empires et des États, des arts et des sciences. Mais ce n'est pas aux forces de l'individu qu'il faut en faire honneur, c'est à l'esprit qui se développe dans la société entière. Car de même que les plantes délicates dépendent de l'air et de l'atmosphère, l'art, surtout, dépend de la faveur publique. Il a besoin d'un enthousiasme général pour le sublime et le beau, comme celui qui, du temps des Médicis, semblable à une chaude haleine du printemps, fit éclore tant de grands génies à la fois; il réclame une constitution politique semblable à celle que nous représente Périclès dans l'éloge qu'il fait d'Athènes, ou à celle que le règne paternel et plein de douceur d'un prince éclairé nous conserve plus ferme et plus durable que la souveraineté populaire, une organisation sociale où toutes les facultés se développent librement et tous les talents aiment à se montrer, parce que chacun est apprécié uniquement selon son mérite, où l'inaction est une honte, et la louange n'est point décernée aux productions vulgaires, où, au contraire, tous tendent vers un but élevé, placé hors de la portée commune. C'est alors, quand la vie publique est mise en mouvement par des mobiles capables de donner l'essor à l'art, c'est seulement alors qu'il peut en tirer quelqu'avantage; car il ne peut, sans renoncer à la noblesse de sa nature, tendre vers un but étranger à lui. L'art et la science ne peuvent se mouvoir que sur leur axe propre. L'artiste, comme quiconque s'occupe des travaux de l'esprit, suit la loi que Dieu et la nature ont gravée dans son cœur, et n'en connaît pas d'autre. Personne ne peut l'aider; il doit trouver son aide en lui-même. De même, il ne trouve qu'en lui sa récompense; car ce qu'il n'a pas produit pour lui-même sera, par cela seul, bientôt nul. De même aussi personne ne doit lui commander ou lui tracer la route qu'il doit suivre. Autant sa position est déplorable s'il est obligé de lutter contre son temps, autant il est digne de mépris s'il travaille pour lui plaire. Lui plaire ! Eh ! comment d'ailleurs le pourrait-il ? Sans un grand enthousiasme général il n'y a que des sectes et point d'opinion publique. Ce n'est pas un goût ferme et sûr, ce ne sont pas les grandes idées de tout un peuple, mais la voix de quelques hommes qui s'érigent arbitrairement en juges, qui décident du mérite ; l'art qui, dans sa position élevée, se suffit à lui-même, est donc alors réduit à mendier l'approbation ; il devient esclave, lui qui devait commander.

Les siècles ont en partage un enthousiasme différent. Ne devons-nous pas espérer que le nôtre aura aussi le sien, quand le monde nouveau qui se forme sous nos yeux, tel qu'il existe déjà extérieurement et, d'une manière moins visible, dans les âmes généreuses, ne peut plus être mesuré avec les règles qui ont jusqu'ici gouverné l'opinion, lorsque tout en réclame de plus larges et annonce un renouvellement universel ? Ce sens élevé à qui la nature et l'histoire se sont de nouveau révélés d'une manière vivante, ne doit-il pas redonner aussi à l'art ses grands objets ? Vouloir tirer des étincelles de la cendre des morts pour rallumer une flamme universelle, c'est une vaine tentative. Mais, aussi, il n'y a qu'un changement antérieur dans les idées elles-mêmes qui soit capable de relever l'art de son épuisement. Il n'y a qu'une nouvelle science, une nouvelle croyance qui aient le pouvoir de l'enthousiasmer pour des travaux capables de le rajeunir et de lui rendre sa splendeur d'autrefois. A la vérité un art qui serait de tout point semblable à celui des siècles passés ne reviendra plus ; car la nature ne se répète pas. Un second Raphaël n'apparaîtra pas, mais un autre qui, d'une manière également originale, parviendra au sommet de l'art. Faites seulement que cette condition fondamentale dont nous avons parlé soit remplie, et l'art reprenant une vie nouvelle montrera, comme autrefois, sa vraie destination dans ses premières œuvres. Dans la formation d'un caractéristique bien déterminé, pourvu, d'ailleurs qu'il procède d'un talent original, la grâce est déjà présente, quoique enveloppée, et dans tous deux l'âme elle-même se fait pressentir. Les œuvres qui naissent ainsi, malgré l'imperfection inhérente à tout ce qui commence, sont déjà des œuvres marquées du cachet de la nécessité et de l'immortalité.

Nous devons le confesser, dans cet espoir de voir renaître un art entièrement original, nous avons principalement la patrie devant les yeux. A l'époque où l'art se réveillait en Italie, sur le sol national avait déjà poussé la tige puissante de notre grand Albert Durer, production éminemment originale du génie Allemand et qui, cependant, n'offre pas une parenté moins manifeste avec celles dont un soleil plus propice faisait arriver les doux fruits à leur plus haute maturité. Ce peuple d'où est sortie la plus grande révolution dans les idées qui ait remué l'Europe moderne, dont le génie a enfanté les plus grandes découvertes, qui a donné des lois au ciel, exploré le plus avant la terre dans ses profondeurs, à qui la nature a implanté dans l'âme plus qu'à aucun autre peuple, un sens moral incorruptible et le penchant pour la recherche des causes premières, ce peuple doit finir par avoir un art qui lui soit propre.

Si les destinées de l'art dépendent des destinées générales de l'esprit humain, avec quelles espérances ne devons-nous pas envisager cette patrie proprement dite, où un Prince magnanime a donné à la raison humaine la liberté, à l'intelligence des ailes, aux idées philanthropiques leur efficacité; tandis que l'esprit plein de force des populations qui lui sont soumises conserve le germe vivant de l'ancien génie artistique, et que les plus célèbres foyers de l'ancien art germanique se sont rattachés à lui. Certes, les arts et les sciences, lors même qu'ils seraient proscrits partout ailleurs, trouveraient un asile sous la protection d'un trône où une douce sagesse tient le sceptre, prête un nouveau charme aux grâces de la Reine, et rehausse la gloire de cet amour héréditaire pour les arts, par lequel le jeune Prince, si vivement accueilli, en ce jour, par l'allégresse publique de la patrie reconnaissante, est devenu l'admiration des nations étrangères. Ils trouveraient, ici, déjà répandus les germes d'un puissant avenir, un esprit public éprouvé et, au moins, le lien affermi par les vicissitudes des temps, d'un amour et d'un enthousiasme universels pour la Patrie et pour le Roi, dont la santé et la conservation, jusqu'au terme le plus reculé de la vie, ne peuvent être dans aucun temple, plus que dans celui qu'il a élevé aux sciences, l'objet des vœux les plus ardents.

(2) Winckelmann est unique dans son temps, par l'objectivité non-seulement de son style, mais encore de toute sa manière d'envisager les choses. Il y a un genre d'esprit qui veut réfléchir *sur* les objets, et un autre qui veut les pénétrer en eux-mêmes, d'après leurs caractères essentiels. L'histoire de l'art de Winckelmann donne le premier exemple de ce dernier. Ce ne fut que plus tard que le même esprit se montra aussi dans les autres sciences, non sans une grande résistance de la part de l'autre méthode usitée jusqu'alors ; méthode en effet beaucoup plus commode. L'époque proprement dite de Winckelmann ne connaissait de maîtres que dans ce genre. On aurait voulu excepter *Hamann*, qui a été précisément cité plus haut. Mais appartient-il bien à son époque, dans laquelle il resta incompris et sans influence ? Si *Lessing*, le seul homme de ce temps qui mérite d'être nommé à côté de Winckelmann, est grand, c'est parce que, tout en restant complètement dans cette *subjectivité* qui dominait alors, et en déployant un talent supérieur, précisément dans cette manière de réfléchir sur les choses, il penchait et se sentait vivement attiré, quoique sans le savoir, vers l'autre manière de sentir et de penser, ce que prouvent non-seulement son appréciation de Spinosa, mais tant d'autres manifestations de ce sentiment, et surtout *l'Éducation du genre humain*. L'auteur n'en a pas moins dû regarder comme un préjugé l'opinion suivant laquelle Lessing serait parfaitement d'accord avec Winckelmann, et aurait la même manière de penser et de juger, en ce qui concerne le but le plus élevé de l'art. — Qu'on lise les passages suivants de Lessing : « La destination véritable de chacun des Beaux-Arts ne peut être que celle qu'il est capable d'atteindre sans le secours d'un autre. Dans la peinture, ce but est la beauté corporelle. — Pour pouvoir rassembler des beautés corporelles de plus d'une espèce, on créa la peinture d'histoire.

— Mais l'expression, la représentation de l'histoire n'était pas le dernier but du peintre; l'histoire n'était pour lui qu'un simple moyen pour atteindre son dernier but : la beauté sous des formes variées. » — « Les nouveaux peintres représentent le moyen comme s'il était le but; ils peignent des histoires pour peindre des histoires, sans songer qu'ils font ainsi de leur art un auxiliaire de tel ou tel autre art, de telle ou telle autre science, ou, au moins, qu'ils se mettent à leur service d'une manière si absolue que leur art perd entièrement, par là, la valeur d'un art primitif. » — « L'expression de la beauté corporelle est la destination de la peinture. » — « La plus haute beauté corporelle est donc sa plus haute destination, etc. » (*Pensées et opinions de Lessing*, recueillies par *Frédéric Schlegel*, 1re part., p. 292.)

Qu'un esprit analytique comme Lessing ait pu admettre l'idée d'une beauté purement corporelle et s'y arrêter, cela se comprend. A la rigueur, on conçoit encore comment il a pu se persuader que la représentation de la beauté corporelle multiple, comme but de la peinture d'histoire, étant écartée, celle-ci n'a plus d'autre objet que de traduire l'histoire en images. Mais, si l'on persiste à faire accorder ces opinions de Lessing avec la doctrine de Winckelmann, telle qu'elle est en particulier renfermée dans *l'Histoire de l'art* (les *Monumenti inediti* ont été écrits pour les Italiens, et n'ont pas la même valeur authentique que l'histoire de l'art); si, en particulier, il faut admettre, comme étant l'opinion de Winckelmann, que la représentation des actions et des passions, en un mot, que le genre le plus élevé dans la peinture n'a été inventé que pour montrer en elle la beauté corporelle sous des formes variées, l'auteur confesse ne rien comprendre de Winckelmann et n'y avoir jamais rien compris. Il sera toujours intéressant de comparer le Laocoon comme ce qui a été pensé de plus spirituel sur l'art, dans le sens dont il a été parlé plus haut, avec les ouvrages de Winckelmann, sous le rapport du style extérieur et intérieur des deux écrivains. La différence totale des deux manières d'envisager les objets sera évidente pour chacun.

(3) Voyez, par exemple, le *Dasdorfische Briefsammlung*, 2ᵉ part., p. 235.

(4) Cependant, si l'espace permettait d'entrer dans plus de détails, ou pourrait prouver que la succession établie ici est aussi chronologiquement vraie. Sans doute, tel ou tel pourrait se rappeler que l'œuvre du *Jugement dernier* fut commencée après la mort de Raphaël; mais le style de Michel-Ange était né avec lui, et antérieur par conséquent, même dans l'ordre du temps, à celui de Raphaël. Sans accorder plus de confiance qu'il ne faut à ce que l'on raconte ordinairement de l'effet que produisit sur le jeune Raphaël la vue des premiers ouvrages romains de Michel-Ange, sans prétendre que Raphaël dut à cette circonstance accidentelle de s'être élevé, d'un style encore timide à sa naissance, à la hardiesse et à la grandeur d'un art parfait, il est cependant incontestable que, non-seulement, le style de Michel-Ange a été une des bases de l'art de Raphaël, mais que, grâce à lui, l'art en général prit, pour la première fois, son essor vers une parfaite liberté. — Ces mots, appliqués à Corrège : « *Par lui fleurit le véritable âge d'or dans l'art,* » pourraient être moins équivoques, quoiqu'il soit difficile de se méprendre sur leur sens, ou de méconnaître ce que l'auteur a regardé comme le plus haut degré de perfection de la peinture moderne.

(5) Tout ce traité fait de la vitalité dans la nature la base

de l'art, et par conséquent aussi de toute beauté. Néanmoins, comme ceux qui font de la critique pour le public connaissent mieux les doctrines de la philosophie actuelle que ses auteurs eux-mêmes, un habile homme de cette espèce, dans une feuille périodique d'ailleurs justement estimée, a bien voulu nous apprendre, depuis peu, que : suivant la nouvelle esthétique et la nouvelle philosophie (formule commode, dans laquelle ces demi-connaisseurs entassent tout ce qui leur déplaît, apparemment pour mieux en faire justice), la beauté n'existe que dans l'art, et nullement dans la nature. Nous pourrions demander où la nouvelle philosophie a établi une pareille esthétique et soutenu une telle opinion. Ne nous rappelons-nous pas plutôt ici, quelle idée des juges de cette espèce ont coutume d'attacher au mot de nature, particulièrement dans l'art ? Le critique en question est loin, du reste, de désapprouver l'opinion qu'il nous attribue ; il cherche plutôt à la fortifier par une démonstration rigoureuse dans le langage et les formes de la nouvelle philosophie. Ecoutons l'excellente preuve : « Le beau est la manifestation du divin dans le terrestre, de l'infini dans le fini. Or, la nature est aussi la manifestation du divin ; mais celle-ci (cette nature, qui a existé depuis le commencement des temps, et qui doit durer jusqu'à la fin des jours, comme s'exprime cet écrivain élégant) n'apparaît pas à l'esprit de l'homme, et elle n'est belle que dans son infinité. » — De quelque manière que nous entendions cette infinité, il y a ici une contradiction à dire que la beauté est une manifestation de l'infini dans le fini, et que, cependant, la nature ne peut être belle que dans son infinité. Cependant le connaisseur qui n'est pas bien sûr de lui, se fait à lui-même cette objection : « Que chaque partie d'un bel ouvrage est elle-même belle, par exemple, la main ou le pied d'une belle statue. Mais (et c'est ainsi qu'il résout son objection) où trouver la main ou le pied d'un tel colosse (de la nature)? » Le connaisseur philosophe nous révèle ici la valeur et la sublimité de son idée de l'infinité de la nature. Cette infinité, il la trouve dans l'étendue immense. Qu'une infinité véritable, essentielle, soit dans chaque partie de la matière, c'est là une exagération à laquelle cet homme sensé ne s'élève certainement pas, quoiqu'il parle le langage de la nouvelle philosophie ; que l'homme, par exemple, soit encore quelque chose de plus que la main ou le pied de la nature (qu'il en soit plutôt l'œil; la main et le pied seraient d'ailleurs encore à trouver), c'est ce qu'on ne pourrait penser sans extravagance.

D'après cela, il est naturel que la difficulté ne lui paraisse pas suffisamment résolue ; et c'est ici que commence la parfaite rigueur philosophique. L'excellent homme admet qu'il est sans doute vrai que chaque être individuel est dans la nature une manifestation de l'éternel et du divin (toutefois dans cet être individuel); mais, dit-il, le divin n'apparaît pas comme divin, mais comme terrestre et périssable.—Voilà ce qui s'appelle un art philosophique ! De même que, dans les ombres chinoises, les ombres viennent et s'en vont au commandement de *parais* et *disparais*, de même le divin apparaît dans le terrestre ou n'apparaît pas du tout, selon la volonté de l'artiste. Mais tout cela n'est que le prélude du syllogisme suivant, dont les membres méritent particulièrement d'être remarqués :

1º « L'individuel, comme tel, ne représente rien qu'une image de l'existence passagère dont la destinée est de naître et de périr.—Et encore ce n'est pas l'idée même de l'existence passagère qu'il représente, il n'en est qu'un exemple, étant lui-même quelque chose de périssable et de passager. »— Ainsi, on pourrait dire d'un beau tableau, qu'il offre un exemple de l'existence passagère qui naît et périt ; car il naît insensiblement sous la main du peintre qui distribue les couleurs sur la toile; puis, il se ternit, s'altère par la fumée, la poussière, les vers ou les teignes.

2º « Or, il n'apparaît dans la nature rien que d'individuel. » (Tout-à-l'heure, tout être individuel était une manifestation du divin dans l'individuel.)

3º « Donc, dans la nature rien ne peut être beau.

« En effet, pour que la beauté fût possible, il faudrait que le divin, qui doit *bien, cependant,* apparaître comme quelque chose de durable et de permanent (dans le temps, s'entend) apparût, en effet, comme tel. Or, dans la nature, il n'y a rien que d'individuel et, par conséquent, de passager. » —

Supérieurement raisonné! Seulement, ce raisonnement pêche par plusieurs endroits. Nous n'en mentionnerons que deux. D'abord, la proposition nº 2; savoir : Que, dans la nature, il n'apparaît rien que d'individuel. Mais, auparavant, là où maintenant il n'y a plus rien que d'individuel, il y avait trois choses : A le divin, B l'individuel, dans lequel le divin apparaît, C ce qui résulte de leur union; c'est-à-dire quelque chose de divin et de terrestre à-la-fois. Mais le modeste connaisseur, qui se mirait tout-à-l'heure dans la nouvelle philosophie, oublie tout-à-fait comment cela a été établi. Maintenant, de A, de B et de C, il ne voit plus que B, et il lui est facile de prouver qu'il n'est pas beau, quoique, d'après sa propre explication, ce dût être seulement C. Maintenant, il ne voudra pas dire, au contraire, que C *n'apparaît* pas, quoiqu'il l'ait pensé ailleurs. En effet, A (le divin) n'apparaît pas en lui-même, mais seulement par l'individuel B, par conséquent dans C. Mais B *n'existe,* en général, qu'autant que A apparaît en lui; par conséquent aussi dans C. Ainsi, précisément C est ce qui seul *apparaît* réellement.—Le second vice du raisonnement consiste dans la proposition subsidiaire ajustée à la conclusion, avec une demi-assurance, et seulement sous forme de question : Le divin, comme tel, devrait *bien cependant* apparaître comme quelque chose de durable et de permanent.

Evidemment, notre logicien s'est fourvoyé ; il a confondu l'idée de de l'être en soi, en dehors du temps éternel, avec celle de l'être qui demeure dans le temps et dont la durée est sans fin, et il demande le dernier, quand il ne doit considérer que le premier. Maintenant, si le divin ne peut apparaître que dans ce dont la durée est infinie, comment s'y prendra-t-on pour prouver sa manifestation dans l'art, et ainsi un beau dans l'art ?

Il est impossible qu'un homme d'une science aussi profonde s'arrête en si beau chemin, et que quelque jour il ne reproche pas de nouveau à d'autres, peut-être non sans raison, de faire un mauvais emploi de la nouvelle philosophie ; et l'on voit facilement qu'une pareille manière de mieux comprendre les choses, en suivant cette gradation ascendante, ne peut qu'élargir considérablement les voies de la science.

(6) On peut soutenir que les monuments de l'art ancien n'étaient pas compris avant les fondateurs de la peinture moderne, et ne l'étaient nullement par les premiers et les plus anciens. Car, comme le remarque expressément le digne Fiorello (1re part., p. 69), du temps de Cimabue et de Giotto, aucun des tableaux, aucune des statues de l'antiquité n'avaient encore été découvertes ; ils gisaient, abandonnés sous la terre. Personne ne pouvait donc songer à se former sur les modèles que les anciens nous ont laissés, et le seul objet d'étude pour les peintres était la nature. Dans les ouvrages de Giotto, disciple de Cimabue, on remarque qu'il l'a consultée avec soin. A son exemple, on continua à suivre cette méthode, qui pouvait préparer à l'antique, et même en rapprocher, jusqu'à ce que, comme

l'observe le même écrivain, la cour des Médicis (principalement avec Côme), commença à rechercher les monuments de l'art ancien. « Auparavant, les artistes devaient se contenter des beautés que la nature leur offrait. » Cependant, cette étude assidue de la nature avait l'avantage de préparer une manière de traiter l'art plus scientifique, et les artistes philosophes qui vinrent après, un Léonard de Vinci et un Michel Ange commencèrent à rechercher les lois invariables qui servent de bases aux formes de la nature. Mais aussi la réapparition des ouvrages de l'art ancien, à l'époque de ces grands maîtres et du temps de Raphaël, n'eut aucunement pour résultat leur imitation, qui ne fut adoptée que plus tard. L'art resta fidèle à la voie où il était entré d'abord, et s'y perfectionna entièrement de lui-même, n'accueillant rien qui vint du dehors, mais s'efforçant d'atteindre, d'une manière originale, au but des modèles, et ne se rencontrant avec eux qu'au dernier point de la perfection. Ce fut seulement du temps des Carraches que l'imitation de l'antique, qui veut dire toute autre chose (la formation du talent original, d'après l'esprit de l'antiquité), fut prise dans un sens littéral, et passa en particulier, grace à Poussin, dans la théorie des beaux-arts des Français, qui, de presque toutes les choses élevées, n'ont compris que la lettre. Ensuite, avec Mengs, et par une fausse intelligence des idées de Winckelmmann, elle s'introduisit chez nous; elle apporta à l'art allemand, au milieu du siècle précédent, une faiblesse et une insignifiance telles, un tel oubli du sens original, que si quelques protestations isolées s'élevèrent, elles furent seulement dues à un malentendu qui conduisit d'une manie d'imitation à une autre encore plus mauvaise. Qui peut nier que, dans ces derniers temps, un sens beaucoup plus libre et plus original ne se soit montré dans l'art allemand, et que, si les circonstances lui sont favorables, il ne donne de grandes espérances? peut-être fait-il attendre le génie qui, dans l'art, ouvrira la même voie élevée et libre où sont entrées la poésie et la science, la seule dans laquelle puisse se développer un art que nous puissions appeler *nôtre*, c'est-à-dire conforme au génie et aux facultés de *notre* nation et de *notre* temps.

FIN.

SUR DANTE,

CONSIDÉRÉ

SOUS LE RAPPORT PHILOSOPHIQUE.

SUR DANTE,

CONSIDÉRÉ

SOUS LE RAPPORT PHILOSOPHIQUE.

Ceux qui préfèrent le passé au présent ne trouveront rien d'étrange à reporter leurs regards du spectacle peu satisfaisant de ce dernier vers un monument aussi éloigné de nous que l'est le poème de Dante. Une vénérable antiquité recouvre depuis longtemps ce monument élevé par la poésie, travaillant de concert avec la philosophie.

Pour justifier la place qui est accordée ici à ces réflexions, je ne dirai qu'un mot : c'est que le poème qui en est l'objet offre un des plus remarquables problèmes de la construction philosophique et historique de l'art. La suite fera voir que cette recherche en renferme une autre d'une portée plus générale, qui touche aux rapports de la philosophie elle-même, et n'est pas pour elle d'un moindre intérêt que pour la poésie. Les divers modes selon lesquels l'une et l'autre tendent à se combiner dans les temps modernes, exigent des deux côtés des conditions également importantes à déterminer.

Dans le sanctuaire « où la religion et la poésie se réunissent » Dante est comme le grand prêtre qui initie l'art moderne tout entier à ses destinées. Comme représentant, non pas un poëme particulier, mais le genre entier de la poésie moderne et en même temps un genre spécial, la *Divine Comédie* est tellement une œuvre indépendante, que la théorie déduite des formes ordinaires est pour elle tout-à-fait insuffisante. C'est comme un monde à part qui exige aussi une théorie à part. L'auteur l'appela *divine*, parce qu'elle traite de la théologie et des choses divines, et il lui donna le nom de *comédie*, d'après les idées les plus simples qu'on se fait de celle-ci et du genre opposé, à cause du commencement terrible et du dénoûment heureux, et parce que la nature mixte de son poëme, dont le sujet est tantôt sublime, tantôt semble trivial, rendait nécessaire dans la diction une forme également mixte.

Il est facile de voir qu'elle ne peut pas non plus s'appeler un *drame*, selon les idées ordinaires, parce qu'elle ne présente aucune action déterminée. Sous ce rapport que Dante lui-même est considéré comme le personnage principal, qu'il est l'unique lien dans cette série indéfinie de conceptions et de tableaux, et qu'il joue un rôle moins actif que passif, ce poëme pouvait plutôt se rapprocher du *roman*. Mais encore cette dénomination épuise aussi peu son idée que celle de poëme *épique* qu'on lui donne vulgairement, puisque, dans les objets qui font le sujet de la représentation, il n'y a aucune exposition régulière. Il n'est pas plus possible de le considérer comme un poëme *didactique*, parce que sa forme et le but dans lequel il est composé n'ont pas le caractère de précision qui convient à l'enseignement. Il n'appartient donc à aucun genre particulier. Il n'est pas non plus une espèce de composé de plusieurs genres, mais un mélange entièrement original et en quelque sorte organique, qui ne peut être reproduit par un procédé artificiel, par la combinaison de tous les éléments de ces genres; c'est un individu tout-à-fait indépendant qui ne peut être comparé qu'à lui-même.

Le fond du poëme est le siècle entier du poète, exprimé dans son unité; ce sont ses événements pénétrés par les idées de la religion, de la science et de la poésie, et conçus dans l'esprit le plus élevé de ce siècle. Notre intention n'est pas de l'envisager dans son rapport avec cette époque, mais plutôt dans son caractère universel, comme premier type de la poésie moderne tout entière.

Jusqu'au moment placé dans un avenir encore indéterminé où toute la grande épopée des temps modernes, qui jusqu'à présent se manifeste encore rapsodiquement et dans des productions particulières, apparaîtra comme un tout complet, la loi nécessaire de la poésie moderne est que l'individu se forme un tout de la partie du monde qui s'offre à lui, et que, des faits et des idées de son temps, il se crée sa propre mythologie. Car, de même que le monde ancien est, en général, le monde des races, le monde moderne est celui des individus. Là, le général est véritablement le particulier; la race agit comme individu. Ici, au contraire, on part de l'individu, et la particularité doit se convertir en généralité. Dans le monde ancien, par conséquent, tout est durable, invariable; le nombre n'a presqu'aucune puissance, parce que l'idée générale s'identifie avec la personne de l'individu. Dans le monde moderne, la mobilité, le changement, est la loi permanente. Un cercle, non pas invariablement tracé, mais que l'on peut étendre à l'infini, renferme les déterminations de l'individu. Et comme, cependant, l'essence de la poésie est l'universalité, il faut que celui-ci, par la plus haute personnalité, se fasse de nouveau universel, retrouve le caractère absolu, au moyen de la plus parfaite particularité. Aussi, par le caractère entièrement indépendant de son poëme, qui ne peut se comparer à aucun autre, Dante est le créateur de l'art moderne, qui ne peut se concevoir sans cette nécessité arbitraire et sans cet arbitraire nécessaire.

Dès sa première origine, nous voyons la poésie grecque entièrement séparée de la science et de la philosophie. C'est ainsi qu'elle apparaît dans Homère; et ce développement indépendant va jusqu'à une parfaite opposition entre les poëtes et les philosophes, qui cherchaient vainement, par une explication des poésies homériques, à trouver une harmonie qui n'existait pas. Dans les temps modernes, la science a précédé la poésie et la mythologie qui ne peut être une mythologie sans être universelle, sans attirer dans son cercle tous les éléments de la civilisation actuelle : la science, la religion, l'art même, et combiner aussi avec eux dans une parfaite unité ceux des siècles passés. Dans cette opposition, comme l'art réclame quelque chose de fini, de limité, et que l'esprit du monde tend vers l'illimité, renverse avec une invariable puissance toutes les barrières, l'individu doit paraître en scène, mais, avec une liberté absolue, chercher à imprimer au mélange des temps des formes durables, et, en s'exerçant sur des matériaux arbitrairement choisis, rendre à la physionomie totale de sa composition le caractère extérieur de nécessité et d'universalité, par une originalité absolue.

C'est ce qu'a fait Dante. Il avait sous les yeux les matériaux que lui fournissait l'histoire contemporaine comme celle du passé. Il ne pouvait en former une simple épopée, d'abord, à cause de la nature même de son génie, ensuite, parce qu'il aurait, par là, exclu d'autres éléments de la civilisation de son époque. A cet ensemble d'idées appartenaient aussi l'astronomie, la théologie et la philosophie de son temps. Il ne pouvait pas exposer celles-ci dans un poëme didactique; car par là il s'imposait de nouveau des limites, et son poëme, pour être universel, devait être en même temps historique. Il avait besoin d'une invention entièrement arbitraire, créée par l'individu, pour combiner tous ces matériaux et en former un tout organique. Il était impossible de représenter les idées de la théologie et de la philosophie, sous forme de symboles; car il n'avait à sa disposition aucune mythologie symbolique. Mais il ne pouvait pas davantage faire un poëme entièrement allégorique; car alors celui-ci ne pouvait plus être historique. Ce devait donc être un mélange entièrement original de l'allégorie et de l'histoire. Dans le modèle que pouvait lui fournir la poésie des anciens, aucun expédient de cette sorte n'était possible. Il n'y avait que l'individu qui pût le trouver et sa libre imagination l'exécuter.

Le poëme de Dante n'est pas allégorique, en ce sens que les personnages exprimeraient seulement des idées étrangères, sans avoir par eux-mêmes aucune existence indépendante. D'un autre côté, aucun d'eux n'est pas non plus indépendant du sens allégorique, au point d'être, en même temps, l'idée abstraite elle-même et plus qu'une allégorie. Il y a donc dans son poëme un milieu tout-à-fait original entre l'allégorie et la représentation symboliquement objective. Il n'y a là dessus aucun doute, et le poète lui-même a expliqué que Béatrice, par exemple, est une allégorie, et représente la théologie. Il en est de même de ses compagnes, et de tant d'autres figures. Mais elles sont en même temps là pour leur propre compte ; elles apparaissent comme personnages historiques, sans pour cela être des symboles.

Dante est, sous ce rapport, un modèle tout-à-fait primitif et original, parce qu'il a exprimé ce que la poésie moderne doit faire pour exposer, dans une composition poétique, l'ensemble de l'histoire et de la civilisation de son temps, la seule matière mythologique qui lui fût offerte. Il devait, avec une liberté absolue, combiner l'allégorie et l'histoire. Il doit être allégorique, et il l'est même malgré lui, parce qu'il ne peut être symbolique, il est également historique, parce qu'il doit être poétique. L'invention qu'il déploie sous ce rapport est chaque fois véritablement unique ; c'est un monde nouveau qui appartient entièrement à son auteur.

Le seul poëme allemand qui offre une tendance universelle, combine aussi, de la même façon, les intérêts les plus étrangers dans l'esprit de l'époque, par l'invention tout-à-fait personnelle d'une mythologie partielle, par la figure de *Faust;* quoique cette composition puisse s'appeler, dans un sens bien plus aristophanesque, une comédie, et dans un autre plus poétique, une comédie divine, que le poëme de Dante.

L'énergie avec laquelle le poète sait façonner le mélange particulier des événements de son temps et de ceux de sa vie, détermine la mesure dans laquelle il conserve la force mythologique. Les personnages de Dante reçoivent déjà, par la place qu'il leur donne et qui est éternelle, une sorte d'éternité. Non-seulement la réalité qu'il emprunte à son temps, comme l'histoire d'Ugolin et d'autres, mais encore, ce qui est chez lui de pure invention, comme la mort d'Ulysse et de ses compagnons, offre, dans l'enchaînement de son poëme, une incontestable vérité mythologique.

Il ne peut y avoir qu'un intérêt subalterne à exposer la philosophie, la physique et l'astronomie de Dante en elles-mêmes et pour elles-mêmes, parce que leur véritable caractère original ne consiste que dans la manière dont elles sont combinées avec la poésie. Le système de Ptolémée, qui sans doute est la base de son édifice poétique, a déjà même une couleur mythologique. Si sa philosophie est, en général, celle d'Aristote, il ne faut pas cependant entendre par là une philosophie purement péripatétique, mais une combinaison propre à cette époque, de cette philosophie avec les idées de la philosophie platonicienne, comme cela peut se prouver par plusieurs exemples du poëme.

Nous ne nous arrêterons pas à faire remarquer la force et la profonde vérité de certains passages, la simplicité et la naïveté infinie de plusieurs images par lesquelles le poëte exprime ses idées philosophiques, par exemple, l'endroit que tout le monde connaît, où il s'agit de l'ame qui sort des mains de Dieu comme une petite fille qui pleure et rit avec une grace enfantine, une simple petite ame qui ne sait rien, si ce n'est qu'excitée par le sourire du Créateur, elle se tourne volontiers vers ce qui la réjouit. Nous parlons seulement de la forme générale, symbolique, de l'ensemble, dont le caractère absolu révèle, plus que tout le reste, la portée universelle et l'éternité de ce poëme.

Lorsque l'union de la philosophie et de la poésie n'est conçue que dans leur synthèse la plus inférieure, c'est-à-dire, comme poëme didactique, il est nécessaire alors, puisqu'il est de l'essence du poëme de ne pas avoir de but extérieur, que l'intention d'enseigner disparaisse en lui et se change en une indépendance absolue qui efface toute subordination. Mais cela ne peut se concevoir qu'autant que la science, étant l'image de l'univers et sa reproduction fidèle, et celui-ci, à son tour, étant considéré comme la poésie la plus ancienne et la plus belle, la science elle-même est absolument poétique. Le poëme de Dante nous offre une beaucoup plus haute fusion de la science et de la poésie. Aussi sa forme extérieure elle-même, dans sa libre originalité, doit reproduire d'autant plus fidèlement le type général du système du monde.

La division de l'univers et celle du sujet en trois règnes, l'enfer, le purgatoire et le paradis, est aussi, indépendamment de la signification particulière que le christianisme attache à ces idées, une forme symbolique universelle. De sorte qu'on ne voit pas pourquoi chacune des époques désignées ne pourrait avoir sa comédie divine, conçue dans le même plan. Pour le drame moderne, la division des cinq actes est adoptée comme forme ordinaire, parce que chaque événement est considéré dans son commencement, son développement, son point culminant, sa marche vers le dénouement et sa fin réelle; de même cette trichotomie de Dante, pour la haute poésie prophétique qui exprimait un temps complet, doit se concevoir comme une forme générale qui, dans le développement de l'action, ne pouvait offrir une variété infinie qu'autant qu'elle serait sans cesse vivifiée par la puissance d'une invention originale. Mais ce n'est pas seulement comme forme extérieure, c'est aussi comme expression sensible du type intérieur de toute science et de toute poésie, que cette forme est éternelle, et on peut y entrevoir les trois grands objets de la science et de la culture intellectuelle : la nature, l'histoire et l'art. La nature est comme la naissance de toutes choses, la nuit éternelle, cette unité dans laquelle celles-ci sont renfermées en elles-mêmes, l'*aphélium* de l'univers, le lieu de l'éloignement de Dieu du véritable centre. La vie et l'histoire, dont le caractère est un développement progressif, n'est qu'une purification, un passage à un état absolu. Celui-ci n'est visible que dans l'art, qui anticipe dans l'éternité, qui est le paradis de la vie et est véritablement au centre.

Ainsi, le poëme de Dante, par quelque côté qu'on l'envisage, n'est nullement une œuvre particulière d'une époque particulière, d'un degré particulier de civilisation ; il a tous les caractères d'un premier type par son universalité, qui se combine avec l'individualité la plus absolue, par sa compréhensibilité, en vertu de laquelle il n'exclut aucun côté de la vie et de la culture de l'esprit humain, par sa forme enfin, qui n'est pas un type particulier, mais qui est celui du système général de l'univers.

La structure intérieure du poëme dans ses détails ne peut, sans doute, pas avoir ce caractère d'universalité, puisqu'elle est formée d'après les idées du temps et les vues particulières du poète. Mais le type intérieur, en ce qu'il a de général, comme on doit l'attendre d'une composition pleine d'art et entièrement réfléchie, est aussi extérieurement symbolisé par la forme, la couleur et le ton qui dominent dans les trois grandes parties du poëme.

A cause de ce qu'il y a d'extraordinaire dans son sujet, Dante avait besoin, quant à la forme de ses inventions, de s'appuyer, dans les détails, sur une sorte de croyance religieuse que la science du temps pouvait seule lui donner, cette science qui est pour le poète comme une mythologie et la base générale qui supporte l'édifice hardi de ses inventions. Mais, même dans les détails, il reste entièrement fidèle à son dessein d'être allégorique, sans cesser pour cela d'être historique et poétique. L'enfer, le purgatoire et le paradis ne sont pour ainsi dire que le système de la théologie développé *in concreto* et architectoniquement. La mesure, les nombres et les rapports qu'il observe dans la partie intérieure de ce système étaient déterminés d'avance par cette science; et il a renoncé ici, à dessein, à la liberté de l'invention, afin de donner à son poëme, illimité quant au fond, une nécessité et des limites extérieures, par la forme. Le caractère sacré des nombres et leur signification est une autre forme extérieure sur laquelle s'appuie sa poésie. C'est ainsi, qu'en général, toute la science logique et syllogistique de son temps n'est pour lui qu'une forme, qu'il faut lui accorder pour atteindre à cette région dans laquelle se trouve sa poésie.

Dante, cependant, en s'attachant ainsi aux conceptions religieuses et scientifiques, comme aux idées les plus universellement reçues que lui offrit son siècle, ne cherche jamais une espèce de vraisemblance poétique d'un genre inférieur; par là, au contraire, il écarte bien plutôt toute pensée de flatter un sens grossier. Son entrée dans l'enfer se fait, comme il convenait, sans qu'il cherche prosaïquement à la motiver ou à la faire comprendre; elle a lieu dans un état semblable à celui d'une vision, et encore sans intention de la donner comme telle. Son inspiration, puisée dans les yeux de Béatrice par lesquels la force divine pénètre, en quelque sorte, dans son ame, il l'exprime en une seule ligne. Le merveilleux de ses propres aventures, il le convertit immédiatement en une comparaison avec les mystères de la religion, et il les rend croyables par un mystère encore plus élevé ; comme lorsqu'il donne son entrée dans la lune, qu'il compare à celle de la lumière dans une eau tranquille, pour une image de l'incarnation de Dieu.

La richesse des idées poétiques, la profondeur de la pensée philosophique qui pénètre jusqu'au plus petits détails dans la construction intérieure des trois parties de l'univers, formait une science particulière, comme, peu de temps après la mort du poëte, sa nation le reconnut en fondant une chaire spéciale de Dante, que Boccace occupa le premier.

Or, non seulement les inventions de détail, dans chacune des trois parties du poëme, laissent le caractère général de la forme première, mais la loi de celle-ci s'exprime d'une manière plus précise encore dans le rythme intérieur et spirituel par lequel ces trois parties s'opposent entre elles. Par cela même que l'enfer est plus terrible par le sujet, l'expression y est aussi plus énergique, la diction plus sévère; le langage est sombre et remplit l'ame d'horreur. Dans une partie du purgatoire règne un calme profond, parce que les gémissements du monde inférieur se taisent. A son sommet, dans le vestibule du ciel, tout est couleur. Le paradis est une véritable musique des sphères.

La multiplicité et la diversité des supplices de l'enfer offrent une fécondité d'invention sans exemple. Entre le crime et le supplice il n'y a pas d'autre rapport qu'un rapport poétique. Le génie de Dante ne recule pas devant l'horrible; il y a plus, il va jusqu'à la dernière limite; mais on peut remarquer, pour chaque cas particulier, qu'il ne cesse jamais d'être sublime, et par conséquent d'être véritablement beau. Car, ce que des hommes qui n'étaient pas capables de saisir l'ensemble ont désigné, en partie, comme bas et trivial, ne l'est pas dans son sens; c'est un élément nécessaire de la nature mixte du poëme, et qui l'a fait nommer comédie par Dante lui-même. La haine de la perversité, la sainte indignation qui s'expriment dans la composition terrible de Dante, ne sont pas le partage des ames communes. Le doute est encore plus permis sur ce qui est généralement admis : que le bannissement de Florence, lorsque jusque-là sa muse n'avait été consacrée qu'à l'amour, tourna, pour la première fois, son esprit vers le sérieux et l'extraordinaire, aiguillonna son génie et le porta vers cette haute conception dans laquelle s'exhalèrent avec sa vie toute entière, avec les infortunes de son cœur, et les malheurs de sa patrie, ses chagrins et ses amertumes. Mais la vengeance qu'il exerce, il l'exerce, en quelque sorte, au nom du jugement universel, comme juge investi d'une mission divine, avec une autorité prophétique, non en vertu d'une haine personnelle, mais avec une ame sainte et indignée des crimes du siècle, avec un amour pour la patrie que depuis long-temps on ne connaissait plus. C'est ainsi qu'il se représente lui-même, dans un passage du paradis, où il dit : « Si jamais il advient que le poëme sacré, auquel le ciel a mis la main aussi bien que la terre, et qui m'a fait pâlir pendant plusieurs années, triomphe de la cruauté du temps, qui me tient exilé du beau bercail où je dormais, agneau ennemi des loups qui le ravagent, je retournerai avec une autre voix et une autre toison, recevoir, dans le lieu de mon baptême, le laurier poétique. » Il adoucit l'horreur des supplices des damnés par sa propre sensibilité ; lors même qu'il touche au terme de tant de lamentables souffrances, son cœur est oppressé à un tel point qu'il a peine à retenir ses larmes, et Virgile lui dit : « Pourquoi te troubles tu ? »

Il a déjà été remarqué que la plupart des supplices de l'enfer sont symboliques par rapport aux crimes qu'ils doivent punir. Mais il y en a plusieurs qui ont une signification beaucoup plus étendue, de ce nombre en particulier est la représentation d'une métamorphose où deux natures se changent en même temps l'une en l'autre et échangent en quelque sorte leur substance. Aucune des métamorphoses de l'antiquité ne peut se comparer avec celle-ci pour l'invention ; et si un naturaliste ou un poète didactique était capable d'esquisser des images de cette force, pour représenter l'éternelle métamorphose de la nature, il pourrait s'estimer heureux.

L'enfer se distingue des deux autres parties, non-seulement, comme nous l'avons fait observer, par le caractère extérieur de la représentation, mais encore parce qu'il est principalement le monde des formes, et ainsi la partie plastique du poëme. On doit reconnaître, dans le purgatoire, la partie pittoresque. Non-seulement les expiations qui sont imposées aux pécheurs sont, en partie, représentées tout-à-fait dans le genre de la peinture, avec un calme qui va jusqu'à la sérénité; mais, en particulier, le voyage sur la colline sacrée des expiations présente une rapide succession de figures, de scènes, où sont épuisés tous les effets variés de la lumière. Lorsque le poète est arrivé sur les bords du Léthé, alors se déploie la plus haute magnificence de peintures et de couleurs, dans la description des antiques bois sacrés de cette contrée, de la clarté céleste des eaux recouvertes de leurs ombrages éternels, de la jeune fille qu'il rencontre sur ces rives, et de l'arrivée de Béatrice au milieu d'un nuage de fleurs, sous un voile blanc, couronnée d'olivier, portant un manteau vert et vêtue d'une robe dont la couleur avait l'éclat d'une flamme vive.

Le poète est lancé par le cœur de la terre elle-même dans la région de la lumière. Dans l'obscurité du monde souterrain, on ne pouvait distinguer que la forme des objets. Dans le purgatoire, la lumière s'alimente encore, en quelque sorte, de la matière terrestre, et devient la couleur. Dans le paradis, il ne reste plus que la pure musique de la lumière. Celle-ci cesse d'être la lumière réfléchie, et le poète s'élève, par degrés, à la contemplation de la pure substance, sans couleur, de la divinité elle-même. La conception du système du monde, revêtue, à l'époque du poète, d'une dignité mythologique, l'opinion sur la nature des étoiles et la mesure de leur mouvement, sont le principe qui sert de base à ses inventions dans cette partie du poëme. Et si, dans cette sphère de l'absolu, il y a encore place pour des degrés et des différences, il les efface par cette belle parole qu'il fait dire à une des ames jumelles qu'il rencontre dans la lune : « Que chaque point du ciel est le paradis. »

Le plan du poëme exigeait que les plus hautes questions de la théologie fussent traitées précisément dans le paradis. La haute vénération pour cette science est exprimée par l'amour pour Béatrice. Or, à mesure que la contemplation s'absorbe dans l'universel pur, il est nécessaire que la poésie se change en musique, que la forme s'efface, et, sous ce rapport, l'enfer doit paraître la partie la plus poétique. Mais il ne faut ici rien prendre séparément. L'excellence propre de chaque partie n'est conservée et ne se comprend que par son rapport avec le tout. Quand on a saisi le rapport des trois parties dans l'ensemble, on reconnaît comme nécessaire que le paradis soit la partie musicale et lyrique, même dans l'intention du poëte, qui l'exprime aussi dans les formes extérieures, par l'emploi plus fréquent des mots latins empruntés aux hymnes de l'église.

La grandeur admirable du poëme, qui apparaît

dans la fusion intime de tous les éléments de la poésie et de l'art, se manifeste ainsi extérieurement d'une manière parfaite. Cette œuvre divine n'est ni plastique, ni pittoresque, ni musicale ; elle est tout cela en même temps et dans une parfaite harmonie. Elle n'est ni dramatique, ni épique, ni lyrique ; mais elle est de ces genres une combinaison entièrement originale, unique, sans exemple.

Je crois avoir montré, en même temps, que ce poëme est la prophétie et le premier modèle de la poésie moderne tout entière. Il en renferme tous les caractères ; il est la première plante qui, née de l'heureux mélange de tous ses éléments, ait ombragé la terre de ses rameaux et porté sa tête au ciel ; il est le premier fruit de sa transfiguration. Ceux qui veulent apprendre à connaître la poésie qui s'est développée plus tard, non d'après des idées superficielles, mais dans sa source, peuvent s'exercer sur ce grand et sévère génie, afin de savoir par quels moyens il a embrassé la totalité de l'art moderne, et s'assurer qu'aucun nœud aussi facilement formé n'en a mieux lié toutes les parties. Ceux qui ne se sentent pas appelés à cette étude peuvent aussi s'appliquer ces mots du commencement de la première partie :

« Vous qui entrez, laissez toute espérance. »

FIN.

DIVERS MORCEAUX

extraits

DES OUVRAGES DE SCHELLING.

DIVERS MORCEAUX

extraits

DES OUVRAGES DE SCHELLING.

I.

PHILOSOPHIE.

Du mode absolu de connaître ou de l'intuition intellectuelle.

(Pour servir d'appendice à la quatrième leçon des Etudes Académiques.)

Sans aucune autre préparation à l'intuition pure, le géomètre passe immédiatement à ses constructions; ses postulats eux-mêmes ne sont point des conditions de cette intuition en général, sur laquelle on ne suppose ni doute ni difficulté, mais des intuitions particulières.

De même, pour le philosophe, dans la construction rigoureusement scientifique, l'intuition intellectuelle ou de la raison est quelque chose sur quoi aucun doute n'est élevé, et aucune explication n'est trouvée nécessaire. Elle est ce qui est présupposé sans aucune condition, et elle ne peut, sous ce rapport, s'appeler jamais un postulat de la philosophie.

On pourrait, en quelque sorte, s'adresser à son sujet les questions qui, dans Platon, se posent au sujet de la vertu : Peut-elle ou non s'enseigner? Ne peut-elle s'acquérir ni par l'éducation ni par une pratique assidue? Est-elle innée dans l'homme, et lui est-elle communiquée comme un don des dieux?

Qu'elle ne soit nullement quelque chose qui puisse s'enseigner, cela est évident. Toute tentative de l'enseigner est par conséquent, dans la philosophie scientifique, parfaitement inutile; et toutes ces introductions qui servent de préparation nécessaire à la philosophie, les expositions préliminaires, etc., ne peuvent trouver place dans la science proprement dite.

Il ne s'agit pas, non plus, de comprendre pourquoi la philosophie est précisément, sous un rapport particulier, réduite ainsi à l'impuissance. Il convient plutôt de se frayer vigoureusement un accès jusqu'à elle, et de s'isoler de tous les côtés du savoir commun, à tel point qu'aucun chemin, aucun sentier, ne puisse conduire de lui à elle. Ici commence la philosophie. Que celui qui n'en est pas encore là, ou a peur de ce point, reste à l'écart ou fuie en arrière.

L'intuition intellectuelle, non passagère mais constante, comme un organe inaltérable, est la condition de l'esprit scientifique en général et dans toutes les parties de la science; car elle est la faculté de voir le général dans le particulier, l'infini dans le fini, tous deux réunis dans l'unité vivante. L'anatomiste qui dissèque une plante ou le corps d'un animal, croit bien avoir immédiatement sous les yeux l'organisme animal; mais il ne regarde, à proprement parler, que l'objet individuel, qu'il appelle plante ou cadavre. Voir les plantes dans la plante, l'organe dans un organe et, en un mot, l'idée ou l'indifférence dans la différence, n'est possible que par l'intuition intellectuelle.

L'existence d'une philosophie absolue, même telle qu'on la conçoit en idée, prouve la nécessité de cette supposition : que la science à laquelle on arrive par la voie commune, n'est nullement une véritable science. La philosophie cherche à se rendre compte des principes et des conditions de la science elle-même à qui, sous un autre rapport, on accorde l'évidence : des mathématiques ; ce qui prouve que, dans la supposition d'une philosophie, est également impliquée la vérité simplement relative de ce savoir.

Le principe général pour reconnaître la philosophie, est le suivant :

De quelque nature que soit, d'ailleurs, la connaissance primitive, il est trop évident qu'elle est posée dans un rapport nécessaire avec une existence simplement finie, et qu'elle est une connaissance réfléchie en elle. Cependant, en définitive (cela peut encore se comprendre immédiatement), cette existence finie n'existe que pour nous, et nécessairement n'existe que dans son rapport et son opposition avec quelque chose d'infini. Mais cet infini, que nous pouvons aussi nommer l'idéal, n'est d'aucune façon limité, et ne peut l'être. Le fini, au contraire, n'est toujours et à l'infini que quelque chose de déterminé.

Par là est posée, en même temps, l'opposition de l'idéal et du réel, de l'infini et du fini, dans la conscience même; car puisque l'infini, dont l'expression est l'idée abstraite, contient toujours plus que le fini, dont l'expression immédiate est l'objet, il est nécessaire que tous deux, puisqu'ils sont corrélatifs, soient opposés entre eux.

On peut affirmer d'avance de toute prétendue philosophie qui ne mérite pas ce nom, qu'elle reste dans cette opposition, quelles que soient les formes sous lesquelles celle-ci se présente.

La géométrie et les mathématiques, au contraire, sont tout à-fait en dehors de cette opposition. Ici, la pensée est toujours adéquate à l'être, l'idée à l'objet, et réciproquement. On ne peut même pas se demander si ce qui est vrai et certain dans la pensée, l'est aussi en réalité ou dans l'objet, ou comment ce qui est exprimé dans la réalité devient une nécessité pour la pensée. En un mot, il n'y a aucune différence entre la vérité subjective et la vérité objective; la subjectivité et l'objectivité sont absolument identiques, et il n'y a aucune construction de cette science où elles ne soient ainsi.

L'évidence mathématique s'appuie uniquement sur cette unité; il y a plus, cette unité est la pure évidence même. Dans la géométrie et l'arithmétique seulement, elle apparaît dans une certaine subordination, là subordonnée à l'être, ici à la pensée (ce qui ne sera compris en général que de celui qui comprend comment tout est contenu dans tout et comment aussi ce qui est exprimé d'un côté dans l'être, l'est aussi d'un autre côté dans la pensée et réfléchit l'organisme entier de la raison). Concevoir cette même évidence ou l'unité de la pensée et de l'être, non sous tel ou tel rapport, mais absolument et en soi, comme l'évidence dans toute évidence, la vérité dans toute vérité, le savoir dans tout savoir, s'appelle s'élever à l'intuition de l'unité absolue, et par là, en général, à l'intuition intellectuelle.

(*Nouveau Journal de physique spéculative*, 1802.)

Organe de la philosophie transcendentale (1).

L'objet tout entier de la philosophie n'est autre que l'intelligence agissant d'après des lois déterminées. Cette action ne peut être connue que par une action spéciale, interne et immédiate, et il n'y a que la production qui rende celle-ci possible. Mais ce n'est pas tout. Dans la philosophie on n'est pas seulement l'objet, on est toujours en même temps le sujet de l'observation. Pour entendre la philosophie, il faut deux conditions : premièrement, se tenir constamment dans un état d'activité intérieure, produire constamment les actions premières de l'intelligence; secondement, réfléchir constamment sur cette production. En un mot, il faut être à la fois l'objet observé (producteur) et l'observateur.

A travers ce double fait permanent de production et d'intuition, l'objet doit arriver à un point où il est impossible qu'il soit réfléchi d'une autre manière. Puisque la philosophie est productive, elle repose aussi bien que l'art sur la faculté de produire, et il n'y a d'autre différence, entre elle et l'art, que dans les directions diverses qu'ils impriment à la force productrice. Au

---

(1) *Nota.* Nous nous sommes servi de la traduction de M. P. Grimblot pour les passages extraits de l'Idéalisme transcendental.
C B.

lieu, en effet, que dans l'art, la production se tourne au dehors pour réfléchir, par des produits, ce qui est sans conscience; la production philosophique se tourne immédiatement vers l'intérieur, pour le réfléchir dans l'intuition intellectuelle. Le sens spécial dont la philosophie transcendentale doit se servir est donc le sens esthétique, et c'est précisément pour cela que la philosophie de l'art est le vrai organe de la philosophie.

Il n'y a que deux voies pour sortir de la réalité commune : la poésie, qui nous jette dans un monde idéal, et la philosophie qui fait évanouir entièrement devant nous le monde réel.

(*Système de l'Idéalisme transcendental.* Introduction, 1800.)

De la succession des systèmes philosophiques et de la manière de traiter l'histoire de la philosophie.

(Appendice pour servir à la cinquième leçon des Études Académiques.)

On sait que l'Académie royale des Sciences de Prusse donna, comme sujet de prix pour l'année 1795, la question suivante : *Quels sont les progrès accomplis par la métaphysique en Allemagne, depuis l'époque de Leibnitz et de Wolf ?* Si la question est d'un haut intérêt, les difficultés de la réponse ne sont pas moins évidentes. On pouvait facilement prévoir qu'un Lebnitzien, à la fin de ses recherches, ne manquerait pas de recourir à son catéchisme de Wolf, un Kantien de représenter ses propres travaux comme le couronnement des progrès de la philosophie jusqu'à nos jours. Au milieu de la querelle, alors comme aujourd'hui engagée entre les divers systèmes, il n'était guères possible d'espérer une solution impartiale.

Dans la réponse à une pareille question on peut être impartial de deux manières : — Ou l'on se contente du rôle de l'humble philosophe qui renonçant d'avance, autant que possible, à tout idéal élevé de la philosophie, également tolérant et intolérant envers toute tentative de développer une doctrine originale, attend si peu de la philosophie en général, que finalement le mérite de chaque système ne lui apparaît ni plus grand ni moindre que celui de tel autre ; — Ou l'on est impartial envers les systèmes philosophiques, parce qu'on les considère tous ensemble comme se rapprochant d'un idéal commun, parce qu'on voit dans tous la même raison, les mêmes problèmes, le même germe d'un système futur, qui, élevé au-dessus de tous les partis et de tous les systèmes particuliers, leur fournira peut-être à tous la preuve surprenante qu'ils avaient tous également raison, également tort, qu'ils étaient également vrais, également faux.

Tant que l'on s'en tient à la lettre et aux formules des systèmes, on ne voit, en effet, dans les contradictions entre les diverses théories, qu'une suite de controverses inutiles et dignes de pitié sur des mots et sur des idées vides ; et l'on est, dès-lors, disposé à dédaigner la philosophie en général comme un vain aliment aux disputes des écoles, et à accorder un mérite parfaitement égal aux opinions les plus diverses et les plus contradictoires. Mais, si l'on pénètre jusqu'à l'esprit des différents systèmes, on voit bientôt que les vrais philosophes ont été, au fond, aussi *d'accord* entre eux que les mathématiciens, tout en conservant leur originalité à un degré qui n'était pas possible chez ces derniers. De sorte que, dès-lors, il n'y aurait plus que les philosophes de l'esprit et les philosophes de la lettre, ou, pour mieux dire, les philosophes sans esprit, qui fussent divisés entre eux; de sorte que, quelque tranchant et absolu que puisse paraître ce jugement, en définitive, ce n'est pas sur des propositions particulières que le débat s'est élevé ; mais sur cette question : A qui des deux appartient la philosophie ou le talent philosophique ? D'où il est manifeste que, dans les deux cas, la différence des opinions ne peut pas cesser; dans le premier, parce qu'aucun des deux partis ne se comprend lui-même ; dans le second, parce qu'il lui manque toujours l'organe nécessaire par lequel seul il pourrait comprendre l'autre. Rien ne caractérise aussi bien le génie de Leibnitz que cette phrase : « J'ai long-temps réfléchi sur les anciens et sur les modernes, et j'ai trouvé que, presque toutes les opinions adoptées sont susceptible d'un bon sens. » — Mais on n'arrive pas à un tel résultat par le récit chronologique des différentes opinions. Il faut avoir trouvé le centre de perspective de Leibnitz, d'où le chaos des diverses opinions qui ne manifeste, de tout autre point de vue, que trouble et confusion, montre la régularité et l'harmonie. Pour trouver ce que trouva Leibnitz, savoir : que ce qui, dans les systèmes les plus opposés, est réellement philosophique, est en même temps vrai, on doit avoir devant les yeux l'idée d'un système général qui donne à tous les systèmes particuliers, quelqu'opposés qu'ils soient, leur rapport et leur nécessité dans le système de la science humaine. Un tel système compréhensif doit seul avoir la puissance conciliatrice capable d'accorder les intérêts qui se combattent dans tous les autres ; de montrer qu'aucun d'eux, quelqu'opposé qu'il puisse paraître au sens commun, n'est arrivé réellement à quelque chose d'absurde; qu'ainsi, sur chaque question possible en philosophie, une réponse générale aussi est possible; car on voit, dès-lors, que la raison ne peut proposer une question à laquelle il n'ait déjà été répondu au fond. — De même que d'un germe rien ne peut se développer qui n'ait déjà été contenu en lui, de même, dans la philosophie, rien ne peut naître (par l'analyse) qui ne soit auparavant dans l'esprit humain (la synthèse primitive). Par conséquent, un *esprit commun* pénètre tous les systèmes particuliers qui méritent ce nom, et les domine. Chaque système particulier n'est possible que comme déviation du modèle général dont tous se rapprochent plus ou moins. Mais ce système général n'est pas une chaîne descendante où chaque anneau s'attache à un autre, c'est un organisme dans lequel chaque membre particulier, par rapport à tout autre, est alternativement principe et conséquence, moyen et fin. Ainsi, tout progrès dans la philosophie n'est qu'un progrès par *développement;* chaque système particulier qui mérite ce nom peut être considéré comme un germe qui, lentement et successivement, il est vrai, mais sans interruption, croît dans toutes les directions en développements les plus variés. Celui qui a une fois trouvé un pareil point central pour l'histoire de la philosophie est seul capable de l'écrire véritablement et conformément à la dignité de l'esprit humain.

Dans une pareille histoire de la philosophie, on

doit ensuite, sans doute, poser en loi que les *esprits originaux* seuls y trouvent place, ceux qui, dans la philosophie, traitent les choses à fond, nullement celui qui a entrepris la tâche mercenaire de confirmer des opinions antérieurement adoptées, par de nouvelles preuves, de donner d'anciennes erreurs sous un nouvel aspect, grâce à des subtilités philosophiques. Il s'entend aussi de soi-même que d'une telle histoire sont exclues ces prétendues philosophies qui se forment *extérieurement* et *fragmentairement* par un entassement sans ordre, non par un principe intérieur et suivant des lois organiques. Sans doute, il doit y avoir dans la raison humaine même un point qui réunisse et concilie tous les points extrêmes de notre science. Mais ce point ne peut être trouvé par des *combinaisons arbitraires* qui ne doivent leur origine qu'à des associations d'idées, à la convenance ou au caprice d'un chef de doctrine. De ce procédé, en effet, ne naissent que des *rapsodies*, dans lesquelles, à la vérité, les doctrines les plus diverses des philosophes anciens et modernes sont juxta-posées sans se combattre, mais aussi sans *s'accorder*; car elles ne se contredisent qu'autant qu'un point commun les réunit toutes, et réciproquement.

(Extrait du *Journal philosophique* de Fichte et de Niethammer, 1797.)

II.

RELIGION.

Périodes de l'Histoire du monde. Destin, Nature, Providence.

(Pour servir d'appendice à la huitième leçon des Études académiques.)

Nous pouvons admettre trois périodes dans cette manifestation (de Dieu), et par conséquent aussi trois périodes dans l'histoire. Le principe de cette division nous est fourni par les deux opposés, le destin et la providence, entre lesquels se trouve la nature qui est la transition de l'un à l'autre.

La première période est celle où domine encore le destin, où, comme force entièrement aveugle, il jette, froidement et sans conscience, la perturbation dans ce qu'il y a de plus grand et de plus noble. A cette période de l'histoire, que nous pouvons appeler tragique, appartient la décadence de la splendeur et des merveilles du monde ancien, et le bouleversement de ces empires dont le souvenir s'est à peine conservé, et dont les ruines nous font présumer la grandeur : la décadence de l'humanité la plus noble qui ait jamais fleuri sur la terre et dont le retour est l'objet d'un vœu éternel.

La seconde période de l'histoire est celle dans laquelle ce qui, dans la première, paraissait comme destin, c'est-à-dire comme force complètement aveugle, se révèle comme nature, et où la loi obscure, qui dominait dans celle-là, paraît se transformer en une loi naturelle, sous laquelle la liberté et le libre arbitre sont forcés de plier, pour servir à un plan de la nature, ce qui introduit dans l'histoire une conformité au moins machinale à la loi. Cette période paraît commencer depuis l'extension de la république romaine, qui, dans sa passion de domination, unit, pour la première fois, les peuples d'une manière générale, les uns avec les autres, mit en contact les peuples isolés, forcée, sans en avoir conscience et contre sa volonté, de concourir à un plan de nature dont le développement complet doit faire naître l'union universelle des peuples et l'État universel. Tous les événements qui ont lieu dans cette période ne doivent donc être considérés que comme des résultats de la nature; de sorte que la chute de l'empire romain n'a ni un côté tragique ni un côté moral, mais, conformément aux lois naturelles, devait être nécessairement et proprement un tribut payé à la nature.

La troisième période de l'histoire est celle où ce qui, dans les périodes précédentes, apparaissait comme destin ou comme nature, se développera et se manifestera comme providence; de sorte que ce qui paraissait l'œuvre du destin ou de la nature était déjà le commencement d'une providence qui se révélait imparfaitement.

Quand cette période commencera-t-elle? Nous ne pouvons le dire. Mais quand cette période sera, Dieu sera (1).

(Système d'Idéalisme transcendental,
quatrième partie, 1800.)

---

(1) Dans les leçons sur la méthode des Études académiques, Schelling s'exprime autrement : cette troisième période est inaugurée par le christianisme. C. B.

Du Développement de l'humanité.

L'histoire est une époque composée dans l'esprit de Dieu. Elle offre deux parties principales : l'une représente l'éloignement de l'humanité de son centre jusqu'à sa limite extrême, l'autre représente son retour. L'une est en quelque sorte l'Illiade, l'autre l'Odyssée de l'histoire. Dans la première est la direction centrifuge, dans la seconde la direction centripète. Le grand point de vue de l'univers entier s'exprime ainsi dans l'histoire. Les idées, les esprits devaient tomber de leur centre, se développer dans la nature la sphère générale de la chûte dans la particularité, afin, qu'ensuite, ils retournassent, comme particulier, dans l'identité et, reconciliés avec elle pussent exister en elle sans la détruire.

(*Philosophie et Religion*, 1804.)

Des Mystères de l'antiquité.

Si, d'après le modèle de l'univers, l'État est divisé en deux sphères ou classes d'êtres, celle des êtres libres qui représentent les idées, et celle des êtres non libres qui représentent les choses concrètes et sensibles, l'ordre le plus élevé, le rang suprême, reste encore non rempli par chacun d'eux. Les idées, par cela même que les choses sont leurs instruments ou leurs organes, passent dans le monde visible ; elles y entrent comme ames. Mais Dieu, l'unité suprême, reste au-dessus de toute réalité. Son rapport éternel avec la nature n'est qu'un rapport indirect. Si donc l'État représente, dans l'ordre moral le plus élevé, une seconde nature, le divin ne peut jamais être avec lui que dans un rapport idéal et indirect, mais non dans un rapport réel.

La religion, dès-lors, dans l'État le plus parfait, pour se maintenir elle-même dans une idéalité pure et invariable, ne peut exister autrement que comme ésotérique, ou sous la forme de *mystères*.

Veut-on, cependant, qu'elle ait aussi un côté exotérique et public ? on le trouvera dans la mythologie, la poésie et l'art d'une nation. La religion, proprement dite, en vertu de son caractère idéal, renonce à la publicité et se retire dans la sainte obscurité du mystère. L'opposition dans laquelle elle est avec la religion exotérique, ne fera préjudice ni à elle-même ni à celle-ci, mais laissera d'autant mieux chacune d'elles subsister dans sa pureté et son indépendance. Si peu que nous connaissions des mystères grecs, nous savons cependant, à n'en pas douter, que leur doctrine était dans l'opposition la plus directe et la plus frappante avec la religion publique. Le sens pur des Grecs se montre précisément en ceci : qu'ils conservaient, dans son idéalité et son impénétrabilité, ce qui, de sa nature, ne pouvait être public et réel. Que l'on n'objecte pas que cette opposition des mystères et de la religion publique a pu consister simplement en ce que les premiers n'étaient communiqués qu'à un petit nombre d'initiés. S'ils étaient secrets, ce n'était pas parce que peu de personnes étaient admises à y prendre part, puisque cette participation s'étendait au-delà des limites de la Grèce ; mais leur profanation, c'est-à-dire leur translation dans la vie publique, était considérée comme un crime et punie. La nation ne montrait en rien autant de zèle qu'à faire maintenir les mystères dans leur absence de toute publicité. Ces mêmes poètes, qui appuient toute leur poésie sur la mythologie, parlent des mystères comme de la plus sainte et de la plus bienfaisante des institutions. Partout, ceux-ci apparaissent comme le centre de la moralité publique. La tragédie grecque lui doit la plus haute beauté, et il ne serait pas difficile d'entendre dans les poésies de Sophocle un écho des initiations par où il avait passé. Si l'on n'avait pas toujours et uniquement tiré l'idée du paganisme de la religion publique, on aurait, depuis longtemps, compris comment le paganisme et le christianisme se rapprochaient; on aurait vu que le second ne s'est détaché du premier que parce qu'il rendait les mystères publics, vérité qui peut se démontrer historiquement, par la plupart des usages du christianisme, par ses actes symboliques, ses degrés et ses initiations ; imitation manifeste de ceux qui étaient en vigueur dans les mystères.

Comme il est contraire à la nature d'une religion spirituelle de se mêler au réel et au sensible, et qu'elle ne peut le faire sans se profaner, ses efforts pour se donner une vraie publicité et une objectivité mythologique sont infructueux.

Une véritable mythologie est une symbolique des idées, et celle-ci n'est possible que par les formes de la nature ; c'est une parfaite incarnation de l'infini dans le fini. Or, c'est ce qui ne peut avoir lieu dans une religion qui se rapporte immédiatement à l'infini, et ne peut concevoir une manifestation du principe divin dans la nature que comme destruction de ses lois. Telle est l'idée du miracle. Le miraculeux est le côté exotérique d'une telle religion. Ses formes sont historiques ; ce ne sont ni des êtres de la nature, des individus, ni même des espèces; ce sont des manifestations passagères, non des natures impérissables et qui durent éternellement.

Si donc vous cherchez une mythologie universelle, rendez-vous maître du côté symbolique de la nature;

laissez les dieux prendre possession d'elle et la remplir. Au contraire, le monde de la religion, qui est un monde spirituel, reste libre et entièrement séparé de l'apparence sensible; ou, tout au plus, n'est-il célébré que par des chants sacrés et enthousiastes, et par une espèce de poésie également mystérieuse, comme l'était la poésie sacrée et religieuse des anciens, dont la poésie moderne, à son tour, n'est que la manifestation exotérique, et par conséquent imparfaite.

Nous nous contenterons d'indiquer, dans la doctrine et l'institution des mystères, ce qui, sur ce point, peut se dégager des récits des anciens de plus conforme aux idées de la raison.

La religion ésotérique est nécessairement monothéisme, comme la religion exotérique se résout nécessairement, sous quelque forme, en polythéisme. C'est seulement avec l'idée de l'*Un* simple et de l'idéal absolu que toutes les autres idées sont posées. De lui seul dérive, quoiqu'immédiatement, la doctrine d'un état absolu des ames dans les idées et de la première unité avec Dieu, où elles participent de la contemplation du vrai, du beau et du bien en soi; doctrine qui peut aussi être représentée d'une manière sensible comme une préexistence des ames dans le temps. A cette connaissance se rattache immédiatement celle de la perte de cet état, par conséquent de la chute des idées et de ce qui en est la conséquence, l'exil des ames dans les corps et dans le monde sensible. D'après les différentes conceptions qui, sur ce sujet, ont leur principe dans la raison elle-même, cette doctrine peut aussi se prêter à diverses représentations. Ainsi, l'explication de la vie sensible par une innocence perdue paraît avoir dominé dans la plupart des mystères grecs; mais cette doctrine fut représentée dans les divers mystères sous des images différentes, par exemple, celle d'un dieu devenu mortel et souffrant. La réconciliation avec l'absolu, après la chute, et la transformation du rapport négatif du fini avec lui en un rapport positif, est un autre but de la doctrine religieuse, qui s'appuie nécessairement sur cette donnée première; car elle tend à la délivrance des ames des corps comme étant leur côté négatif. De même l'entrée dans les anciens mystères était décrite comme un abandon et un sacrifice de la vie, comme une mort corporelle et une résurrection de l'ame. Un même mot désignait la mort et l'initiation. Le premier affranchissement des ames des liens du corps était la guérison de l'erreur comme la première et la plus profonde maladie de l'ame, le recouvrement de la vue intellectuelle de ce qui seul est vrai et éternel, ou des idées. Le but moral était la délivrance de l'ame des affections auxquelles elle est soumise tant qu'elle est unie au corps, et de l'amour de la vie sensible, qui est le principe et l'instigateur de l'immoralité.

Enfin, à cette doctrine est liée nécessairement celle de l'éternité des ames et du rapport moral entre l'état actuel et la vie future.

C'est à ces doctrines, à ces bases éternelles de la vertu comme de la plus haute vérité, que toute religion spirituelle et esotérique devait retourner.

Quant à la forme extérieure et à la constitution des mystères, ils doivent être considérés comme un institut public dérivant du sentiment ou de l'esprit national. Cet institut, érigé et tenu pour sacré par l'État lui-même, se distingue des associations secrètes formées d'après des fins plus ou moins temporelles, et qu'il permet aux uns et refuse aux autres ; il contribue à la réunion intérieure et morale de tous ceux qui appartiennent à l'État, comme celui-ci lui-même contribue à l'unité extérieure. Cependant, il y a, entre les initiés, nécessairement, des degrés ; car ils ne peuvent pas tous également arriver à la contemplation de la vérité en soi. Pour le grand nombre, il doit y avoir une sorte de vestibule, une préparation qui, d'après l'image employée par Euripide, soit à sa suprême initiation comme le sommeil est à la mort. Le sommeil est purement négatif ; la mort est positive, elle est le dernier, l'absolu libérateur. La première préparation aux plus hautes connaissances ne peut-être que négative ; elle consiste dans l'affaiblissement, et, autant que possible, dans l'anéantissement des affections sensibles et de tout ce qui trouble l'organisation calme et morale de l'âme. Il suffit que la plupart parviennent jusques-là dans l'affranchissement ; et la participation des non-libres pourrait se borner, en général, à ce degré. Il y a plus, les images terribles qui mettent sous les yeux de l'ame le néant de tout ce qui est terrestre, et qui, en l'ébranlant fortement, lui laissent entrevoir l'Être seul vrai, appartiennent à ce cercle. Lorsque le rapport au corps a été détruit jusqu'à un certain point, l'ame commence au moins à rêver, c'est-à-dire à percevoir les images d'un monde non-réel, mais idéal. Le second degré pouvait, par conséquent, être celui où l'histoire et les destinées de l'univers étaient représentées d'une manière figurée, et surtout par une action. Car, s'il est vrai que l'épopée ne reflète que le fini, et que l'infini, dans toute ses manifestations, lui soit étranger, au contraire, la tragédie esotérique est l'expression propre de la moralité publique. Aussi, la forme dramatique est la plus convenable pour les représentations ésotériques des doctrines religieuses. Ceux qui, d'eux-mêmes, savaient pénétrer à travers cette enveloppe jusqu'au sens du symbole, et ceux qui, par la modération, la sagesse, l'empire sur eux-mêmes, par leurs dispositions naturelles, s'étaient mis en possession de l'invisible, devaient passer à un parfait réveil dans une autre vie, et voir, comme *autoptes*, la vérité pure, telle qu'elle est, sans figures. Quant à ceux qui parvenaient à ce degré avant les autres, ils devaient être les premiers magistrats de l'État, et aucun de ceux qui n'avaient pas passé par cette suprême initiation ne pouvait être mis au même rang qu'eux; car les destinées de l'espèce entière se révélaient à eux dans cette dernière manifestation. Dans le même cercle, les principes les plus élevés de l'art royal de la législation, les hautes pensées qui doivent surtout distinguer les hommes d'état, étaient communiquées et développées.

La religion, grâce à de telles institutions, opérait une action purement morale, et se trouvait hors du danger de se confondre avec le réel et le sensible, ou d'avoir des prétentions à une domination et à une puissance extérieure, qui est contraire à sa nature; — de son côté, la philosophie, dont les disciples sont naturellement initiés, était ainsi dans un lien éternel avec la religion.

(*Religion et Philosophie.*)

III.

POLITIQUE. — HISTOIRE.

D'une constitution de droit.

(Pour servir d'appendice à la dixième leçon des Études académiques, page 168.)

On doit supposer que la première production d'un ordre de droit ne fut pas livrée au hasard, mais qu'elle fut l'œuvre d'une nécessité naturelle qui, conséquence elle-même de la violence universellement exercée, poussa les hommes à produire cet ordre sans le savoir, de sorte qu'ils durent être surpris de ses premiers effets. Mais on aperçoit aisément qu'un ordre établi par la nécessité ne peut avoir en soi des éléments de permanence : d'un côté, ce que la nécessité amène à produire, n'est fait que pour parer aux besoins les plus prochains, et, d'un autre côté, le mécanisme d'une constitution est appelé à exercer ses lois coërcitives sur des êtres libres qui ne se laissent contraindre qu'autant qu'ils y trouvent leur avantage. Comme il n'y a rien d'*a priori* dans les choses de la liberté, réunir des êtres libres sous un mécanisme commun est un de ces problèmes qui ne peuvent être résolus que par un nombre infini d'essais. La raison principale, c'est que le mécanisme qui met en mouvement la constitution, terme moyen entre l'idée de la constitution et son développement réel, diffère entièrement de la constitution elle-même, et, suivant les degrés différents de civilisation, les diversités de caractère, etc., que l'on remarque dans les nations, doit conduire à des modifications tout-à-fait différentes. Il faut donc s'attendre à voir s'élever d'abord des constitutions purement temporaires, portant en elles-mêmes le germe de leur destruction, et qui, étant fondées, non sur la raison, mais sur la nécessité des circonstances, doivent tôt ou tard se dissoudre. De même, il est naturel que, sous l'empire des circonstances, un peuple abandonne plusieurs droits qu'il ne peut formuler pour toujours et qu'il détruit tôt ou tard. Ce renversement de la constitution est alors infaillible, et d'autant plus assuré, qu'elle demande plus de perfectionnements dans la forme, parce que, lorsque cela a lieu, le pouvoir certainement n'abandonne pas ses droits volontiers, ce qui prouverait déjà un vice interne de la constitution.

Mais si, de quelque manière que cela arrive, une constitution est enfin réellement fondée sur le droit, et non pour parer seulement aux premières nécessités qui s'offraient d'abord, l'expérience, qui ne suffira jamais à prouver une proposition générale, mais qui présente à nos conclusions des données d'une grande valeur, nous montre que l'existence d'une constitution semblable, la plus parfaite qu'il soit possible d'imaginer pour l'État particulier, dépend encore des circonstances accidentelles les plus évidentes.

Si, conformément au type de la nature, qui n'établit rien d'indépendant ou aucun système subsistant en soi, qui ne soit fondé sur trois forces indépendantes les unes des autres, la perfection de la constitution est placée dans la division des trois pouvoirs fondamentaux de l'État, comme indépendants les uns des autres, les critiques dirigées avec raison contre cette division, bien qu'on ne puisse nier qu'elle ne soit nécessaire à une constitution normale, signalent, dans cette constitution, une imperfection dont l'origine ne doit pas se trouver en elle, mais doit être cherchée hors d'elle. La sûreté de l'État exige absolument que le pouvoir exécutif l'emporte sur les autres et, en particulier, sur la force législative qui joue, dans la machine de l'État, le rôle de force retardante; l'harmonie de l'ensemble ne repose donc pas sur l'émulation des pouvoirs opposés, moyen de sûreté superficielle que l'on a imaginé ; elle dépendra du bon vouloir de ceux qui ont en main le pouvoir le plus élevé. Mais rien de ce qui touche à la sûreté du droit ne doit dépendre du hasard. On ne pourrait rendre l'existence harmonique de cette constitution indépendante du bon vouloir, que par une coërcition dont évidemment le principe ne peut se trouver dans la constitution, parce qu'il y aurait nécessairement alors un quatrième pouvoir auquel on donnerait la force en main, ce qui en ferait un pouvoir exécutif, ou qu'on laisserait impuissant ; et, dans ce cas, son action dépendrait du simple hasard. Si le peuple, en effet, avait le droit de résistance armée, l'insurrection serait inévitable, et l'insurrection doit être aussi impossible dans une bonne constitution que dans une machine.

Il ne faut donc considérer comme sûre l'existence d'aucune constitution parfaite en théorie, si au-dessus de l'État particulier ne domine une organisation, une fédération de tous les États se garantissant réciproquement leurs constitutions respectives. Cette garantie générale et réciproque n'est pas possible ; premièrement, avant que les principes de la vraie constitution de droit ne soient universellement répandus, de sorte que tous les États particuliers n'aient d'autre intérêt que de conserver la constitution de chacun d'eux ; et, secondement, avant que les États ne se soient soumis à une seule loi commune, comme ont fait d'abord les individus, en formant des États particuliers; de sorte que les États particuliers appartiennent à un État d'États, et qu'il existe, pour les luttes des peuples entre eux, un aréopage général de tous les peuples, composé des représentants de toutes les nations civilisées, et qui dispose contre un état rebelle de la puissance de tous les autres États.

Comment une constitution de droit général, régissant ainsi tous les États particuliers, et au moyen de laquelle ceux-ci sortiraient de l'état de nature dans lequel ils sont demeurés jusqu'à présent dans leurs rapports réciproques, peut-elle être réalisée par la liberté qui, dans les rapports réciproques des États, joue aujourd'hui un rôle téméraire et sans frein? Il est impossible de le comprendre, si, dans ce jeu de la liberté, dont le développement forme toute l'histoire, ne domine une nécessité aveugle qui ajoute objectivement à la liberté ce qui n'aurait jamais été possible par elle seule.

Nous nous voyons rejetés, par le cours du raisonnement, dans la question déjà proposée touchant le principe de l'identité entre la liberté, d'un côté, en tant qu'elle se manifeste dans le libre arbitre, et l'objectif, ou ce qui est régi par la loi, de l'autre, — question qui reçoit dès à présent une signification plus élevée, et qu'il faut résoudre dans sa plus grande universalité.

(*Idéalisme transcendantal.*)

Histoire. — De la notion de l'Histoire.

La production d'une constitution générale de droit, ne peut être abandonnée au hasard, et on ne peut en attendre une que du libre jeu des forces que nous apercevons dans l'histoire. D'où s'élève la question : Une série d'événements sans plan et sans but peut-elle mériter le nom d'histoire ; et n'y a-t-il pas aussi, dans la simple notion de l'histoire, la notion d'une nécessité sous laquelle le libre arbitre est contraint de plier ?

Il faut, avant tout, nous assurer de la notion de l'histoire.

Tout ce qui arrive n'est pas, pour cela, objet de l'histoire. Les événements physiques, par exemple, n'ont droit à une place dans l'histoire que par l'influence qu'ils ont eue sur les actions humaines. Mais, ce qui arrive d'après une règle connue, ce qui revient périodiquement, ou, en général, une conséquence qui peut être calculée *à priori*, mérite bien moins encore d'être considéré comme objet historique. Si l'on voulait parler d'une histoire de la nature, dans le sens propre du mot histoire, on devrait représenter la nature comme étant évidemment libre dans ses productions, comme ayant produit toute leur multiplicité successivement, par de constantes déviations d'un seul principe originel, et ce serait alors une histoire, non des objets de la nature (ce qui est proprement la description de la nature), mais de la nature produisante. Comment considérerions-nous la nature dans une histoire de ce genre ? Nous la verrions disposer et conserver ses productions de diverses manières, avec la même somme ou la même proportion de forces qu'elle ne pourrait jamais dépasser; nous la considérerions, par conséquent, dans ces productions, comme en liberté, mais non cependant comme étant dans une indépendance absolue de toute loi.

La nature deviendrait donc l'objet de l'histoire, d'un côté, par la manifestation de la liberté dans ses productions, parce que nous ne pourrions pas déterminer *à priori* les directions de son activité productive, quoique ses directions eussent, sans doute, leur loi déterminée; et, de l'autre côté, par la limitation et la régularité posées en elle, par la proportion des forces mises à sa disposition. D'où il est évident que l'histoire n'existe, ni avec une régularité absolue, ni avec une liberté absolue; mais qu'elle n'est que là où un idéal est réalisé dans des dérivations infiniment nombreuses; de telle sorte que, non le détail, mais l'ensemble, s'accorde avec lui.

Or, la réalisation successive d'un idéal où le progrès ne suffit à achever l'intuition intellectuelle de l'idéal que dans son ensemble, ne peut être regardée comme possible qu'au moyen d'êtres formant une espèce, parce que l'individu, précisément parce qu'il est individu, est incapable d'atteindre à l'idéal,

Or, l'idéal, qui est nécessairement déterminé, doit pourtant être réalisé. Nous nous voyons donc conduits à un nouveau caractère de l'histoire : il n'y a histoire que pour des êtres qui ont devant eux un idéal qui ne peut jamais être développé par l'individu, et ne peut l'être que par l'espèce. C'est pourquoi, dans la série, un individu naît là où disparaît un individu passé. Il y a donc continuité entre les individus qui se succèdent ; de plus, ce qui doit être réalisé dans le progrès de l'histoire ne pouvant l'être que par la raison et la liberté, la tradition est nécessaire.

Or, il ressort de cette déduction de la notion de l'histoire, qu'une série d'événements absolument sans loi ne mérite pas plus le nom d'histoire qu'une série absolument réglée par des lois ; il en résulte :

1° Que ce qui est conçu comme progressif dans l'histoire ne laisse supposer aucune soumission à des lois immuables, par laquelle la liberté soit limitée à une succession d'actions déterminées et revenant constamment sur elle même ;

2° Que tout ce qui résulte en général d'un mécanisme déterminé, ou qui a sa théorie *à priori*, n'est pas l'objet de l'histoire. La théorie et l'histoire sont des choses complètement opposées ; l'homme n'a une histoire que parce qu'on ne peut prévoir d'après aucune théorie ce qu'il fera. Le libre arbitre est, à cet égard, la divinité de l'histoire. La mythologie fait commencer l'histoire par le premier pas que l'homme, en sortant de la sphère de l'instinct, fait dans le domaine de la liberté, avec la perte de l'âge d'or, ou avec la chute; c'est-à-dire avec la première manifestation du libre arbitre. Dans les idées philosophiques, l'histoire finit avec le règne de la raison, c'est-à-dire avec l'âge d'or du droit, lorsque tout libre arbitre aura disparu de la terre, et que l'homme sera ramené par la liberté au point où la nature l'avait primitivement placé, et qu'il abandonna lorsque l'histoire commença;

3° Que ce qui est absolument sans lois, ou une série d'événements sans but et sans dessein, ne mérite pas le nom d'histoire, et que la liberté et la soumission à des lois, réunies, en d'autres termes, que la réalisation successive d'un idéal par toute une espèce d'êtres, constitue seulement le caractère de l'histoire.

D'après ces caractères principaux, la possibilité transcendantale de l'histoire peut être rigoureusement recherchée, ce qui nous conduit à une philosophie de l'histoire, qui est à la philosophie pratique ce que la nature est à la philosophie théorique.

(*Ibid.*)

De la Philosophie de l'Histoire.

La première question qui puisse être adressée à une philosophie de l'histoire, est, sans doute, celle-ci : Comment peut-on concevoir l'histoire en général, puisque, si rien n'est posé pour chaque individu que par sa conscience, toute l'histoire passée ne peut être aussi posée, pour chaque individu, que par la conscience? Et nous soutenons qu'aucune conscience individuelle ne pourrait être posée avec toutes les déterminations avec lesquelles elle est posée réellement, et qui lui appartiennent nécessairement, si l'histoire tout entière n'avait précédé. Il serait facile de le démontrer par des exemples, s'il s'agissait d'une œuvre d'art. L'histoire passée ne conserve donc que le phénomène, ainsi que l'individualité de la conscience elle-même; elle n'est donc, pour chaque individu, ni plus ni moins réelle, que ne l'est pour chacun sa propre individualité. Telle individualité déterminée, suppose telle époque, déterminée par tel caractère, tel degré de civilisation, etc. Mais cette époque n'est pas possible sans toute l'histoire passée. L'histoire, qui n'a aucun autre objet que l'explication de l'état actuel du monde, pourrait donc aussi bien, de l'état actuel, pris pour point de départ, conclure l'histoire passée; et ce ne serait pas une tentative dépourvue d'intérêt, que de chercher comment tout le passé pourrait être déduit du présent avec une rigoureuse nécessité.

Si l'on objecte à cette explication que l'histoire passée est posée dans l'ensemble des consciences individuelles, mais que chacune d'elles peut embrasser, non le passé tout entier, mais seulement ses principaux événements, auxquels on ne peut reconnaître ce titre que parce que leur influence s'est étendue jusqu'à l'époque actuelle, et jusqu'à chaque individualité; nous répondrons, d'abord, qu'il n'y a histoire que pour ceux sur lesquels le passé a influé; secondement, que ce qui a été dans l'histoire est lié réellement à la conscience individuelle de chacun, seulement, non pas immédiatement, mais bien par un nombre infini de termes intermédiaires; de telle sorte, que si l'on pouvait montrer ces membres intermédiaires, il serait évident que, pour composer cette conscience, le passé tout entier était nécessaire. Mais il est certain que, de même que la plupart des hommes, à chaque époque; de même aussi une multitude d'événements n'a jamais eu d'existence dans le monde qui est du domaine de l'histoire; car il ne suffit pas, pour laisser un souvenir dans l'histoire, de s'éterniser comme cause physique, uniquement par des effets physiques. On ne peut pas davantage acquérir une existence dans l'histoire, parce qu'on est simplement, ou produit intellectuel, ou simplement un intermédiaire, par lequel, comme par un milieu, la civilisation acquise par le passé est transmise à la postérité, si l'on est pas soi-même cause d'un nouvel avenir. Donc, il n'y a rien de posé dans la conscience de chaque individu, qu'en raison de ce qui a été fait jusqu'alors. C'est le seul sens qui soit attaché à l'idée de l'histoire.

Quant à ce qui concerne la nécessité transcendantale de l'histoire, elle est déduite, dans ce qui précède, de ce que la constitution universelle de droit est donnée aux êtres rationnels, comme un problème qui ne peut être réalisé que par toute l'espèce; c'est-à-dire, seulement par l'histoire. Il ne nous suffit donc pas de tirer seulement ici cette conclusion : Que le seul et véritable objet de l'histoire ne peut être que la production successive de la constitution cosmopolite; car c'est cette constitution qui est l'unique principe de l'histoire. Toute l'histoire, qui n'est pas universelle, ne peut être qu'une histoire de faits; c'est-à-dire dirigée suivant l'idée qu'en avaient déjà les anciens, dans un but empirique déterminé. Une histoire universelle des faits présente une idée qui se contredit en elle-même. Tout ce qui est admis, au surplus, dans l'histoire, le développement des arts, des sciences, etc., n'appartient pas, proprement, à l'histoire κατ' ἐξοχὴν, ou n'y sert que comme intermédiaire. Les découvertes dans les arts et dans les sciences, en agrandissant, en multipliant les moyens de se nuire réciproquement, et en introduisant une foule de maux auparavant inconnus, servent à accélérer la marche de l'humanité vers l'accomplissement d'une constitution de droit universelle.

Il a été longuement démontré, dans ce qui précède, que la notion de l'histoire implique celle d'une progressivité infinie. Mais on ne peut en tirer immédiatement aucun argument en faveur de la perfectibilité infinie de l'espèce humaine, puisque ceux qui la nient pourraient soutenir, avec autant de raison, que l'homme n'a pas plus d'histoire que la bête, et qu'il est éternellement dans le même cercle d'actions, où il se meut sans cesse comme Ixion au tour de sa roue, en des oscillations continuelles, se trouvant toujours ramené par des déviations apparentes de la ligne droite, au point d'où il était parti. On doit d'autant moins s'attendre sur cette question à un résultat raisonnable, que ceux qui se laissent entraîner pour ou contre, sont dans la plus grande erreur sur la nature du progrès. Les uns ne considèrent que l'avancement moral de l'humanité, dont nous désirerions bien posséder la mesure; les autres, son avancement dans les arts et les sciences, qui, au point de vue historique (pratique), suivent plutôt une marche rétrograde ou anti-historique, à l'égard de laquelle nous pouvons nous en référer à l'exemple des nations classiques, les Grecs et les Romains. Si l'unique objet de l'histoire est la réalisation successive de la constitution de droit, il ne nous reste, comme mesure de l'avancement de l'esprit humain, que l'approximation successive de ce but, dont l'accomplissement définitif ne saurait être prouvé, ni par l'expérience, telle qu'elle s'est développée jusqu'à présent, ni théoriquement, *à priori*, et ne sera jamais qu'un article de foi éternel de l'homme, dans le monde de l'action.

Passons maintenant au caractère principal de l'histoire, de présenter l'union de la liberté et de la nécessité, et de n'être possible que par cette union.

Mais cette union de la liberté et de la soumission à des lois nécessaires, est dans l'action que nous avons déjà déduite comme nécessaire; d'un autre côté, par rapport seulement à la notion de l'histoire.

La constitution générale de droit est la condition de la liberté, parce que, sans elle, il n'y a pour la liberté aucune garantie. En effet, la liberté qui n'est pas garantie par un ordre général, naturel, n'a qu'une existence précaire, et n'est, comme dans la plupart des États actuels, qu'une plante parasite, tolérée par une inconséquence nécessaire; de sorte qu'avec elle l'individu n'est jamais sûr de sa liberté. Il ne doit pas en être ainsi. La liberté ne doit pas être une faveur dont on jouisse comme d'un bien défendu. La liberté doit être garantie par un ordre aussi manifeste et aussi immuable que celui de la nature.

Mais cet ordre ne peut être réalisé que par la liberté; sa constitution est laissée à la discrétion de la liberté. C'est une contradiction. Ce qui est la première condition de la liberté extérieure est, à cause de cela, aussi nécessaire que la liberté elle-même. Mais cette condition ne peut être réalisée que par la liberté, c'est-à-dire qu'elle est livrée au hasard. Comment cette contradiction peut-elle être conciliée? Elle ne peut être conciliée que par l'existence d'une nécessité dans la liberté. Mais comment concevoir une semblable union ? Nous arrivons ici au problème le plus élevé de la philosophie transcendantale que nous avons déjà indiqué, mais sans le résoudre.

La liberté doit être nécessité; la nécessité, liberté. Mais la nécessité, en opposition à la liberté, est ce qui est sans conscience; ce qui est sans conscience en moi, est involontaire; ce qui est conscience, existe en moi par ma volonté.

La nécessité doit être dans la liberté. Cela signifie: Par ma liberté, et tandis que je crois agir librement, doit se produire, sans que j'en aie la conscience, c'est-à-dire sans ma participation, quelque chose que je ne prévois pas; ou, en d'autres termes, à l'activité consciente, à cette activité qui se détermine librement, que nous avons déjà déduite, doit être opposée une activité inconsciente, par laquelle, à la manifestation la plus illimitée de la liberté, vient s'adjoindre, sans que l'auteur de l'action y prenne garde, sans qu'il le veuille le moins du monde, et peut-être même contre sa volonté, un résultat qu'il n'aurait jamais pu réaliser par sa volonté. Quelque paradoxale qu'elle puisse paraître, cette proposition n'est autre chose que l'expression transcendantale du rapport généralement admis et supposé entre la liberté et une nécessité mystérieuse, appelée tantôt destin, tantôt providence, sans que l'une ou l'autre de ces expressions présente à la pensée une signification claire, — rapport en vertu duquel, par leur activité libre, et pourtant contre leur volonté, les hommes doivent produire des résultats qu'ils ne voulaient point, ou, réciproquement, en vertu duquel ce qu'ils avaient voulu avec liberté et de toutes leurs forces, doit échouer ou tourner à leur confusion.

Cet envahissement de la nécessité mystérieuse dans la liberté humaine est supposé, non-seulement dans l'art tragique, dont l'existence tout entière en dépend; mais encore dans l'action et ses effets. Sans cette supposition, on ne voudrait rien de juste; sans elle aucun courage ne pourrait, sans s'inquiéter des conséquences, exciter un cœur humain à agir comme la volonté le prescrit. Si, en effet, il ne peut y avoir aucun dévouement sans la conviction que l'espèce à laquelle on appartient ne peut cesser de s'avancer, comment cette hypothèse est-elle possible, si elle ne repose que sur la liberté? Il doit y avoir ici quelque chose de plus élevé que la volonté humaine, et sur quoi seulement on puisse compter en agissant. Jamais, sans cela, aucun homme n'oserait entreprendre aucune action d'une grande conséquence, puisque le calcul le plus parfait, auquel on a soumis d'avance les résultats, peut être si complètement déjoué par la liberté d'autrui, qu'il peut en résulter toute autre chose que ce que l'on avait prévu.

Le devoir de demeurer entièrement tranquille sur les résultats de mes actions ne peut m'être imposé, s'il n'est pas certain que, sinon mon activité, c'est-à-dire ma liberté, du moins les conséquences de mes actions ou les développements qu'elle entraînerait, dépendent, non de la liberté, mais de quelque chose qui en diffère et lui est supérieure.

C'est une supposition nécessaire à la liberté, que l'homme soit libre pour ce qui regarde son action, mais que, pour ce qui regarde le résultat final, il dépende d'une nécessité qui lui est supérieure et qui a la main dans le jeu de sa liberté. Cette supposition doit être expliquée transcendantalement. En vain voudrait-on en donner le mot par la providence ou par le destin, ce sont précisément la providence et le destin qu'il s'agit d'expliquer. Nous ne doutons pas de la providence, nous ne mettons pas plus en doute ce qu'on nomme le destin, car nous en sentons l'influence dans nos propres actions, dans le bon ou le mauvais succès de nos propres desseins; mais qu'est-ce donc que ce destin, que cette providence?

Réduit à des expressions transcendantales, voici ce que signifie le problème : comment, puisque nous sommes complètement libres, c'est-à-dire, puisque nous agissons avec conscience, peut-il s'élever pour nous quelque chose dont nous n'avons pas conscience, que nous ne prévoyons jamais, et que, livrée à elle-même, la liberté n'eût jamais produit?...

Toutes nos actions aboutissent finalement à un résultat dont la réalisation peut être atteinte, non par l'individu isolé, mais seulement par toute l'espèce. Le résultat de nos actions ne dépend donc pas de moi, il dépend de la volonté de tous les autres, et je n'ai aucun pouvoir sur le but, si tous ne veulent pas le même but que moi. Mais cela est douteux, incertain, impossible même, puisque la plupart n'ont jamais songé à ce but. Comment sortir de cette incertitude? On pourrait ici se croire conduit à un ordre moral du monde et demander un ordre de cette nature comme condition de l'accomplissement de ce but. Mais comment prouver que cet ordre moral peut-être conçu comme objectif, comme agissant absolument, comme indépendant de la liberté? L'ordre moral du monde, peut-on dire, existe dès que nous l'atteignons. Mais où est-il atteint? Il est l'effet commun de toutes les intelligences, en tant que toutes, médiatement ou immédiatement, ne veulent rien autre chose que cet ordre. Si cette condition n'est pas remplie, il n'existe pas. Toute intelligence particulière peut être considérée comme partie intégrante de Dieu ou de l'ordre moral du monde. Tout être rationnable peut se dire : le développement de la loi, l'exercice du droit, dépend de moi dans le cercle de mon activité. Une partie du gouvernement moral du monde m'est confiée; mais que puis-je contre le grand nombre? Il n'y a ordre qu'autant que les autres pensent comme moi, et que chacun exerce le droit divin, qui lui est dévolu, de faire triompher la justice.....   .

Quoiqu'ils (les êtres libres) puissent se constituer et exercer leur libre arbitre, néanmoins sans leur volonté et contre leur volonté, une nécessité qui leur est cachée détermine d'avance ce qui est sans loi dans leur activité; et plus même leur activité est indépendante de toute loi, plus certainement elle amène à la pièce une péripétie qu'ils ne pouvaient prévoir : ils doivent donc aller où ils ne voulaient pas. Mais cette nécessité ne peut être conçue qu'au moyen d'une synthèse absolue de toutes les actions dont tout ce qui arrive, et l'histoire, par conséquent, est le développement, et dans laquelle, parce qu'elle est absolue, tout est prévu et calculé ; de telle sorte que quelle que soit la contradiction, la désharmonie apparente de tout ce qui peut arriver, cette synthèse en contienne et en trouve en soi le principe de conciliation.....

Or, cet aperçu ne nous conduit qu'à un mécanisme de la nature qui assure le résultat final de toutes les actions et les dirige toutes, sans la participation de la liberté, vers le but suprême de l'espèce entière... Cette unité pour toutes les intelligences ne m'explique qu'une prédétermination de l'histoire entière par une synthèse absolue, dont le développement en plusieurs séries compose l'histoire ; mais elle ne m'explique pas comment la liberté d'action s'accorde avec cette prédétermination objective de toutes les actions, elle nous laisse toujours sans explication en présence de cette question : Par quoi l'harmonie est-elle établie? Cette harmonie préétablie, de l'objectif (ce qui est conforme à la loi) et du déterminant (ce qui est libre), ne peut être conçue qu'au moyen d'un terme supérieur élevé au dessus des deux, qui n'est donc ni intelligence ni liberté, mais qui est la source commune à la fois de ce qui est intelligent et de ce qui est libre.

Si ce terme suprême n'est autre chose que le principe de l'identité entre l'absolument subjectif et l'absolument objectif, le conscient et l'inconscient qui se divisent pour apparaître dans l'acte libre, ce principe suprême ne peut être ni sujet, ni objet, ni tous les deux à la fois; il n'est que l'identité absolue, dans laquelle il n'y a pas de dualité, et qui, précisément parce que la dualité est la condition de toute conscience, ne peut jamais arriver à la conscience. Cet éternel dont on n'a pas conscience, ce soleil éternel du royaume des esprits qui se cache dans l'éclat même de sa resplendissante lumière, et qui, sans jamais devenir objet, manifeste son identité dans toutes les actions libres, est le même pour toutes les intelligences. Il est la racine invisible dont toutes les intelligences ne sont que des puissances; il est en nous le médiateur éternel entre le subjectif qui se détermine lui-même et l'objectif; il est, à la fois, le principe de la conformité à la loi dans la liberté, et de la liberté dans la soumission de l'objectif à des lois.

(Idéalisme transcendantal.)

IV.

NATURE.

De la philosophie de la Nature en général.

L'intelligence se manifeste sous deux formes : aveuglément et sans conscience, ou librement et avec conscience ; sans conscience dans l'intuition de la nature, avec conscience dans la création d'un monde idéal.

La philosophie supprime cette opposition, par cela même qu'elle considère l'activité inconsciente comme originairement identique à l'activité consciente et comme sortie de la même racine. Cette identité, elle la démontre *immédiatement* dans une activité à la fois consciente et inconsciente, qui se manifeste d'une manière évidente dans les productions du *génie*; elle en trouve *médiatement* la preuve en dehors de la conscience, dans les productions de la nature, en tant que l'on reconnaît dans celles-ci la parfaite fusion de l'idéal et du réel.

Puisque la philosophie pose comme identique l'activité inconsciente ou l'activité réelle (comme on peut aussi l'appeler), et l'activité consciente ou idéale, sa tendance originelle doit être de ramener partout le réel à l'idéal ; ce qui donne lieu à ce qu'on nomme la philosophie transcendantale.

La régularité dans tous les mouvements de la nature, cette géométrie sublime, par exemple, qu'observent les corps célestes dans leurs révolutions, ne s'explique pas parce que la nature est la plus parfaite géométrie, mais, au contraire, parce que la plus parfaite géométrie est le principe producteur qui agit dans la nature ; explication qui transporte le réel lui-même dans le monde idéal, et transforme ces mouvements en intuitions qui ne se rencontrent qu'en notre esprit et auxquels rien hors de lui ne répond. La nature, là où elle agit librement dans chaque transition de l'état indéterminé à l'état fixe, crée, même alors, spontanément des formes régulières. Cette régularité apparaît dans les cristallisations d'un ordre élevé. Il y a plus, dans le règne organique, elle semble se conformer à un dessein. D'un autre côté, dans le règne animal, ce produit des forces aveugles de la nature, nous voyons des actions qui par leur régularité ressemblent à celles qui se font avec conscience ; nous voyons même des ouvrages d'art parfaits dans leur genre. Or, comment expliquer tout cela, si l'on n'admet qu'il existe une productivité inconsciente, mais originairement de même nature que l'activité consciente, et dont nous ne pouvons voir que le simple reflet dans la nature. A ce degré de l'existence, celui de l'ordre naturel des choses, elle doit nous apparaître comme le même et identique penchant aveugle qui depuis la cristallisation jusqu'au plus haut degré de la formation organique (où d'un côté par l'instinct artistique elle retourne à la simple cristallisation) se développe seulement à divers degrés ?

D'après cette manière d'envisager les choses, puisque la nature n'est que l'organisme visible de notre raison, elle ne peut rien produire que de régulier et de conforme à un but, et elle est forcée de le produire. Mais si la nature ne peut rien produire que de régulier, et si elle le produit nécessairement, il s'ensuit que dans la nature conçue comme indépendante et comme existence réelle, dans le rapport de ses forces, l'origine de tels produits réguliers et conformes à un but doit aussi pouvoir se démontrer comme nécessaire ; *qu'ainsi l'idéal doit à son tour sortir du réel et s'expliquer par lui.*

Maintenant, si le but de la philosophie transcendantale est de subordonner le réel à l'idéal, celui de la philosophie de la nature, au contraire, est d'expliquer l'idéal par le réel. Ces deux sciences sont donc une même science, elles se distinguent seulement par la direction opposée de leur objet. Il y a plus, comme les deux directions sont non seulement également possibles, mais également nécessaires, le système de la science présente une égale nécessité.

(Introduction de l'auteur à son Essai d'un système de la nature, etc.; 1799.)

Sur la spéculation et l'expérience dans la Physique.

Je me suis souvent demandé pourquoi il vous paraît tout simple qu'un Lesage, par exemple, se livre à des spéculations sur la nature, tandis que vous nous refusez la même faculté, et je n'ai jamais trouvé d'autre réponse que celle-ci : C'est que, dans son système, l'emploi facile et libre des hypothèses est, en quelque sorte, sanctionné, et, autant que possible, éternisé ; au lieu que nous, nous voulons précisément le contraire. Les principes de Lesage sont la preuve la plus manifeste que nous ne savons rien sur les dernières causes de la nature, et un essai, en grand, d'inventer, malgré cette ignorance, un système de la nature, que l'on peut admettre ou rejeter à son choix. J'honore la tendance spéculative et je m'empare de cet exemple à mon profit, moi qui veux donner à cette tendance une meilleure direction, c'està-dire, l'appliquer à des principes qui, à mon avis, sont évidents et certains.

Puisque, au moins, vous prenez part à cette tendance qui déjà, cependant, se fait jour, même au sein du plus épais empirisme, j'ai déjà à moitié gagné. Ce n'est pas cette tendance qui a fait tort à la science de la nature, mais l'indigne et fausse direction qu'elle a prise. Vous vous emportez contre elle, vous rejettez sur elle les accusations qui s'adressent à celle-ci. Cherchez seulement à employer, *convenablement*, l'organe spéculatif, avant de le rejeter lui-même avec son mauvais emploi. On a déjà rendu possible son emploi convenable, du moment que l'on sait ce que c'est que *savoir;* ce qui certes, il y a peu de temps encore, était ce que l'on savait le moins.

Il doit cependant être fâcheux et à peine supportable de ne rien comprendre aux phénomènes de la nature, quoiqu'on se permette des prétentions à la raison et à l'imagination telles que celles qui se manifestent dans le système atomistique, et cela seulement pour se délivrer, au moins en apparence, de ce sentiment pénible. Mais peut-être est-il encore plus pénible d'être forcé de s'élever d'une indigne ignorance des idées à de dignes conceptions de la nature. Or, je vois d'impérieuses exigences, amenées par la philosophie de la nature, s'élever contre l'esprit dominant de l'époque, non moins que celles qui, par exemple, sont dues à l'art. Pouvez-vous supporter la face de la nature plutôt que celle de l'art et de la poésie?

On ne sait nullement pourquoi, pour quel but et quelle fin la nature est ainsi faite, lorsque tout son art consiste uniquement dans ces jeux de passe-passe qui sont reproduits dans de pareils systèmes. Lorsqu'on vous a accordé tous ces corpuscules, ces figures, cette fine matière, vous expliquerez, sans doute, pourquoi ont été faits tous ces éléments eux-mêmes?

— Et comment se fait-il que la nature ne se moque pas elle-même de vos sottises? — Je sais bien que la plupart des physiciens voient la misère de ces théories. Ils ont extrait de ces théories les lieux communs dont ils se servent contre nous et qui déjà, depuis long-temps, deviennent indiciblement ennuyeux à entendre. Ce qui fait que, comme ils n'ont aucune idée d'une théorie, ils ne savent pas que toutes ces prétendues théories ne sont nullement des théories, ou, que si elles le sont, les nôtres en sont précisément le contraire. Ils en sont toujours au temps de Descartes, d'Euler, etc. Jusques à quand débitera-t-on toutes ces vieilleries, depuis long-temps dignes de l'oubli? S'ils veulent comparer nos travaux, pourquoi ne les comparent-ils pas aux anciens physiciens grecs, de beaucoup plus dignes, mais dont, malheureusement, il ne nous est resté que des fragments.

Que ce qu'ils appellent théorie porte au plus haut degré préjudice à la véritable science; nous le savons très-bien, et peut-être mieux qu'eux sur bien des points. Toutes ces théories sont contraires à l'expérience, qui sont abstraites de l'expérience, qui ne connaissent pas les causes en soi, indépendamment des expériences qu'elles doivent servir à expliquer. Car, là où il en est ainsi, que fait on? On met d'abord dans les principes tout ce qui est suffisant pour expliquer les expériences déjà connues. On invente alors des causes et on les dispose précisément de la manière dont on veut les employer ensuite. Sans parler du cercle éternel dans lequel roule cette explication, puisque d'abord on déduit les causes des effets, et qu'ensuite on explique les effets par les causes que l'on a faites soi-même, il est naturel, puisque les expériences s'étendent tous les jours, que ces causes présupposées deviennent aux yeux de tous insuffisantes, qu'on leur attribue toujours de nouvelles propriétés qui contredisent les anciennes; de sorte que, finalement, cela devenant insupportable, on jette alors le fardeau et l'on se décide à errer pendant quelque temps dans le monde, sans théorie, jusqu'à ce que, soit par désespoir, soit pour se donner un nouvel amusement, on invente une autre théorie tout aussi malencontreuse que la précédente.

Il ne peut y avoir ou se former de vraies théories que celles qui se construisent *à priori*; car si les principes sont certains en eux-mêmes et n'ont nullement besoin, pour être établis, de l'expérience, ils jouissent d'une parfaite universalité; et puisque la nature ne peut contredire la raison, ils s'appliquent à tous les phénomènes possibles, que ceux-ci soient connus ou ne le soient pas, qu'ils soient manifestés maintenant ou dans la suite. Dans de telles théories, il n'y a pas de place à proprement parler, pour les *explications*. Il n'y a d'explications que là où l'on remonte du phénomène à la cause, où la cause est déterminée après l'effet, en un mot, dans le domaine de l'empirisme, mais non là où l'on déduit l'effet de la cause indépendante et absolue. Ici des *constructions* sont seules possibles. L'idée d'une explication des phénomènes de la nature doit donc disparaître entièrement de la vraie science de la nature. Dans les mathématiques on n'explique pas, on démontre. La démonstration (la construction) est l'explication, et réciproquement; quand on cherche à expliquer, c'est que l'on manque de démonstration. Si le physicien dynamique parle de démonstration, c'est tout au plus par une ancienne habitude; en réalité, il ne fait que construire; il part de son principe sans s'inquiéter de savoir où il le conduit; les phénomènes, s'il procède conséquemment, viennent se ranger d'eux-mêmes à leur place, et la place qu'ils prennent dans le système est en même temps la seule explication qui en soit donnée.

Une théorie de la nature qui n'est pas formée par un procédé comparatif, mais entièrement et absolument *à priori*, ne peut, par conséquent, être autre chose qu'une exposition fidèle ou une histoire de la nature elle-même. Le philosophe de la nature se met à la place de la nature. Celle-ci, pendant qu'elle se développe elle-même n'a-t-elle pas présents les phénomènes qu'elle veut développer; et tout ne naît-il pas pour elle, ne naît-elle pas pour elle-même, sans conscience? La nature est pour elle-même *à priori*. Donc la théorie qui, pour construire, n'a pas présupposé plus que la nature n'a présupposé elle-même, savoir: l'essence interne et le caractère dernier (l'identité dans la duplicité), ne doit donner à son tour autre chose pour résultat que la nature telle qu'elle est pour elle-même.

Un reproche que l'on fait très-communément à la

théorie de la nature *à priori*, c'est que la théorie ne s'est jamais légitimée par la prédiction d'aucune expérience. Cela est complètement faux. D'innombrables phénomènes ont été prévus par les physiciens, avant d'être démontrés par l'expérience, et c'est ce qui arrivera toujours de plus en plus à l'avenir. — Aussi, l'étude empirique de la nature fera des progrès d'autant plus rapides, lorsqu'elle ne sera plus obligée de se traîner çà et là, à l'aveugle, dans toutes les directions, lorsque le cercle dans lequel devront se faire toutes ses découvertes sera tracé; lorsque tous les points où se rencontrent les phénomènes seront désignés, ainsi que les parties du cadre, qui, jusqu'ici, sont restées vides.

On trouve, dans le mécanisme du développement de l'esprit humain, la véritable raison pour laquelle l'expérience, partout et dans toutes les parties du savoir, a précédé la véritable science. La nature paraît s'amuser à jouer avec la raison, c'est-à-dire avec elle-même. Ordinairement elle dévoile le secret long-temps gardé, par un côté qui, à son tour, induit en erreur sur son véritable sens. Mais une fois ce secret dans la possession de l'homme, il devient l'objet de recherches plus exactes, et, tôt ou tard, il retourne facilement à sa vraie place, et s'y montre dans son véritable jour, pour signifier, dès-lors, tout autre chose que ce qu'il a signifié au début.

Que l'on se rappelle les phénomènes galvaniques, qui, à l'origine, paraissaient d'une portée aussi restreinte que possible ; tandis que précisément aujourd'hui on vient de démontrer ce que j'avais dit auparavant dans mon écrit sur *l'ame du monde*, que le galvanisme était quelque chose de beaucoup plus général que ce que l'on s'était imaginé jusqu'alors. Mais prévoir un phénomène tel que le galvanisme, à la possibilité duquel concourent toutes les forces de la nature : magnétiques, électriques, chimiques, le prévoir (par la théorie si elle existait), comme ayant lieu nécessairement dans la nature, et ainsi lui assigner d'avance son rang, n'était pas absolument impossible, quoique cela n'ait pas eu lieu. — Mettre un terme à ces caprices de la nature qui, bien qu'ils présentent un beau spectacle d'activité, allongent cependant la route qui mène à la vérité, n'est possible que par une théorie ferme et solidement établie. A l'appui d'une telle théorie, l'expérience, sans doute, peut découvrir dans la nature beaucoup de choses nouvelles, mais (puisqu'elle connaît leur infinité et leurs limites) rien d'inattendu ; et, puisque ses principes, qui reposent sur eux-mêmes, n'ont rien qui les contredisent, il n'y a plus rien qui puisse les faire mettre en oubli.

Je termine ces observations par un résultat qui en ressort évidemment; savoir : qu'il est impossible à *celui qui n'a aucune vraie théorie d'avoir à son service une vraie expérience*, et réciproquement. Le fait, en lui-même, n'est rien ; il apparaît tout autrement à celui qui a des *idées*, et à celui qui le considère sans aucune idée. Pour bien voir, il faut savoir de quel côté on doit regarder, et beaucoup d'expérimentateurs ressemblent à ces voyageurs qui pourraient, disent-ils, faire beaucoup de questions sur le pays, s'ils savaient seulement sur quoi ils doivent questionner.

(*Journal de Physique spéculative*, 1800).

Expérimentation.

Sans doute, il serait impossible de pénétrer la construction intérieure de la nature, si notre liberté ne nous permettait de mettre la main sur elle.

La nature agit bien ouvertement et librement, mais elle n'agit pas isolément, elle agit sous l'influence d'une foule de causes qu'il faut exclure pour obtenir un résultat pur. La nature doit donc être forcée à agir sous certaines conditions qui ne lui sont nullement ordinaires, et qui n'existent que modifiées par d'autres. — Une pareille violence faite à la nature, s'appelle expérimentation. Chaque expérience est une question adressée à la nature, et à laquelle celle-ci est forcée de répondre; mais toute question renferme un secret jugement *à priori*. Chaque expérimentation qui mérite ce nom est une prophétie; le fait d'expérimenter lui-même consiste à produire des phénomènes. — Le premier pas dans la science consiste donc, dans la physique au moins, en ce que l'on commence à produire les objets de cette science elle-même.

Nous ne savons que ce que nous avons produit nous-mêmes. Le savoir, dans le sens le plus rigoureux du terme, est donc un pur savoir *à priori*. La construction à l'aide de l'expérimentation n'est cependant pas encore toujours une production, par soi-même, des phénomènes. Et l'on ne veut pas dire ici que, dans la science de la nature, beaucoup de choses ne peuvent être connues, *à priori*, par comparaison, comme, par exemple, dans la théorie des phénomènes électriques, magnétiques ou de la lumière. Une loi si simple se reproduit dans chaque phénomène, que la suite de chaque recherche peut en être déduite. Ici, mon savoir découle immédiatement de la loi connue, sans l'intervention d'expérience particulière. Mais, d'où me vient la loi elle-même ? C'est là la question ? Nous disons que tous les phénomènes se rattachent à une seule loi absolue et *nécessaire*, de laquelle ils peuvent tous être déduits; en un mot, que, dans la science de la nature, tout ce que l'on sait, on le sait *à priori*. Maintenant que l'expérience ne conduise jamais à un pareil savoir, c'est ce qui résulte évidemment de ce qu'elle ne peut s'élever au-dessus des forces de la nature dont elle se sert elle-même comme moyen.

(*Sur l'idée d'une Physique spéculative.*)

V.

ART.

—

On a le droit de conclure, du témoignage de tous les artistes, que la production esthétique repose sur une opposition d'activités ; que, poussés par une spontanéité involontaire à la production de leurs œuvres, dans cette production, ils n'obéissent qu'à un irrésistible penchant de leur nature. Si tout penchant émane, en effet, d'une contradiction (de sorte que, la contradiction étant posée, la libre activité est involontaire), le penchant artistique doit procéder du sentiment semblable d'une contradiction intérieure. Cette contradiction, mettant en mouvement l'homme tout entier avec toutes ses forces, saisit, sans doute, ce qu'il y a de plus intime en lui, et la racine même de toute son existence. On dirait que, dans ces hommes rares, supérieurs aux autres artistes, dans le sens le plus élevé du mot, cet être identique et immuable, sur lequel leur existence est transportée, se dépouille des voiles dont il s'enveloppe chez les autres hommes, et, de même qu'il est immédiatement affecté par les choses, de même il réagit aussi immédiatement sur toutes. Seule donc, la contradiction, entre ce qui a et ce qui n'a pas conscience dans l'activité libre, peut mettre le penchant artistique en mouvement. Ainsi, à l'art seul il peut être donné de satisfaire notre effort infini, et de résoudre en nous la contradiction dernière et suprême.

De même que la production esthétique sort du sentiment d'une contradiction insoluble en apparence ; de même, comme le savent les artistes et tous ceux qui participent à leur inspiration, elle s'achève dans le sentiment d'une harmonie infinie. Ce sentiment, qui accompagne le couronnement de l'œuvre, est en même temps une émotion ; ce qui prouve que l'artiste attribue la solution complète de la contradiction, non à lui-même, mais à une faveur de la nature, qui, après avoir soulevé si inexorablement en lui cette lutte intime, le délivre, avec une égale générosité, de la souffrance qu'elle entretient. Et, en effet, de même que l'artiste, poussé involontairement à produire, lutte contre une résistance qu'il rencontre en lui (de là, chez les anciens, l'expression *pati Deum*, etc., et l'idée d'inspiration par un souffle étranger), de même l'objectif arrive à se produire sans son consentement, c'est-à-dire d'une manière purement objective. De même que l'homme qui obéit au destin exécute, non ce qu'il veut ou ce qu'il avait projeté, mais ce qu'il doit exécuter dans les desseins d'une destinée incompréhensible à laquelle il obéit, de même l'artiste, quelle que soit son intention à l'égard de ce qui est proprement objectif dans sa production, paraît être sous l'influence d'une force qui le sépare de tous les autres hommes, et le contraint à exprimer même des choses qu'il ne perçoit pas complètement, et dont le sens est infini. La rencontre absolue de ces deux activités qui se fuient n'étant plus explicable, mais n'étant qu'un phénomène qui ne peut être nié, tout incompréhensible qu'il soit, l'art est la révélation unique et éternelle de cette force suprême, et la merveille qui doit nous convaincre de sa réalité absolue.

De plus, si l'art est accompli par deux activités tout-à-fait distinctes l'une de l'autre, le génie n'est ni celle-ci, ni celle-là, il est ce qui plane au-dessus d'elles. Si, dans l'une de ces activités, celle qui a conscience, nous devons chercher ce que l'on nomme vulgairement l'art, quoique ce n'en soit qu'une partic (je veux dire ce qui, dans l'art, est opéré avec conscience, réflexion et délibération, ce que l'on enseigne et ce que l'on apprend, ce qui peut être transmis par tradition et acquis par un exercice particulier), nous devons chercher, dans l'activité qui est sans conscience, ce qui entre spontanément dans l'art, sans être appris, ce que l'on ne peut acquérir ni par exercice, ni d'aucune autre manière, ce que nous appelons, en un mot, la poésie.

Il en résulte qu'il serait oiseux de demander laquelle de ces deux parties est supérieure à l'autre ; puisque, dans le fait, elles n'ont l'une sans l'autre aucune valeur, et que ce n'est que réunies qu'elles produisent ce qu'il y a de plus élevé. Quoique l'on considère en général comme supérieure la partie qui ne s'acquière pas par l'exercice, et qui est innée en nous, les Dieux ont attaché indissolublement l'exercice de cette force originelle au travail opiniâtre des hommes, à l'étude et à la réflexion ; de sorte que la poésie sans l'art n'enfante que des produits bruts, qui ne peuvent procurer de jouissance à aucun entendement humain, et qui, par la force aveugle qui s'y montre agissante, éloignent d'eux le jugement et même l'intuition.

L'art a plutôt la faculté de produire sans la poésie, que la poésie sans l'art ; d'abord, parce qu'il est difficile de trouver un homme privé par la nature de toute poésie, quoiqu'il y en ait beaucoup qui soient sans art, ensuite parce que l'étude des grands maîtres peut suppléer, jusqu'à un certain degré, à l'absence originelle de cette force objective; mais il n'en résulte qu'une poésie factice et superficielle et qui contraste par là avec l'insondable profondeur que le véritable artiste communique à son œuvre par une spontanéité involontaire, quoique la réflexion la plus attentive y préside, et que ni lui, ni personne ne peut pénétrer entièrement. D'autres caractères distinguent le produit où l'art domine exclusivement, par exemple, le prix immense qui y est attaché à la partie purement mécanique de l'art, la pauvreté de la forme où il se meut, etc.

La conséquence naturelle est que ni la poésie, ni l'art isolés ne peuvent produire rien de parfait; que, par conséquent, l'identité qui ne peut être que primitivement étant absolument impossible à la liberté et au-dessus de sa portée, la perfection ne peut être atteinte que par le génie, qui est ainsi à l'esthétique ce que le moi est à la philosophie, le réel suprême et absolu qui ne devient jamais objectif, mais qui est la cause de tout objectif.

Caractères de l'œuvre d'art.

1° L'œuvre d'art nous réfléchit l'identité de l'activité qui a conscience et de l'activité inconsciente. Mais l'opposition de ces deux activités est infinie, et elle est détruite sans que la liberté y ait part. Le caractère fondamental de l'œuvre d'art est donc un infini inconscient. Outre ce qu'il y a placé, évidemment à dessein, l'artiste paraît avoir en même temps exposé instinctivement dans son œuvre un infini qu'aucune intelligence n'est capable de développer entièrement. Rendons ceci plus clair par un exemple. Il est incontestable que la mythologie grecque renferme un sens infini et des symboles pour toutes les idées; elle s'est élevée au sein d'un peuple, d'une manière qui ne permet pas de supposer un dessein clairvoyant à l'invention et à l'harmonie en vertu desquelles son ensemble a été réuni en un grand tout. Il en est de même de tout œuvre d'art véritable, tout, comme s'il y avait une infinité de desseins, y étant susceptible d'une exposition infinie, de sorte qu'on ne saurait jamais dire si cet infini est dans l'artiste, ou ne se trouve que dans son œuvre. Au contraire, dans le produit qui prend faussement le titre d'œuvre d'art, le dessein et la règle se trouvent à la surface et paraissent si bornés, que le produit n'est autre chose que l'expression fidèle de l'activité consciente de l'artiste, et est un objet pour la réflexion seulement, mais non pour l'intuition, qui aime à se perdre dans les profondeurs de son objet et ne peut trouver de repos que dans l'infini.

4° Toute production esthétique provient du sentiment d'une contradiction infinie. Le sentiment qui accompagne la perfection de l'œuvre d'art, doit être celui d'une satisfaction infinie, et doit passer dans l'œuvre d'art. L'expression extérieure d'une œuvre d'art est donc l'expression du calme et de la grandeur tranquille, là même où il faut exprimer la plus grande intensité de douleur ou de joie.

3° Toute production esthétique provient d'une scission infinie en soi des deux activités qui sont séparées dans toute libre production. Mais ces deux activités devant être présentées dans le produit comme réunies, par lui un infini est présenté comme fini. Or, l'infini présenté comme fini, est la beauté. Le caractère fondamental de toute œuvre d'art, qui comprend en soi les deux activités, est donc la beauté, et sans beauté il n'y a pas d'œuvre d'art. S'il y a, en effet, des œuvres d'art sublimes, et si, à un certain égard, le beau et le sublime sont opposés l'un à l'autre (puisque, par exemple, une scène de la nature peut être belle, sans pour cela être sublime), l'opposition entre le beau et le sublime n'existe cependant qu'à l'égard de l'objet; elle n'existe pas à l'égard du sujet, puisque la différence qui distingue l'œuvre d'art belle, de l'œuvre d'art sublime, ne consiste qu'en ce que, là où il y a beauté, la contradiction infinie est annihilée dans l'objet lui-même; tandis que, là où il y a sublime, la contradiction n'est pas résolue dans l'objet lui-même; mais n'est qu'élevée à une hauteur où elle se supprime involontairement dans l'intuition, ce qui est la même chose que si elle était supprimée dans l'objet. Il est aisé de montrer que le sublime repose sur la même contradiction que la beauté, puisque, dans un objet nommé sublime, une grandeur est admise par l'activité inconsciente, qu'il est impossible d'admettre dans l'activité consciente, ce qui rejette le moi dans une lutte avec lui-même, qui ne peut être terminée que dans une intuition esthétique. Celle-ci concilie les deux activités dans une harmonie imprévue. Seulement, l'intuition qui, dans ce cas, se trouve non dans l'artiste, mais dans le sujet qui a intuition, est ici complètement involontaire : puisque le sublime (tout différent de ce qui n'est qu'extraordinaire, qui présente également à l'imagination une contradiction, laquelle ne mérite pas d'être résolue), ébranle toutes les forces de l'ame pour résoudre la contradiction qui menace l'existence intellectuelle tout entière.

La déduction des caractères de l'œuvre d'art met en lumière les traits par lesquels il se distingue des autres produits.

Le produit de l'art se distingue du produit de la nature, principalement en ce que la production organique ne procède pas de la conscience, ne procède pas, par conséquent, de la contradiction infinie qui est la condition de la production esthétique. Le produit de la nature ne sera donc pas nécessairement beau, et, s'il est beau, sa beauté n'apparaît ici que comme accidentelle, parce que la condition de sa beauté ne peut être conçue comme existant dans la nature. On peut expliquer par là l'intérêt tout-à-fait particulier qu'inspire la beauté de la nature, non comme beauté en général, mais comme beauté déterminée de la nature. On voit ainsi le cas qu'il faut faire de l'imitation de la nature présentée comme principe de l'art, puisque, loin que ce soit la nature, belle seu-seulement d'une beauté purement accidentelle, qui donne des règles à l'art, c'est plutôt ce que produit l'art dans sa perfection, qui fournit le principe et la règle (*norma*) pour juger de la beauté de la nature.

Il est aisé d'apprécier en quoi le produit esthétique se distingue du produit commun de l'art. Toute production esthétique est, dans son principe, une production absolument libre, puisque l'artiste y est poussé par une contradiction, mais par une contradiction de ce qu'il y a de plus élevé dans sa propre nature ; au lieu que toutes les autres productions sont occasionnées par une contradiction qui se trouve en dehors de la faculté produisante, et ont ainsi chacune leur but hors d'elle. C'est cette indépendance de toute fin étrangère qui fait la sainteté et la pureté de l'art, et celles-ci vont si loin qu'il repousse toute alliance avec ce qui n'est que plaisir (alliance qu'il est du caractère propre de la barbarie de demander à l'art); ou, avec l'utile, ce qui ne peut être exigé de l'art que par une époque qui dirige les efforts les plus élevés de l'esprit humain vers les découvertes économiques. Il répugne même de s'allier à ce qui n'appartient qu'à la morale ; il laisse enfin bien loin derrière lui la science qui, par son désintéressement, confine de plus près à l'art, et cela simplement parce qu'elle poursuit toujours son but hors de soi, et et ainsi doit, en définitive, ne servir que comme moyen pour ce qu'il y a de plus élevé : l'art.

Quant à ce qui concerne spécialement le rapport de l'art à la science, ils sont tous deux si opposés l'un à l'autre dans leur tendance, que si la science avait résolu tout son problème, comme l'art a pour toujours résolu le sien, ils devraient se rencontrer et se confondre, ce qui est la preuve de directions complétement opposées. En effet, quoique la science, dans sa fonction la plus élevée, ait avec l'art un seul et même problème, ce problème, cependant, à cause de la méthode qu'elle emploie pour le résoudre, est, pour la science, un problème infini ; de sorte qu'on peut dire que l'art est le type de la science, et que, là où est l'art, la science doit se présenter. On peut expliquer par là pourquoi et jusqu'à quel point il n'y a point de génie dans les sciences ; non qu'il soit impossible qu'un problème scientifique soit résolu avec génie, mais parce qu'un problème de cette nature, dont la solution peut être trouvée par le génie, peut aussi être résolu mécaniquement. Tel est, par exemple, le système de la gravitation, qui pouvait être, d'abord, une découverte de génie ; et c'est ce qu'il fut, en effet, chez son premier inventeur, Keppler ; mais il pouvait bien aussi être une découverte entièrement scientifique, ce qu'il est devenu entre les mains de Newton. Mais le produit de l'art est le seul qui ne puisse être accompli que par le génie, parce que tout problème résolu par l'art concilie une contradiction infinie. Le produit de la science peut être, mais n'est pas nécessairement l'œuvre du génie; c'est pourquoi le génie est et demeure problématique dans les sciences : en d'autres termes, on peut toujours dire d'une manière déterminée où il n'est pas, mais on ne peut jamais dire où il se trouve.

Ce n'est que par certains signes que l'on est autorisé à conclure l'existence du génie dans les sciences. Par exemple, il n'y a pas génie là où un ensemble, un système, s'élève par la division, ensuite par la réunion des détails. On devrait donc, au contraire, supposer le génie là où évidemment l'idée d'ensemble précède les détails particuliers. Là, en effet, l'idée de l'ensemble ne pourrait être éclaircie par son développement dans les détails particuliers, et ceux-ci, au contraire, n'étant possibles que par l'idée du tout, il paraît y avoir une contradiction qui ne peut être conciliée que par un acte de génie, c'est-à-dire par une coïncidence soudaine de l'activité inconsciente avec l'activité consciente. On pourrait présumer le génie dans les sciences, d'après une autre donnée ; ce serait là où l'on rencontrerait des assertions dont on jugerait que l'auteur ne pouvait ni présenter le sens ni apprécier la portée avec conscience, soit d'après l'époque où il aurait vécu, soit d'après les autres expressions qu'il aurait émises avec conscience; mais il est très-aisé de prouver que ce motif de présumer le génie peut être fort trompeur.

Le génie se distingue nettement de tout ce qui n'est

que talent ou habileté, par la faculté qu'il a seul de résoudre une contradiction qui ne peut absolument être conciliée par rien autre. Dans les produits les plus communs, les plus ordinaires, une activité consciente agit avec une activité inconsciente, mais celui-là seul est un produit esthétique, et ne peut être que l'œuvre du génie, dont la condition est une opposition infinie entre les deux activités.

(*Idéalisme transcendantal.*)

SUR LE RAPPORT DES BEAUX-ARTS AVEC LA NATURE;

SUR L'ILLUSION ET LA VRAISEMBLANCE, LE STYLE ET LA MANIÈRE,

PAR A.-W. SCHLEGEL (1802).

(Pour servir d'appendice au discours de Schelling sur les arts du Dessin, dans leur rapport avec la Nature.)

Aristote a posé en fait ce principe, que les beaux-arts sont imitateurs. Cela est vrai, si, par là, on veut dire qu'il y a de l'imitation dans les arts, inexact si, comme l'a en effet entendu Aristote, on prétend que l'imitation est toute leur essence. D'ailleurs, par là même, se trouveraient exclues du cercle des beaux-arts l'architecture et l'éloquence, qu'Aristote, en effet, ne paraît pas y comprendre, et plusieurs autres, depuis, d'après le même principe.

Des théoriciens modernes ont modifié cette proposition de la manière suivante : Les beaux-arts doivent *imiter la nature*.

Par nature, on entend souvent ce qui s'offre immédiatement à l'art humain, et rien de plus. Or, si à cette manière étroite d'envisager la nature on ajoute une notion non moins misérable de l'imitation, si imiter, c'est simplement copier, reproduire, l'art tout entier serait, en réalité, un métier ingrat. On ne voit pas pourquoi (puisque la nature existe déjà) on doit se tourmenter pour en donner dans l'art un second exemplaire tout semblable au premier; l'art n'aurait dès-lors d'autre avantage, pour satisfaire notre esprit, que la commodité de la jouissance. Ainsi, par exemple, la supériorité d'un arbre peint sur un arbre réel, consisterait en ce qu'il ne vient se poser sur ses feuilles ni chenilles ni insectes. C'est ainsi que les habitants des villages du nord de la Hollande, par une raison de propreté, ne plantent pas, en effet, de véritables arbres les petites cours qui entourent leurs maisons, ils se contentent de peindre tout-au-tour, sur les murailles, des arbres, des haies, des berceaux de verdure, qui, en outre, se conservent verts pendant l'hiver. La peinture de paysage servirait, dès-lors, simplement à avoir dans sa chambre, autour de soi, en quelque sorte une nature en abrégé, où l'on aimerait mieux contempler les montagnes, sans être exposé à leur rude température, et sans être obligé de les gravir. Telle est *la nature de voyage* du prince dans la pièce de Goëthe : *Le Triomphe de la Sentimentalité*.

Mais, quelqu'idée que l'on se fasse à cet égard, si jusqu'à un certain point on peut attribuer l'imitation de la nature à la peinture et la statuaire, on ne peut, en aucune façon, le faire pour les productions des autres arts. De plus, si l'on prétend que la musique est l'expression naturelle des sentiments par les sons, dira-t-on que son origine est le chant des oiseaux? Les Chinois, en effet, racontent qu'un empereur ayant entendu un concert d'oiseaux, inventa le premier concert humain, d'après ce modèle. Mais on ne pourra toujours pas ainsi faire comprendre la nécessité de la cadence et du rhytme régulier, ni son origine. Il en est de même de la mesure des vers dans la poésie ; c'est quelque chose d'entièrement idéal, et qui n'a nullement son principe dans la nature. On arrive ainsi à regarder ces choses comme des ornements étrangers ; et ce sur quoi, depuis un temps immémorial, les hommes se sont accordés sur tous les points du globe, on le déclare accidentel et peu important, ce qui fait qu'ensuite on tire de là les règles les plus fausses.

Quelques uns, cependant, ont remarqué que le principe précédent est trop indéterminé ; ils ont craint que, si l'on accordait à l'art une telle latitude, il ne se perdît dans l'insignifiant et le mauvais goût. Ils ont dit, par conséquent, que l'art *doit imiter la belle nature*, ou *la nature en beau*. C'est ce qui s'appelle renvoyer de Caïphe à Pilate. En effet, de deux choses l'une : ou l'on imite la nature telle qu'elle s'offre à nous, et alors souvent elle peut ne pas nous paraître belle ; ou on la représente toujours belle, et ce n'est plus imiter. Pourquoi ne pas dire plutôt que l'art doit représenter le beau, et ne pas laisser tout-à-fait de côté la nature. On serait ainsi débarrassé d'un grand souci : il n'est plus, dès-lors, nécessaire que les représentations de l'art se rapportent à la nature, ce qui n'est pas possible, sans lui faire ouvertement violence.

La meilleure preuve d'une imitation fidèle, c'est que l'on puisse prendre la représentation de l'objet pour l'objet lui-même. Aussi, la conséquence naturelle du principe de l'imitation grossièrement compris, est de donner *l'illusion* dans l'art pour son but, et de regarder comme défectueux tout ce qui la détruit.

L'art véritable recherche, il est vrai, le jeu de l'apparence; il produit sur l'ame une sorte d'enchantement auquel celle-ci s'abandonne volontiers, quoiqu'elle sache très-bien que ce n'est là qu'une pure invention; et d'ailleurs, le moment d'après, l'illusion est évanouie aussi bien que les images évoquées momentanément dans notre esprit.

Or, cette apparence, qui est un jeu de l'art, on l'a confondue avec l'erreur proprement dite, avec ce trouble d'une nature toute pathologique, qui enlève à notre esprit toute sa liberté, quand ce que nous prenons pour la réalité, dans la représentation, nous menace sérieusement. C'est de cette façon que Léonard de Vinci trompa son propre père, à qui il avait promis, en plaisantant, une enseigne pour la maison de son fermier. A cet effet, il exécuta, en secret, son admirable Méduse, dont on croit voir l'haleine empoisonnée sur la toile, de même que la tête hérissée d'herbes sèches, de serpents, de crapauds et de toutes sortes de bêtes hideuses, paraît posée sur le sol. Puis, il la plaça sur le chevalet à la lueur d'un demi-jour, et engagea son père à venir voir l'enseigne qu'il venait d'achever. Pierre de Vinci, en entrant, fut saisi d'épouvante, et prit la fuite devant le monstre, jusqu'à ce que son fils lui cria, en riant, que c'était précisément l'enseigne qu'il venait d'exposer.

Ce principe de l'illusion est si étranger à l'essence de l'art, qu'on a pu l'appliquer uniquement à la peinture et à la poésie combinées avec l'art théâtral. Le chant et la danse ont besoin d'une forme artistique fixe. Le rhytme rappelle, à chaque instant, qu'ils ne sont que des représentations, librement façonnées, de l'expression naturelle des mouvements de l'ame. On ne peut, sans la plus grande confusion des idées, leur attribuer l'illusion proprement dite. La sculpture renonce à l'illusion des proportions naturelles. Si l'illusion détermine la valeur d'une œuvre d'art, il devrait être permis de colorier les statues; et une figure de cire, avec des cheveux naturels, et peut-être avec les véritables habits de la personne représentée, devrait être préférée à la meilleure statue. Si l'on a pas été jusques-là, on a au moins quelquefois poussé l'amour de l'illusion jusqu'à recommander à la sculpture de ne pas représenter sous des formes colossales. Quand on envisage ainsi l'art, on ne doit pas se moquer de cet homme qui ne trouvait pas un buste ressemblant, parce que la personne, disait-il, avait très-certainement des mains et des pieds.

Dans la peinture, ce principe a quelque vraisemblance; cependant, la peinture ne peut vouloir nullement l'illusion proprement dite, puisqu'elle n'a pas à sa disposition la véritable lumière; elle ne peint la clarté répandue sur les objets que par un habile emploi du blanc et par la dégradation des autres couleurs. Il faudrait donc venir au secours de l'illusion par d'autres expédients, comme l'on fait, par exemple, dans un panorama, ou quand on rend parfaitement visible un paysage éclairé par les rayons de la lune. Un Chinois, à la vue de peintures anglaises, demanda si les personnages étaient réellement aussi sales qu'ils le paraissaient par l'effet de la lumière et des ombres. Cette question suffit pour vous faire remarquer que les tableaux, en réalité, ne produisent point l'illusion, que la manière de voir et l'habitude contribuent pour beaucoup à nous y faire trouver la vérité de l'apparence.

Ce principe a exercé la plus funeste influence sur la poésie dramatique et l'art théâtral qui en dépend.

On voit, d'après les exemples précédents, comment il tombe toujours dans le ridicule ou le repoussant, dès qu'on prend l'illusion au sérieux. On se rappelle ici l'histoire plaisante d'un artiste de l'ancienne Rome, qui savait imiter au naturel le grognement du cochon (dans *les Fables de Phèdre*). Un paysan voulut le surpasser au moyen d'un véritable cochon qu'il avait caché sous son manteau; mais il fut sifflé. Il exhiba alors l'animal, et couvrit de confusion les connaisseurs trompés. Qui sait, cependant? Ces derniers n'avaient peut-être pas tout-à-fait tort de préférer l'acteur; seulement ils puisaient leur plaisir à la fausse source de l'illusion; ils trouvaient plus agréable d'entendre une voix d'homme imiter celle d'un animal, quoique cependant l'illusion ne fût pas complète.

A l'illusion se rattache la *vraisemblance*, dont on a fait une loi, principalement pour la poésie, et surtout pour la poésie dramatique. Elle a conduit à en bannir tout ce qui est hardi, grand, merveilleux, extraordinaire, et à donner pour son véritable objet les scènes journalières de la vie commune. Détestable système. La vraisemblance, proprement dite, s'appuie sur des calculs de la raison, qui ne peuvent s'appliquer à une œuvre d'art. Dans la poésie, une chose est vraisemblable quand elle paraît vraie, et voilà tout. Or, paraître vrai peut très-bien être ce qui ne peut jamais être vrai. Ajoutons à cela que si le poète doit savoir, par la magie de ses tableaux, nous jeter dans un monde étranger, il peut disposer de tout à son gré, en suivant ses propres lois.

Dans un autre sens, on nomme encore la nature ce qui, dans l'homme, est produit spontanément et sans effort, en opposition avec ce qui est travaillé avec art. On a recommandé ainsi le naturel de deux manières : sous le rapport des personnages représentés, et sous celui de l'artiste lui-même. Dans les autres arts, il est trop évident que la pratique, à cause de leurs moyens tout-à-fait techniques, exige une étude approfondie et méthodique. Mais ce mauvais conseil de se confier aveuglément à son talent, de s'abandonner à la fougue impétueuse d'une inspiration sans frein, non-seulement en apparence, mais en réalité, a conduit, surtout dans la poésie, à toute sorte d'égarements. Ce principe du *naturel*, qui bannit complètement l'art proprement dit, s'oppose de la manière la plus frappante au système *artificiel*, qui n'estime une production de l'art que d'après la mesure de l'habileté et du travail qui s'y fait remarquer à la surface. Il proclame, par conséquent que la difficulté vaincue est la principale source du plaisir que nous font éprouver les œuvres de l'esprit dans les beaux arts; qu'ainsi, par exemple, une tragédie en vers rimés, où l'on a rendu possible qu'une action se passât dans une seule chambre, dans l'espace de quelques heures, est une chose admirable. De pareils jugements montrent, de la manière la plus claire, les vues étroites et bornées qui dominent dans la pratique de l'art. En effet, pour un maître qui a su atteindre le grand et le vrai, remplir les conditions mécaniques de l'art doit paraître une bagatelle. Si la difficulté se fait encore remarquer dans l'œuvre d'art, c'est qu'elle n'est pas bien vaincue. L'est-elle parfaitement? elle ne se montre plus à l'œil, elle ne se révèle qu'aux connaisseurs aidés de leur propre expérience; mais elle n'a, du reste, rien de commun avec la jouissance artistique. Boileau n'a pas eu honte de comparer la poésie à l'art de faire passer des lentilles par une petite ouverture(1), et il a ainsi, sans doute, justifié la sienne. Mais si, en général, il n'y a rien au-delà, les poètes ne méritent pas d'autre récompense que celle qu'Alexandre fit accorder à un homme qui lui avait été recommandé pour son habileté merveilleuse à lancer des lentilles.

Quant au naturel, relativement aux personnages repré-

---

(1) Je ne sais où le critique allemand a trouvé cela dans Boileau. On reconnaîtra ici, comme plus loin, un des chefs de la réaction littéraire qui s'opéra en Allemagne contre la France, à la fin du dernier siècle, et, en particulier, l'adversaire passionné, souvent aveugle, des écrivains du siècle de Louis XIV. (*Note du traducteur.* C. B.)

sentés, il est vrai de dire que la représentation doit avoir de la vérité et de la profondeur, ce qui est rendu complètement impossible par la raideur des formes conventionnelles. Celles-ci doivent donc être dépouillées. Cependant, on a beaucoup trop restreint la condition du naturel, dans le costume et les manières des personnages, à force de vouloir reproduire les caractères distinctifs. Dans les meilleurs cas, on a saisi le naïf et le simple, le plus souvent le commun et le trivial.

Le naturel ne se juge pas ordinairement d'après l'humanité en général, telle qu'elle s'est développée dans les différents climats et aux diverses époques, mais d'après la nationalité exclusive dans une époque dont le goût est perverti, où souvent l'opposé du naturel a pu devenir naturel. L'avare, trouve la libéralité, le lâche, la bravoure, peu naturelle. Et ainsi, quand une nation manque d'esprit poétique, tout ce qui est vraiment poétique peut lui paraître contraire à la nature. Les mœurs françaises en sont un exemple. Bien que les Français attachent une très-grande importance au principe de la forme artistique, ils ont toujours à la bouche celui du naturel. Une idée, pour leur paraître naturelle, doit offrir la clarté et la précision, mais aussi être peu substantielle; ils peuvent ainsi trouver naturelle, dans leurs tragédies, la froide rhétorique raisonneuse des passions, pourvu qu'elle soit sans couleur et sans imagination. Dans le cas contraire, le style, malgré la plus grande vérité, peut leur paraître une emphatique déclamation.

Par la plus grossière confusion de toutes les idées, on a pris ce qui est la forme, le moyen de la représentation, pour son fond même; on a, par exemple, regardé comme contraire au naturel que les personnages, dans le drame, s'expriment en vers. Comme si le poète avait eu l'idée de mettre sur la scène des poètes constamment improvisateurs!

Comme si le style poétique ne se rapportait pas au sens général de l'œuvre dans son ensemble! Ainsi ont pensé Diderot et d'autres à son exemple. Les objections que l'on a faites contre l'opéra, comme étant un genre contraire aux convenances et qu'il fallait rejeter, se ramènent, pour la plupart, à ce principe inadmissible.

Si, de cette manière étroite et arbitraire de comprendre le mot nature, on passe à la conception de l'ensemble des choses, il est sans doute évident que l'art doit emprunter ses objets au domaine de la nature ; car alors il n'y a rien hors d'elle. L'imagination peut bien, il est vrai, dans son essor hardi, être surnaturelle, mais non extranaturelle. Les éléments de ses créations, s'ils peuvent être transformés par son activité merveilleuse, doivent cependant toujours être empruntés au monde réel. Mais, dans ce sens, il est inutile de prescrire à l'art d'imiter la nature ; c'est pour lui une nécessité. Il n'y a pas de danger qu'il fasse autrement. La maxime serait dès lors parfaitement juste. L'art doit façonner la nature ; mais ce serait l'énoncé d'un simple fait et une interprétation exacte du mot d'Aristote.

Si l'on dit que l'artiste doit étudier la nature, qu'il doit l'avoir constamment sous les yeux, etc., ce qui, du reste, est un précepte que l'on ne peut trop répéter, on entend alors par nature, non l'ensemble des choses, mais des objets déterminés et individuels du monde extérieur. Or, comment se fait-il alors que ceux-ci reçoivent une dénomination aussi noble? Sans doute parce que, dans leur aspect, ils manifestent les lois générales de la nature. On dit d'un habillement peint, qui, cependant, est une œuvre de la main de l'homme, qu'il est fait d'après nature, lorsque, dans le jet des plis, les lois de la pesanteur, telles qu'elles se montrent d'après la nature de l'étoffe et sa disposition sur le corps, ont été observées; lorsque, pour la couleur, les lois de la décomposition de la lumière l'ont été également. Mais le mot nature a encore gravement induit en erreur, lorsque l'on a cru que l'objet individuel de la nature était déjà un type absolu, parfait, inaccessible à l'esprit humain. D'excellents artistes ont, par leur autorité, fortifié ce préjugé. Précisément parce qu'ils avaient l'intuition la plus claire et la plus nette, et qu'ils sentaient profondément l'inépuisable vitalité de chaque phénomène, ils croyaient n'avoir saisi l'objet représenté que d'une manière imparfaite et l'avoir ainsi reproduit dans leurs œuvres sans lui avoir fait subir aucune transformation. Précisément parce que l'activité par laquelle cet objet, entièrement transformé, avait pris une place convenable dans leur représentation, leur était si naturelle, ils n'avaient pas conscience de ce travail et en attribuaient tout le mérite à la nature. Qu'il en soit ainsi, on peut facilement s'en convaincre pour peu qu'on se rappelle comment, par exemple, un Raphaël et comment un peintre d'insectes microscopiques voient la nature, ou bien encore un Denner qui ne peint pas les hommes mieux que des insectes microscopiques. En imitant simplement, en copiant la nature, on restera toujours en deçà de la nature. L'art doit donc vouloir autre chose pour éviter ce désavantage; c'est de faire ressortir ce qu'il y a de significatif dans la représentation, en effaçant les particularités qui nuisent à son effet.

Au point de vue matériel et empirique, l'univers est un ensemble de choses extérieures dont l'existence est permanente; au point de vue philosophique, tout est dans un éternel développement, dans une inépuisable création. C'est ce qui fait qu'une foule de phénomènes dans la vie commune nous choquent en quelque sorte. Aussi, depuis les temps les plus anciens, l'homme, s'attachant à la force active qui les anime, a su les ramener à l'unité d'une idée; et c'est là la nature dans son sens véritable et le plus élevé. Dans aucune production individuelle cette force créatrice générale ne peut s'éteindre; mais nous ne pouvons la saisir avec les sens extérieurs. Nous la reconnaissons d'une manière d'autant plus saisissable, que nous portons en nous-mêmes le principe de notre sympathie pour elle, comme êtres organisés, et d'après le degré d'affinité des autres organisations avec la nôtre. La nature, dans son ensemble, est également organisée, mais nous ne la voyons pas; elle est une intelligence comme nous. Nous ne faisons que l'entrevoir, et nous n'en obtenons une idée claire que par la spéculation. Si, maintenant, la nature est prise dans le sens le plus digne, non comme une masse de productions, mais comme la force productrice elle-même, si l'expression d'imitation l'est aussi dans cette acception noble où il ne s'agit pas d'imiter les particularités extérieures d'un homme, mais de s'approprier sa manière, il n'y a plus rien à objecter contre le principe, ni rien à y ajouter. L'art doit imiter la nature. Cela veut dire, en effet, que l'art doit être spontanément créateur comme la nature, façonner des œuvres organisées et vivantes, à qui le mouvement soit communiqué, non par un mécanisme étranger, comme à une montre, mais par une force intérieure, comme le système solaire, qui se meut parfaitement sur lui-même. C'est ainsi que Prométhée imita la nature, lorsqu'il forma l'homme de l'argile terrestre, et l'anima par une étincelle dérobée au soleil. Il n'y a qu'un seul écrivain, que je sache, qui ait employé expressément, dans ce sens le plus élevé, le principe de l'imitation dans les arts: c'est Moritz, dans son excellent petit écrit sur l'imitation du beau dans les arts du dessin (1).

---

(1) Depuis que ceci est écrit, Schelling a développé ce principe dans son éloquent et spirituel discours sur le rapport des arts du dessin avec la nature. (*Note de l'auteur.*)

Le défaut de cet écrit, c'est que Moritz, malgré son esprit vraiment spéculatif, ne trouvant aucun point d'appui dans la philosophie d'alors, s'est égaré en solitaire dans des rêveries mystiques. Il décrit le beau comme étant le parfait en soi, qui peut être saisi par notre imagination comme un tout indépendant. Mais, maintenant, ajoute-t-il, le vaste système de l'univers, qui dépasse la portée de nos sens, est le seul tout vrai et absolu ; chaque ensemble particulier, contenu en lui, ne peut être imaginé qu'à cause des rapports indissolubles qui unissent les êtres ; il doit cependant, considéré comme ensemble, être semblable dans notre esprit au grand tout, se développer d'après les mêmes lois éternelles et invariables en vertu desquelles celui-ci s'appuie de toutes parts sur son centre, et repose sur sa propre existence. Chaque bel ensemble sortant de la main de l'artiste qui le façonne doit donc être, en petit, une expression de la plus haute beauté, qui éclate dans le grand tout de l'univers. — Excellent ! Le rapport à l'infini, qui réside dans le beau, aussi bien que la tendance de l'art vers la perfection intérieure, est, par là, exprimé de la manière la plus heureuse.

Mais où l'artiste doit-il trouver sa maîtresse sublime, la nature créatrice, pour prendre, en quelque sorte, conseil d'elle, si elle n'est renfermée dans aucune de ses manifestations extérieures ? — Dans son sanctuaire même, dans le centre de son activité ; il ne peut pénétrer jusqu'à elle que par l'intuition de l'esprit, ou jamais. Les astrologues ont appelé l'homme *microcosme* (petit monde) ; ce qui peut très-bien se justifier philosophiquement. Car, à cause de l'action réciproque qui s'exerce entre tous les êtres, chaque atôme est le miroir de l'univers. Or, l'homme est la première créature à nous connue, qui, non-seulement, soit pour une intelligence étrangère un miroir de l'univers, mais qui, parce que son activité retourne sur elle-même, puisse exister aussi pour elle-même. Maintenant, la clarté, la force, la richesse, l'étendue avec lesquelles l'univers se reflète dans un esprit humain, et avec lesquelles cette image s'y réfléchit en elle-même, détermine le degré du génie ou du talent, et met celui-ci en état de créer un monde dans le monde.

On pourrait, dès-lors, définir aussi l'art : la nature qui a passé par le milieu d'un esprit parfait, une nature transfigurée et concentrée, pour être mieux offerte à nos regards. Le principe de l'imitation tel qu'il est compris ordinairement, d'une manière tout-à-fait empirique, se laisse ainsi précisément retourner. On dit : L'art doit imiter la nature; c'est-à-dire, en d'autres termes : La nature (les objets individuels de la nature) est, dans l'art, la règle pour l'homme. A cette proposition s'oppose précisément la vraie : L'homme est dans l'art la règle de la nature.

Les idées de *manière* et de *style* se rattachent étroitement à la question des rapports de la nature et de l'art. Ces expressions ont été d'abord usitées dans les arts du dessin. Depuis on a commencé à les transporter aux autres arts, et avec raison, car on peut en faire une très-bonne application.

Nous commencerons par la manière, comme présentant l'idée la plus facile. Quelquefois ce mot est pris dans le sens d'un éloge. On dit, par exemple, d'un tableau, qu'il est exécuté dans une grande manière.

Mais ordinairement, quand on veut rabaisser le mérite d'un ouvrage d'art, on y trouve de la manière; c'est toujours le cas quand on le qualifie de maniéré. Une représentation est dite maniérée, si l'on prétend que la manière y domine; et le plus haut degré du genre maniéré, c'est lorsque l'essence de la chose a été complètement perdue et que tout s'y résout en simple manière.

On appelle manière, dans la vie commune, nos façons extérieures d'agir et de nous comporter, en tant qu'elles sont devenues des habitudes. On voit donc que manière, dans le sens précédent, désigne une habitude défectueuse de l'artiste, qui peut consister, soit dans son mode d'exécution et de travail, soit déjà dans la façon dont il conçoit les objets et leur idée. La manière, par conséquent, est une intervention, non permise, de la personne de l'artiste et de ses qualités particulières dans la représentation artistique.

D'après cette description, on devait regarder la manière qui se montre souvent d'une manière si saillante, comme quelque chose de positif; et, dès-lors, on pouvait définir son opposé, le style, d'une façon simplement négative, comme l'absence complète de manière. C'est ainsi que l'on a toujours blâmé dans l'eau un goût accessoire, parce que la pureté de l'eau se montre en ce qu'elle n'a, à proprement parler, aucune saveur. Il devrait suivre de là qu'il ne peut y avoir qu'un seul style. Cependant, on entend les connaisseurs, dans l'art, parler de différents styles; et l'on doit même savoir reconnaître, dans le style d'un ouvrage aussi bien que dans sa manière, l'époque à laquelle il appartient ou même son auteur. Il s'agit maintenant de savoir de quel droit l'on doit admettre l'opinion de plusieurs styles, ou la définition purement négative du style, ou comment les deux termes peuvent se concilier.

Si nous nous plaçons à un point de vue élevé, nous reconnaissons sans doute que l'individuel se forme du général par limitation et opposition. Dans l'art donc, qui doit être considéré comme quelque chose de général, qui doit avoir la même valeur pour tous les hommes, l'introduction de l'individuel, du personnel serait plutôt quelque chose de limitatif et de négatif; s'en abstenir serait le positif, le développement de l'art dans sa véritable étendue.

Mais nous sommes aussi des individus, nous sommes nés tels et nous ne pouvons cesser de l'être. Il en résulte un caractère déterminé dans nos dispositions, caractère en vertu duquel certaines manières d'agir nous sont le plus faciles et le plus convenables. Par leur répétition elles deviennent des habitudes et des inclinations déterminées ; et celles-ci laissent nécessairement plus ou moins leur empreinte dans les œuvres qui doivent émaner du plus profond de notre être, telles que sont celles des beaux arts. Nous ne voyons pas les choses absolument comme elles sont en soi, mais d'après leur rapport avec nous, et ce rapport est plus ou moins déterminé par notre personnalité tout entière. Comment donc est-il possible de n'être pas maniéré dans l'art? il y a plus, comment même remarquer que nous avons en nous une manière?

Par cela seul que nous sommes, non pas simplement des individus, mais aussi des hommes, nous portons en nous quelque chose de fixe, d'indépendant et d'universel. Nous trouvons là, en quelque sorte, une mesure à laquelle nous pouvons soumettre le variable, l'accidentel et le purement individuel. De même que la moralité exige de nous que nous mettions un frein à nos penchants par l'obéissance à une loi plus haute, de même la vertu artistique (*virtù* comme les italiens nomment une parfaite habileté dans l'art), consistera en ce que l'artiste, par amour pour les lois du beau et de la représentation, sache se dépouiller de son individualité, qu'il la dépose, en quelque sorte, aux pieds de son œuvre ; et ainsi l'on voit comment, lors même qu'il est impossible de se dépouiller entièrement de toutes les influences personnelles, on peut cependant approcher de la perfection, au point que le spectateur n'y reconnaisse plus aucune manière.

Sous ce rapport donc, il est possible de s'élever au-dessus de la manière par une maxime de la volonté. Mais l'action de la volonté ne s'étend pas jusqu'à ce qui ne dépend que des limites infranchissables de notre nature. L'objet de l'art est, comme nous l'avons vu, nécessairement la nature. Nous avons l'idée de la nature en nous; mais, dans la connaissance historique ou expérimentale, elle reste pour nous impénétrable et inépuisable. Maintenant, comme, ce que nous portons en nous-même, l'idée, l'esprit, la poésie d'un ouvrage, nous ne pouvons le fixer que par des images extérieures, ici se fera encore remarquer l'imperfection de notre connaissance de la nature, à-la-fois sous le rapport de l'étendue et de la profondeur. La science du peintre consiste dans l'observation du monde visible. L'un a fait de grands progrès sous le rapport des couleurs et du clair obscur; un autre, sous celui des formes et en particulier des corps organisés. Chacun d'eux ainsi, dans une partie de l'art qui y correspond, sera déclaré par l'autre maniéré, dans cette même partie; et devant l'œil de la nature, qui voit tout, sans doute, aucun des d'eux ne paraîtra libre, même dans ce qu'il sait le mieux. Un parfait naturel, en un mot, est impossible à atteindre, et l'art ne doit pas vouloir le chercher, parce qu'en y aspirant, il perd infailliblement de vue son propre but. La nature, comme objet de la représentation, n'est, pour l'art, qu'un moyen pour ses propres manifestations. En dirigeant ses efforts de ce côté, il éleverait la nature au niveau de but final de la représentation; et, dans les meilleurs cas, quoiqu'il n'y puisse parvenir tout-à-fait, il lui arriverait de s'absorber dans la simple nature; tandis qu'il doit la façonner complètement, d'après les lois de l'esprit humain.

Entre l'art et la nature, il y a donc nécessairement une sorte de milieu qui les sépare. Il s'appelle manière, si c'est un milieu coloré et trouble, qui jette une fausse apparence sur tous les objets représentés; style, s'il ne blesse les droits d'aucun d'eux, de l'art comme de la nature. Ce qui, d'ailleurs, n'est possible qu'autant que le cachet de l'esprit, empreint sur l'œuvre totale, témoigne qu'elle n'est pas la nature et ne veut pas se donner pour telle. L'affranchissement de la manière n'est donc possible qu'autant que l'on a un style; non comme plusieurs l'ont pensé, par une parfaite absorption dans la nature, poussée jusqu'à une complète identification. Il s'entend de soi-même, qu'ici, nous mettons sous le mot style autre chose qu'une simple absence de manière. Autrement, la proposition serait identique et ne voudrait rien dire. Le style consiste à sortir des limites inévitables de l'individualité, pour accepter librement celles qui sont imposées par un principe de l'art. Winckelmann se sert, à ce sujet, d'une expression excellente, quand il appelle le style un système de l'art. Il parle d'un principe fondamental du haut style et dit : « L'ancien style était fondé sur un système qui consistait » dans des règles empruntées à la nature. Plus tard, les » artistes s'éloignèrent de celle-ci et s'abandonnèrent, sans » ménagement, à l'idéal. On travailla plus d'après ces règles » prescrites que d'après la nature qu'il fallait imiter. L'art » s'était fait une nature à lui. Les réformateurs qui vinrent » ensuite s'élevèrent contre ce système, et s'approchèrent » davantage de la vérité de la nature. » — Nous ne voulons pas examiner tout ce que renferment ces mots, et en particulier ce que signifient ces règles empruntées à la nature et devenues idéales ; nous remarquerons simplement qu'après s'être approché de la vérité de la nature, l'art se crée à lui-même sa propre nature, que cela est toujours vrai de l'art pur, seulement d'une manière plus ou moins frappante, — Le style était donc un système de l'art, déduit d'un principe vrai ; la manière, au contraire, une opinion subjective, un préjugé exprimé pratiquement.

Il reste toujours un problème à résoudre : Comment peut-il y avoir plus d'un style, puisque le vrai est nécessairement un? Rappelons-nous d'abord que l'art est un tout infini, une idée dont la parfaite possession n'est donnée à aucun homme en particulier. Il se laisse donc saisir par des côtés très-divers, sans que sa véritable essence doive pour cela être manquée. La manière de l'envisager, propre à chaque artiste, selon son caractère particulier, ou, si l'on veut, son intuition fondamentale du monde de l'art, est le principe qui, développé avec liberté et conscience, devient pour lui système pratique ou style. Il y a plus, l'art procède comme la nature ; le système intérieur de ses forces se déploie au dehors en sphères nettement distinctes et opposées. En d'autres termes, il existe différents arts dont chacun a un système différent de représentation et, par conséquent, aussi son style propre, sans égard à ceux qui l'emploient. Il existe un style plastique, pittoresque, musical, poétique. Si, dans l'un de ces arts, diverses sphères sont nécessairement déterminés d'avance par son essence, en d'autres termes, s'il existe en lui des genres, ceux-ci ont aussi leur style propre. C'est ainsi que, dans la poésie, il y a un style épique, lyrique et dramatique, qui sont opposés entre eux, et, cependant, peuvent tous être déduits de l'essence de la poésie. Enfin, l'art se développe comme quelque chose qui ne peut être réalisé par l'activité humaine que successivement, dans le temps. Cela se fait, sans contredit, suivant certaines lois, quoique nous ne puissions toujours le prouver pour une époque particulière. Mais là où nous apercevons un ensemble de productions artistiques comme formant un tout achevé et où nous saisissons la régularité dans leur développement, nous sommes autorisés à nous servir, pour la désignation des différentes époques, de la dénomination de style. Style veut dire alors un degré nécessaire dans le développement de l'art. Par conséquent, dans cette acception, il peut y avoir aussi des styles imparfaits; ils ne sont tels que quand on les envisage séparément; considérés historiquement, nous voyons d'un coup-d'œil simultané les degrés postérieurs et antérieurs. Ils ne peuvent plus, dès-lors, être donnés pour de simples manières, c'est-à-dire pour des accidents et des épisodes dans l'histoire.

Même dans la régularité du développement de l'art, la nature procède encore par de grandes oppositions, ainsi que nous le voyons dans l'histoire de l'art antique et de l'art moderne. Celui-ci étant loin d'avoir achevé sa carrière et nous trouvant compris dans son développement, nous ne pouvons nous former de cette opposition qu'une intelligence imparfaite, et l'apprécier difficilement; nous pouvons plutôt la deviner que la comprendre. On conçoit donc que, dans la confusion inévitable d'un premier coup-d'œil, où tout apparaît comme un vaste chaos, quelques écrivains dont l'esprit était rempli des grands modèles de l'antiquité classique, accoutumés à leur simplicité, et familiarisés avec leur comparaison, aient osé soutenir qu'il n'y a pas dans l'art moderne de degrés de développement ou divers styles; que son caractère tout opposé à celui de l'art ancien, que les genres irréguliers (suivant les principes de l'art antique), en un mot, que les poètes et les artistes modernes n'avaient, à proprement parler, aucun style, mais une simple manière. Mais cette opinion, qui a été réellement soutenue, doit être aujourd'hui soumise à un examen plus approfondi, et nous nous proposons de faire rendre justice à l'art moderne aussi bien qu'à l'art ancien.

Qui peut, par exemple, nier que Shakespeare n'ait un grand style, un système de son art, admirable de vérité et de profondeur, et qui affecte les formes les plus variées, selon les divers sujets de ses drames? Il y a plus, on peut très-bien reconnaître aussi une marche régulière dans l'ensemble de sa vie artistique. Caldéron fournit l'exemple d'un style tout différent de celui de Shakespeare, et cependant aussi parfait, dans le drame romantique.

Le jugement que l'on doit porter sur le style et la manière, particulièrement au point où le premier se confond avec le second, le général avec le particulier, forme une des questions les plus difficiles que l'on puisse proposer à la sagacité des connaisseurs. Aussi, pour s'arroger la compétence, a-t-on très-souvent employé ce terme, et non rarement à faux. Je ferai encore ici remarquer la justesse particulière des deux mots. *Manière* vient évidemment de *manus* et signifie originairement la façon de conduire la main. Ceci appartient à notre personne, et peut, par conséquent, s'identifier facilement avec les habitudes du corps. *Stilus*, au contraire, est le stylet avec lequel les anciens écrivaient sur des tablettes de cire ; celui-ci ne fait pas partie de nous-même, mais il est l'instrument de notre libre activité. La nature du stylet détermine, sans doute, celle des traits que nous traçons ; mais nous l'avons librement choisi et nous pouvons l'échanger pour un autre.

Si l'on considère la nature comme le grand artiste, particulièrement dans la création des formes organiques, on peut aussi lui attribuer un style et des manières ; et peut-être, en se plaçant à ce point de vue, est-il possible de résoudre la question sur laquelle on a si souvent disputé : S'il n'y a d'autre type de la beauté humaine que le type national, ou s'il y a là quelque chose qui ait une valeur plus générale. Les tableaux d'un peintre, dans lesquels les mêmes têtes, les mêmes proportions des membres, des mains et des pieds, etc., reviennent toujours, nous les appelons maniérés, parce nous voyons qu'avec la stérilité naturelle de son pinceau il n'a pas su reproduire la richesse et la variété de la nature. Celle-ci manifeste, dans l'ensemble de ses productions, une abondance et une diversité infinies ; mais, envisagée dans ses parties isolées, elle se condamne souvent à une uniformité frappante dans le caractère des diverses organisations, en général, et, en particulier, dans le cercle qui comprend l'espèce humaine. Elle forme non-seulement des physionomies nationales toutes particulières, mais aussi des difformités; c'est ainsi que les goîtres sont communs dans certaines contrées. Dans ce cercle étroit, nous pouvons, sans doute, accuser la nature d'être maniérée. Nous nous servons encore de ce mot lorsque, dans l'œuvre d'art qui devait être pur, a été introduit un accessoire étranger qui en gâte la composition. Le caractère des êtres organiques est d'être, à-la-fois, causes et effets d'eux-mêmes. Un philosophe plein de sagacité les a comparés aux tourbillons, à l'eau qui tourne sur elle-même, dans le courant des causes et des effets. Ils ne peuvent cependant subsister sans un monde organisé qui les environne, et ils sont obligés de recevoir continuellement des influences extérieures. Maintenant, pour que la liberté, le pouvoir de se déterminer par soi-même, qui, dans l'homme, comme la plus parfaite créature que nous connaissions, apparaît au plus haut degré, ne soit pas détruite, mais conserve son plein exercice, les forces qui agissent sur lui doivent être en équilibre; et comme les deux facteurs de la vie organique sont le soleil et la terre, ce sera dans les climats les plus tempérés que devront se rencontrer les proportions reconnues comme donnant les plus belles formes humaines. Winckelmann a compris cette conséquence, mais l'a exprimée avec peu de netteté : « La » nature, dit-il, à mesure qu'elle s'approche des extré- » mités, produit plus généralement de ces formes ébau- » chées. Obligée de combattre tour-à-tour le chaud et le » froid, elle n'enfante que des productions imparfaites. Là, » ses plantes précoces poussent trop vite; ici, ses végé- » taux tardifs ne parviennent point à leur maturité. Les » fleurs exposées aux ardeurs du soleil perdent leur fraî-

» cheur, et, privées de ses rayons, elles ne prennent point
» de couleur ; nous voyons même dégénérer les plantes en-
» fermées dans un lieu sombre. Mais elle est plus régu-
» lière dans ses formes, plus rigoureuse dans ses produc-
» tions, à mesure qu'elle s'approche de son centre, qu'elle
» habite un climat tempéré. Il résulte de là que nos idées
» de la beauté, ainsi que celles des Grecs, étant emprun-
» tées des formes les plus régulières, doivent avoir plus
» de justesse que les notions que peuvent en avoir des
» peuples qui, pour me servir d'une expression d'un poëte
» moderne, ne sont qu'une ébauche de l'image de leur
» créateur. » — Les lois d'après lesquelles se détermine cli-
matériquement la formation de l'homme, ne sont pas encore, sans doute, par là, complètement épuisées. La conformation du globe ne se polarise pas simplement dans la
direction du Nord et du Sud, mais encore dans celle de
l'Est et de l'Ouest ; et, sous ce rapport aussi, les plus belles
formations paraissent devoir se rencontrer dans les limites
d'une certaine étendue. Dans l'hémisphère austral, qui, à
cause de la polarité, contient beaucoup de mers et peu de
terres, par exemple, dans les îles de la Mer du Sud, les plus
belles formes se trouvent plus près de l'équateur que dans
l'hémisphère septentrional.

Certes, là où la nature façonne harmonieusement la forme
humaine, elle a un style, c'est-à-dire que les proportions
par lesquelles elle limite la variété des formes possibles,
reposent sur un principe qui réside dans l'organisation humaine et non étranger à elle. Le caractère de l'humanité
s'exprime là de la manière la plus pure. Il existe donc aussi
dans la beauté humaine quelque chose d'universellement
beau, quoiqu'il ne soit pas reconnu par ces nations que la
manière a défigurées. Nous ne devons pas non plus nous
laisser abuser par les maniéristes dans l'art, qui confondent la manière avec le style simple des grands maîtres. On

comprend que des nations qui ne peuvent s'élever au-dessus d'une telle physionomie nationale où la nature est caricaturée, ne sauraient faire aucun progrès notable dans les arts du dessin, dont l'objet le plus élevé est la forme humaine, et y avoir même aucune prétention; qu'au contraire, ceux-ci devaient exceller chez une nation aussi favorisée de ce côté que l'étaient les Grecs. On a ordinairement considéré la gymnastique comme la cause principale qui a fait fleurir les arts du dessin chez les Grecs; tous deux me paraissent plutôt des effets découlant de la même source. Par le même principe qui a fait que les Grecs trouvèrent la perfection dans la sculpture, ils devaient aussi inventer la gymnastique, qui donnait à leurs mouvements la plus grande liberté et la plus belle harmonie; ils ne faisaient ainsi que seconder les vues clairement indiquées de la nature.

FIN.

SUR LA VÉRITÉ ET LA VRAISEMBLANCE
DANS LES ŒUVRES D'ART.

DIALOGUE,

PAR GOETHE.

Dans un théâtre allemand était représenté un édifice ovale en forme d'amphithéâtre ; on avait peint dans les loges un grand nombre de spectateurs qui paraissaient prendre part à ce qui se passait sur la scène. Parmi les spectateurs réels, dans le parterre et dans les loges, beaucoup étaient mécontents et trouvaient fort mauvais qu'on voulut leur imposer une représentation qui manquait de vérité et de vraisemblance. Cette circonstance donna lieu à un entretien dont voici à peu près la substance.

L'avocat de l'artiste. — Permettez-moi d'examiner s'il n'y aurait pas quelque moyen de nous entendre.

Le spectateur. — Je ne comprends pas comment vous voulez justifier une pareille représentation.

L'avocat. — N'est-il pas vrai que quand vous allez au théâtre, vous n'espérez pas que tout ce que vous y verrez soit vrai et réel.

Le spectateur. — Non; mais je désire au moins que tout me paraisse vrai et conforme à la réalité.

L'avocat. — Pardonnez-moi si j'ose vous contredire et si je soutiens que ce n'est là nullement ce que vous désirez.

Le spectateur. — Ce serait cependant singulier. Si ce n'est pas là ce que je désire, pourquoi le décorateur s'est-il donné tant de peine pour tirer des lignes avec précision d'après les règles de la perspective, pour peindre les objets dans un ensemble parfait? Pourquoi étudier le costume avec tant de soin? Pourquoi faire tant de frais pour l'imiter fidèlement, pour me transporter ainsi à l'époque où vivaient les personnages? Pourquoi vanter surtout l'acteur qui exprime les sentiments de l'âme de la manière la plus vraie, qui, dans ses discours, son maintien et ses gestes, approche le plus près de la vérité, qui me trompe à tel point que je crois voir, non pas une imitation, mais la réalité même?

L'avocat. — Vous exprimez très-bien vos sentiments; seulement, il est plus difficile peut-être que vous ne pensez de se rendre clairement compte de ce qu'on sent. Que direz-vous si je prouve que toutes les représentations théâtrales ne vous apparaissent nullement comme vraies, mais plutôt comme une apparence de vérité?

Le spectateur. — Je dirai que vous avancez une subtilité qui pourrait bien n'être qu'un jeu de mots.

L'avocat. — Et moi, j'oserai vous répondre que, quand nous parlons des opérations de notre esprit, il n'y a pas de mots assez délicats et assez subtils, et que les jeux de mots de cette sorte montrent un besoin de notre intelligence, qui, ne pouvant précisément exprimer ce qui se passe en nous, procède par opposition, cherche à répondre aux questions de deux manières différentes et à saisir, en quelque sorte, par là, l'idée moyenne.

Le spectateur. — Très-bien ; seulement expliquez-vous plus clairement, et, si j'ose vous en prier, par des exemples.

L'avocat. — C'est ce qui me sera très-facile et dans mon propre intérêt. Ainsi, par exemple, lorsque vous êtes à l'Opéra, n'éprouvez-vous pas un plaisir très-vif?

Le spectateur. — Oui, lorsque tout s'accorde parfaitement, c'est en effet pour moi la jouissance la plus vive que je puisse éprouver.

L'avocat. — Mais, si vous voyez de braves gens se rencontrer et se complimenter en chantant à tue tête, chanter en lisant des billets qu'ils reçoivent, déclarer leur amour, exprimer leur haine et toutes leurs passions en chantant, se disputer en chantant, et mourir en chantant, pouvez-vous dire que cette représentation tout entière ou seulement une partie vous paraisse vraie ? Quant à moi, j'ose affirmer que je n'ai là sous les yeux qu'une apparence de vérité.

Le spectateur. — En effet, si j'y réfléchis, je ne sais trop que dire, et tout cela n'a pas l'air d'être bien conforme à la vérité.

L'avocat. — Et cependant vous êtes parfaitement content et satisfait de ce spectacle.

Le spectateur. — Sans contredit ; je me rappelle même combien on a voulu autrefois rendre l'Opéra ridicule à cause de sa grossière invraisemblance, et comment, malgré cela, il m'a fait éprouver les plus grandes jouissances, combien j'y en ai trouvé de nouvelles à mesure qu'il s'est perfectionné de plus en plus.

L'avocat. — Et ne vous sentez-vous pas, à l'Opéra, dans une parfaite illusion.

Le spectateur. — Illusion, ce n'est pas précisément le mot que j'employerai, et cependant, tantôt oui, tantôt non.

L'avocat. — Ici vous êtes, à votre tour, dans une parfaite contradiction, ce qui me paraît bien pire qu'un jeu de mots.

Le spectateur. — Patience, nous allons nous expliquer.

L'avocat. — Oui, aussitôt que nous nous serons expliqués, nous tomberons d'accord. Voulez-vous me permettre de vous adresser sur le point où nous sommes quelques questions ?

Le spectateur. — C'est votre devoir, puisque vous m'avez ainsi embarrassé, de me tirer de là par de nouvelles questions.

L'avocat. — Vous n'appellerez donc pas précisément illusion le sentiment que nous fait éprouver la représentation d'un opéra.

Le spectateur. — Non pas précisément, et cependant c'est une espèce d'illusion, quelque chose qui s'en approche beaucoup, qui a beaucoup d'affinité avec l'illusion.

L'avocat. — N'est-il pas vrai qu'alors vous vous oubliez à-peu-près vous-même.

Le spectateur. — Non pas à-peu-près, mais tout-à-fait, lorsque la pièce entière ou en partie est bonne.

L'avocat. — N'êtes-vous pas même ravi ?

Le spectateur. — Ceci m'est arrivé, en effet, plus d'une fois.

L'avocat. — Pourriez-vous nous dire dans quelles circonstances ?

Le spectateur. — Elles sont si nombreuses qu'ils me serait difficile de les énumérer.

L'avocat. — Et cependant vous avez déjà dit que c'était lorsqu'il y avait de l'accord dans la pièce ?

Le spectateur. — Sans contredit.

L'avocat. — Ce parfait accord existait-il seulement entre les différentes parties de la composition ou entre la pièce et un objet de la nature dont elle est la représentation fidèle.

Le spectateur. — Entre les parties de la composition, cela ne souffre pas de difficulté.

L'avocat. — Et cependant cet accord était bien une œuvre de l'art ?

Le spectateur. — Certainement.

L'avocat. — Nous avons refusé précédemment à l'Opéra la vérité sous un rapport. Nous avons prétendu que ce qu'il imite il ne le représente pas avec vraisemblance, mais pouvons-nous lui refuser une certaine vérité intérieure qui naît de la concordance des idées dans un ouvrage d'art?

Le spectateur. — Si l'Opéra est bon, il constitue un petit monde en soi, dans lequel tout se passe d'après certaines lois, qui veut être jugé d'après ses propres lois et être senti d'après les caractères qui lui sont propres.

L'avocat. — Ne doit-il pas suivre de là que la vérité dans l'art et la vérité dans la nature sont entièrement différentes? Et que l'artiste ne doit nullement faire en sorte, et n'a pas besoin, que son œuvre ressemble, à proprement parler, aux œuvres de la nature ?

Le spectateur. — Et cependant, souvent un œuvre d'art nous apparaît comme une œuvre de la nature.

L'avocat. — Je ne le nie pas; mais puis-je là-dessus vous parler franchement?

Le spectateur. — Pourquoi pas? Il serait maintenant inutile entre nous de nous faire des compliments.

L'avocat. — Eh bien! j'oserai vous dire qu'il n'y a qu'un spectateur tout-à-fait ignorant, à qui un œuvre d'art puisse apparaître comme une œuvre de la nature; et l'artiste n'aime et n'estime une pareille production qu'autant qu'il est lui-même placé au plus bas de l'échelle des arts. Mais, par malheur, l'ignorant ne sera satisfait qu'autant que l'artiste descendra jusqu'à lui ; jamais il ne s'élevera avec le véritable artiste, lorsque celui-ci se laissant emporter par l'essor de son génie, devra donner à son œuvre un caractère de grandeur et de perfection.

Le spectateur. — Cela est singulier et cependant me plaît assez.

L'avocat. — Vous ne seriez pas disposé à goûter ces paroles, si vous ne vous étiez pas déjà élevé vous-même à un degré supérieur.

Le spectateur. — Permettez-moi, maintenant, de faire moi-même l'essai de récapituler les idées précédentes, et d'aller plus loin ; changeons de rôle si vous voulez, et laissez-moi vous interroger.

L'avocat. — Très-volontiers.

Le spectateur. — Il n'y a que l'ignorant, dites-vous, qui puisse prendre un ouvrage d'art pour une œuvre de la nature.

L'avocat. — Certainement ; rappelez-vous les oiseaux qui vinrent béqueter les cerises représentées sur la toile d'un grand peintre.

Le spectateur. — Eh bien ! cela ne prouve-t-il pas que ces fruits étaient admirablement peints ?

L'avocat. — Nullement, cela me prouve bien plutôt que ces amateurs étaient de véritables moineaux.

Le spectateur. — Je ne puis pas, cependant, malgré cela, m'empêcher de regarder un pareil tableau comme excellent.

L'avocat. — Voulez-vous que je vous raconte une nouvelle histoire.

Le spectateur. — J'écoute les histoires beaucoup plus volontiers que les raisonnements.

L'avocat. — Un grand naturaliste avait parmi ses animaux domestiques un singe, qu'il perdit un jour. Après l'avoir cherché fort longtemps, il le trouva dans sa bibliothèque.

L'animal était assis par terre. Autour de lui étaient éparpillées les planches d'un ouvrage d'histoire naturelle, qui n'avait pas été broché. Étonné de cette ardeur pour l'étude, dans l'ami de la maison, le maître s'approche; il voit, à sa grande surprise et à son grand désespoir, que le friand animal avait dévoré tous les scarabées qu'il avait trouvés çà et là, représentés sur la planche.

Le spectateur. — L'histoire est assez plaisante.

L'avocat. — Et convient au sujet, j'espère. Vous ne placez cependant pas ces planches coloriées à côté du tableau d'un grand artiste.

Le spectateur. — Pas facilement.

L'avocat. — Mais comptez-vous cependant les singes parmi les amateurs ignorants.

Le spectateur. — Oui, et parmi les plus friands. A ce sujet, il me vient une singulière pensée, l'amateur ignorant ne devrait-il pas désirer qu'un objet d'art fût si naturel qu'il pût le savourer au sens propre, et assouvir sur lui sa friandise.

L'avocat. — C'est ma conviction.

Le spectateur. — Mais je sens toujours ici une contradiction. Vous m'avez déjà fait l'honneur de me compter au moins parmi les amateurs qui sont à moitié connaisseurs.

L'avocat. — Parmi les amateurs qui sont sur la voie de devenir connaisseurs.

Le spectateur. — Maintenant, dites-moi pourquoi un œuvre d'art parfait m'apparait-il en même temps comme une œuvre de la nature?

L'avocat. — Parce qu'il s'accorde avec la partie excellente de notre nature, parce qu'il est surnaturel, mais non en dehors de la nature. Un ouvrage d'art parfait est une correction de l'esprit humain, et, dans ce sens encore, l'œuvre de la nature; mais, comme il forme un seul tout harmonieux, de divers objets disséminés dans le monde réel, et qu'il accorde aux objets les plus communs toute leur importance, il s'élève au-dessus de la nature, il veut être compris par un esprit dont les facultés se soient développées et aient été cultivées harmonieusement ; et celui-ci trouve ce qui est parfait, ce qui est excellent, conforme aussi à sa nature. C'est ce dont l'amateur vulgaire n'a aucune idée ; il considère un ouvrage d'art comme un objet qu'il trouve au marché. Mais le véritable amateur ne considère pas seulement la vérité de l'imitation, mais aussi la perfection du choix, le talent de la composition, tout ce qui est au-dessus du monde réel, dans le petit monde de l'art. Il sent qu'il doit s'élever jusqu'à la pensée de l'artiste, pour goûter son œuvre, s'arracher aux préoccupations de la vie commune, pour habiter avec l'œuvre d'art, le contempler à plusieurs reprises et se donner par lui une plus haute existence.

Le spectateur. — Bien, mon ami, j'ai en effet éprouvé de semblables impressions en considérant des tableaux ; au théâtre, en lisant différents genres de poésie, j'ai ressenti à-peu-près ce que vous demandez. Je veux, à l'avenir, me livrer encore avec plus de soin à l'étude des ouvrages d'art. Mais, si je ne me trompe, nous voilà bien loin du sujet qui a donné lieu à notre conversation. Vous voulez me persuader que je devais tolérer, dans notre opéra, les spectateurs que le peintre s'est imaginé de représenter, et je ne vois pas encore, quoique jusqu'ici je sois parfaitement de votre avis, comment vous justifiez cette licence, et sous quel prétexte vous voulez me faire accepter ces personnages en peinture, qui assistent à la pièce.

L'avocat. — Heureusement, on donnera une nouvelle représentation de l'opéra aujourd'hui, et vous ne voulez pas, sans doute, la manquer.

Le spectateur. — Nullement.

L'avocat. — Et les hommes peints?

Le spectateur. — Ne m'effaroucheront pas, parce que je crois valoir quelque chose de mieux qu'un moineau.

L'avocat. — Je désire qu'un intérêt commun me procure le plaisir de vous revoir bientôt.

FIN.

TABLE DES MATIÈRES.

	Pages.
PRÉFACE du traducteur..................................	III

LEÇONS SUR LA MÉTHODE DES ÉTUDES ACADÉMIQUES.

AVANT-PROPOS de l'auteur................................	1
PREMIÈRE LEÇON. — Sur l'idée absolue de la science......	3
DEUXIÈME LEÇON. — Sur la destination scientifique et morale des académies..................................	21
TROISIÈME LEÇON. — Sur les premières conditions des études académiques........................	43
QUATRIÈME LEÇON. — Sur l'étude des sciences rationelles pures, des mathématiques et de la philosophie en général.	55
CINQUIÈME LEÇON. — Sur les objections que l'on fait ordinairement contre l'étude de la philosophie.............	73
SIXIÈME LEÇON. — Sur l'étude de la philosophie en particulier..................................	85
SEPTIÈME LEÇON. — De quelques oppositions extérieures, et spécialement des sciences positives dans leur opposition avec la philosophie.............................	101
HUITIÈME LEÇON. — Sur la construction historique du christianisme..................................	116
NEUVIÈME LEÇON. — Sur l'étude de la théologie..........	133
DIXIÈME LEÇON. — Sur l'étude de l'histoire et de la jurisprudence..................................	149
ONZIÈME LEÇON. — Sur la science de la nature en général..	167

TABLE DES MATIÈRES.

Pages.

DOUZIÈME LEÇON. — Sur l'étude de la physique et de la chimie.................................... 183

TREIZIÈME LEÇON. — Sur l'étude de la médecine et la science de la nature organique en général.................. 195

QUATORZIÈME LEÇON. — Sur la science de l'art dans son rapport avec les études académiques................ 213

DISCOURS SUR LES ARTS DU DESSIN DANS LEUR RAPPORT AVEC LA NATURE. 227

SUR DANTE CONSIDÉRÉ SOUS LE RAPPORT PHILOSOPHIQUE. 205

DIVERS MORCEAUX EXTRAITS DES OUVRAGES DE SCHELLING.

I. PHILOSOPHIE.

1° Du mode absolu de connaître................... 317
2° De l'organe de la philosophie................... 322
3° De la succession des systèmes philosophiques et de la manière de traiter l'histoire de la philosophie........ 324

II. RELIGION.

1° Des trois époques de l'histoire : Destin, nature, providence. 328
2° Du développement de l'humanité................ 332
3° Sur les mystères de l'antiquité.................. 335

III. POLITIQUE ET HISTOIRE.

1° D'une constitution de droit..................... 341
2° De la notion de l'histoire....................... 346
3° De la philosophie de l'histoire.................. 349

IV. NATURE.

1° De la philosophie de la nature en général 361
2° Sur la spéculation et l'expérience dans la physique 365
3° Sur l'expérimentation 373

V. ART.

1° De l'art en général 375
2° Caractères de l'œuvre d'art 379
3° Du génie 384

Supplément.

Sur le rapport des beaux-arts avec la nature; sur l'illusion et la vraisemblance, le style et la manière, par W. Schlegel.. 387
Dialogue sur la vérité et la vraisemblance dans les œuvres d'art, par Goethe 411

FIN DE LA TABLE.

ERRATA.

Page 112, ligne 28, *au lieu de* : exprimé dans l'idéal, *lisez* : exprimé dans le réel.

— 113, — 1, *au lieu de* : exprimé dans le réel, *lisez* : exprimé dans l'idéal.

— 195, — 8, *au lieu de* : la terre considéré, *lisez* : la terre considérée.

— 224, — 5, *au lieu de* : et son extension, *lisez* : et de son extension.

— 177, — 29, *au lieu de* : guidéc, *lisez* : guidée.

— 306, — 26, *au lieu de* : n'est qu'une purification, *lisez* : ne sont

— 332, — 1, *au lieu de* : l'histoire est une époque, *lisez* : l'histoire est une épopée.

— 360, — 6, *au lieu de* : qui se divisent, *lisez* : qui se divise.

www.ingramcontent.com/pod-product-compliance
Lightning Source LLC
Chambersburg PA
CBHW070359230426
43665CB00012B/1176